JN262383

河原芳嗣

図説

徳川将軍家・大名の墓

［増補版］

―江戸の残照をたずねて―

アグネ技術センター

増上寺(港区) 徳川家霊廟門

増上寺(港区) 三解脱門 →

← 増上寺(港区) 徳川家霊廟内

↑ 寛永寺(台東区)
常憲院(5代将軍綱吉)勅額門

←↓ 寛永寺(台東区) 根本中堂

い。

三代将軍家光が、寛永十二年（一六三五）武家諸法度を改正し、妻子在府の制をしき、参勤交代が制度化され、領主は一年おきに江戸と国許とを行き来するようになると、次第に妻子のいる江戸の方が本宅のような形になった。後には国許《くにもと》へ帰れば、そこが旅先といった感じにさえなるといった大名もあったという。

文久二年（一八六二）に「諸侯の妻子国邑へ引取候共勝手次第致すべき」と緩和されたが、参勤制は結局廃止までに至らなかった。

大名や藩士の江戸における生活は、一年おきとはいえ、国許とは比較にならぬ華やかな生活である。ことに、奥方は江戸に常住するから、ひとたび大名と結婚した女性は生涯江戸で暮らすわけである。

さて、そうした大名たちは、死去した場合、多くは自分の国許、つまり藩の城下の町の菩提寺に葬られるのが普通で、国許で死去した場合はもちろん、江戸で死去した場合も、葬儀は国許で執り行われることが多かったから、国許に立派な墓が営まれる場合の方が多い。しかし、江戸で死去した場合、江戸に寺を求めて菩提寺とし、ここへ葬る大名もあったから、江戸には大名の息のかかった寺、国許から招いた寺や位牌を安置する寺、祈祷する寺など大名家とかかわる寺の出現を多くみた。

奥方は大体江戸で死去するから、多くはこうした江戸における藩とゆかりのある寺に葬られる、江戸の側室や子どもたちも江戸のそうした寺に葬られる。それゆえ、江戸における藩の特別の庇護の菩提寺の墓所には、大名や奥方、側室や子女たちの大名家の格式にふさわしい荘厳をきわめた大きな墓標や石塔を残している。

十数年の墓碑探訪中、数多くの女性の碑を発見することができたので、できるだけ紹介した。しかし、だれの墓であるかを確認するのに多くの時間と労力を要したことは、江戸期における女性の位置づけとの関連によるものである。

中世から近世にかけての社会は、系図から見るとき、女性は完全に男の附属物としてしか扱われていないので妻たちのほとんどは、子女の母として書かれている。妻たちは、ひとつの人格をもって、妻として系図にその名をとどめない。家譜が保存されているとき、夫の名に併せて妻の名、その子たち、妻たちも記し、嫁いだ娘たちのその子女も明らかにされてくるのである。

さて、江戸の再三の大火、明治初期の神仏分離と廃仏毀釈《はいぶつきしゃく》、関東大震災、そして戦災などに遭った江戸から東京は、都市計画などとあいまって寺の移転もあったり、廃寺や合併もあった。そのために墓碑の移葬や改葬もあって、昔のままの大名家としての格式ある墓域を形成しているのは極めて少なくなっている。そのようななかで、品川の熊本細川家・中津奥平家、麻布賢崇寺の佐賀鍋島家、世田谷豪徳寺の彦根井伊家など荘厳なつくりの墓域は貴重な近世の遺産であろう。

江戸にある大名家の墓標について、この稿を起こしたのは、単なる江戸回帰の感傷や情緒だけからではない。これらの墓標は、江戸時代なるが故にできたもの、そこには宝塔があり、五輪塔、宝篋印塔があり、無縫塔が、層塔が、板石塔婆、笠塔婆がある。それこそ独特な石の文化の所産であり、江戸期の芸術的な遺産である。これらの一つひとつはだれの作とも知れないが、そこに石工の丹念な仕事ぶりがある、素朴な造形のなかに、幽玄を感じさせる墓碑を前に佇むときに感慨ひとしおである。

それにつけても、墓碑に刻まれた法（戒）名をみても、だれの墓であるかを知るのは至難、それを手掛かりとして俗名がわかることではじめて知ることができる。墓所を訪ねても、どの大名家のなんという殿様の墓石か表示のないものが多い、まして女性の墓に至ってはなおさらである。したがって多くは無名のものとして忘れ去られたままである。

すぐれた業績によって歴史に名を残した人物の墓は国や都道府県・市町村の史跡指定を受けて保存措置が取ら

れるが、江戸時代の幕藩体制に君臨した大名は、墓域は広く、墓碑が大きくても、ほとんど史跡としての指定を受けていない。

さて、あえていえば、谷中にある徳川家女子の墓地は荒廃無残、その管理は充分とはいえぬ。広大な墓域の管理には巨額の経費を要するであろう。こういう歴史的に由緒あるものは、文化的遺産として、その維持管理について一徳川家の財ではなく、何らかの公的な援助が必要であろうと痛感する。

都市の再開発という名のもとに、また寺や旧大名家の事情から移葬・改葬されたりして、一日にして消滅してしまう厳しい現実も目の当たりにすることもある、写真を撮り、記録して留めることはできたが、何らかの形で保存されればと切に願っている。

一九九四年十月

目次

編注

本文、および写真説明文の法名（戒名）の表記は、墓碑銘に従った。碑銘の鮮明でないもの、また膨大な数にわたる戒名掲載のため、改めて照合できないものについては、現在通常に使用されている表記に従った。

補遺を除く本文記述は、誤りを正すのみとした。

寺への交通手段については、新しく開通した地下鉄や駅名の変更などもあり、一九九五年当時とは一部異なっているものもあると思うが、ご了承いただきたい。

城南

港区・品川区・大田区

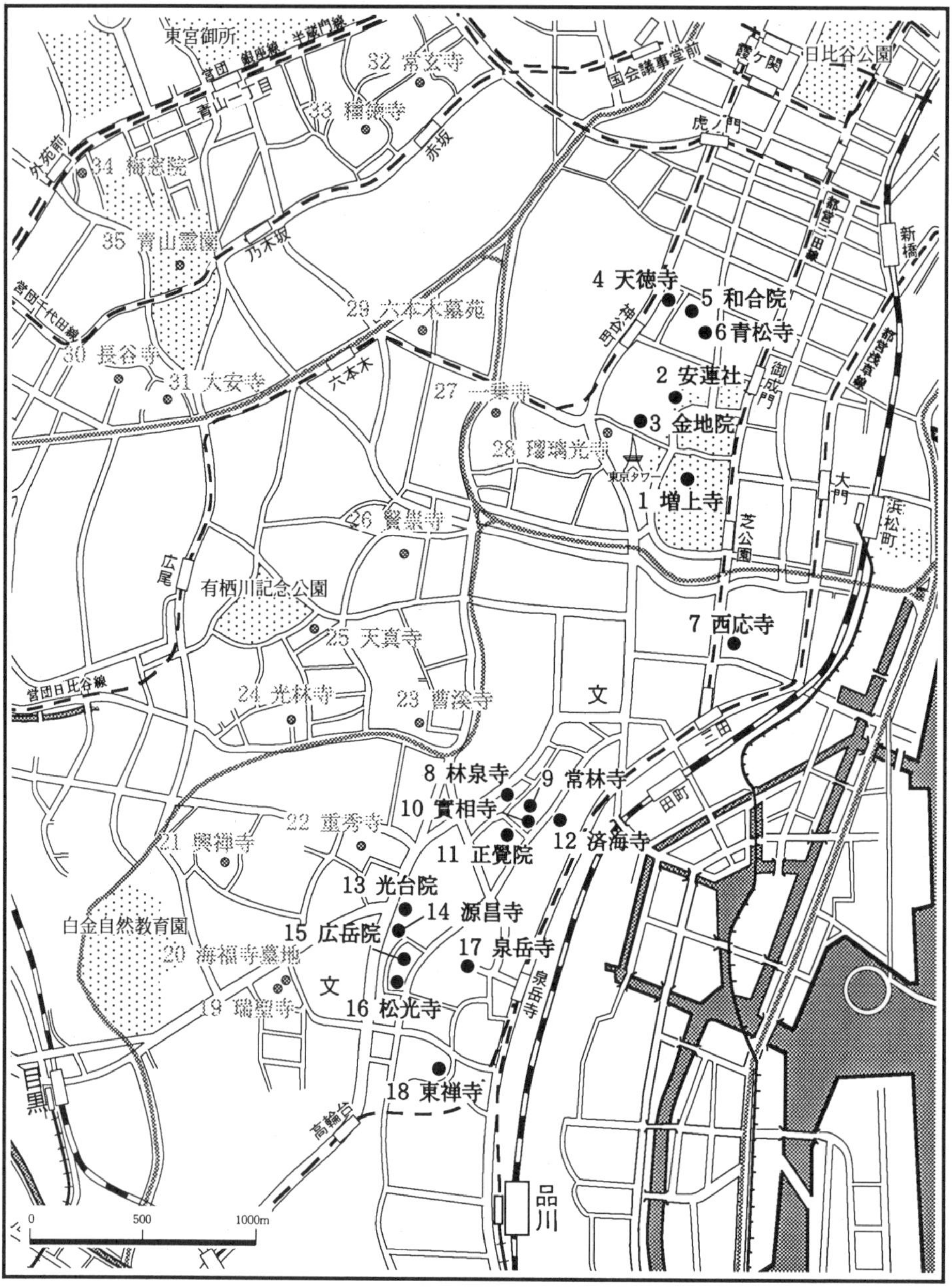
東宮御所
営団 銀座線・半蔵門線
青山一丁目
32 常玄寺
33 種徳寺
赤坂
国会議事堂前
霞ケ関
日比谷公園
虎ノ門
外苑前
34 梅窓院
35 青山霊園
乃木坂
新橋
都営三田線
4 天徳寺
5 和合院
6 青松寺
営団千代田線
29 六本木墓苑
日比谷線
30 長谷寺
31 大安寺
六本木
27 一乗寺
2 安蓮社
御成門
都営浅草線
3 金地院
28 瑠璃光寺
東京タワー
1 増上寺
大門
浜松町
芝公園
26 賢崇寺
広尾
有栖川記念公園
7 西応寺
25 天眞寺
営団日比谷線
24 光林寺
23 曹渓寺
文
三田
8 林泉寺
9 常林寺
田町
10 實相寺
22 重秀寺
21 興禅寺
11 正覺院
12 済海寺
13 光台院
14 源昌寺
白金自然教育園
15 広岳院
17 泉岳寺
20 海福寺墓地
泉岳寺
文
19 瑞聖寺
16 松光寺
目黒
18 東禅寺
高輪台
品川
0
500
1000m

三解脱門

城　南　　港区・品川区・大田区

一　東海道に沿って　　芝・三田・高輪

1　増上寺《ぞうじょうじ》

浄土宗　港区芝公園四―七―三五
JR浜松町駅下車八分・都営地下鉄三田線御成門・芝公園駅都営地下鉄浅草線大門駅下車五分

増上寺は、浄土宗の大本山、山号は三縁山という。もとは光明寺といい武蔵貝塚（現在の千代田区）にあり、空海の弟子宗叡の開創で真言宗であったが、元中二年＝至徳二年（一三八五）聖聡が浄土宗に改め、増上寺と称した。徳川家康の関東入国とともに同寺を菩提所《ぼだいしょ》とし、慶長三年（一五九八）現在地に移った。元和元年（一六一五）には関東浄土宗十八壇林の筆頭・本山となり、以後徳川家の霊廟がつくられ、上野寛永寺と威勢を競った。徳川家康の尊崇をうけた増上寺には、二代秀忠《ひでただ》・六代家宣《いえのぶ》・七代家継《いえつぐ》・九代家重《いえしげ》・十二代家慶《いえよし》・十四代家茂《いえもち》と御台所《みだいどころ》の和宮《かずのみや》の宝塔《ほうとう》のほか、改葬により合祀された夫人・側室・子女たちの宝塔一基があり、本堂に向かって右奥にひっそりと眠っている。

増上寺大殿は、明治六年（一八七三）に狂人による放火後再建されたが、同四十二年に焼失、さらに二度の戦災に遭って二大門・勅額門《ちょくがくもん》（国重文）などを残して灰燼《かいじん》に帰してしまった。上記のほか往時の面影を今にとどめ、増上寺を代表するものは、この寺の中門である三門《さんもん》（三解脱門《さんげだつもん》、国重文）、および大梵鐘《ぼんしょう》であろう。三門は、慶長十年（一六〇五）家

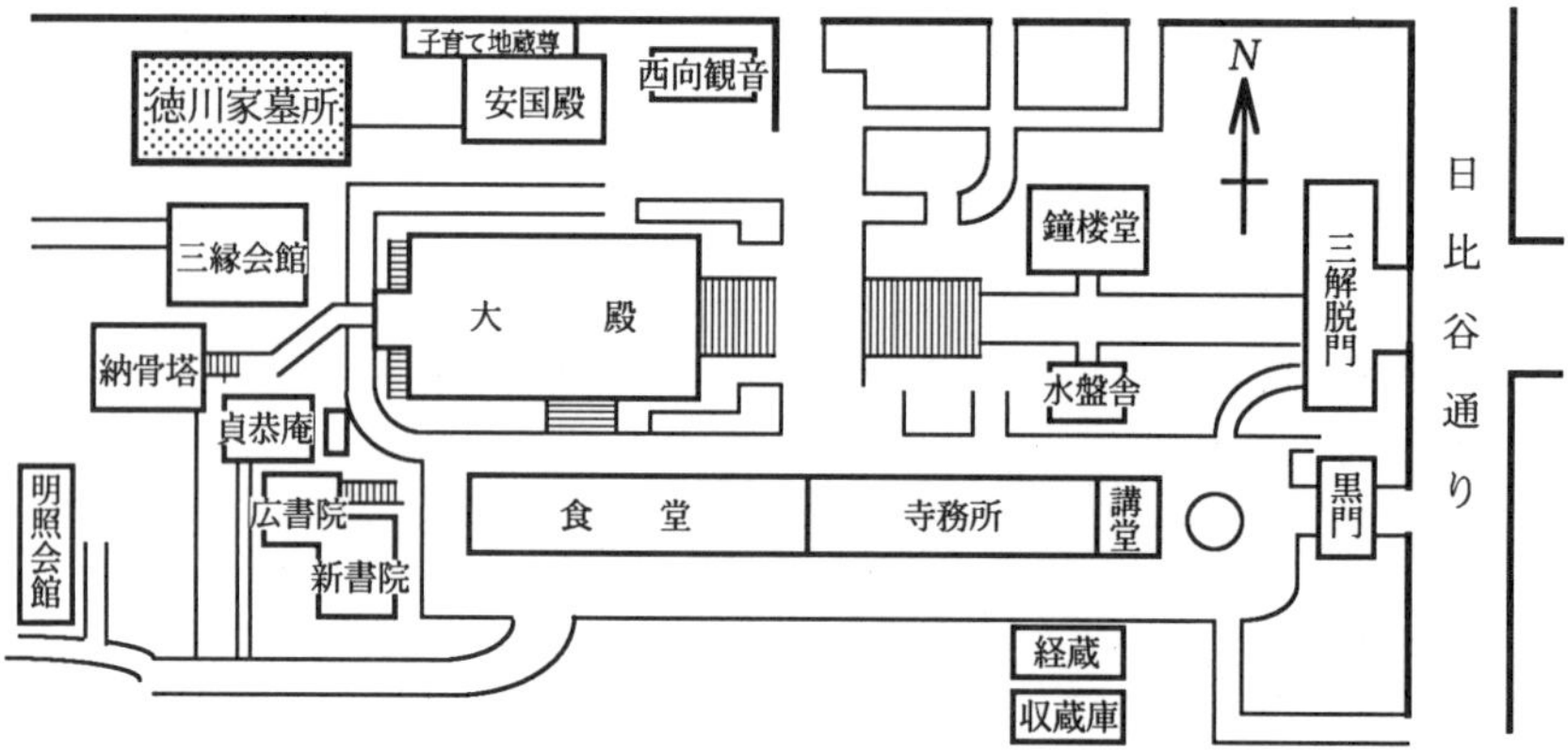

戦後　現増上寺境内　徳川家墓地配置図

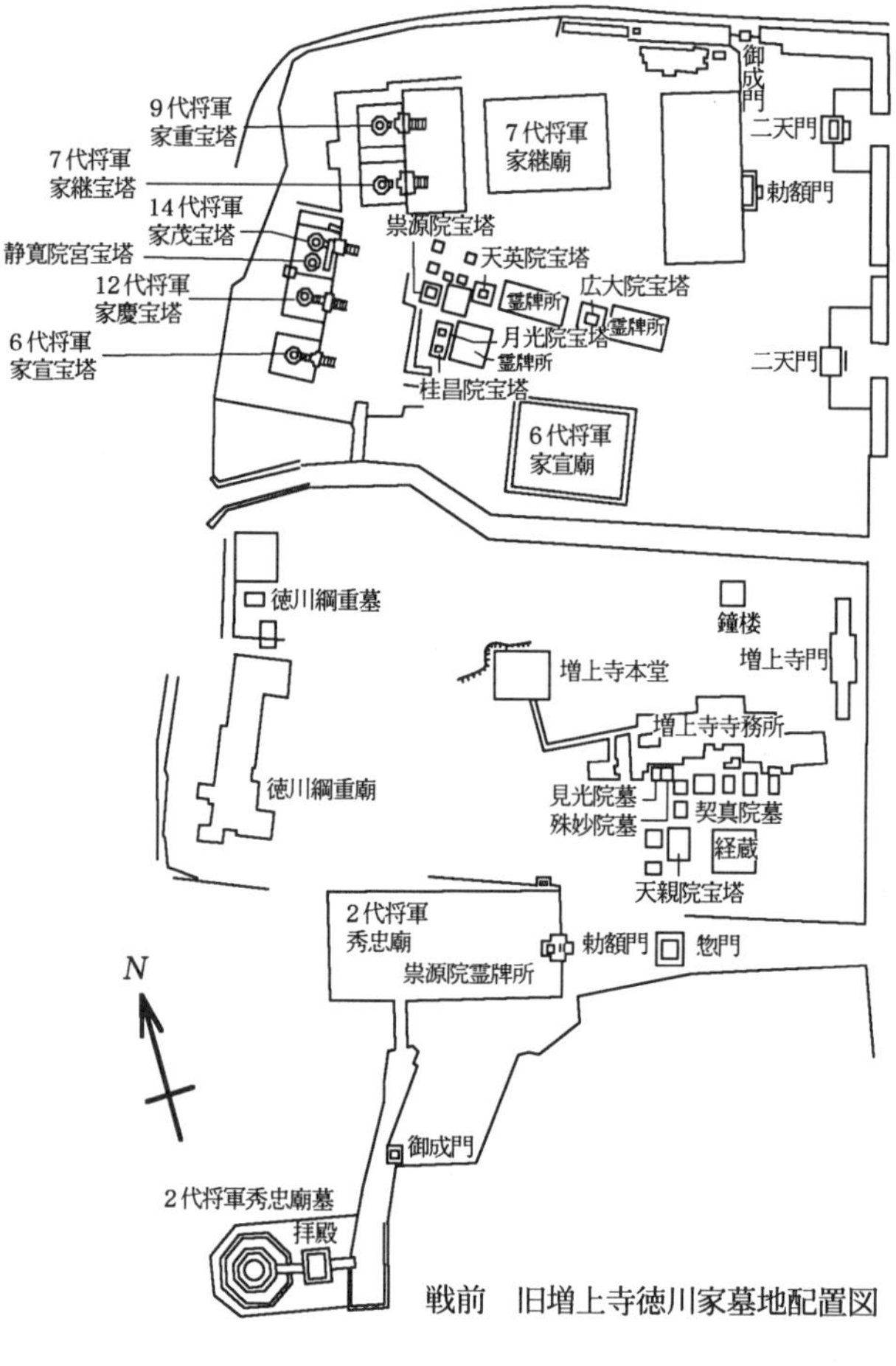

戦前　旧増上寺徳川家墓地配置図

二代秀忠［台徳院殿］

康の建立になる入母屋《いりもや》造りの楼門で、三門左手奥の経蔵（都有形）とともに都心に現存する最古の建造物である。境内の梵鐘は、「今鳴るは芝か上野か浅草か」と江戸の庶民に親しまれ、遠く木更津（千葉県）まで鳴り響いたという。

戦災に遭うまで、増上寺の南側に秀忠、北側に家宣・家継などの御霊屋《みたまや》があった。これらは当時の建築技術の粋を結集したもので、各々国宝指定を受けていた。今日では、入口の「鋳抜門《いぬきもん》」（両開きの扉に大きな三葉葵がそれぞれ五つずつついた立派な門）と将軍たちの宝塔にその面影を偲《しの》ぶのみである。

戦後の昭和三十三年七月から三十五年一月にかけて霊廟《れいびょう》の改葬が行なわれた。このとき一つ一つの墓所が発掘され、墓制と人骨の調査による結果は「増上寺徳川将軍墓とその遺品遺体」（一九六七）と題する報告書にまとめられ残された。その後墓域は売却され、現存する七基のほか秀忠室三代家光母達子（お江与）、家光側室五代綱吉生母（お玉）ら二十数基は合祀された。

二代将軍秀忠は、家康の第三子として天正七年（一五七九）四月、浜松城に生まれた。母は家康の側室於愛の方、西郷の局。二十一歳で関ケ原の戦いに参戦し、五年後の慶長十年（一六〇五）四月には弱冠二十六歳で家康の後をうけて二代将軍の位に上った。秀忠の人物や性格を伝える挿話は「徳川実紀《とくがわじっき》」にいろいろ残されているが、その中から引用してみる。天正十八年（一五九〇）彼がまだ十一歳の長丸と呼ばれた頃のこと、聚楽第《じゅらくだい》で秀吉に面接した折、秀吉は機嫌よく彼を迎え、政所《まんどころ》もまた秀忠の髪を結いなおしたり、新調の衣服や袴《はかま》を彼に与えている。秀吉はさらに自分の名から秀の一字をとり、秀忠と名のらせ、長丸に供奉する井伊直政らを呼んで「家康はよい子をもったもの」「年よりもおとなしやか」とほめたとある。また同じ年、秀吉が小田原の北条氏を攻めたときにも、秀忠を招いて秀吉が自ら着用の甲冑《かっちゅう》を与え、「わが武勇にあずかるように」と背を再三撫《な》でられたと

増上寺　徳川家墓所

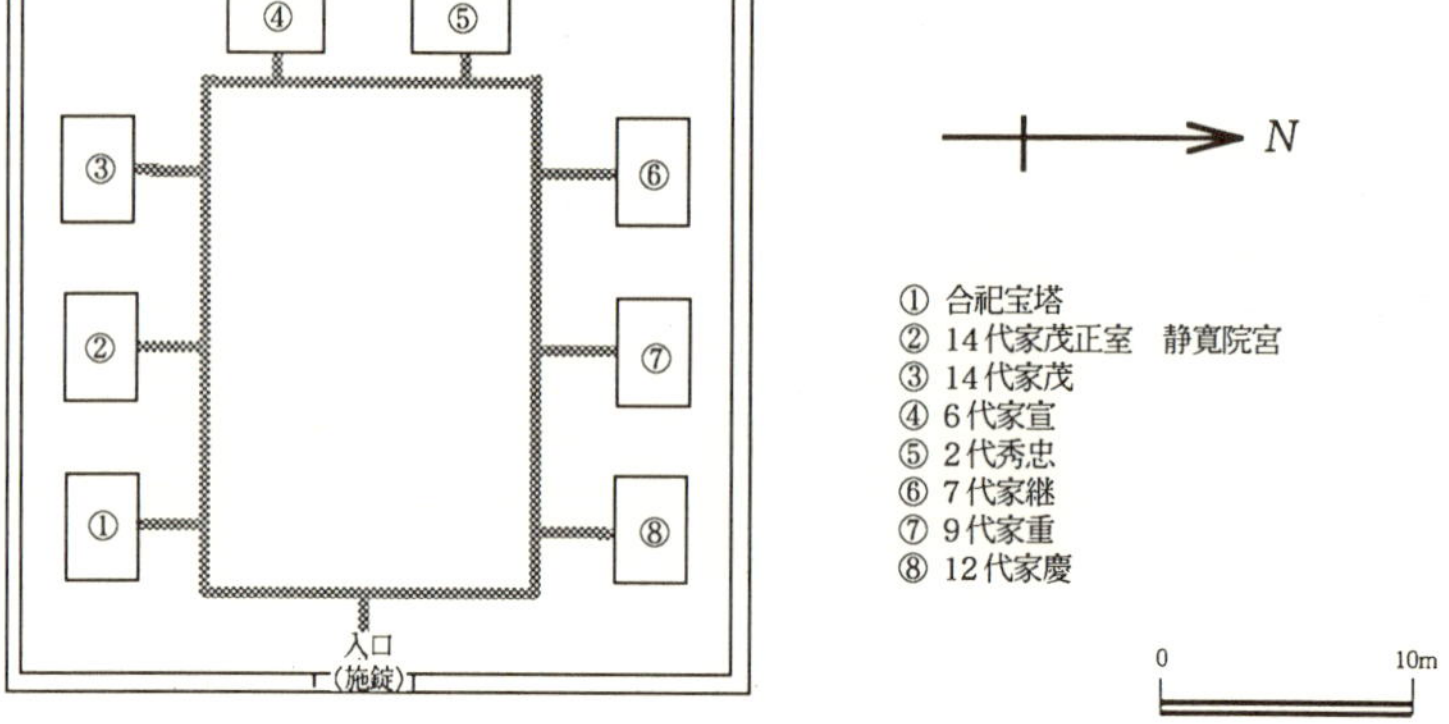

いう。このように秀忠は幼年のころから人にかわいがられる素直な子供であったらしく、成人しては秀吉の信頼が厚かったせいか、彼のはからいで秀吉の養女（浅井長政と織田信長の妹お市の方の間に生まれた三人姉妹の末娘達子）を妻に迎えている（秀忠十七歳、達子は六歳年上で三度目の結婚）。さらに秀忠の晩年のこと、長患いの床にあっても、重臣たちの忠告にもかかわらず、毎日きちんと髪を整え、政務報告を受けたという。それについて秀忠は、「人というものは生ある限り、仕事のない者はいないはずである。いわんや天下の主たる者は死に至るまで、天下のことを聞く責任がある。」と語ったという。秀忠の誠実な性格が目に浮かぶようである。将軍職にあること十八年間、元和九年（一六二三）七月二十九日、四十五歳でその子家光に将軍職を譲り、さらに九年を経た寛永九年（一六三二）一月二十四日、五十四歳で逝去した。台徳院廟に葬られ、「台徳院殿興蓮社徳誉入西大居士」と諡《おくりな》した。

　六代将軍家宣は幼名を虎松といい、三代将軍家光の三男綱重を父とし、側室お保良の方（田中治兵勝宗の娘）を母として、寛文二年（一六六二）に生まれた。虎松の半生は数奇にとんだものである。虎松が生まれた頃、父綱重は二条関白光平の娘と婚約ができていたので、出産のことは内密にしようということで公表しなかった。しかし綱重の正室は子がないまま逝き、後室も迎えたが逝去したので、世継ぎのことが深刻な問題として浮上してきた。この問題は紆余曲折《うよきょくせつ》はあったが、結局、家宣が甲府侯綱重邸に入ることで結末を迎え、彼は再び虎松の名に戻った。延宝四年（一六七六）十二月、元服して綱豊と名のり、その二年後に綱重が逝去したので、家督を継ぐことになった。一方、五代将軍綱吉は、期待された男子が早世した後には男子に恵まれず、宝永元年（一七〇四）十二月、綱豊が将軍の養子となって江戸城の西丸に移り、名を家宣と改めた。同六年、綱吉の逝去により家宣が将軍職を継ぐ、時に家宣四十八歳であった。家宣は甲府侯の時代からよく父綱重をた

六代家宣［文昭院殿］

七代家継［有章院殿］

すけた側用人間部詮房《まなべあきふさ》と儒者新井白石《あらいはくせき》を重用して政治の刷新をはかり、世に「正徳の治」を成し遂げた。すなわち、将軍職を継ぐと同時に悪名高い「生類憐《しょうるいあわ》れみの令」を廃止し、老中柳沢吉保を罷免《ひめん》、財政の緊縮と金銀貨の改鋳、朝鮮使節の応接儀礼の簡素化などを実施した。家宣は将軍として善政を布くこと約三年、正徳二年（一七一二）十月十四日未明に五十一歳の生涯を閉じた。最後に、御三家や重臣とくに間部詮房にくり返し後事を託しているのは、次代将軍になるべき鍋松（家宣と側室左京の局の間に生まれた）は、いまだ三歳、心残りであったからであろう。［文昭院殿順蓮社清誉廓然大居士］と諡《おくりな》した。

　七代将軍家継は家宣の第三子で、宝永六年（一七〇九）七月に生まれた。母は家宣側室の月光院輝子で、家宣の生存中は左京の局といった。家宣の逝去とともに七代将軍となったが、その時わずか満三歳であったので、家宣の信任が厚く、そのため殊遇を受けた側用人の間部詮房（越前守）が引き続いて養育係を兼ね、常に側近として仕え、政務を補佐した。実際は彼が宰相とはかりながら政務を行った。間部は城内に起居し、家継の傍にあって面倒をみたり、近臣では言いにくいことも代弁して諫めることが多かったので、家継は詮房に気がねをすること、正に厳父に対するが如くであったという。気にいらぬことがあってぐずっている時でも、近習者が「越前が来ますよ」というとすぐに止めたという。また、詮房を慕うこともひとかたならぬものがあり、ある日、詮房が増上寺に詣《もう》でたところ、帰りを待ちわびて玄関口まで迎えに出たところへ詮房が帰城すると、「越前が帰った」といって大喜びし、すぐ詮房に抱かれて大奥に入ったという。また城内の舞台に出て遊ぶ時など、家継が「えちえち」と呼ぶので詮房がそれに答えてお側に行くと、「ととぽむ、ととぽむ」といわれた。これは父家宣が生前猿楽を催したことを思い出し、鼓みの音をまねして、こう言って懐《なつ》かしんだのだろうと伝えられているが、いずれも幼若な将軍のあどけなさを示すものである。家継は元来病弱で、将軍になった年の七月にも一月半ほど病床に伏

九代家重［惇信院殿］

せっている。そして、正徳六年（一七一六）四月三十日、看護の甲斐なく逝った。八歳であった。［有章院殿昭蓮社東誉徳崇大居士］と諡《おくりな》した。さて、七歳の家継に早くも縁組の話がもちあがり、相手はまだ二歳の霊元法皇の皇女八十宮吉子《やそのみやよしこ》と婚約が整う。結納の儀は行なわれたが、家継が逝ったため八十宮は三歳で婚約者を失い、江戸へ降嫁することもなく、生涯未婚のまま貞節を守って四十五歳で世を去った。哀れというべきであろう。京都知恩院山上に葬られたという。

九代将軍家重は八代将軍吉宗の長子、正徳元年（一七一一）十二月の生まれ、幼名は長福丸、母は紀伊藩の旧臣大久保八郎五郎忠直の娘すま子［深徳院］といい、吉宗が紀伊藩邸にあった頃から仕えていた。長福丸は延享二年（一七四五）、父吉宗の隠居に伴い、将軍職を継いだ。長福丸は少年時代から、長子であるが故に、同じ兄弟の中でも学問・武芸の両面に関して、帝王学を目指した教育を受け、享保十年（一七二五）には『嘉辰令月』としたためた書を、老中安藤対馬守に与えている。しかし成長するに及んで次第に病気がちとなり、将軍になってもすべての政務は重臣に任せ、自らは朝会に出席する以外は大奥にいることが多かったので、家重の日常の言行を知るものは少なかった、と『徳川実紀』は伝えている。このため小姓や小納戸のような近習ですら、用事がないので手持ち無沙汰であったという。そのころの近習の話によると、整髪の時でも油を使うことを嫌ったので、髪はいつも乱れていたし髭《ひげ》もそらないので、朝会の日などは、ご機嫌を伺いながら髭をそってあげたという。さらに伝えられるところでは、家重の言語の発音は明晰でなく、聞き取りにくかったという。御用取次の大岡忠光だけが、この不明瞭な将軍の言葉を理解し取り次ぐことができたというが、それは彼が小姓の頃からお側に侍っていたためであったらしい。『徳川実紀』によると、「ご性質は寛厚にて、ご威儀は厳格」とあり、また「臨朝の御威容はすぐれてけだかく見えさせ給ひければ」並みいる群臣を畏服《いふく》させたという。こ

十二代家慶［慎徳院殿］

のように、家重は身だしなみは良い方ではなかったが、威儀を正して黙って正座すると、容姿は実に立派に見えたらしい。家重には日常ひどい歯ぎしりの癖があり、そのための発音障害があったと思われる。容貌は歴代将軍の中でも最も美男子であったと思われるので、遠くから拝謁するだけの大名にとっては、『実紀』にあるよう気高くさえ見えたことであろう。家重は宝暦十一年（一七六一）六月十二日、死去した。享年五十一歳。［惇信院殿仙蓮社高誉泰雲大居士］と諡《おくりな》した。

十二代将軍家慶は、十一代家斉《いえなり》の第二子で、実母は押田藤次郎敏勝の娘、寛政五年（一七九三）五月に生まれ、幼名は敏次郎といい、家斉の正室広大院が養母となった。同八年十二月に家慶を名のり、文化六年（一八〇九）十二月、有栖川《ありすがわ》宮織仁《おりひと》親王の息女、楽宮《さきのみや》喬子《たかこ》を正室に迎えた。天保八年（一八三七）四月、将軍職をうけ、九月二日、正式に十二代将軍となり、父家斉は大御所となった。しかし、家斉の存命中は大御所政治が行なわれ、家慶の親政とはならなかった。同十二年一月三十日家斉が死去するに及んで、初めて家慶の親裁が可能になり、手初めとして老中水野忠邦を老中首座に任命した。ところで家斉当時の文化・文政時代は町人文化の爛熟期であったが、同時に封建社会の矛盾が表面化した時代でもあった。内には天保八年の大塩平八郎の乱をはじめとして百姓一揆や打ちこわしが続発し、外には列国が日本沿岸に近づき、多くの問題を投げかけていた。これらのことに対処し、かつ幕府の権力を強化するためには大改革が必要とみなされ、天保十二年五月、後に「天保の改革」といわれる諸令の発令をみた。しかし、その過酷さと時流無視によって改革は失敗に終わり、以後は幕府の改革を試みる者はなく、幕府は没落への道をまっしぐらに進むことになる。家慶はあわただしい世情の中で、嘉永六年（一八五三）六月十二日、六十一歳の生涯を終えた。家慶の性格について、『実紀』は「性質は沈静、講粛にして、才良にましますれば」と伝えている。もの静かで、真面目な、有能な人であったとい

十四代家茂［昭徳院殿］

うことであろう。［慎徳院殿天蓮社順誉道仁大居士］と諡《おくりな》した。

最後に十四代将軍家茂《いえもち》と御台所和宮について記す。家茂は十一代家斉の子、紀伊大納言斉順《なりゆき》の長子として弘化三年（一八四六）に生まれた。従って、十二代家慶とは伯父と甥の関係であり、十三代家定とは従兄弟の関係でもある。幼名は菊千代、母は藩臣松平六郎右衛門の娘［実成院］。翌年、紀伊大納言斉彊《なりかつ》の養子となり、嘉永二年（一八四九）四歳で遺領を相続、同四年元服して慶福《よしとみ》と名のる。安政五年（一八五八）六月、将軍家の養子となり、七月に家茂と改名、同年八月将軍家定の逝去に伴い、同年十二月一日家茂への将軍宣下があった。十三代家定に世子がなかったために、将軍の継嗣問題をめぐって二つの意見が対立した。その一つは水戸藩主徳川斉昭《なりあき》の子、一橋慶喜《よしのぶ》を押す一橋派（松平慶永《よしなが》・島津斉彬《なりあきら》ら幕政改革派）、他は、紀伊徳川斉順の子慶福を押す南紀派（井伊直弼《なおすけ》ら幕府内保守派）で、日米間の通商問題調印がからんで激しく対立した。しかし、井伊直弼が大老に就任するに及んで、彼は一橋派を押さえ、独断で慶福を将軍と定め、同時に一橋派の大名や志士への厳しい取り締まりを行ない、世にいう安政の大獄が始まった。この弾圧に憤激した水戸浪士たちは、万延元年（一八六〇）桜田門外において井伊大老を襲って、これを暗殺した。あとを受けて就任した安藤信正は一橋派への弾圧を止め、朝廷と幕府の融和をはかるため公武合体の策をとり、文久二年（一八六二）孝明天皇の妹、和宮親子《かずのみやちかこ》内親王を家茂の正室に迎えることに成功した。しかし、この企ては尊皇攘夷《そんのうじょうい》派の反感をかい、同年一月、信正は坂下門外で水戸浪士たちに襲われて傷つき、間なく失脚した。この事件の後幕府は、一橋慶喜を将軍家茂の後見職とし、松平慶永を政事総裁の任命するなど、幕政改革を行ない、文久三年以降三回にわたって、家光以来絶えてなかった上洛を実行するようになった。尊皇攘夷派と幕府の対立が激化する中で、家茂は元治元年（一八六四）第一次長州征伐を指揮し、慶応二年（一八六六）、第二次長州征伐中、七月二十日大坂城で不幸

十四代将軍正室［静寛院宮］

な短い生涯を閉じた。享年二十一歳であった。

幕府は、相続人が決まっていなかったので、士気に影響することをおそれて将軍の死を秘密にし、七月二十八日に至って家茂の名で一橋慶喜を相続人とし、家茂の名代として征長戦へ出陣させるよう朝廷に奏請した。越えて八月二十日はじめて家茂の喪を発表し、慶喜の宗家相続を布告した。家茂の遺骸は九月六日に軍艦で江戸に帰り、二十三日葬儀が行われ、芝増上寺に埋葬された。［昭徳院殿光蓮社澤誉道雅大居士］と諡《おくりな》された。家茂は慶応二年四月頃までは大坂城内でしばしば乗馬をしたり、鉄砲を撃ったり、軍事訓練の指揮をとったりした。しかし、これ以後、彼は脚気《かっけ》にかかった。一時病状は軽減したが、七月頃からむくみがあらわれ、漢洋の侍医たちが病床に臥す家茂の治療に昼夜をわかたず励んでいる。江戸表の和宮も心配され、脚気の専門医である奥医師遠田澄庵、多紀養春院を、横浜からイギリスの船に乗せて大坂へ派遣している。七月には漢方の巨頭、奥医師浅田宗伯も治療の応援に来る。こうした医師団の必死の治療にもかかわらず、家茂の病状は好転しなかったのである。増上寺から発掘された家茂の遺骨調査で特徴的なのは、家茂の歯が虫歯だらけだったことだという。大の甘党で、大坂城に届けられた病気見舞いの品も、羊羹《ようかん》・白砂糖・氷砂糖などが多く、彼の歯は三十一本中実に三十本までが虫歯に侵されていたという。虫歯がもとで体力が低下し、脚気の悪化に拍車《はくしゃ》がかかったといってもいい、ということのようだ。

ここ増上寺の徳川将軍家墓所にただひとつだけ女性の清楚な宝塔がある。それは、静寛院宮親子《ちかこ》内親王である。仁孝天皇の皇女和宮は、孝明天皇の妹で名は親子といい、六歳で有栖《ありす》川宮熾仁《がわのみやたるひと》親王と結婚の内約が結ばれたが、幕府は公武合体の国策に沿った降嫁の勅許を請い、文久二年（一八六二）二月十一日、和宮と十四代将軍家茂の婚礼の式が行なわれた。それからわずか四年余にして家茂は逝った。家茂亡きあと落飾して、静寛院宮と称し江戸にとどまったが、明治維新後一旦は京都に帰り、明治七年から東京麻布市兵衛町の屋敷でひっそりと暮らした。明治十年（一八七七）、脚気療養のため箱根塔の沢、環翠楼に赴いたが、九月九日にわかに衝心《しょうしん》（心臓麻痺《まひ》）の発作でこの世を去る。三十一歳であった。奇しくも夫を死なせた病気と同じ、よくよく薄命に生まれついた高貴の人であった。九月十三日、遺体は芝増上寺に埋葬され、［静寛院宮一品内親王好誉和順貞恭大姉］と諡された。いまわの際に、自分は故家茂将軍の未亡人だから必ず先公の廟側に葬ってほしい、と遺言したという。和宮は幕府軍が鳥羽伏見の戦いに敗れてから、新政府軍の江戸侵攻の中止を、戦後は徳川氏への寛大な措置を朝廷に嘆願するなど、平穏にみえた江戸開城に隠れた功があったことも広く知られており、書や和歌に長じていたことも知られている。わずか四年余の結婚生活であったが、その間武家の旧い慣習の中で生活され、勝ち気できかぬ気の家定夫人天璋院との融和につとめ、希望した上洛もできず、三回に及ぶ家茂の上洛の留守を守って非常な労苦を味わわれたのであった。家茂との不和が伝えられているが、実際には家茂は石竹や金魚、べっこうの簪などを和宮に贈ったり、お付の女中にまで物を配ったり、気位の高い妻の機嫌をとってさえいる。『再夢紀事』には、家茂が松平慶永と政治問題などを話し合った時「公武合体の実をあげるためには、宮様との間柄が大事と思い、誠心誠意努力した」と語ったと書かれている。歴代将軍のうち、側室、愛妾がいなかったのは家茂だけであり、和宮は体が弱く一度も懐妊しなかったというが、家茂上洛に際しては芝増上寺の黒本尊（家康の守本尊であった阿弥陀如来）の御札を勧請し、お百度参りをして無事を祈ったといわれている。降嫁の時の固辞はあったにせよ、和宮にとっても家茂にとっても、結婚生活は楽しいものであったのだろう。ただあまりにも短かっただけに痛恨の思いが残る。ちなみに有吉佐和子氏の小説『和宮様御留』に述べられている和宮の替え玉説は、完全なフィクションである。有吉氏が論拠のひとつとしている「本物の和宮は両手

阿部正次［英隆院殿］

が普通であったが、降嫁した和宮は左手が不自由であった。」とする説は、骨格人類学からは否定されている。（『骨は語る徳川将軍・大名家の人々』鈴木尚著・東京大学出版会）

2　安蓮社《あんれんしゃ》

浄土宗　港区芝公園三－一－一三
地下鉄日比谷線神谷町駅下車五分

増上寺の別当寺院の一つ。門を入って奥の石塀際に巨大な宝篋印塔が一基建っている。徳川幕府の創成期の功により将軍の命で増上寺境内に石塔が建てられた阿部正次のもので、［英隆院殿前侍従運誉豪翁覚了大居士］の法名、正保四年（一六四七）十一月十四日没した。齢七十九。

家康の譜代三河出身の家臣阿部正勝が天正十八年（一五九〇）、武蔵鳩谷《はとがや》五千石を知行し、子の正次が相模で五千石を加増されて鳩谷藩が成立した。正次は後に栄進し、大多喜《おおたき》、小田原、岩槻《いわつき》藩と移り、寛永三年（一六二六）には八万六千石余となった。同十五年嫡男重次に四万六千石を譲り、前記年月日に大坂城番中に死去した。正次は、寛永十四年（一六三七）の島原の乱に際して、将軍の上意を待たず九州の諸大名へ討伐命令を下したが、咎《とが》められず逆に賞されることなどでもわかる通り、将軍の信任は厚いものがあった。

石塔は台上四メートルほどあり、石門と燈籠が大名らしい風格を添えている。

なお、隣接していた土井利勝（下総古河十六万石）の墓碑は土井家菩提寺正定寺《しょうじょうじ》（茨城県古河市大手町）へ平成二年九月ごろ移葬された。

墓域には、区指定史跡の普及観智国師の墓がある。

陸奥　南部家

3　金地院《こんちいん》

臨済宗　港区芝公園三－五－一四
地下鉄日比谷線神谷町駅下車八分

東京タワーの正面に当る道路を隔てた石塀越しに石塔の先端が見える。そこが金地院で、徳川家康の政治顧問であった崇伝《すうでん》が開基、その待遇は十万石格の大名並みであったという。

本堂の右側一帯は陸奥盛岡二十万石（のち十三万石）、陸奥七戸一万一千石、陸奥八戸二万石の南部家一族の墓所である。

盛岡藩南部家は藩主の墓はないが、江戸に居住した正室、側室、子女たちの墓碑が多くある。正室の墓碑は、石門を構え透垣を巡らしたなかにある堂々たる五輪塔で、五代行信室［清浄院殿玉峯宗秀大姉］（長門府中毛利光広娘）をはじめ、七代利幹《としもと》室［仙桂院］から十四代利義室［法雲院殿實巖宗際大姉］まで整然と並んでいる。

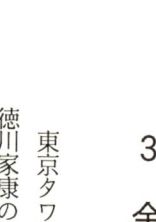

南部信直は秀吉に領土十万石を安堵され、藩祖利直は信直の長子で、慶長二年（一五九七）盛岡城を完成している。利直の子重直は世子を定めず江戸で没し、家名断絶の危機に直面したが、四代将軍家綱の命により寛文四年（一六六四）、重直の遺領のうち南部藩八万石が弟重信に、八戸藩二万石が弟直房に分知された。その後、天和三年（一六八三）十万石に高直しされ旧に復した。また利敬《としたか》より蝦夷地の警備に当ったので、文化五年（一八〇八）二十万石に高直しされた。その後、利剛《としひさ》は奥羽列藩同盟に加わったため明治元年（一八六八）領地を没収され、男利恭《としゆき》に改めて陸前白石十三万石が与えられ、明治二年版籍奉還後盛岡に復した。

陸奥八戸二万石南部家初代南部直房は寛文八年（一六六八）六月、立藩五年後に、二藩分立に対する遺恨により本藩から送られた刺客によって暗殺された。これは、八戸藩にとって重大事件であったが、公儀には病死として届け出て事なきを得る。直房の長子直政は父

一柳直重［直指院殿］

の急死により八歳で家督を継ぐ。歴代藩主中鴻学賢才の英主といわれ、将軍綱吉に厚遇され、二十八歳で御詰衆に、翌年には御側衆となり、三カ月後に柳沢吉保とともに側用人に起用されている。これは外様大名という直政の身分にとっては異例中の異例であった。しかし、病気のため在職三カ月で辞任、これより以前、陸奥福島五万石を賜る旨示達があったが、これは固く辞している。そして、元禄十二年（一六九九）三月十六日三十九歳で病死する、直政（遠江守）［天祥院殿前遠州大守月瀾宗真大居士］と室志久子［妙雲院殿光厳宗瑞大姉］の墓がある。だが、直政の死は夫人（盛岡藩五代南部行信の四女）のお側付き女中の手による毒殺といわれ、八戸藩成立後、初代、二代と暗い事件が続いたのである。墓所に藩主、室、側室、子女、二十数基がある。

陸奥七戸一万千石南部家は、盛岡南部家の分家で、盛岡藩主重信の二男政信は元禄七年（一六九四）、兄行信（盛岡藩主）の領地のうち新田五千石を分与され、幕府の旗本に列した。宝永三年（一七〇六）から本家より五千俵を給せられるようになった。その後、信隣《のぶちか》の代、文政二年（一八一九）本家より六千俵を加えられて一万千石の禄高となり、のち陸奥七戸を居所とした。三代信民は奥羽列藩同盟に加わったので、明治元年千石を削減された。当家墓碑は、初代信隣［燿篤院］・室［浄香院］のほか一族十五基を数える。

当院の墓域左奥に大きな五輪塔が目につくが、これは伊予西条三万石一柳《ひとつやなぎ》家の墓所である。二代直重［直指院殿見叟宗性大禅定門］は父直盛の嫡男、慶長十四年（一六〇九）家康に謁し、従五位下に叙せられ、丹後守に任ぜられる。大坂両陣では、父に従って参戦した。寛永十三年（一六三六）直盛が伊予西条に封ぜられ、就封地への途中大坂で没したため、父の遺領のうち三万石を継ぎ、二万三千六百石を次弟直家へ（合計二万八千六百石）、一万石を三弟直頼に分けた。直重の就封によって伊予西条藩は名実ともに成立し、喜多浜町に陣屋が建設され、従来から繁栄していた大町より有力町人を移住させて、陣屋町の整

三河西尾　松平家

備も進められた。さらに加茂川の改修工事と新田開発が進められ、広大な新田地帯を出現させた。直重は正保二年（一六四五）六月二十四日没した。齢四十五。三代直興《なおおき》は遺領二万五千石を相続、五千石は弟直照に分与した。直興は勤務不良、藩治失政、不行跡等を咎められて除封、加賀前田綱紀にお預けの身となった。弟直照の子孫は五千石の旗本として存続した。

境内には掘杏庵《ほりきょうあん》（都指定旧跡・江戸前期の儒学者で藤原惺窩《せいか》門下の四天王の一人）と相馬大作（南部家の臣で、仇敵視していた弘前津軽侯を待ち伏せしたが未遂に終わり、幕府により死罪）の墓がある。

4　天徳寺《てんとくじ》

浄土宗　港区虎ノ門三―一三―六
地下鉄日比谷線神谷町駅下車三分

天徳寺は慶長十六年（一六一一）創建され、十三支院を有し、尾張・越前侯をはじめ十二諸侯の菩提寺であったが、今は昔日の面影はない。

寺の前の道を隔てて狭い墓地があり、三河西尾六万石「松平家之墓」・「大給《おぎゅう》家累代之墓」、武蔵川越六万石「松井（旧松平）家之墓」、美濃今尾三万石「竹腰《たけのこし》家之墓」がある。

大給系松平家は、松平親忠の次男乗元が三河国加茂郡大給に居住したのが始まり、家元は天正十八年（一五九〇）、家康の関東入国に際し上野国内で一万石を領した。ついで慶長六年（一六〇一）に美濃岩村に二万石加増転封。その後、転封をかさね、明和元年（一七六四）に三河西尾に入封定着、廃藩置県を迎えた。

松平（松井）家は康重が関東入国にさいし武蔵内で二万石を領したのをはじめ、慶長六年

三河西端　本多家

に常陸笠間《ひたちかさま》三万石に加増転封となり、その後転封をかさね、慶応二年（一八六六）に武蔵川越に入封、廃藩置県を迎えた。

竹腰家は代々尾張徳川家の付家老をつとめる。竹腰正旧《まさひさ》は文久三年（一八六三）家督を相続、美濃今尾三万石を領し、慶応元年（一八六五）に諸侯の列に加えられ、翌年には版籍奉還した。

5　和合院《わごういん》

浄土宗　港区虎ノ門三－一四－八

地下鉄日比谷線神谷町駅下車三分

天徳寺に隣接する旧支院、三河西端《にしはた》一万五百石本多家の墓「子爵本多家之墓」があり、四十霊の合祀。本多忠寛《ただひろ》（美作守）は嘉永五年（一八五二）に家督を相続し、九千石を知行した。元治元年（一八六四）、天狗党追討の功により加増されて大名となり、二代忠鵬《ただゆき》のとき廃藩置県を迎えた。

6　青松寺《せいしょうじ》

曹洞宗　港区愛宕二－四－七

地下鉄日比谷線神谷町駅下車三分・都営地下鉄三田線御成門駅下車三分

文明八年（一四七六）太田道灌《どうかん》の創建、家康の帰依厚く、かつては安芸浅野《あき》・長門《ながと》毛利・土佐山内侯をはじめ諸侯の菩提寺であったが、今は上総請西《かずさじょうさい》一万石「林家之墓」が一基あるだけである。

林氏は古くから松平（徳川）氏に仕えた直臣で、林忠英《ただふさ》は寛政八年（一七九六）に家督を

上総請西　林家

相続し三千石を知行。十一代将軍家斉の信任厚く、小姓、御側、同御用取次、若年寄を歴任。この間、上総貝渕《かいぶち》一万石、天保十年に一万八千石を領したが、家斉の死とともに免職となり一万石に減封され隠居を命じられた。明治元年（一八六八）、四代忠崇《ただたか》が新政府に反抗し藩領を没収された。二十一歳の青年藩主忠崇は、徳川家への恩義で自ら脱藩して戊辰戦争に身を投じ、藩兵約七十人を従え、陣屋に火をかけて生還を期さぬ覚悟を示した。「民を虐《ぎゃく》して家を全《まっと》うするも本意ならず」との言葉に領民たちは感動の涙を流し、土下座して一行を見送ったという。新政府は忠崇が領民を捨てて脱走した行為に対し、領地召し上げ、ここに請西藩は消滅した。忠崇は箱根の関所の戦いで敗れ、転じて奥州列藩同盟にも参戦し各所で戦ったが、米沢・仙台藩の降伏を見るやついに自らも降伏した。彼の脱藩、抗戦の目的は、ただ徳川家の再興にあったわけで、徳川家達《いえさと》（十六代当主）に駿河七十万石を下賜すると決定したことが伝わったため、矛《ほこ》を収めることにしたのであった。忠崇はその後三年間は謹慎を余儀なくされたが、明治四年（一八七一）に赦免、林家は忠崇の義弟（三代忠交《ただかた》の子）忠弘に相続を認められ士族に編入され、明治二十七年（一八九四）華族に列し、男爵を授けられ、ようやく名誉を回復したのである。最後の殿様忠崇は、昭和十六年（一九四一）一月、九十四歳で没した。江戸最後の武士《もののふ》でもあった。

境内には井上金峨《きんが》（都指定旧跡・江戸中期の儒者）、槍持《やりもち》勘助（元禄のころ、津山松平家の足軽。主君の槍が長大で重く、そのため大名行列の供先にあって槍を持つ槍持ちたちは倒さぬようにとの苦労が多かった。義侠心の強い勘助は難儀を後のものに残すまいと、覚悟して槍の柄を切り落として切腹したという。）の墓がある。

7　西応寺《さいおうじ》

浄土宗　港区芝二―二五―六

ＪＲ田町駅下車三分・都営地下鉄三田・浅草線三田駅下車五分

上野前橋　松平朝矩継室［栄運院殿］

但馬豊岡　杉原重長［悟真院殿］

正慶二年（一三三三）北条高時の末女時姫が出家し創建したという。安政五年（一八五八）の日蘭通商条約によって、その翌年この寺に宿館が設置された。最初のオランダ公館宿館跡の標柱（都指定旧跡）が建っている。慶応三年（一八六七）の兵火（庄内藩ほかの薩摩屋敷襲撃＝俗に御用盗探索）により全焼し、さらに戦災のために墓碑はすべて火をかぶったという寺側の説明。

墓地にある五輪塔は、上野前橋十七万石松平（越前）家五代朝矩《とものり》の継室［栄運院殿煥誉妙真貞曄大姉］は藤井右京権大夫兼矩の娘の墓碑で、文化二年（一八〇五）四月二十日死去。もうひとつの墓碑は、近江水口《みなくち》二万五千石加藤家十二代明実《あきざね》室［宝蓮院殿心誉一念貞薫大姉］は伊予大洲加藤泰幹《やすもと》八女繁、明治十三年（一八八〇）八月九日死去。

ほかに、合祀碑「牧野家累代の墓」がある。越後三根山一万千石牧野家は、幕臣で六千石を知行していたが、本家長岡藩の願いにより高直しされ大名となり、明治三年（一八七〇）三根山改め峰岡とし、翌年廃藩置県を迎えた。

墓碑はすべて戦災をうけ、火になめられていて黒ずみ、痛々しい。

8　林泉寺《りんせんじ》

曹洞宗　港区三田四―三―二〇

ＪＲ田町駅・都営地下鉄三田線・浅草線三田駅下車一五分

但馬《たじま》豊岡一万石杉原家の菩提所で、二代重長（伯耆守《ほうきのかみ》）［悟真院殿前大守覚全浄本大居士］と三代重玄《しげはる》［光顕院］の墓碑がある。重長の父長房は豊臣秀吉の正室高台院の従兄、母は浅野長政の娘。十四歳で遺領を継ぎ、豊岡二万五千石の藩主となる。正保元年（一六四四）十月二十八日、二十九歳で没する。妹の子重元（のち重玄）を末期《まつご》養子にと願った

開基　水野忠重［常林院］

出羽新庄　戸澤家

が、この頃はまだ末期養子は認められていなかったので、翌年五月一万五千石を減封され、家名相続が許された。しかし重玄は十七歳で没し、嗣子なく絶家となる。

9　常林寺《じょうりんじ》

曹洞宗　港区三田四－五－一四
ＪＲ田町駅　都営地下鉄三田線・浅草線三田駅下車一五分

前記林泉寺の横道を入って正面にあり、開基は三河刈屋《かりや》城主三万石水野和泉守忠重［常林院］である。

慶長五年（一六〇〇）家康が関ケ原の役の前夜、上杉景勝の征討で下野国《しもつけ》小山に布陣、そのころ忠重は三河池鯉鮒《ちりゅう》の宿で石田三成の刺客に殺害された。家康にとって水野家は生母於大《おだい》の方の里方に当たり大事な存在であった。忠重の長子勝成は家督を継いでのち備後《びんご》福山十万石、四男忠清はのちに信濃松本七万石を領した。忠重の五輪塔［当山開基嶽翁常林大居士］慶長五年（一六〇〇）七月一日没と下総結城《しもふさゆうき》一万八千石「水野家累代之墓」がある。

隣の宝篋印塔は出羽新庄《しんじょう》六万八千二百石「戸澤家累代之墓」で大きな石塔である。藩祖戸澤政盛（右京亮《うきょうのすけ》）は文禄元年（一五九二）に出羽角館《かくのだて》四万四千石余を領し、慶長七年（一六〇二）に常陸松岡四万石、ついで元和八年（一六二二）には出羽新庄六万石に加増転封となり、以後変わることなく廃藩置県を迎えた。

墓域には、安島直円《あじまなおのぶ》墓（都指定旧跡・江戸中期の数学者で、直線と円を合わせた数学者らしい名をつけた彼は、現在の定積分に近いものも発明している）がある。

保科正之継室　お万［聖光院］

10　實相寺《じつそうじ》

浄土宗　港区三田四－一二－一五
ＪＲ田町駅・都営地下鉄三田線・浅草線三田駅下車一五分

前記常林寺の隣にある實相寺は、会津藩主保科正之《ほしなまさゆき》（のち松平姓）が江戸における菩提寺をここに定め、二代正経の生母聖光院により再興された。

正之は、二代将軍秀忠の子、すなわち三代家光の異母弟、その上家光が死に臨んで親しくその手を取り、四代家綱の後見を託したという程の人物であった。会津藩主としては、職制・土地及び租税制度の整備、新田開発の奨励、社倉《しゃそう》・義倉《ぎそう》の設置など、数々の治績をあげ、一方、神道・朱子学を熱心に信奉し、吉川惟足《よしかわこれたり》や山崎闇斎《やまざきあんさい》を招いて教学の振興をはかった。名君の誉れ高く、会津武士の伝統を作った人物であった。また、家綱の輔佐としては、家光の死後動揺した幕政をひきしめ、大名とりつぶしの手を緩めて浪人の放出を防ぎ、一方人質を廃し殉死を禁ずるなどの善政もあって、諸大名から有難がられていたのである。

さて、正之の正室内藤政長の娘は早く亡くなっていたので、側室数人があったが、そのうち藤木氏（継室お万・聖光院）は世子《せいし》正経を生み、最も勢力があった。万治元年（一六五八）七月、正之の娘須摩姫は加賀前田綱紀に嫁ぐことが決まっており、ときに新郎十六歳、新婦は十歳であった。ところが、挙式も間近い頃、須摩の異母姉上杉夫人が中毒死するという不祥事が勃発《ぼっぱつ》した。お万の生んだ娘は米沢藩主上杉綱勝夫人となっていたが、上杉氏より家格も高く富裕のほまれのあった前田綱紀に嫁ぐことが決まった須摩は自分の生んだ娘ではなく、侍妾於塩の方（牛田氏）の娘であったことからお万は心穏《おだ》やかならず、ついに須摩姫謀殺を決するに至ったのである。ある日正之は須摩とその姉上杉夫人とを招いて宴を催した。はじめ上杉夫人が上席に座っていたので、お万は毒物を仕込んだ膳を須摩が座るはずの次席に運ばせるように手配したところ、着席した正之が、妹とはいえ須摩は日本一の大名加賀守の正室なのだからと手を取って上席へ直した。そのため毒入りの膳は上杉夫人の食するところとなり、上杉夫人は屋敷へ戻ったその夜から腹痛を起こし、二日後に十八歳の生涯を終えた。娘（綏君）の変死を知った正之が厳しい詮議を命じた結果、男女七十ばかりに累《るい》が及び、医師など十数人も斬首、切腹を仰せつけられたという。

大名家族の内幕を示す格好の資料であるが、何とも悲惨な話であり、正之の側室の仕業《しわざ》としては出来が悪すぎる。事件の張本人であるお万は、世子正経の生母ということで幽閉にとどめられ、正之の死後正経が家督を継ぐと、生母なるが故《ゆえ》幽閉というわけにもいかず、赦《ゆる》されている。その後正経は腹違いの弟正容《まさかた》（正之の六男）を世子としたが、正経は正容に忠告を与えている。「三田上屋敷の奥では決して食事を口にするな」と。

なお、松平家譜では、側室を継室、準継室、侍妾と区分している。一般的には、正室が死別した後に迎える妻を継室または後室としている。正之には数人の側室がいたが、お万はとりわけ愛されたのであろう、四男五女を生み、成長したのは三男一女であるが、最も多くの子を成した。それだけに、名君正之もこのような事件を招いたお万の女心は到底理解できなかったのではないか。お万は元禄三年（一六九〇）七月十八日、大崎の別邸で没した。［聖光院殿穏誉寂照清安大姉］と号し、墓域の中でずば抜けて大きい笠塔婆である。ほかに、側室・子女たち十数基の墓もある。

11　正覺院《しょうかくいん》

臨済宗　港区三田四―一一―二六
ＪＲ田町駅・都営地下鉄三田線・浅草線三田駅下車一五分

前記實相寺に隣接している正覺院は福島家の菩提寺である。福島正則《まさのり》の墓は供養塔であろう、大きくはないが古めかしい五輪塔である。

福島正則（左）正利（右）

荒大名と勇名のあった正則は、元和五年（一六一九）六月、突如領国（安芸・備後両国四十九万八千石）を没収され、信濃高井野（四万五千石）に移る命を受け、長男忠勝とわずかの家臣を連れて命に従った。しかし、忠勝は翌年二十二歳で死去し、悲嘆にくれた正則は一部領地を返上し、高井野の館で、寛永元年（一六二四）七月二十三日没した。齢六十四。この時妙な手違いが起こり、正則の家臣が幕府派遣の検死の到着を待たずに正則の遺体を火葬にしたため、この落ち度により遺領は収公される。しかし、なぜ正則の遺体を人眼に触れさせず焼いてしまったのであろうか、理由は不明である。そのため自殺説が今も残っている。

六十四歳の正則の胸中には、四十九万石を奪われ、子の忠勝にも先立たれ、信州の片田舎の配所で人生のむなしさを噛《か》みしめることが多々あったのであろう。思えば太閤あっての正則だった。太閤の死後、大局を誤り徳川家にもっぱら忠節を尽くし、結果としては豊臣家の滅亡を見殺しにした。その忠節は実らず、無実ともいえる罪名のもとに処分され、体よく利用され捨てられたといえる。この末路の発端が、実は関ケ原の戦にあったことを正則は思い悔やんで死んだのかもしれない。

後に正則の二男正利は三千石を与えられたが、無嗣絶家となっている。だが嫡男忠勝の孫正勝が天和元年（一六八一）幕府に召し出され、翌年二千石を与えられている。正勝はのち小姓組番頭となり、子孫は二千石の中堅旗本として存続、すなわち正則の嫡流は続いたのである。

ところで、正則・忠勝の墓は京都妙心寺海福院、正則の霊廟は長野県小布施《おぶせ》町岩松院にある。当寺のものは、供養塔であろう。正則は［海福寺殿前三品相公月翁正印大居士］、正利（正則四男）［正覚院殿霊厳宗伯大居士］は寛永十四年（一六三七）十二月八日死去している。

越後長岡　牧野家

12 済海寺《さいかいじ》

浄土宗　港区三田四―一六―二三
ＪＲ田町駅・都営地下鉄三田線・浅草線三田駅下車一三分

前記正覚院のある幽霊坂を上ると亀塚公園で、隣接して済海寺がある。亀塚（都指定史跡）の塚の下から弥生期の土器が出土している。済海寺には、安政五年（一八五八）日仏通商条約により最初のフランス公使宿館（都指定旧跡）が設けられた。

済海寺は寛永三年（一六二六）、老中牧野駿河守の後援で念無聖が創建した。

墓域に入って右の塀際に、越後長岡七万四千石「牧野家之墓」一基がある。改葬された合祀碑である。過去帳を見ると歴代多数の墓があったが、みな国許長岡へ移葬されている。改葬されたのは八藩主・五正室で、昭和五十七年（一九八二）末に区教育委員会立ち合いのもとで行なわれ、貴重な副葬品が発見された。大名家の葬送の実態が不明だっただけに、解明の手がかりが得られた。

牧野家は三河以来の徳川の重臣で、藩祖康成《やすなり》（右馬允《うまのじょう》）は天正三年（一五七五）長篠の役以来幾多の攻城野戦の功により家康の信任も厚く、天正十八年、家康の関東入国に及んで上野大胡《おおご》城主二万に封ぜられた。その後転封をかさね、元和四年（一六一八）に越後長岡に入封定着、七万四千石を領す。維新当時の長岡藩は、幕府と討幕派の間で苦しい立場にあった。慶応四年（一八六八）五月、家老河井継之助と軍監岩村精一郎との会談が決裂して、ついに北越戦争長岡城攻撃となった。戦さの後、所領没収の処分を受け、その後新たに二万四千石が与えられた。

当寺は伊予松山松平家（のち久松に改姓）の菩提所でもあり、三代定頼（隠岐守）［乾光院］から十五代定昭（伊予守）まで歴代藩主と正室・側室・子女の墓三十基ほどが建って

伊予松山　松平家

いる。

中央は五代定直《さだなお》（隠岐守）［大竜院殿之墓］享保五年（一七二〇）十月二十五日没、左は六代定英《さだひで》（隠岐守）［天楽院殿之墓］享保十八年（一七三三）五月二十日没、右は八代定功《さだなり》（隠岐守）［光輝院殿之墓］明和二年（一七六五）二月十一日没。

五代定直は伊予今治三万石松平（久松）定時の長男として生まれ、松山藩松平定長の養子となり、本家を相続する。寛文から延宝年間にかけて度重なる天災によって藩の財政に破綻が見え始め、多大の藩費を投入して、まず財政収入の基盤となる農業生産の安定強化を図った。その上で税制改革を行ない、年貢増収となり、財政にゆとりができるようにした。この安定した経済を背景に、松山城下を中心とする地方文化を発展させた。定直は壮年の頃から和歌・俳諧を嗜《たしな》み、とくに榎本其角《きかく》・服部嵐雪など江戸名俳人の指導を受け句作に興ずることが多かったので、藩士の中からも俳人が現れ、俳諧を嗜む藩風が生まれた。十代定国も少年期より俳諧を嗜み、天明～寛政の伊予俳諧の黄金時代をつくる。この伝統は、明治期に正岡子規をはじめ多くの俳人を生む素地となり、今日でも松山の俳句熱は旺盛である。ちなみに松山城に上ると道のあちらこちらに句箱が設けられ、投句を促している。なお、松平家墓地は近頃荒廃が目につき、少しずつ改葬が進んでいる。

さて、伊予松山十五万石松平（久松）家の藩祖定勝（隠岐守）は久松利勝の四男、母は家康の生母お大の方。母の縁で同姓に准ぜられ、松平の称号使用を許されている。慶長五年（一六〇〇）に遠江掛川《とおとうみかけがわ》三万石を与えられ、その後、加増をかさね、元和六年（一六二〇）伊勢長島十一万七千石を領した。寛永十二年（一六三五）伊予松山に入封し定着、十五代定昭（伊予守）のとき廃藩置県を迎えた。

三河挙母　内藤家之墓

大和竜田　片桐孝利（右）室（左）

13 光台院《こうだいいん》

浄土宗　港区高輪一－二三－三
都営地下鉄浅草線高輪台駅下車一三分

三河挙母《ころも》二万石内藤家の菩提所で、改葬された「内藤家歴世墓」一基がある。

内藤政晴（兵部少輔《ひょうぶのしょう》）は政長（日向《ひゅうが》延岡七万石藩祖）の四男。寛永十一年（一六三四）に兄忠興の所領陸奥《むつ》泉藩を継ぎ別家となり、上野安中《あんなか》を経て、寛延二年（一七四九）三河挙母に入封し定着。十一代文成のとき廃藩置県となった。

14 源昌寺《げんしょうじ》

曹洞宗　港区高輪一－二三－二八
都営地下鉄浅草線高輪台駅下車一〇分

前記光台院に隣接している。慶長十年（一六〇五）麹町六番町に創建、片桐且元《かたぎりかつもと》が開基となり、寛文八年（一六六八）当地に移る。

且元は秀吉に仕え、天正十一年（一五八三）、賤ケ岳《しずがたけ》の戦いに敢闘して七本槍の一人に数えられた。秀吉の死後は秀頼の補佐役を勤め、加増されて摂津茨木で三万石を領した。慶長十九年（一六一四）方広寺鐘銘事件を契機に大坂を退去し、徳川家に属し、大和竜田四万石を領す。且元は、家康と豊臣家の間にあって豊臣家の延命を図ったが、不成功に終わった。且元の秀頼補佐役という職務それ自体が不運であったとしか言いようのないことだろう。

墓地に入って、桜田通りに面した参道の半ばに、片桐家二代孝利（且元次男、出雲守）［祥雲院殿真英宗哲大居士］・室［松寿院殿花眉樹栄大姉］の墓がある。孝利は寛永十五年八月一日没す。齢三十八。子がいなかったので、十一月十日弟為元に家名相続が認められたが、三万石を減封され、一万石を領した。為元の長男（且元の孫）為次は遺領一万石を継ぐが、明暦元年（一六五五）十一月、十五歳で没する。無嗣のため領地は収公となったが、先祖の旧勲により、翌年二月弟の且照に名跡相続を許され、三千石を与えられた。しかし、その養子貞就の後、無嗣断絶となった。

15 広岳院《こうがくいん》

曹洞宗　港区高輪一－二四－六
都営地下鉄浅草線高輪台駅下車八分

寺と墓地は少し離れているので門扉の鍵を借りて墓地に入ると、中央に肥前鹿島二万石鍋島家の墓碑が十基ほどある。

二代正茂［清鏡院殿一円日光大居士］、四代直條《なおえだ》（備前守）［正統院殿前備州大守泰窩浄春大居士］と正室於里津（中野氏）［蓮清院殿明誉花月貞光大姉］の墓は塔婆型石塔だが、墓面の傷みは激しい。

鍋島正茂は忠茂（本藩直茂二男）の長男として江戸に生まれた。忠茂は人質として江戸城に参府、将軍秀忠の近習として仕え、その奉公抜群であるとして、従五位下和泉守に任ぜられ、秀忠の一字をもらって直房を忠茂と改め、下総国矢作《やはぎ》領五千石を馬飼料として賜与された。これにより後、本家鍋島氏は竜造寺氏の遺領を安堵され、忠茂の江戸奉公の勲功に報いるため、本家勝茂は直茂と計り封地二万石を授けた。これが鹿島藩の始まりである。

さて、正茂の代の寛永十年（一六三三）十月、本家勝茂から九男直朝《なおとも》を養子にせよとの要請があり、「三十一歳の自分はまだ若年、子が生まれないとは言えぬ。」と正茂は強く反対した。たとえ嗣子が出来なくても藩の後継には弟茂久もいると述べて従わなかった。重ねての要請にも「父忠茂は鍋島本家のため質子《ちし》として江戸に行き、千辛万苦して佐賀三十

肥前鹿島　鍋島正茂

万石を安泰せしめたではないか、それを何ぞや、養子を強いてここに至るや」と憤慨して受けつけなかった。しかし、勝茂は耳をかさず強引に直朝を養子にしてしまった。正茂に子正恭《まさやす》が生まれたのは寛永十四年（一六三七）であった。同年、島原の乱に出陣、乱が終わった同十七年、養子直朝は叙任し従五位下諸大夫の官位についたが、この時正茂は布衣《ほい》（六位相当で大名の最低資格）だった。勝茂との反目が再び表面化した。勝茂は正茂に隠居を求め、これでさらに険悪なものとなる。一方、正茂は弟茂久を後継者として老中に上奏した。激怒した勝茂との争いは深刻なものとなり、ついに正茂は鹿島の領地を捨て、義絶して江戸に去った。時に寛永十九年。江戸に出た正茂は、父の知行地五千石をもって幕府の旗本となり、御書院番を勤めた。貞享三年（一六八六）十二月八日、八十一齢で没した。胸中いかなるものが去来せしか。

直條は父直朝の第二子、六歳で字を覚え、八歳では大学を読むという学問好き、極めて聡明で仁慈の心が厚く、勤倹・節約に勤め、政治に通じ、禅をおさめ、詩文・儒学にも長じた学者であった。若くして文学を好み、林大学頭《だいがくのかみ》と交わり、その他多くの学者・詩人と交流して研鑽に努めた。延宝六年（一六七八）、鹿島に大洪水があり食糧難にみまわれた時、藩の倉を開いて民を救った。また、直條の夫人が三十六歳で死去した時、直條は自ら文を書いて塔背に刻んだ。側室中野氏は元禄八年に五代藩主となる直堅《なおかた》を生んだので、同十年正室となる。直條の著に『休々集』『楓園集』『花頂山記』『蒙山和歌集』『蒙山法喜集』『鹿島志』などがあり、蒙山は雅号、楓園は江戸の館名である。特に『鹿島志』は、今日郷土資料としてよく引用されている。宝永二年（一七〇五）四月三十日江戸で没した。齢五十。夫人は二年後の同四年十月九日に死去した。

松平忠国室［松光院］

16 松光寺《しょうこうじ》

浄土宗　港区高輪一－二七－一八
都営地下鉄浅草線高輪台駅下車五分

松平（藤井系）家の菩提所であるが、四代忠国（山城守）の室［松光院殿栄誉寿昌大姉］の宝篋印塔《ほうきょういんとう》がぽつんと一基だけあるのは、いかにも寂しげである。墓所は立ち木もなく、荒涼とした雰囲気を漂わせている。松光院は美濃大垣戸田氏鉄《うじかね》の娘、五代信之の母で、貞享五年（一六八八）一月八日に没した。

藤井系松平家は、松平長親の五男利長が三河国藤井に居住したのが始まりとされ、二代信一は家康の関東入国に従い、下総布川五千石を与えられ、関ケ原の戦い後、常陸土浦三万五千石の大名に取り立てられた。以来転封加増を重ねて忠国は慶安二年（一六四九）播磨《はりま》明石《あかし》七万石。元禄六年（一六九三）六代忠之は狂気により、突如改易となり、弟信通が名跡を継ぎ、備中庭瀬《びっちゅうにわせ》三万石から、元禄十年に出羽上山《かみのやま》に移され、定着、以後維新に至る。奥羽越列藩同盟に加わったため信庸《のぶつね》は隠居させられ、弟信安に二万七千石が与えられた。

なお、忠国は民政に力を入れ、善政を布く。父信吉と同じように文学を好み、『源氏物語』や『平家物語』のゆかりの地でもあるここ明石を愛した。光源氏や明石入道の碑を建て、自詠の和歌を刻ませた。松陰新田では今なお開村の恩人を偲び、毎年命日に「道覚まつり」を実施している。道覚とは忠国の法名であり、昭和三十九年には没後三百年の大法要が営まれた。

17 泉岳寺《せんがくじ》

曹洞宗　港区高輪二－一一－一
都営地下鉄浅草線泉岳寺駅下車一分

浅野内匠頭長矩

長矩室［瑤泉院］

『元禄忠臣蔵』といえば、日本中知らない人はいない。元禄十五年（一七〇二）の播州赤穂四十七士の物語、ここ泉岳寺が、この四十七士と主君浅野内匠頭長矩《たくみのかみながのり》の墓所であることはあまりにも有名。東京の名刹の一つとして訪れる人の絶えないのは、赤穂浪士の今も変わらぬ人気の高さを示している。

山門を抜けると、城代家老の大石良雄が着流しで連判状《れんぱんじょう》を持ち、彼方を眺めている銅像が建っている。眺めるは播州赤穂であろうか。

泉岳寺は長矩と義士の墓（国指定史跡）で知られるが、かつて家康が慶長十七年（一六一二）赤坂外桜田に建てたもので、寛永十八年（一六四一）当地に移った大寺院であり、将軍家光の命により浅野家の菩提寺になったということである。

さて、鉄砲州にあった浅野上屋敷の裏門だったものを移築したという門をくぐり、浅野家墓所に入ると、正面に浅野家四代長矩（内匠頭）［冷光院殿前小府朝散大夫吹毛玄利大居士］と少し距離を置いて正室［瑤泉院殿良瑩正澄大姉］の墓が建てられている。

長矩は、元禄十四年（一七〇一）三月十四日、勅使接待役の指図を受けていた高家《こうけ》吉良《きら》上《こう》野介義央《ずけのすけよしなか》を殿中にて切りつけ、刃傷《にんじょう》に及んだ罪は重いと、即日切腹を命ぜられ除封された。ときに長矩歳三十五。さて、家臣の討ち入りまでの話はあまりにも有名なので省略する。夫人の阿久里《あぐり》は長矩死後瑤泉院といい、菩提を弔うこと十三年間、正徳四年（一七一四）六月三日、四十一歳で亡くなった。両人の墓所の間に藩祖浅野長重室［台雲院］、三代長友［景永院］、「浅野家墓」と、断絶した浅野家の再興を願った長矩の弟大学長広［亮監院］の墓が並ぶ。両人の亡くなった時期が違うのだから当然かもしれないが、奇妙と言えなくもない。長広は九年後に召し出され、五百石を与えられ、子孫は旗本として存続した。

別の玉垣内に大石良雄、子の主税《ちから》をはじめとして義士の面々の墓が並ぶ。戒名は読んでも

浅野家

誰かはわからないが、俗名や年齢も墓石に刻まれている。線香を一本ずつ墓前へ供えるのがここの仕来り、前の人のが消えぬうちに置かれ、墓地には絶え間なく煙がたなびいている。

『土芥寇讎記《どかいこうしゅうき》』（元禄三年頃の諸大名の評判記、紳士録ともいうべき幕府の調べた人物像、以後『土芥記』と略す）の記述にみる長矩は「智ありて利発、政治も良く士も農民も豊か、しかし女色を好むこと熱心、故に諂《へつら》い者が主君の好みの婦人を捜し求めて出世している。昼夜閨門に有りて戯れ、政道は幼少の時より成長の今に至って家老の心に任している」とある。さらに男色の気もあったようで、片岡源五右衛門、磯貝十郎左衛門らは、はじめ児小姓《ちごしょう》として召しかかえられ、その寵愛によって側用人、あるいは物頭格《ものがしらかく》という上士中の上士に列したともいわれる。阿久里もさぞかし苦労が多かったろう。二人の間には子はできなかったが、妻の道からはずれることはなかった。阿久里（利）は備後三次《びんごみよし》五万石、一族の浅野長治《ながはる》（延宝三年正月死去）の次女で、父の後を継いだ従兄長照に育てられた。長矩が死して実家の江戸三次藩邸に戻ったが、縁は一応は切れたとはいえ、夫の無念の思いを晴らしたい気持ちも強かったのであろう、浪士にとっても大きな存在であった。貞淑にして才徳兼備容姿艶麗にして名あり、浅野家の凶変に際し慌《あわ》てず騒がず、かえって弟大学の愴慌《そうこう》として色を失うを戒める。戦国女性の気骨を偲ばせる最後の武士《さむらい》の妻といってもよいであろう。

境内の参道の左に小高い丘があり、ここの墓地に参るには寺側の許しがいる。ここにも浅野家の墓所があり二代長直と長恒（長直三男・壱岐《いき》守）「純孝院」の墓がある。長直（内匠頭）「久岳院殿前朝散大夫行小府湖山常清大居士」の墓は大きな唐破風型墓碑、常陸笠間五万三千石を領したのち、正保二年（一六四五）六月播州赤穂に転封となった。長矩の祖父である。

長門府中　毛利秀元

長直は人となり賢明、学を好み、かつて山鹿素行《やまがそこう》の門に入って兵学を学んだが、のち、礼を厚くして招聘《しょうへい》し、禄千石を与えた。さらに、素行が幕府の嫌疑を受け、赤穂に配流された時も、賓師の礼をもって遇した。寛文元年（一六六一）、京都の内裏《だいり》が炎上し、翌年この造営を命ぜられたが、一小藩の財力では無理との世評を見事にくつがえし、年内に完成させ驚かせた。長直は鋭意藩治につとめ、上水道工事の完成から塩田経営にかかり、先進地であった姫路藩から浜人・浜庫を入植させ、入浜塩田法を導入し、赤穂塩を有名にさせた。寛文十二年（一六七二）七月二十四日卒、歳六十三。大正八年十一月、従三位を追贈された。

大樹の茂っている一画は長門長府《ながとちょうふ》（豊浦、府中とも称した）毛利家の菩提所、藩祖秀元以下歴代藩主・室・子女たちの墓が林立している。秀元（元就《もとなり》四男、正三位参議兼甲斐守・左京大夫）は、「智門院殿功山玄誉大居士」と号した。武勇智略の戦国武将である半面、文治にも意を注ぎ、毛利家一門の中でも特に英明な藩主として知られる。秀元は毛利輝元の養子となったが、輝元に実子秀就《ひでなり》が生まれたので別家を建て、慶長五年（一六〇〇）長門豊浦郡のうち三万石を分知され、長府藩の始祖となった。五代元矩《もとのり》は嗣子なく没したため、領地は宗家に収められたが、翌年匡広《まさひろ》（分家清末藩主）が継ぎ、旧領三万八千石を加えて再興し、九千石を加増され、都合五万七千石となった。師就《もろなり》のとき弟政苗《まさなり》に一万石を分け、清末藩を再興した。以後匡敬《まさよし》から元敏と継承し、明治二年（一八六九）豊浦藩と改称した。

毛利家墓域に接して下野大田原一万千四百石大田原家の菩提所があり、四代典清《のりきよ》（備前守）「月鏡院」から十三代富清《とみきよ》（飛騨守）「護邦院」までの藩主・室・子女の墓があるが、墓碑には剥離が多く見られる。大田原家は那須七党の一つで、天正十八年（一五九〇）秀吉から下野大田原七千石余を安堵《あんど》された。藩祖晴清（備前守）は慶長七年（一六〇二）加

丹波福知山　朽木家

増され一万二千石余を領し、以後変わることなく十四代勝清のとき廃藩置県を迎えた。

大和芝村一万石織田家墓所には、五代長弘《ながひろ》（肥前守）［英選院］から八代長教《ながのり》（豊前守）［岱樹院］までと十一代長易《ながやす》、室と子女二十基ほどがある。織田長益《ながます》（信長の弟で有楽斎と称す）の四男長政は父の封地のうち一万石を分与され大和国戒重《かいじゅう》に居所を定め、大名となった。延享二年（一七四五）居所を芝村に移し、以後変わることなく、十一代長易のとき廃藩置県を迎えた。

丹波福知山三万二千石朽木《くつき》家もここ泉岳寺を菩提所としたが、改葬されたので一部は他家の墓所となっている。改葬の際発見された墓を供養し後世に伝えると、その家の墓誌に記されている。朽木家はすでに家は絶え、無縁となっているようだ。丘の際にある［玄興院殿健巖良性大居士］は四代稙綱《たねつな》（伊予守）、父稙元の唯一の男子、わずか十三歳で家督相続したが、生来病弱のため藩政に堪えず「御家門方々月々御寄合御相談」という状態であった。襲封五年目ようやく元服した直後、享保十一年（一七二六）五月五日わずか十七齢で没した。記録されている墓名［不見院殿相外真了宗非大居士］は九代昌綱（隠岐守）で、異色の藩主であった。十三歳の頃から始めた古銭の蒐集を生涯続け、その研究を学問の域にまで高めた点が注目される。さらに、蘭学研究の必要性を痛感し、前野良沢《りょうたく》に入門、大槻玄沢《おおつきげんたく》も昌綱の推薦と援助によって長崎留学を果して大をなした。その著『蘭学階梯』に昌綱は序文を書いている。昌綱の大作である『泰西輿地図説（十七巻）』は地誌にとどまらず、地球の構成にまで及んでおり、幕末に至るまでわが国で刊行された唯一の世界地理書となった。彼は翻訳のほか、会話なども堪能で、書簡を通じて出島オランダ商館長チチングと親交を結んでいた。彼を通じ昌綱の名は学者大名として西欧に広く知られたという。一方、茶道も一流で、松平不昧《ふまい》侯の身近な弟子であり、才女で名高い不昧の妹を妻としている。絵画も非凡であったが、学者としての業績に比べれば藩政について特記すべき

大和田原本　平野長発［大光院］室［宝蓮院］

和泉岸和田　岡部長盛後室［洞仙院］

ことは知られてなく、幕閣においても、余り進みすぎた頭脳の故か奏者番にさえ推されていない。享和二年（一八〇二）四月十七日五十三齢で没した。

朽木氏は宇田源氏佐々木氏の支流で、近江高嶋郡朽木谷の出自、植綱《たねつな》（民部少輔）は三代将軍家光に近侍し、書院番頭などを歴任の後六人衆の一人に加えられ、幕政に参与した。この間、加増されて寛永十三年（一六三六）には一万石の大名となり、慶安二年（一六四九）には常陸土浦三万石、寛文九年（一六六九）に丹波福知山に入封し定着。十四代為綱《もりつな》のとき廃藩置県を迎えた。

そのほか丹波山家一万石谷家の十一代衛昉《もりやす》［衛昉院］・室［妙相院］の墓もある。

大和田原本一万石平野家は五千石の交代寄合衆から九代長発は慶応四年（一八六八）七月五千石を加増されて諸侯に列し、田原本《たわらもと》藩となった。七代長純《ながすみ》の宝篋印塔［大光院殿瑞雲全祥大居士］文化六年（一八〇九）十月二十九日死去、九代長発室（播磨三日月藩森長義の娘於城）の唐破風型墓碑［宝蓮院殿心蕚浄薫大姉］、天保十二年（一八四一）十二月十七日死去、がある。

平野氏は、北條時政の裔といい、権平長泰は秀吉に従い、賤ケ岳七本槍の一人、大和十市郡内五千石を知行、関ケ原の戦いで家康に属した。寛永十二年（一六三五）には田原本陣屋を築造し、慶安元年（一六四八）にここに移った。以後歴代続き、十代長裕《ながひろ》で廃藩置県となる。

和泉岸和田五万三千石岡部家の藩祖長盛（内膳正《ないぜんのかみ》）の後室［洞仙院殿梅溪宗孝大姉］は下総関宿《せきやど》松平康元の娘・家康の養女で寛永六年（一六二九）七月三日死去、石柵で囲まれた大きく清楚な宝篋印塔である。

美濃苗木《なえぎ》一万石遠山家三代友貞（信濃守）の室［竜雲院］は備中足守木下利貞の娘である。

東禅寺　山門

陸奥仙台　伊達家

泉岳寺は武家寺として隆盛を極めたので、ほかにも大名・旗本の墓碑を多く残している。泉岳寺の段丘状の墓地は、いま通学路の開設のため少しずつ削られて、改葬（豊後日出《ひじ》木下家・備中生坂《いくさか》池田輝廉など）と整備がなされているようである。

18 東禅寺《とうぜんじ》

臨済宗　港区高輪三―一六―一六
都営地下鉄浅草線泉岳寺駅下車八分

慶長十五年（一六一〇）嶺南が赤坂霊南坂に開山し、寛永十三年（一六三六）当地に移った。開基は日向飫肥《おび》藩主伊東祐慶《すけのり》［東禅寺殿］。嶺南は禅のみならず、兵法にも達していたため、その影響で帰依《きえ》する大名は二十二侯ともいわれた。かつては境内三万坪余と塔頭五寺を有し壮麗を極めていたという。

安政五年（一八五八）日英通商条約により当寺にイギリス公使宿館（都指定旧跡）が設けられた。文久元年（一八六一）五月水戸浪士が、翌年五月松本藩士の攘夷論者が襲入し、玄関の柱にはその時の弾痕や刀傷が今も残っている。

本堂脇の小道からいったん道路に出て墓地に入るが、門扉は施錠されているので許可を得て鍵を借りよう。

扉を開けてすぐ右側周辺は、陸奥仙台六十二万石伊達家の菩提所であった。今は、改葬整地された片隅に、新しい「仙台伊達家諸霊之墓」と刻んだ唐破風型墓碑一基と、左右に石燈籠が配されている。そこに刻まれた［涼霄院殿霊前］とは六代宗村の八女瑛《たま》のためのもので、往時を偲ぶだけである。

墓域の中ほどは、信濃高島三万石諏訪家の墓所となっている。二代忠恒室［月江院］から九代忠誠《ただまさ》室［貞鏡院］と子女、合祀碑十六基がある。三代忠晴（因幡《いなば》守）室［長春院殿空

伊予宇和島　伊達家

豊後佐伯　毛利家

室韶華大姉」は正徳二年（一七一二）九月九日死す、陸奥磐城平《いわきたいら》内藤忠興の娘、大きな宝篋印塔である。諏訪家藩祖頼水は家康に仕え、天正十八年（一五九〇）関東入国に際して武蔵奈良梨で一万二千石を領し、二年後上野惣社から慶長六年（一六〇一）には旧領信濃高島二万七千石を領し、城下の整備、荒廃地の回復、新田開発、諏訪湖干拓に努力した。三代忠晴について『土芥記』には「文武を学び、医学を好む、かつ手跡を嗜む。生得悠々として忿《おこ》らず、貪《むさぼ》らず、誉もなく、誹《そしり》もない。家民の仕置《しおき》中也」とある。武家の伝記書『本朝武林小伝七巻』、『同続編三十五巻』を著している。以後変わることなく、十代忠礼《ただあや》のとき廃藩置県を迎えた。

諏訪家に隣接して低い石塀に囲まれた一画は、伊予宇和島十万石・伊予吉田三万石伊達家の墓所である。宇和島藩祖伊達秀宗は、伊達政宗の長男、母は側室飯坂氏、井伊直政の娘を正室に迎える。大坂冬の陣後、慶長十九年（一六一四）伊予宇和島十万石を与えられた。以後九代、二百五十六年続いた。秀宗（遠江守）［等覚院殿前遠州大守拾遺頂山紹玄大居士］明暦四年（一六五八）六月八日没、齢六十八。墓碑の五輪塔は供養塔。三代宗贇《むねよし》［大玄院］夫妻のほか、藩主・正室・側室・子女の墓十数基を数える。

吉田藩祖宗純《むねずみ》は秀宗の五男、明暦三年（一六五七）に伊予吉田三万石を分与され別家となり、宇和島の支藩、以後変わることなく、九代宗敬《むねたか》［天性院］のとき廃藩置県を迎える。墓所には、二代宗保《むねやす》（能登守）［法性院殿能州大守知随禅縁大居士］から九代まで藩主・正室・子女の墓と合祀塔二基がある。

伊達家墓所の隣は豊後佐伯《ぶんごさいき》二万石毛利家の墓所、藩祖高政（伊勢守）［養賢寺殿］から十代高翰《たかなか》（出雲守）［成徳院］までの藩主・正室・子女の墓がある。前記の仙台伊達家の近く、低い石塀のなかにも数基の墓がある。十一代高泰《たかやす》室［春信院］、十二代高謙《たかあき》（伊勢守）［温良院］は最後の藩主で廃藩置県を迎えた。

日向飫肥　伊東家

豊後臼杵　稲葉家

段丘を上る石段の半ばを右に向かってつき当たった一隅、中空に林立する宝篋印塔の一群が目につく。当寺の開基である日向飫肥五万千石伊東家の墓域である。二代祐慶《すけのり》（修理大夫《しゅりのだいぶ》）［東禅寺殿前匠作泰雲玄興大居士］は中央、右は三代祐久《すけひさ》（大和守）［慈雲院殿前和州大守天岳玄竜大居士］、左は四代祐次《すけみち》（左京亮《さきょうのすけ》）［法泉院殿前京兆瑞雲宗鳳大居士］と、歴代藩主・正室・子女など約三十基と合祀墓一基がある。

飫肥藩初代の伊東祐兵《すけたけ》は、秀吉の九州征伐の時その先導をつとめ、その功によって飫肥に封をうけた。関ケ原の戦いでは、祐兵は子祐慶とともに東軍に属して、西軍についた日向宮崎城を攻略し、城地を安堵された。以後変わることなく、十三代祐帰《すけより》のとき廃藩置県を迎えた。

さて、石段の半ばを左に入って右側に、欠落しているが大きな宝篋印塔がある。美濃加納十万石松平（奥平系）家二代忠隆（飛騨守）［実相院殿大林宗功大居士］、寛永九年（一六三二）一月五日二十五歳で没し、嗣子なく断絶した。傍らの［光岩宗雪童子］は、忠隆の死後生まれたが、四歳で早世した忠隆の嫡男左京亮である。

このみちの奥に開けた墓域は、豊後臼杵《ぶんごうすき》五万石稲葉家の墓域で、三代一通《かずみち》（民部少輔《みんぶのしょう》）［長江院］から十五代久通（右京亮《うきょうのすけ》）［本徳院］までの墓と、「稲葉家累代之墓」、さらに「臼杵藩士供養塔」がある。稲葉家は美濃出身で、初め土岐氏に仕え、ついで斎藤道三に属し、のち織田信長に仕官した。また豊臣秀吉に属して郡上八幡《ぐじょうはちまん》城主となり、関ケ原の戦いでは西軍に属したが、間もなく東軍に降り、井伊直政のとりなしにより所領を安堵され、貞通は豊後臼杵に移封された。以後変わることなく、十五代久通のとき廃藩置県を迎えた。藩主夫妻の名を連記した墓碑は整然と並び、正面には藩祖貞通の父稲葉一鉄良通の宝篋印塔が建っている。良通は人となり豪胆にして勇武絶倫、西美濃三人衆の一人と称せられた。主の斎藤竜興《たつおき》を逐《お》いて信長に帰し、功あり、天正三年（一五七五）七月薙髪《ちはつ》して

大和柳本　織田尚長［林泉院殿］

一鉄似斎と号し、秀吉に属して三位法印に叙せられ、天正十六年（一五八八）十一月十九日没、歳七十三、法名［清光院殿前三品法印一鉄宗勢大居士］の供養塔。五代景通（右京亮）［本光院殿一空宗直大居士］と室［通玄院殿虚円妙融大姉］は連記名としていることが特徴的な宝篋印塔である。景通について『士芥記』を借りると、「文武学ばず、武芸を専ら嗜む。行跡剛と聞く。武用を心掛け、家士を励し、いささかも不義を現さず、国家の政道、順にして士民よく治る。然れども忿《しか》ること甚し」さらに「景通ほどに武用を嗜む将はまれなりし、褒賞してもよいのではないだろうか」と推賞している。

段丘を上って左側にある唐破風型墓碑は、大和柳本一万石織田家藩祖尚長《なおなが》（大和守）［林泉院殿雲岩宗光大居士］寛永十六年（一六三九）十一月三日没、齢四十二。尚長は信長の弟長益《ながます》（晩年有楽斎と号す）の五男、父の領地のうち大和柳本において一万石を分与され、別家となった。以後変わることなく、十三代信及《のぶひろ》のとき廃藩置県を迎えた。宝篋印塔の相輪部分は失われているが、法名は金粉入りで三百七十年を経た今でも鮮明に輝いている。

丘の最上段は、備前岡山三十一万五千石池田家と支藩の備中鴨方《かもがた》二万五千石・同生坂《いくさか》一万五千石池田家、および断絶した播磨赤穂三万五千石・播磨山崎三万石・備中松山六万五千石の池田家など一族の広大な墓域であった。しかし、平成四年三月になって改葬整地され、古い大きな墓碑を削り、［岡山藩主池田家諸霊位之墓］、［池田家諸霊位墓］と刻まれた二基の笠塔婆にとって代わった。

石段の中程に都指定史跡「盤水大槻先生墓」（『蘭学階梯』を著し、蘭学の普及に貢献した）がある。

東宮御所
営団 銀座線・半蔵門線
32 常玄寺
33 種徳寺
青山一丁目
外苑前
34 梅窓院
赤坂
国会議事堂前
霞ケ関
日比谷公園
虎ノ門
35 青山霊園
乃木坂
営団千代田線
29 六本木墓苑
30 長谷寺
31 大安寺
六本木
27 一乗寺
28 瑠璃光寺
4 天徳寺
5 和合院
6 青松寺
2 安蓮社
3 金地院
1 増上寺
東京タワー
都営三田線
神谷町
御成門
都営浅草線
新橋
大門
浜松町
芝公園
26 賢崇寺
広尾
有栖川記念公園
25 天真寺
7 西応寺
営団日比谷線
24 光林寺
23 曹渓寺
文
三田
8 林泉寺
9 常林寺
10 實相寺
田町
22 重秀寺
21 興禅寺
11 正覚院
12 済海寺
13 光台院
14 源昌寺
白金自然教育園
15 広岳院
17 泉岳寺
20 海福寺墓地
19 瑞聖寺
16 松光寺
泉岳寺
目黒
18 東禅寺
高輪台
品川
0
500
1000m

摂津麻田　青木一重［梅隣院］

19 瑞聖寺《ずいしょうじ》

単立禅宗　港区白金台三－二－一九
ＪＲ目黒駅より都バス（品93）白金小学校下車二分

寛文十年（一六七〇）、江戸に創建された最初の黄檗宗《おうばくしゅう》の寺院といわれ、当初のものは焼失し現在は江戸中期の建立の大雄宝殿（区指定文化財）が残っている。鉄牛が創建、青木甲斐守瑞山が開基。

青木家の墓所は本殿左奥の一画にあり、門扉は施錠されているので許可を要する。摂津麻《せっつあさ》田《だ》一万石青木家の藩祖一重（民部少輔《みんぶのしょう》）［梅隣院華屋令曇居士］をはじめ、歴代藩主・室・子女らの墓が整然と並んでいる。一重は初め今川氏真《うじまさ》に仕え、後に徳川家康の家人、さらに秀吉に仕えて一万石を領した。秀吉の没後秀頼に仕えて大坂七手組頭の一人。慶長十九年（一六一四）、講和の際、秀頼の使節として家康に会見、そのままとどまり、本領を安堵された。寛永五年（一六二八）八月九日没。齢七十八。十四代重義（合祀碑にあり）のとき廃藩置県を迎えた。

一般墓地にある豊後《ぶんご》森一万二千五百石久留島《くるしま》家と備中新見一千八百石関家の墓碑はいずれも改葬された笠塔姿型の合祀碑である。

20 海福寺《かいふくじ》墓地

黄檗宗《おうばくしゅう》　港区白金台三－二－一九
ＪＲ目黒駅より都バス（品93）白金小学校下車二分

三河足助　本多家

出羽米沢　上杉家

瑞聖寺山門に入る手前に狭い墓地がある。海福寺（目黒区下目黒三－二〇－九）の墓地で、三河足助《あすけ》一万石本多家の墓所、［本多家累代之墓］の合祀碑一基がある。
初代忠周《ただちか》は父忠義（陸奥白河十二万石）の五男、父より二千五百石、兄忠平より二千五百石を分与され、五千石を知行し別家となり、大番頭、寺社奉行などを歴任し、加増を重ねて天和三年（一六八三）三河足助一万石を領した。貞享四年（一六八七）勘気をうけ寺社奉行を罷免《ひめん》され逼塞《ひっそく》処分をうけたが、元禄二年（一六八九）に許されて七千石に減封され小普請《こぶしん》入りに復している。

21　興禅寺《こうぜんじ》

臨済宗　港区白金六－一四－六
ＪＲ目黒駅より都バス（黒77・都06）白金六丁目下車七分

出羽米沢十五万石上杉家二代定勝の長女徳姫が愚堂に帰依して延宝二年（一六七四）に創建、五山を開山とした。徳姫は加賀大聖寺十万石初代前田利治《としはる》に嫁したが、利治が四十三歳で没したため、剃髪して（長松院）と号し、上杉家に帰り、さらに出家して松嶺尼として当寺を開基した。貞享二年（一六八五）五十六歳で入寂、大きな無縫塔《むほうとう》が清らかにたっている。

墓域には、二十余墓の墓碑が所狭しと並んでいる。九代治憲《はるのり》室［龍臺院殿利渕妙貞大姉］は幸姫と称す。治憲とは江戸時代の三名君のひとりと称せられた上杉鷹山《ようざん》のこと。治憲を名君にしたのは、殖産興業策の積極的な実施、農林復興と倹約令による藩財政の立直しである。

治憲は日向高鍋二万七千石秋月種美の二男直松という。叔父（母の弟）八代重定の養子となり、十歳で藩邸に入った。上杉家はその頃、窮乏のどん底に喘《あえ》いでいた。藩の借財は極

九代治憲室［龍臺院］

に達し、重定は万策尽きて版籍奉還を決意、岳父の尾張徳川宗勝に励まされて思いとどまったものの三年後についに藩政を投げ出して隠居してしまった。直松は、明和三年（一七六六）元服して治憲と改め、重定隠居の後をうけて十七歳で藩主となった。

このような治憲の前途は、多難だった。それは財政面だけでなく、後継者問題にしても同様だった。

治憲の倹約は、まず多額の費用がかかる儀式・諸行事の中止または延期からはじまり、つぎに食事は一汁一菜と決め、衣服は綿服の着用を原則とした。

ここで、国許の重臣たちの治憲に対する反動が起こり、四十五か条からなる訴状を治憲に差し出し、その談判は、粘りに粘って止むことがなかった、とうとう治憲が座を立とうとすると、その袴《はかま》の裾を引っぱって差し止めたという。結局、その七人の重臣たちは切腹などの処分を受けた。

上杉家の再興は、まず農業から始まった。養蚕のための桑つくり、和紙づくりのための楮《こうぞ》の栽培、それに、漆・茶・織布・藍玉など。そして、「領民は藩主が私すべきものではない」という精神。それが天明三年（一七八三）の東北大飢饉からも、死者なし、として見事に米沢藩を救ったのである。

しかし、治憲の私生活は幸多きものではなかった。正室幸姫は生来病弱で心身ともに発育が異常であったという。長じてのちも身体は十歳ほどの子供のようであり、いつも雛人形と遊んでいた。そんな幸姫を深く慈しみ、雛遊びの相手をして、いささかも忌み嫌うような様子を見せなかったという。幸姫も心から彼を慕い、幸姫付きの女中らは感涙して治憲を聖君と崇めたという。治憲は彼女の容態を極秘にしていたので、隠居後は江戸に出ることもなかったこともあり、実父の重定さえ全く知らなかった。幸姫の死後、その遺品の衣服を見て真実を知り、重定は「一生の誤り、詫び言の申し様も弁《わきま》えず」と涙したという

十代治広室［咸有院殿］

越後糸魚川　松平直春夫妻

（『鶴城叢談』）。幸姫は天明二年（一七八二）三月九日、三十歳で薄幸の生命を閉じた。幸姫の墓碑は笠塔婆で、藩主夫人にふさわしいながらも何か可憐で寂しげに映るのはわたしひとりだけだろうか。

十代治広《はるひろ》室［咸有院殿貞室智徳大姉］は尾張徳川宗睦《むねちか》養女（実は尾張支藩美濃高須藩松平義敏の娘純子《すみ》）で、婦徳高く、資性温柔、仏教の信心深く徳本上人の江戸に下った際、日課六万遍を授かって怠ることがなかったという。文化十三年（一八一六）の春より病に伏したが少しも苦痛を訴えることなく、三食の分量を減らしたものの常のごとく離床して食し、阿弥陀像をそばに安置し、珠数を操り、念頭のこと怠りなかった。七月十二日（故あって墓碑は九日と改めている）、称名《しょうみょう》とともに逝く、齢五十八、と『尾張家記』に記されている。墓碑は尾張徳川家の出自を表わす三葉葵紋を付した格別大きな宝塔であり、墓域には、五人の老女の無縫塔が今もかしずくようにたっている。

少し離れて十二代［従三位上杉斉憲卿之墓］・十三代茂憲［憲徳院殿権大僧都法印敬心］夫妻の墓がある。墓域入口周辺には、米沢新田一万石上杉家（五代吉憲の弟勝周《かつちか》を初代とする）の墓所がある。二代勝承《かつよし》［大方院］から五代勝道まで藩主・室・子女たちの墓が十基ほどがある。

22　重秀寺《ちょうしゅうじ》

臨済宗　港区白金二－一－一六

ＪＲ田町駅より都バス（田87）三光坂下下車一分

元禄年間（一六八八～一七〇四）、旗本上田重秀の寄進により開基。本堂右側は墓地。越後糸魚川《いといがわ》（のち清崎）一万石松平家（越前系）の墓所には、神葬の八代直春（出雲守）［従五位松平直春之墓］・室［誠心院殿正誉妙念貞熊大姉］（出羽岩崎佐竹義知四女熊）と十

上野厩橋　酒井忠世室［聖興寺殿］

真田信之供養塔

代直静《なおやす》夫妻の墓がある。初代直堅《なおかた》は越前福井二代松平光通の二男、延宝二年（一六七四）父光通の死と前後して出府し、同五年賄料として蔵米《くらまい》一万俵が与えられている。享保二年（一七一七）蔵米改め越後糸魚川一万石が与えられ、以後変わることなく、十代直静のとき清崎藩と改称し廃藩置県を迎えた。

さらに、大和芝村一万石織田家の墓所もあり、十代長恭《ながゆき》［従五位織田長恭君之墓］・室［本庄貞子君之墓］（丹後宮津本庄宗允《むねただ》娘）、ほか明治以降の当主・子女の墓がある。

23 曹溪寺《そうけいじ》

臨済宗　港区南麻布二―九―二三

ＪＲ渋谷駅または新橋駅より都バス（都06）古川橋下車三分

元和九年（一六二三）、上野厩橋《うまやばし》城主の酒井雅楽頭《うたのかみ》忠世が建立し、円覚大鑑禅師絶江を請し開山した。承応二年（一六五三）、当地に移った。本堂横の小径を墓地に向かい丘上右側に、播磨姫路十五万石酒井家の墓所がある。

二代忠世の室［当山開基聖興寺殿梅月慈光尼大姉］承応元年（一六五二）十月二十日没、とあるのは、徳川家草創期の武将「徳川四天王」の一人榊原康政（上野館林城主）の娘、四メートル近い宝篋印塔は精巧なつくりである。ほかに十基ほど正室・子女の墓碑がある。

忠世の二女は真田阿波守信吉（上野沼田城主）に嫁したが、信吉は先に死し、嫡子熊之助も七歳で先立ったので、真田家は無嗣絶家となる。彼女はのち生家に帰った。そして、ここ酒井家墓所に信吉の父、彼女にとって義父にあたる真田信之《のぶゆき》（沼田藩初代藩主、のち信濃松代藩祖）の死を悼んで供養塔を建てた。生家の墓所に嫁ぎ先の父の碑を建てることは異例なことであり、よほどの深い信頼と尊敬のあった証しであろう。法名［大法院殿前豆州大守徹岩一洞大居士］と刻まれた宝篋印塔は高さ四メートル、豪華に装飾された透垣《すけがき》が

常陸牛久　山口家

囲み、真田家家紋である六文銭のついた水鉢と石燈籠が寄進されている。信之の死の五年後に彼女は逝った、［松仙院殿蘭宝性温尼大姉］、寛文三年（一六六三）四月五日である。

酒井家墓所に対面して、常陸《ひたち》牛久《うしく》一万石山口家の墓所がある。三代重貞（修理亮《しゅりのすけ》）［重貞院殿従五位下前匠作一志即圓大居士］から十二代弘達《ひろよし》（因幡守）［弘達院］までの歴代藩主・室・子女の墓四十基ほどが点在して残っている。

山口家の藩祖重政は一万五千石を領し、大番頭《おおばんがしら》の職にあったが、慶長十八年（一六一三）勘気を蒙り蟄居《ちっきょ》し、寛永五年（一六二八）召し返され、翌年一万五千石が与えられた。その後、牛久に陣屋を築く。子弘隆《ひろたか》に一万石、弟重恒に五千石を分知した。以後歴代変わることなく十二代弘達のとき廃藩置県を迎えた。

当寺墓域の右奥石塀の中は、土佐高知新田一万石山内家の墓所で、改葬された合祀墓「山内家累代之墓」がある。

墓地の左奥に藤森天山墓（都指定旧跡・江戸後期儒者、安政大獄に連座して追放された）と、その近くに寺坂吉右衛門の墓がある。赤穂四十七士のうち唯一の生き残りで、仇討ち後浅野長矩室瑤泉院に討ち入りの状況報告をするとともに遠く但馬豊岡の大石良雄夫人のもとまで報告に出向き、江戸に帰って自首したが不問に付された。縁あって曹溪寺の寺男となり、八十余歳の天寿を全うしている。

24　光林寺《こうりんじ》

臨済宗　港区南麻布四－一一－二五
ＪＲ渋谷駅または新橋駅より都バス（都06）または四ツ谷駅より（四97）光林寺前下車一分

延宝六年（一六七八）盤珪《ばんけい》国師の開山、讃岐《さぬき》丸亀五万千五百石京極家三代高和の正室［養

讃岐丸亀　京極家

性院」の発願により建立された。

山門を入り本堂裏の小丘最上段は大名家の菩提所となっている。養性院は、伊勢津藩主藤堂家二代高次の次女市子といい、賢夫人として貞節の誉高く、夫高和が寛文二年（一六六二）九月封地に赴く途中、京都で急死したことから、世の無常を悟り仏道に心を寄せた。丸亀藩飛地の播州網干《あぼし》領内に盤珪の高名を知ると弟子の礼をとり、その生涯を外護の大姉として捧げ、非凡の大行をなし遂げたという。元禄二年（一六八九）二月三日没した。齢六十八、号して［養性院殿寶山壽心大姉］という。笠塔婆の墓碑は石門を構え、燈籠を配して荘厳であり、墓誌銘には篤信の生涯を顕彰している。

さらに、四代高豊室永姫（酒井家譜では錫姫また栄姫）は酒井忠挙《ただたか》の長女、先代と同じく夫高豊に先立たれてから養性院の芳志を継いで二師に参じ、光林寺はじめ国師門流の伸展に尽力した。無縫塔には［松壽院殿貞岳義榮尼大姉］と刻まれ、享保八年（一七二三）八月九日五十六齢で逝った。さらには、幼くして死した高豊の息子祐次郎［天祐素性童子］の墓もある。

光林寺墓誌によれば丸亀と支藩多度津の両京極家の墓碑は五十基ほど数えられるが、今日では前記の三基のほか合祀碑「京極家之墓」があるだけである。

京極家は、佐々木氏の後裔で、鎌倉・室町幕府に仕えた。高次は秀吉に仕え、累進して文禄四年（一五九五）大津六万石（高次妹は秀吉側室となり松丸殿という）、慶長五年（一六〇〇）九月、関ケ原の前夜、石田三成等の兵あぐるや家康に属して防衛、よく防ぐが、敵中孤立外援なく、ついに城を捨てる。戦後同六年、若狭小浜九万二千石を与えられた。子の忠高は秀忠の四女初姫を娶り、大坂の陣後、出雲松江二十六万石余を領有したが、のち嗣子なく所領没収。忠高の甥高和が忠高の名跡を継ぎ、播磨竜野六万石を領す。万治元年（一六五八）讃岐丸亀に転じ、寛文四年（一六六四）高次夫人の采地も所領高に加えら

丹波福知山　朽木稙治［常智院］

れて六万千五百石となり、元禄七年高豊の遺領のうち一万石分知（高豊四男高通は讃岐多度津一万石初代）し、五万千五百石をもって、以後変わらず七代朗徹《あきゆき》のとき廃藩置県を迎えた。

京極家墓所から切り立った崖下にある墓碑を見ていくと、［圓照院殿月峰慧光大姉］は対馬府中宗家三代義真室（養性院の娘）、宝永三年（一七〇六）六月十一日没、六十七齢。つぎに、［本光院殿真如妙常大姉］は、肥前平戸松浦家四代鎮信《しげのぶ》側室（松浦内匠重忠娘）、貞享三年（一六八六）五月六日没。つぎの［長慶院殿寳嶽靈鑑大姉］は、備中松山（高梁《たかはし》）板倉家五代重冬室で松浦鎮信の八女お長、延享元年（一七四四）五月七日没。［圓徳院殿信道源證大姉］は、大和郡山柳沢家二代吉里室頼子で播磨姫路酒井忠挙《ただたか》娘槌姫、寛保四年（一七四四）一月十八日没、齢五十八。

［常智院殿孤峰無住大居士］は、丹波福知山朽木家五代稙治《たねはる》（土佐守）で寛保元年（一七四一）七月二十八日没、齢七十七。稙治は三代稙元の実弟、将軍綱吉の中奥小姓に召し出され、累進して小姓組番頭となり、兄より分知して三千石の旗本となる。致仕して寄合席であったが、四代稙綱の急死により享保十一年（一七二六）本家を嗣ぐ、ときに六十二歳。学問諸芸に秀で荻生徂徠《おぎゅうそらい》と親交し、将軍家宣当時野にあった徂徠を将軍に推挙したが、徂徠の拝辞によって果さなかったという。稙治には子なく、実弟二人を養嗣としたが次々に病死、弟の子綱貞を嫡孫としたが病弱のため廃嫡、実甥松平乗音を嗣と定め隠退、治政二年、英山と号した。朽木家の菩提所は前記高輪泉岳寺であるが、以上のような経緯から稙治の意思によりここに一人だけ葬られたのであろうか。

丘の最奥部は日向高鍋二万七千石秋月家の墓所、正面左より六代種美《たねみ》（長門守）［龍光院殿前長州太守英巖宗俊大居士］、天明七年（一七八七）九月二十五日没、齢七十。七代種《たね》茂《しげ》（佐渡守）［清観院殿前佐州太守眞乘宗圓大居士］、文政二年（一八一九）十一月六日

日向高鍋　秋月家

没、齢七十七。八代種徳《たねのり》（山城守）［泰雲院殿前城州太守実崇宗真大居士］、文化四年（一八〇七）十二月二十一日没、齢四十五。九代種任《たねただ》（筑前守）［俊徳院殿前筑州太守寛道宗裕大居士］、安政三年（一八五六）六月十日没、齢六十六。そして、「秋月家之墓」（墓誌十霊）改葬合祀墓がある。

秋月家初代の種長（長門守）は、天正十五年（一五八七）秀吉の九州征伐の際降伏し、日向高鍋三万石を与えられた。種長には実子がなく、このため八年間にわたる家督紛争がおき、初期の藩政は動揺した。以後変わることなく、十代種殷《たねとみ》のとき廃藩置県を迎えた。六代種美は、文武を奨励し、文治政治を押し進め、江戸・上方での官費遊学の道を開き、有為な人材を育てた。また、庶民に直接接する代官の人となりを重視して、人格ある学者を地方官に任じている。さらに、「国家の至宝は人材にあり、国力を強くするには理財その方を得るに在り、これを処する道如何」と信頼する家老に問うている。なお、種美の二男は、米沢上杉家に養子に入って、いかなる藩主もなし得なかった財政再建をなし遂げ、名君と称せられた上杉鷹山その人である。

一般墓地に入ると、美濃岩村三万石松平（大給《おぎゅう》）家の墓所に正室・側室・子の六基の墓がある。四代乗薀《のりもり》室［敬信院殿智観明徹大姉］は肥前平戸松浦篤信《あつのぶ》養女、五代乗保《のりやす》側室［清心院殿実誉円月貞鏡大姉］、乗保息子乗友室［芳池院］、六代乗美《のりよし》側室［千葉延子之墓］、七代乗喬《のりたか》側室の母［桂林院］、同息子［清観院］は早世した。大給松平家は小諸城主石川乗政（のち松平姓に復す）の長男乗紀《のりただ》が祖父ゆかりの美濃岩村二万石を領し、二代乗賢《のりかた》で三万石、歴代変わることなく、八代乗命《のりとし》で廃藩置県を迎えた。

ほか、讃岐多度津一万石京極家は、丸亀藩京極家の支藩で、「京極家之墓」の合祀墓がある。

このほか、一般墓地の右奥に、十字架を刻んだヒュースケンの墓がある。ヒュースケンはオランダ人でアメリカ国提督ハリスの通訳。清川八郎のため、芝赤羽一ノ橋にて殺害された。万延元年（一八六〇）十二月五日没。その左手前はイギリス公使館通訳伝吉の墓は表裏に戒名と英語名を彫ってある。

筑前福岡　黒田斉清［乾龍院殿］

25 天真寺《てんしんじ》

臨済宗　港区南麻布三－一－一五
地下鉄日比谷線広尾駅下車八分

寛文元年（一六六一）、僧仙溪が筑前福岡五十二万石黒田家の帰依をうけ建立した。墓地入口右側の一画、石塀に囲まれた中に黒田家の墓域がある。

藩主は笠塔婆、室は五輪塔である。二代忠之継室［養照院］、三代光之室［宝光院］、四代綱政室［心空院］、五代宣政［泰林院］、室［瑞嶺院］、十代斉清室［宝林院］。大大名の格式にふさわしい雄大豪華なもの。

斉清《なりきよ》は、蘭学ことに本草学に詳しく、越中富山藩主前田利保《としやす》とならび称せられた。また長崎警備を命じられて、シーボルト・ドゥーフとも親交があり、世子長溥《ながひろ》（蘭癖で知られる薩摩島津重豪《しげひで》の九子）とともに訪ね、海外の動植物について会談している。著書に『駿遠信濃卉葉鑑』『鵞経』『本草啓蒙補遺』などがある。幼い頃から鳥類を愛し、参勤の途中にも駕籠《かご》の中から望遠鏡で動植物を観察したというエピソードが伝わっている。文政十二年（一八二九）頃から眼を煩いはじめ、晩年にはほとんど盲目となったという。嘉永四年（一八五一）一月二十六日没、齢五十七。［乾龍院殿前筑前国守少将利山道見大居士］と号する。

藩祖長政の四男高政は五万石を分知され、筑前東蓮寺《とうれんじ》（直方《のうかた》）藩が成り立った。四代長清室［霊相院］・継室［定香院］の墓がある。長清は嗣子なく廃藩となり、所領は黒田藩に

三河刈谷　土井家

還付された。長清について『土芥記』は、「生得発明にして行跡正し。家民共に哀憐し、家士への宛行《あてがい》形の如く良し。少々文武をも心掛け、かつ家人武芸を励む故に、武勇を嗜み、諸芸を習う者多い。士民の仕置等は、家臣と相談して執り行う。非道なし、褒賞すべし」と称賛している。長清は享保五年（一七二〇）二月二十三日没した、齢五十四。法名［竜湫院殿前勢州刺史瑞林道祥大居士］と号する。

一般墓地にある大きな五輪塔の［宝巌院殿海寿宗鎮大姉］は、福岡藩黒田光之の娘筑姫、上野前橋酒井忠挙《ただたか》の室で、貞享三年（一六八六）三月六日没、四十歳。墓前の左右に燈籠を配している。

三河刈谷《かりや》二万三千石土井家の墓には、二代利意《としもと》（伊予守）［霊応院殿前予州大守謙室義静居士］・室［慈敬院］、五代利徳《としなり》（山城守）［光顕院殿前城州大守円山嘯月居士］、九代利行《としつら》（大隅守）［霊雲院殿前隅州太守光山義照居士］の四基があり、いずれも笠塔婆の石塔である。

利徳は仙台伊達宗村の三男で、土井利信の養嗣子となる。財政窮迫も意に介せず風流の道一途、領民から「物好きの儀は慎まれたい」と申し入れられ、政治からの逃避か、四十歳で致仕《ちし》した。隠居のあと、嘯月《しょうげつ》と号し、文芸の心ある諸大名と交流したという。文化十年（一八一三）八月十七日、六十六歳で没した。土井家は、大老利勝の三男利長が父の遺領一万石を分与され、別家とした。ついで兄利隆から一万石を再分与され、寛文三年（一六六三）三河西尾に、延享四年（一七四七）三河刈谷に入封し定着。十二代利教《としのり》のとき廃藩置県となる。

土井家の前は、大和柳本織田家の墓所、二代長種室［養春院］、三代秀一《ひでひと》室［本立院］、五代成純《なりとし》（播磨守）［龍徳院殿前播州太守圓巖宗澄居士］・室［慈福院］、十代秀綿《ひでつら》（大和守）［法光院］、十一代秀陽《ひであき》（安芸守）［恭信院］の墓がある。

墓地の奥左横にある巨大な自然石に刻まれた［清叔宗浄居士］は、大和新庄一万三千石桑山家二代一玄《かずはる》の墓、天和四年（一六八四）二月朔日没、歳七十四、二年前に桑山藩取り消しの悲劇を見届けて病死する憂き目にあった。桑山家は、初代一晴《かずはる》が秀吉に仕え、慶長五年（一六〇〇）祖父重晴の所領紀伊和歌山四万石を相続、関ケ原の戦いで家康に味方した。翌年、一晴は大和布施に移封となり、陣屋を新庄に移し、新庄藩となる。三代一尹《かずただ》は二弟に分与し一万千石余領したが、天和二年（一六八二）勅使饗応《きょうおう》の日、不敬の振舞があったとして五月改易され、父一玄に先立って死す。

墓地の右石塀に沿って、和泉陶器《いずみとうき》一万石小出家の墓石があるが、すでに無縁となっているのか、墓碑の形態をなしていない。

開基　鍋島忠直［興国院殿］

26 賢崇寺《けんそうじ》

曹洞宗　港区元麻布一－二－一二
ＪＲ田町駅より都バス（田70）鳥居坂下ＪＲ渋谷駅または新橋駅より都バス（都06）仙台坂下下車五分

鍋島ハイツのある丘を上って、本堂奥のフェンスに囲まれた区画は鍋島家菩提所であり、寺側の許可を得て鍵が必要。鬱蒼《うっそう》たる大樹が陽を遮り昼なお暗く、林立する五輪塔は静寂にして荘厳、幽玄なたたずまいを見せている。寛永十二年（一六三五）の創建、開山は僧魚泉、開基は鍋島忠直の法号にちなみ興国山賢崇寺という。

忠直は二十三歳の若さで一子翁助（のちの二代光茂）を残して父に先立ったため、父勝茂が忠直の菩提を弔うため建立した。墓域は肥前佐賀と支藩の肥前小城《おぎ》鍋島家の菩提所で区指定史跡。明治期以降も鍋島家の旧藩関係者の寺となっていたが、戦災をうけ再建された後に一般にも開放された。

賢崇寺　大名家墓域配置図

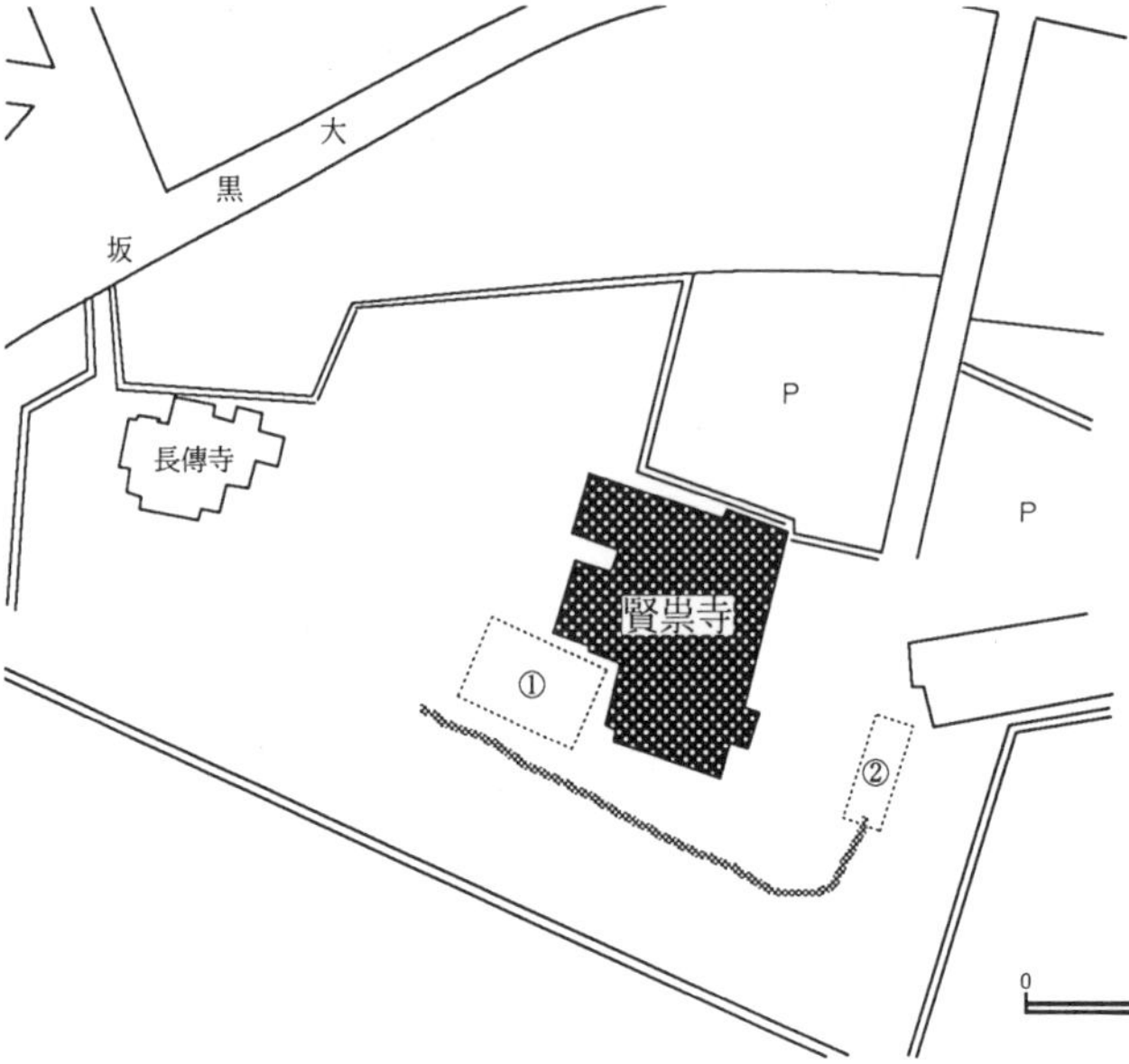

①肥前佐賀 鍋島家墓所
②鍋島家 10代直正
　10代直正 正室（徳川氏）
　10代直正 継室（田安氏）

賢崇寺　肥前佐賀藩主鍋島家墓所配置図

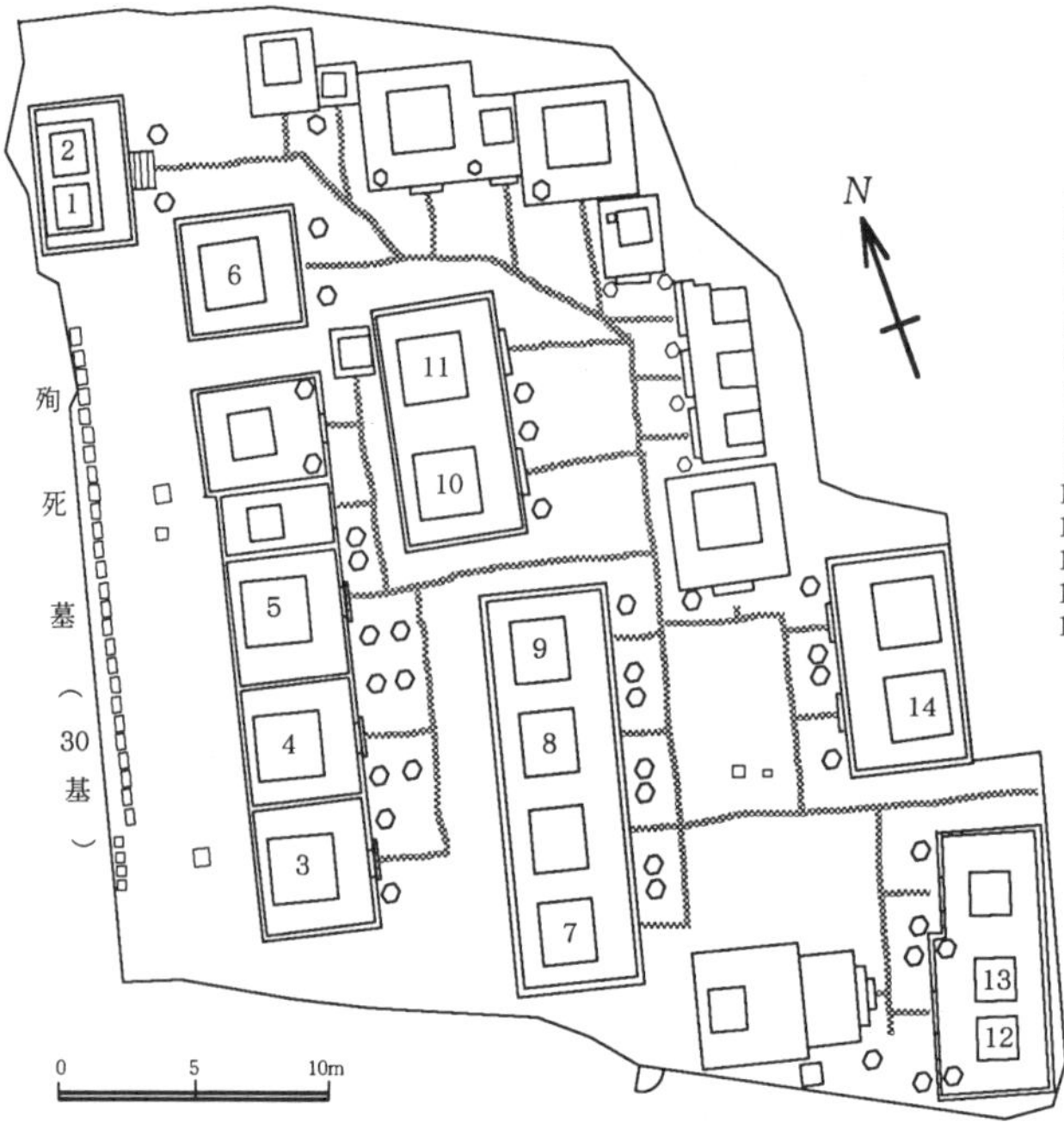

1　祥光院殿　初代小城藩主元茂
2　高岳院殿　（初代小城藩主元茂 室）
3　窈闕院殿　雍子（8代治茂 後室）
4　高源院殿　菊（初代勝茂 後室）
5　泰盛院殿　初代勝茂
6　柳線院殿　虎子（2代光茂 室）
7　靈松院殿　源子（7代重茂 室）
8　貞樹院殿　照子（5代宗茂 室）
9　龍寶院殿　當子（8代治茂 室）
10　興國院殿　忠直（開基）
11　智照院殿　穆子（8代治茂 後々室）
12　巍松院殿　9代斉直
13　浄諦院殿　幸子（9代斉直 室）
14　寂光院殿　普代（3代綱茂 室）

肥前佐賀　鍋島家

佐賀三十五万七千石鍋島家藩祖勝茂（信濃守）［泰盛院殿前信州太守拾遺補闕澤円良厚大居士］明暦三年（一六五七）三月二十四日没、齢七十八。忠直（肥前守・勝茂嫡男）［当寺開基興國院殿前肥州大守敬英賢崇大居士］、勝茂継室［高源院］、二代光茂室［柳線院］、三代綱茂室［寂光院］、五代宗茂室［貞樹院］、七代重茂《しげもち》室［靈松院］、八代治茂《はるしげ》室［龍寶院］・継室［窈闕院］・［智照院］、九代藩主斉直［巍松院］・室［浄諦院］、十代直正・室［孝盛院］・継室と子女たち十余基ほどがある。十代直正と夫人たちの墓は鉄柵に囲まれた中にあり、三名の墓は巨大な土まんじゅう型墳墓の神葬式である。直正［元肥前国主累任従二位大納言贈正二位藤原朝臣鍋島直正卿墓］、夫人たちは［贈正二位藤原朝臣源氏墓］としているが、正室は十一代将軍家斉二十八女国子、継室は田安徳川斉匡《なりまさ》十八女建子である。直正は、藩政改革を行ない、殖産興業、軍事力強化につとめた。公武合体を斡旋、維新後は開拓使長官などを歴任した。

佐賀藩は日本初の蒸気機関車、蒸気船の模型を試作し、文久三年（一八六三）には本邦初の蒸気船凌風丸を建造している。早くから蘭学を積極的に取り入れた直正は、長崎オランダ商館の医師モーニッケと親交を結び、嘉永二年（一八四九）には領内に種痘を導入、三年後には反射炉で大砲を鋳造した。精錬方では、冶金・化学・硝子・銃器・火器・造船など多方面の研究が行なわれ、幕末の佐賀は、薩摩とともに他藩の熱い視線をあびた最先端の藩であり、直正はまさしくサイエンス大名であった。閑叟公として世に知られた直正は、明治四年（一八七一）一月十八日逝った、五十八歳であった。

当家の祖直茂は、龍造寺隆信に仕え、天正十二年（一五八四）に隆信が戦死した後、遺子政家の後見として実権を掌握、肥前佐賀三十五万七千石余を領有し、豊臣秀吉に仕えた。関ケ原戦後徳川氏に仕えて所領を安堵され、維新に至る。

ほかに小城藩七万三千百石初代元茂（紀伊守）・室［高岳院］、十一代直虎室［潤徳院］

小城　鍋島家

と合祀碑「小城鍋島家」の方柱型の碑がある。小城藩は佐賀鍋島家の分家、勝茂長男元茂［祥光院殿月堂善珊大居士］を祖とした。元茂は、祖父直茂に養育され、のち江戸へ人質として出府した。ついで父勝茂の領内七万三千二百五十石余を分与され、二代直能《なおよし》の代に肥前小城に居所を置き、十一代直虎のとき廃藩置県を迎えた。

さて、勝茂公の墓の裏に並んで追腹した三十二人の墓がある。「殉死者墓」という。忠直公の時も江副金兵衛ら十余人が殉死した。二代光茂公は、「父の時は祖父がおり、今は自分も二十三歳で藩政を見る事が出来るが、もし父の時祖父がいなかったり、祖父の時自分が幼かったら藩政はどうなるだろう、殉死は美しい事であるが、鍋島藩では法度にする」とて禁止令を出した。その後二年遅れて徳川幕府も寛文三年（一六六三）殉死法度令を出したという。

この墓地には、二・二六事件二十二士之墓（昭和十一年二月二十六日未明昭和維新を叫び蹶起《けっき》した青年将校達はこと志と違い七月十二日銃殺刑に処せられ、遺骨を引き取った遺族仏心会の手でここに祀られた）と佐賀県著名人たちの墓がある。

本多正純

27　一乗寺《いちじょうじ》

日蓮宗　港区麻布台二－三－二二

ＪＲ渋谷駅より都バス（都06）都バス（渋88・東82）麻布台下車三分

開山は日達、創建年代は明らかでない。墓地の左の一隅に「西島家之墓」というのがある。大名家でもなく、有名人でもないので見過ごしかねないが、ここの墓碑に徳川初期の大名本多正純《まさずみ》が合祀されているという。西島氏の遠祖は本多家の老職であったので、主家である正純の遺髪か遺品を埋葬し、供養したものと思われる。

正純は家康に近侍し信任厚く、その権勢は他を圧し、大坂の陣では大阪城外堀の埋立奉行で功を挙げ、「武家諸法度」の制定、大久保長安の事件、福島正則の改易などに敏腕をふるった。元和八年（一六二二）、出羽山形最上義俊の領地没収に出向いた時、突如将軍秀忠の勘気にふれ、宇都宮十五万石を召し上げられ、出羽由利に五万五千石を与えられたが、これを辞し、翌年出羽久保田佐竹義宣に預けられ、のちに横手に移され、蟄居先のその地で寛永十四年（一六三七）三月十日病死した。歳七十三。横手正平寺に葬られたが墓碑は建てられず、明治四十二年（一九〇九）になって横手城裏に建てられた。正純の失脚の原因は諸説あり、明確でない。正純が大久保忠隣を改易したと同じ策で、自分が追い込まれたことだけは確かなようである。

播磨赤穂　森家

28　瑠璃光寺《るりこうじ》

曹洞宗　港区東麻布一－一－三
ＪＲ品川駅より都バス（四92）東麻布下車一分

播磨赤穂二万石森家の菩提所。〔森家先祖代々杣夫霊勇居士〕は明治八年につくられた合祀碑で位牌型石塔。森家の祖忠政は秀吉に仕え美濃金山七万石を領した。慶長八年（一六〇三）、関ケ原の戦いの功により美作《みまさか》津山十八万六千石余に加増転封。元禄十年（一六九七）、二代長継のとき家中騒動で二万石に減封。宝永三年（一七〇六）に播磨赤穂に入封定着し、忠儀《ただのり》のとき廃藩置県を迎えた。

29　六本木墓苑《ろっぽんぎぼえん》

港区六本木三－一四－二〇
地下鉄日比谷線六本木駅下車五分

日向高鍋　秋月種長［龍雲院殿］

信濃飯山　本多家

六本木にある正信寺・深広寺・教善寺・光専寺・崇巖寺が戦後道路拡張のため墓地を縮小されて合同墓地がつくられた。

崇巖寺を菩提所としたのは日向高鍋二万七千石秋月家で、左奥に四基があり、大きな宝篋印塔は、藩祖秋月種長（長門守）［龍雲院殿雄山俊英大居士］慶長十九年（一六一四）六月十三日没、歳四十八。二代種春［崇巖院］、［見性院］は種貞室で種春母、［旧高鍋城主秋月家累代塋域墓］は昭和二十五年につくられた合祀墓である。

［高運院殿深誉源信大禅定尼］は会津四十万石加藤明成の正室で、家康の外姪で信濃高遠《たかとお》保科正直の娘。寛永十二年（一六三五）二月十七日死す。明成は老臣堀主水《もんど》との確執のための騒動が原因で除封、また多病にして国務にたえずとして領地返上を申し出て除封されたともいわれる。

信濃飯山二万石本多家は、教善寺を菩提寺としたが、ここに移葬され、「旧飯山藩主本多家累代之墓」一基と明治以降の当主の墓二基が墓苑の中央にある。本多家初代康重は、家康に仕え諸所の合戦に従い、天正十八年（一五九〇）関東入国の際、上野白井で二万石を領した。慶長六年（一六〇一）加増されて三河岡崎五万石に移封となった。その後享保二年（一七一七）に信濃飯山に入封し定着。十一代助実《すけざね》のとき廃藩置県を迎えた。

30　長谷寺《ちょうこくじ》

曹洞宗　港区西麻布二―二一―三四
ＪＲ渋谷駅より都バス（東82・渋88）南青山六丁目下車一分

越前永平寺の東京別院で、文明年間（一四六九～八七）の創建と伝えられ、もと赤坂溜池にあり、天正十二年（一五八四）当地に移る。

墓域入口から墓地に入ってすぐ左に、当寺を菩提所とする武蔵金沢一万二千石「米倉家先

武蔵金沢　米倉家

肥後人吉　相良長在室［寿昌院殿］

祖累代之墓」の合祀碑が一基ある。藩祖米倉昌尹《まさただ》は、貞享元年（一六八四）に家督を継ぎ、六百石を知行、その後、目付、御側などを歴任、元禄九年（一六九六）に若年寄となり幕政に参与、この間加増をかさね同十二年には下野皆川で一万五千石を領した。享保七年（一七二二）、武蔵金沢に入封し定着。十一代昌言《まさこと》のとき廃藩置県を迎えた。

参道に歩を進めると、時代を経た墓碑十数基がある。播磨三草《みくさ》一万石丹羽家の墓所で、二代氏定（式部少輔《しきぶのしょう》）［興昌院殿前吏部桃雲宗蕁大居士］、八代氏福《うじよし》（長門守）［天覺院］から十一代氏中《うじのり》（長門守）［大雄院殿鐵心全柱大居士］・室［貞秀院殿清倫慈性大姉］（十代氏賢娘）までがある。藩祖氏重は、慶長六年（一六〇一）三河伊保領で一万石を領し、寛永十五年（一六三八）に美濃岩村二万石に加増転封となった。元禄十五年（一七〇二）、五代氏音《うじおと》のとき家中騒動により一万石に減封。延享三年（一七四六）に播磨三草に入封し定着、氏中のとき廃藩置県を迎えた。

広い墓域には、伊沢蘭軒（区指定史跡・江戸後期の医師）、黒田清輝《せいき》（明治の画家）、井上馨（維新の元勲）、エノケン（昭和の喜劇王の榎本健一）の墓がある。

31　大安寺《だいあんじ》

曹洞宗　港区西麻布二―二四―二三
ＪＲ渋谷駅より都バス（東82・渋88）南青山六丁目下車三分

元和八年（一六二二）赤坂一ツ木に開創、享保年間（一七一六〜三五）当地に移る。

御霊堂の正面に二メートルほどの五輪塔がぽつんと一基ある。家紋の剣梅鉢は肥後人吉二万二千石相良《さがら》家の墓。［寿昌院殿天質妙養大姉］は、六代長在《ながあり》室（日向高鍋秋月種弘の娘於祢）、天明三年（一七八三）九月晦日没。奥の一基［養心院殿玉台自温尼尊座］は四代頼福《よりとみ》室（陸奥福島板倉重種養女・実は重矩の娘於豊）で、享保十九年（一七三四）十月二

石見浜田　松平康豊側室　豊女〔貞寿院殿〕

十三日没。両基とも背面に土葬と刻んである。相良家の祖頼房は、天正十三年（一五八五）、兄忠房の遺領を相続。同十五年、秀吉の九州征討では肥後球磨《くま》を安堵され、佐々成《さっさ》政の与力となった。慶長五年（一六〇〇）の関ケ原の戦いでは、西軍から東軍に転じ、本領安堵された。以後変わることなく、十五代頼基のとき廃藩置県を迎える。

32 常玄寺《じょうげんじ》

単立　港区赤坂五－一－三一
地下鉄千代田線赤坂駅下車五分

石見《いわみ》浜田五万千石松平（松井）家五代康豊の側室豊女（伊原氏）の墓がある。といっても一般的には無名だが、歌舞伎『鏡山お初』といえば納得する人も多かろう。

享保九年（一七二四）四月三日、江戸藩邸で鏡山事件が起こる。権勢強い局《つぼね》沢野を奥向き中老格岡本道の侍女松田察が殺害して主人の怨みを晴らし、察は「烈女」として喧伝された。康豊はその忠烈を愛《め》でて中老に取り立てた、という。この事件のそもそもの背景は、藩主の座をめぐり分家の松平康納《やすなり》と康郷《やすさと》の二派が激しく対立、それに享保の凶作による農民一揆も加わった藩政を巻き込む御家騒動であった。

　豊女がこれに関与したかどうかは不明。豊女は一女を生み、娘は高遠藩内藤頼由《よりゆき》に嫁いだがなぜか離縁となっている。豊女は宝暦十三年（一七六三）十月二日死去、〔貞寿院殿蓮跡妙応日演大姉〕と号している。墓碑は、時代を経て傷んだのであろうか、昭和四十五年に再建されている。家譜と墓碑とでは法号と没日が異なっている。なお、察女がお初として世に有名になったのは、『加賀見山旧錦絵《かがみやまこきょうのにしきえ》』が当たりをとってからで、一説には、長門府中毛利家の江戸屋敷での事件とも。また、相模荻野山中大久保長門守邸での事件との説もあるようである。

近江大溝　分部家

信濃須坂　十二代堀直虎［廣顕院］

33 種徳寺《しゅうとくじ》

単立　港区赤坂七－六－二九
地下鉄千代田線赤坂駅下車五分

天文十年（一五四一）、北条氏勝の創建で、小田原城内にあったが、天正十八年（一五九〇）江戸に移転、寛永十九年（一六四二）当地に移った。北条氏康の娘種徳寺殿が中興開基で、かつては広大な境内を有する禅寺であったという。

墓域は小丘にあり、近江大溝《おおみぞ》二万石分部《わけべ》家八代光庸《みつつね》［自徳院］・室［慈法院］、九代光実《みつざね》（左京亮）・室［桂雲院］、十代光邦［霊感院］・室［栄寿院］の墓がある。

光実は資性温良沈静で名君と評判された。藩校修身堂を設立、藩財政のたて直しに自ら率先して範を示し、見事に成功させた。風流を好み、雅号を栖鳳といい、茶道を嗜み宗筠と号した。文化五年（一八〇八）四月十四日江戸で死去、齢五十三。法名［泰寛院殿前左京兆仁峯宗筠大居士］。ほかに光実の子女、十二代光貞の子の墓もある。

分部家の藩祖光嘉《みつよし》は、はじめ織田信包《のぶかね》（信長の弟）、のち秀吉に仕え、四千石を知行し、慶長六年（一六〇一）に加増され伊勢内で二万石を領した。元和五年（一六一九）、近江大溝に入封し定着、変わることなく十三代光謙《みつのり》のとき廃藩置県を迎えた。

分部家の隣は下野黒羽一万八千石大関家の墓所で、三代高増《たかます》室［青松院］は分部光信の娘である。

さらに信濃須坂一万石堀家の菩提寺で、三代直輝［龍淵院］、四代直祐室［真浄院］、六代直寛《なおひろ》室［明鏡院］、七代直堅［天祐院］・室［桂仙院］、九代直皓《なおてる》［龍潜院］・室［清善院］・継室［皓養院］、十三代直虎（内蔵頭《くらのかみ》）、子女の墓もある。

直虎は、外様大名ながら幕府の大番頭《おおばんがしら》、若年寄、外国奉行などをつとめ、幕末とはいえ異例の人事であった。慶応四年（一八六八）正月十七日、江戸城中では将軍慶喜《よしのぶ》を中心に

青山家

激論が交わされていた。そのさなか直虎は城中で自刃、菩提寺である種徳寺に凶報が入り、僧たちが戸板をもって遺体を引き取りに行った。直虎の自刃は大政奉還の進言によって慶喜の怒りに触れたからという説、またそのため堀家断絶を心配しての切腹説、勝海舟の日記によると、「若年寄堀内蔵頭乱心」とし、真相は不明のまま。直虎の墓は、大きな笠塔婆である。三十三歳の青年藩主であった。法名は「廣顕院殿前小府今祐道靖忠大居士」と号した。家老たちの尽力によって御家断絶をまぬかれ、直虎弟直明が相続し、最後の藩主となった。

堀家の、藩祖は直重（越後春日山藩主堀秀治の家老堀直政の四男）といい、慶長四年（一五九九）に父の人質として江戸に出府、将軍秀忠に仕え、関ケ原役に参戦、功を賞されて下総国香取郡矢作《やはぎ》に二千石を賜わり、さらに信濃高井郡六千石を加増、大坂の陣でも戦功により四千余石加増され、信濃須坂一万二千石を領した。以後変わることなく、十四代直明のとき廃藩置県を迎えた。

34 梅窓院《ばいそういん》

浄土宗　港区南青山二－二六－三八
地下鉄銀座線外苑前駅下車一分

青山通りに面して梅窓院はある。青山の地名は、徳川家の重臣青山忠成《ただなり》がこの周辺を領有したことによるといわれる。

青山家は、三河松平氏に属し、忠成に至って家康・秀忠に近侍し、慶長六年（一六〇一）に加判となり、さらに関東総奉行をつとめた。この間、加増をかさね同十一年には二万八千石を領有した。しかし、子の忠俊（岩槻城主）のとき家光の勘気をうけて老中を罷免され、上総大多喜に減転封となり、さらに蟄居を命ぜられ、改易となった。青山家は、宗俊

陸奥二本松　丹羽家

豊後日出　木下家

（忠俊長男）を初代とする丹波篠山《ささやま》六万石と、篠山青山家の分家で幸成《ゆきなり》（忠成三男）を初代とする美濃八幡《はちまん》改め郡上《ぐじょう》四万八千石に分かれている。

さて、梅窓院は幸成の子幸利の建立したもので、寛永二十年（一六四三）幸成［梅窓院］を開基とし、僧観智の開山とした。

改葬された墓域の中央には「梅窓院開基青山宗家累代之墓」の蓮座のある位牌型石塔、左の［長青院殿天喬利白大姉］は、藩祖幸成の側室で、二代幸利の母、寛文九年（一六六九）十月十九日没。細身の背高い笠塔婆である。青山家一族の墓碑は合葬されて数基の合葬碑に整理され、墓石も新しくなってしまっているが、寺の山門はさすが風格をとどめている。

35　青山霊園《あおやまれいえん》

都営　港区南青山二―三二―二
地下鉄銀座線・半蔵門線青山一丁目下車八分

公園墓地の第一号として、明治五年（一八七二）青山家下屋敷跡に明治政府が造成した。廃仏毀釈《はいぶつきしゃく》の風潮から仏葬に代わる神葬式の墓地で、後には仏式も加わった。二十六万平方メートルの敷地に約十一万体が埋葬されているという。

明治期を迎えた旧大名家（当時華族と称す）は率先して墓所を求め、神葬の墓碑を建立したが、これらは残念ながら著名人案内には記されていない。数多い旧大名家のうち一部を記す。

陸奥二本松十万石丹羽家（一種ロ七号一五側）の「丹羽家之墓」は、大きな方柱型石塔の四面に涅槃会《ねはんえ》が刻まれているのが珍しい。

豊後日出《ひじ》二万五千石木下家（一種イ二号二五側）は「豊臣子爵木下家之墓」とある。木下家は秀吉の室大政所の兄杉原家定が幼少より秀吉に仕え、木下の姓と豊臣朝臣の姓を授け

備後三次　浅野長照正室［妙園院］

られたのにはじまる。家定の三男延俊が日出藩祖。

筑前福岡五十二万石黒田家（一種イ四号一三側）の「従二位勲三等黒田長溥《ながひろ》之墓」は神葬式の墓碑としての典型で、十一代藩主。

さて、神葬式の多い墓碑の中で、仏式の宝篋印塔が三基ある。霊園事務所前の道を三〇〇メートルほどすすんだ西十一通り角地、繁った樹木に隠れて道筋からは探し難い風化の進んだ古碑は、備後三次《みよし》五万石浅野家が、菩提寺の芝青松寺から明治初期に移葬したものと推測される。大きな五輪塔は二代長照室［妙園院真月清円大姉］享保十年（一七二五）二月十五日没の薗姫（広幡大納言忠幸娘・尾張徳川光友の姪）、長照の娘万代姫［覚幼院］は早世、三代長澄室［永昌院殿蓮光妙山日耀大姉］（小倉小笠原忠雄娘富久姫）の墓碑がある。訪れる人もないのであろう、繁茂した木立が碑を守ってきたようにさえ感じられる古塔である。

ちなみに、忠臣蔵で有名な赤穂浅野家は同族で、四代内匠頭長矩《たくみのかみながのり》の奥方瑤泉院は三次浅野家初代長治《ながはる》の娘である。

なお、三次浅野家は浅野長寔《ながざね》が十歳で卒し無嗣断絶。旧領地は宗家の安芸広島藩浅野吉長《よしなが》に還付された。

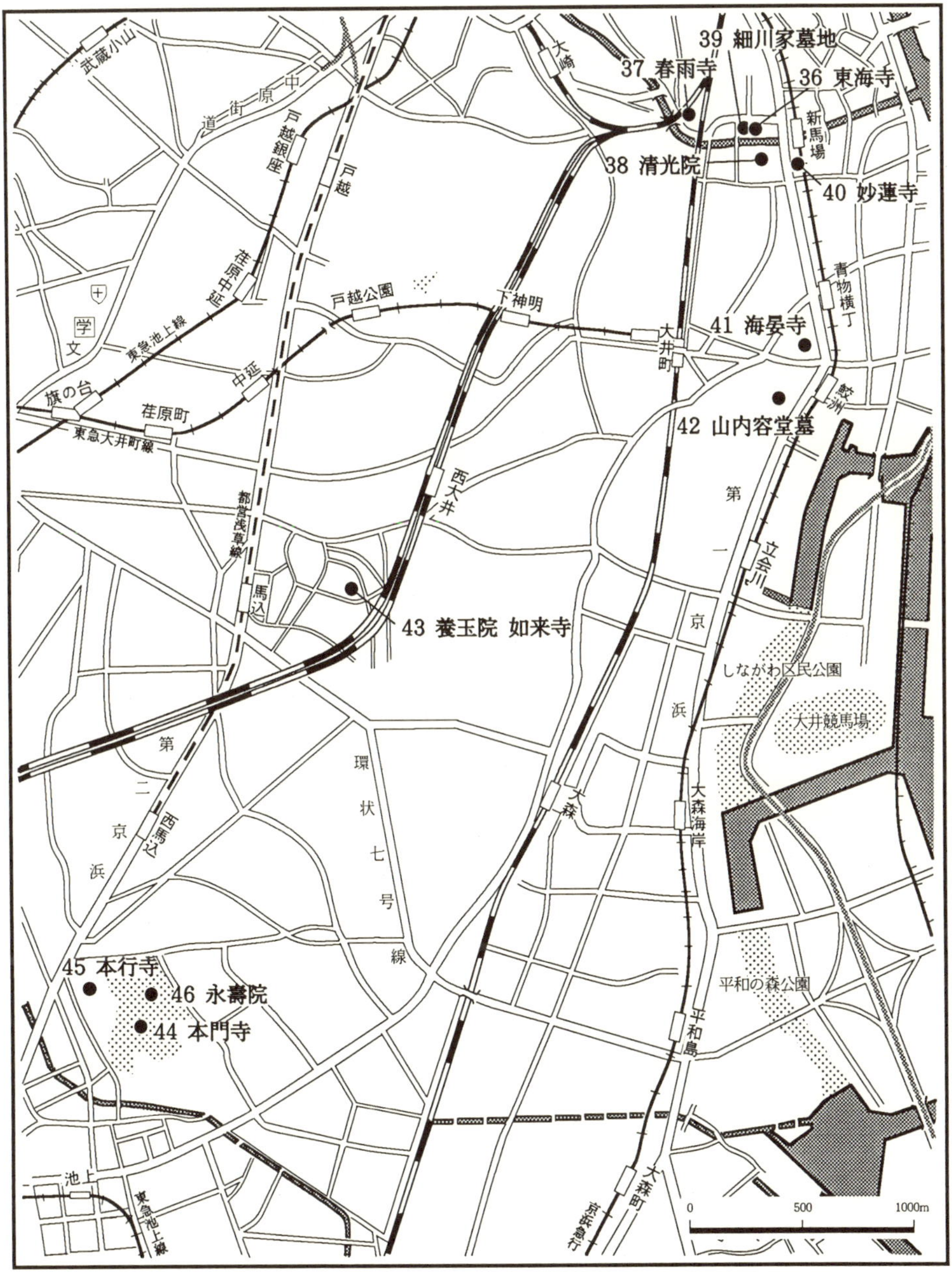

63　城　南　　港区・品川区・大田区

下総佐倉　堀田家

三　再び東海道へ　品川・大井・池上

36 東海寺《とうかいじ》

臨済宗　品川区北品川三―一一―九
京浜急行新馬場駅下車五分

寛永十五年（一六三八）三代将軍徳川家光から沢庵《たくあん》和尚が寺領五百石、境内四万七千坪（約十五万五千平方メートル）を賜わって開いた寺院で、幕府の手厚い保護を受け、上野寛永寺や芝増上寺と並び称された巨刹《きょさつ》であった。明治四年（一八七一）、寺域は官有地となり諸堂は取り壊されたり、火災にも遭って旧観を失ってしまった。今の東海寺は旧塔頭《たっちゅう》玄性院跡に建てられている。

無欲恬淡《てんたん》で質素を旨とした沢庵の心に反して、死後豪壮な寺院が建立されたが、往時を偲ぶよすがさえない今日の趣は、沢庵の望んだ姿に戻ったのであろう。墓域とて狭く、数家の大名墓がある。

下総佐倉十一万石堀田家の藩祖正盛（加賀守）［臨川院殿前拾遺賀州大守心隠宗卜大居士］と室［正統院殿華嶽宗榮大姉］の墓碑は、三メートル余の笠塔婆である。

正盛は、義理の祖母が家光の乳母春日局にして、その後ろ盾《うしだて》と家光の特別な恩恵をうけて一代で異例な昇進を遂げた。家光が卒すると殉死する。慶安四年（一六五一）四月二十日、齢四十四。上野寛永寺（現在は現龍院墓所）に葬られたので、この墓碑は供養塔であろう。

二代正信は、無断帰城の幕封違反のかどで除封されたが、正盛の孫の正休《まさやす》は近江宮川一万石を与えられ、名跡存続する。正休から九代正養《まさやす》［本光院］・室［清泰院］の墓碑もあり、最後の藩主で維新を迎えた。

丹波篠山　青山忠裕［見龍院殿］

少しはなれて、丹波篠山六万石青山家の合祀墓（四十八霊）「青山家墓」と八代忠裕《ただひろ》（下野守）［見龍院殿従四位下侍従前野州太守雲岫宗與大居士］と号する笠塔婆は清々《すがすが》しい墓域にある。

忠裕は、エリートコースを順調に昇進、三十七齢で老中となる。老中在任中、死刑執行書に決裁印を押す際、印袋の紐を長くしておき、ゆっくり解きはじめるうちに退庁の太鼓が鳴り、「今日はこれまで」と熟考の余地をつくった美談があり、大御所問題の解決や相馬大作事件を裁いた。藩校を充実させ勤倹尚武の振興につとめ、自ら蘭学を志し、砲術にもくわしく自流を創設、藩窯を開き、さらに七十歳以上の老人手当の支給や囚人の死刑廃止など治政は充実し、平成年代の今日的課題を先取りしている。歴代中の名君といわれ、老中在職三十二年、やっとお役御免を許され、雲岫斎と称し風流を楽しんだが、天保七年（一八三六）三月二十日、六十九歳で没した。大正八年、生前の勲功により従三位を贈られた。十代忠敏《ただゆき》のとき廃藩置県を迎えた。

旧東海寺大山墓地は、東海道線をくぐった細い坂道の上の小丘にある。沢庵の墓（国指定史跡）、加茂真淵《かものまぶち》墓（国指定史跡・江戸中期の国学者）、服部南郭（江戸中期の儒学者）、渋川春海（江戸初期の暦学・天文学者）、井上勝（明治初年の鉱山頭・鉄道頭のち鉄道局長官）らの墓がある。

37　春雨寺《はるさめてら》

単立　品川区北品川四－一－八
ＪＲ山手線大崎駅下車一〇分

旧東海寺の塔頭《たっちゅう》の一つであり、寛永七年（一六三〇）、沢庵は紫衣《しい》事件に連座して出羽上山に配流となり、その地に草庵を結び、春雨と名づけたのであるが、延宝元年（一六七

上野沼田　土岐家

豊前中津　奥平家墓所

三）にそれを東海寺境内に移して春雨庵と称した。

ここは上野沼田三万五千石土岐《とき》家の菩提寺で、二代頼行《よりゆき》（山城守）［慧照院殿前城州大守心菴宗是大居士］、四代頼稔《よりとし》［乾火院］、頼行の祖父で下総守谷一万石藩主定政（山城守）［増円寺殿前城州大守真菴源空大居士］の三基の笠塔婆と合祀墓二基がある。

定政は美濃国生まれ、父定明戦死の後一族離散し、母方の叔父菅沼姓を名乗り、家康に近侍し、数多い戦功をあげた。家康の関東入国により、守谷一万石を成立、後に旧姓土岐に復し、慶長二年（一五九七）三月三日没、齢四十七。

頼行の上山《かみのやま》城主時代、寛永六年（一六二九）～九年まで沢庵を預けられ、草庵を建て衣食を供して丁重に遇する。致仕して入道し、定是と号する。貞享元年（一六八四）十二月十日没、齢七十七。

その後土岐家は転封を重ね、三代定義は寛保二年（一七四二）、上野沼田に入封定着、十五代頼知《よりおき》で廃藩置県を迎えた。

38　清光院《せいこういん》

臨済宗　品川区南品川四―二―三五
京浜急行新馬場駅下車三分

旧東海寺の塔頭の一つ、明治以後独立した。

墓域の左手奥に豊前《ぶぜん》中津十万石奥平家の墓所（区指定史跡）がある。八十八基の五輪塔や笠塔婆型の墓碑が林立し、藩祖家昌夫妻と長女の五輪塔は三メートル余、他を圧して威風堂々と異彩を放つ。さらに墓域を囲む土塀と石門も建立当時のものと思われ、典型的大名墓地の姿を今日に示している。都内所在の大名家墓地でこれほど多くが現存しているのはここ清光院だけという貴重な墓所である。

奥平家昌夫妻と娘

七代昌鹿［興隆院］

家昌（大膳大夫《だいぜんのだいぶ》）は父信昌の長男、母は家康の長女亀姫。家康に仕えて慶長六年（一六〇一）、下野宇都宮において十万石を領した。法名［六通院殿天眼道高大禅定門］と号し、慶長十九年（一六一四）十月十日没三十八歳。室は、［法明院殿恵光正円大禅定尼］と号し、徳川四天王の一人本多忠勝の娘モリ姫。娘はビン姫、将軍秀忠の養女として松江の堀尾忠晴に嫁したが、無嗣絶家のため実家に帰り死去したのであろう。［雲松院］と号す。二代忠昌（美作守）は［玄光院殿海印道堪大居士］、室は［桂岳院］（鳥居忠政の娘）という。

三代昌能《まさよし》の父忠昌が没したとき、家臣が殉死をした。これは、殉死を禁じた幕法に違反するため、寛文八年（一六六八）八月二万石を減封され、出羽山形に移封となった。同十二年七月昌能は四十歳で没した。［徳雲院］と号す。一説では、忠昌の葬儀のとき、重臣同士が争って騒動となり、そのことから「浄瑠璃坂の仇討ち」といわれる大規模な仇討ちに発展したが、結果は仇討ちとは認められず、騒動を起こしたかどで減転封されたともいう。奥平家は、その後転封を重ね、享保二年（一七一七）に豊前中津に入封し定着、十三代昌邁《まさゆき》のとき廃藩置県を迎えた。

七代昌鹿《まさか》（大膳大夫）［興隆院殿悟溪道本大居士］は、加茂真淵に国学を学び、和歌にもすぐれ、儒学者の家臣藤田敬所に政治の批判や意見を求め、藩政改革に生かした。また、藩医で蘭学者前野良沢を保護し（『解体新書』は中津藩江戸屋敷で翻訳に取り組み刊行した）、蘭学の研究を助けた。名君と称され、安永九年（一七八〇）七月、江戸で三十七歳で没した。

当寺墓域の正面奥は、摂津高槻《たかつき》三万六千石永井家の墓所で、藩祖直清《なおきよ》から十三代直諒《なおまさ》まで歴代すべての藩主と室・子女の墓を多く残しており、こちらも貴重な存在である。墓碑はすべてが笠塔婆で、藩祖直清（日向守）は［宗明院殿月峰空閑大居士］と号した。

摂津高槻　永井家

肥後熊本　細川家墓地

直清は、直勝（下総古河七万二千石）の次男、秀忠に仕え、書院番頭をつとめ、寛永十年（一六三三）に加増され、山城長岡二万石を領した。兄尚政《なおまさ》（山城淀十万石）とともに上方の政務を補佐するように命ぜられている。慶安二年（一六四九）、摂津高槻に加増転封され、三万六千石を領有した。寛文十一年（一六七一）一月九日没。齢八十一。室は［法性院殿妙相大姉］と号し、河内丹南《たんなん》初代高木正次の娘、元和七年（一六二一）五月十一日死去。

一般墓地のなか中央辺りに肥後宇土三万石細川家墓所がある。破損欠落があって判明し難いが、［戒光院］は三代興生《おきなり》室（陸奥守山松平頼貞娘）、［光照院］は五代興文《おきのり》の娘で播磨三草一万石九代丹羽勝道（氏福《うじよし》）室である。

39　細川家《ほそかわけ》墓地

品川区北品川三－一一－一七
京浜急行新馬場駅下車五分

もともとは旧東海寺の境内で、細川家が建立した旧妙解院《みょうげいん》があったところである。妙解院は、肥後熊本五十四万石細川家三代光尚が父忠利の菩提を弔うために建立した細川家の江戸における菩提所で、八百六十坪（二八六四平方メートル）におよぶ墓域で小丘の上下の二区画に分かれている。広大な敷地に配された墓塔は大大名の墓地の遺構を示すもので、都内に残る大名墓地として貴重な区指定史跡となっている。

参道に入って左右と奥にある墓域には、熊本細川家の明治維新後当主まで十九基の大きな五輪型の墓碑が林立している。

四代綱利室［本源院］、五代宣紀《のぶのり》［霊雲院］、六代宗孝［隆徳院］・室［静證院］、七代重賢《しげかた》夫妻、十代斉樹《なりたつ》［諦観院］・室［蓮性院］、十一代斉護《なりもり》［泰巖院］は五輪塔、十二代

細川宗孝［隆徳院］

韶邦《よしくに》・十三代護久《もりひさ》夫妻は神葬型である。

　六代宗孝は、宣紀の四男、兄はすべて夭折し嗣子となり、家督相続した。延享四年（一七四七）、月例の八月十五日は江戸総登城の日であった。江戸城内の厠《かわや》に入ろうとした時突如何者かに背後から斬りつけられて深傷《ふかで》を負った。将軍も幕閣もこの椿事《ちんじ》に驚き、医師を差し向けて手当てを加え藩邸に帰したが、その甲斐もなく翌十六日息をひきとった。享年三十二歳であった。法名は［隆徳院殿中大夫前拾遺兼越州大守廓然義周大居士］と号した。

　さて、厠の中に潜んでいた曲者《くせもの》は、寄合衆七千石の板倉修理勝該《かつかね》という旗本であった。『徳川実紀』では、「狂癇の疾あり、家を治むべきものならねば云々」とあり、狂人の病持ちであり、細川家の家紋「寄九曜」と恨みを抱く板倉佐渡守勝清（妹が勝該の妻）の家紋「九曜巴」とを見誤り、斬殺したわけである。修理は弁明の余地もなく、即刻改易・切腹となった。

　宗孝にとって、狂人に刃物とはまったくの不運であった。宗孝には子はなく、細川家は危機に見舞われるが、将軍の命で宗孝の弟重賢（宣紀の五男）が継いだが、二十八歳まで長い部屋住みの重賢にとっても予期しないことであった。当時の藩財政は困窮を極めて借金の利子さえ払えず、江戸の金主から町奉行に訴えられる有様。重賢は、大奉行堀勝名の補佐のもと、次々に藩政改革の手を打ち、ついに再建に成功した。これを「宝暦の改革」といい、世に「紀州の麒麟（徳川治貞のこと）、肥後の鳳凰」と並び称せられるほどの名君であった。重賢は、藩主としての激務のかたわら好きな動物や植物の研究にいそしみ、心身の労苦をいやしていた。彼ほど生まれついてのナチュラリストという言葉の似合う大名はいない。本だけの知識に終わらず、自然を冷静に見つめる観察眼をそなえていた。この時代、すでに時系列の観察記録を試み、『毛介綺煥《もかいきかん》』・『原色博物図譜』など貴重な業績を残している。参勤交代や旅の道すがら、各地で写生したものが多いのも特徴であった。

肥後熊本　細川家墓地

陸奥仙台　伊達綱宗側室　薄雲大夫

また、藩校時習館、医学校再春館を設立した。天明五年（一七八五）十月二十六日没、齢六十八。重賢（越中守）の法名は、「霊感院殿中大夫前羽林次将兼越州大守徹巖宗印大居士」と号する。内室は「有隣院」（由布姫・節子　久我右大臣通兄の娘）である。

奥の小丘には細川家一族の墓五十基があり、肥後高瀬三万五千石細川家は、藩祖利重「従五位下若狭守細川利重墓」（三代光尚二男）・室細川亀姫墓から九代利用《としもち》（能登守）夫妻まで歴代の藩主と室の五輪塔が整然と並んでいる。高瀬藩は、明治二年（一八六九）の版籍奉還後、本家熊本藩に併合された。

さて、肥後熊本藩の藩祖は細川忠興《ただおき》で、はじめ織田信長、のち秀吉に仕え、丹後宮津十七万石を領した。慶長五年（一六〇〇）、関ケ原の戦いの功により豊前中津（のち小倉）三十九万五千石に加増転封された。忠興は、茶の湯を利休に学び高弟七哲に数えられたほか、和歌、絵画、有職故実にも通じ、『細川茶湯之書』などの著作がある。元和五年（一六一九）致仕し三斎と号した。夫人は玉（伽羅奢《ガラシャ》・明智光秀の娘・秀林院）である。寛永九年（一六三二）肥後熊本に入封し定着。十三代護久のとき廃藩置県を迎えた。

40　妙蓮寺《みょうれんじ》

日蓮宗　品川区南品川一―一―一
京浜急行新馬場駅下車三分

寺門を入って墓地の左塀際に、「仙台薄雲大夫の墓」と伝えられている墓石が建っている。陸奥仙台六十二万石伊達綱宗（政宗の孫）の側室で、新吉原の名妓「仙台高尾」ともいわれ、綱宗に落籍《ひか》され、正徳元年（一七一一）八月二日に死去し「養性院殿妙亮日教大姉」と号している。しかし、この石塔は後世の物好きが戯れにつくったものらしい、との説もあり、真偽のほどは不明である。

綱宗はまったく突然に逼塞《ひっそく》を命じられた。万治三年（一六六〇）七月十八日、幕命は「常々諸事不作法につき不届」、翌日に家臣四人が死罪（藩主に悪事遊興を進めた廉で）、そして八月二十五日になって、綱宗は隠居、跡はその子亀千代（二歳）に譲れという幕府からの通達があった。老中酒井雅楽頭忠清の伝えは、伊達兵部少輔宗清と田村右京宗良が亀千代の後見役となって新藩主を補佐することの附記がある。これが十年に及ぶ伊達騒動の発端である。綱宗は無念のまま桜田邸を去って品川屋敷に入ったが、二十一歳のこの日から七十二歳で没するまで、五十二年間、品川大井村と呼ばれた閑静な屋敷内にひっそり隠棲していなければならなかった。綱宗は書の道に志し、画をかき、茶杓や刀剣をはじめ各種の細工を手がけ、いずれも達人の域にあったという。一方では、子作りにはげみ、亀千代（のち四代綱村）のほか、五男九女をもうけている（伊達家譜）。

さて、綱宗の側室七人のうち於畿伊の方と称する女性は、正徳元年（一七一一）八月二日に没し、［養性院妙亮日教］と号している。一男三女を生んでいるが、彼女が薄雲大夫と同一人物か、『伊達家譜』での彼女の出自は、家の女房として記録されているだけである。

当寺墓域に丸橋忠弥（慶安四年＝一六五一、由井正雪とともに幕府転覆をはかるが、直前に発覚して処刑された）の首塚がある。

41 海晏寺《かいあんじ》

曹洞宗　品川区南品川五－一六－二二
京浜急行青物横丁駅下車三分

建長三年（一二五一）北条時頼の開基という古刹《こさつ》で、慶長五年（一六〇〇）に再興され、臨済宗から　本宗に改宗された。江戸時代は紅葉の名所として知られていた。

越前福井三十二万石松平家（越前系）の歴代の菩提所で本堂背後の丘の上には十四代慶永《よしなが》

越前福井　松平慶永

（春獄）の墓（区指定史跡）がある。神式の土まんじゅう型で設けられているが、一般の参詣は認められていない。

慶永は、御三家の田安斉匡《なりまさ》の八男、幕命により十二代斉善の養子となり、十一歳で藩主となる。中根雪江等有能な家臣にめぐまれ、厳しい節約の範を示し、五次にわたる倹約令と抜本的な藩政大改革により成果をおさめた。同時に家格にとらわれず橋本左内など家臣を大抜擢して才能を発揮させ、学問教育の振興、洋式兵制の導入、兵備の充実、種痘の普及などすぐれた治績をあげた。海防、攘夷を主張し、日米修好通商条約に反対、将軍継嗣には、一橋派の中心となり、井伊大老により隠居・謹慎させられた。井伊の死後、政事総裁として一橋慶喜に協力して幕政改革、公武合体をすすめ、幕末四賢侯の一人といわれた。新政府成立とともに要職を歴任したが、明治三年七月公職を退く。以後、読書や文筆にいそしみ、『逸事史補《いつじしほ》』をはじめとする維新研究上重要な著述を数多く残し、明治二十三年六月二日、六十歳で没した。

丘上には、岩倉具視《ともみ》（都指定旧跡・明治元勲）、由利公正（区史跡・越前藩士、春獄の命で藩政改革を推進、明治政府の初期の財政担当、東京市長・知事を歴任）、児島惟謙《いけん》（大審院院長、ロシア皇太子が襲われた裁判で法律・司法の独立を守る）などの墓がある。一般墓地には、白井鳥粋（都旧跡・江戸中期の俳人）と門弟の加舎《かや》白雄（春秋庵・都旧跡）の墓がある。

42　山内容堂《やまうちようどう》墓

品川区東大井四－八大井公園傍
京浜急行鮫洲駅下車三分

大井公園の奥の立会小学校際のフェンスに沿って、進んだ最奥部に大きな墓碑が建っている。

大きな円墳に墓碑を附属させた珍しい型式で、これは土佐高知二十四万二千石山内家十五代豊信《とよしげ》の墓（区史跡）である。傍らの自然石に刻まれた「島津常候墓」とは、男の墓と見誤るが、十三代豊熙《とよてる》の正室で薩摩鹿児島島津家十代斉興の三女候子、祝姫とも称した。背面に「従四位下豊熙朝臣《あそん》室墓」とある。さらに一基は、「豊範公妻采子之墓」は十六代豊範《とよのり》夫人で、出羽米沢上杉斉憲の長女、ほかに「山内家合祀之墓」がある。

土佐高知　山内容堂

豊信は、文政十年（一八二七）支族豊著の長子として生まれ、のち宗家を継いで十五代藩主となり、容堂と号した。進歩的で強力なその言動は、多難な幕末期の幕政に大きな影響を与えた。幕末の四賢侯の一人で、藩政の改革を推進、公武合体を主唱する。慶応三年（一八六七）十月、将軍慶喜に大政奉還を進言、朝幕間の斡旋につとめた。

明治元年（一八六八）新政府の内閣事務総裁になったが翌年引退、同五年（一八七二）六月二十一日死去。四十六歳だった。遺言により晩年愛したここ大井の地に埋葬された。容堂は詩文、書をよくした。また大変な酒豪で二升はらくに飲んだといわれる。政治生命の終わった明治の世になると、容堂はひたすら酒に明け暮れた。死因は過度の飲酒による脳溢血であった。容堂の号のほか、酔狼・酔漢・鯨海酔侯と号している。

43　養玉院《ようぎょくいん》　如来寺《にょらいじ》

天台宗　品川区西大井五－二二－二五
ＪＲ大森駅より東急バス（森91・森06・森07）馬込銀座下車七分

養玉院は寛永十二年（一六三五）下谷に、如来寺は養玉院と同じころ芝高輪に建てられ、この二寺は大正十二年（一九二三）に合併して、現在地に移転した。本堂横にある大仏《おおぼとけ》養

対馬府中　宗家

玉院の五智如来《ごちにょらい》は俗に「大仏」と呼ばれ、有名である。

養玉院の開基は、対馬《つしま》府中（のち厳原）五万二千余石（十万石格）宗家二代義成《よしなり》室［養玉院］である。

本堂横から小丘に上がるとそこは墓地であり、宗家墓域は鬱蒼たる樹木に囲まれた閑寂な一画で、正面の義成夫妻を中心に左右三十基ほどの五輪塔が並列し、墓前は数知れぬ石燈籠を配して大名墓所の風格をそなえている。

義成［光雲院殿前対州大守四位拾遺性岳宗見大居士］・室［養玉院殿月心本如大姉］、三代義真《よしざね》［天竜院殿前対州大守四位拾遺高厳宗屋大居士］・室［円照院殿月峰慧光大姉］から十六代重正（義達《よしあき》）［摂政院］・室［善性院］まで歴代藩主と正室、そして子女の墓がある。

対馬藩は通信使の接待・案内の労により三年一勤の参勤交代、朝鮮への貿易船の派遣が認められ、江戸時代に対外通商のできる唯一の藩となった。義成の時に国書改竄《かいざん》事件が起こり、幕府は関係者を罰したが、義成は咎めをうけなかった。そして外交文書では将軍を「大君」と称する国書の様式も定まった。義成の治世中は通信使五回と、歴代藩主の中で最多であった。義成は明暦三年（一六五七）十月二十六日、齢五十四で没した。夫人は、日野大納言資勝の娘、六年後の寛文三年九月四日に逝った。

義真の治世は、歴代藩主の中で最も華やかな時代である。積極的な経済政策により、藩財政を充実させ、日本を代表して朝鮮と通交するにふさわしい藩の格式と内実をつくりあげることを意図した。義真について『士芥記』では、「文武を好み、才智発明也。家民を哀憐す。但し美女を愛し、甚だ奢《おご》る弊あり。上に好む所、必ず下之を習ひ也、家人《けにん》色を好む。家老ども残らず悪所に通う。　義真は実子なき故に美女を集めて子息あらん事を望にや、

大和高取　植村家政

今既に養子（義真の姉の子義倫《よしつぐ》）する上は、子の望詮なし。然らば美女寵愛を止め、且つ又家人の淫乱・不道を停止有り度事也。この将智あると雖も延慮なき故に愚に等し」と記している。家譜によれば九人の側妾をもって十男十二女を生ませている。正室は讃岐丸亀京極高和と前記麻布光林寺開基［養性院］との間にできた娘である。義真は、元禄十五年（一七〇二）八月七日、六十四歳で没し、夫人は宝永三年（一七〇六）六月十一日に没した。

宗家墓域の隣は大和高取二万五千石植村家の墓所で、藩祖家政と五藩主・四人の正室の五輪塔、無縫塔は四藩主供養塔、子女の墓、「植村家歴代之墓」がある。

家政の父家次は三河安祥《あんじょう》譜代、長久手の戦いに戦功があったが、岡崎信康（家康の嫡男で自刃）付となったことが不遇で、流浪の身を榊原康政に推挙されて復帰した。家政は秀忠に使え、小姓、家光付となり、大番頭をつとめ、この間加増をかさねて、寛永十七年（一六四〇）大和高取二万五千石を領有し、以後譜代ながら転封は一度もなく、十四代家壼《いえひろ》のとき廃藩置県を迎えた。

なお、高取城拝領には柳生宗矩《むねのり》の友情があったという。『土芥記』の家政評は厳しく、「文武好まず、行跡正しからず、然れどもこの将分明を知らず」と。さらに二代家貞については「彼はとる所ない愚将で、今少し存命していれば家を滅していた人物である。ただし早世したのは家運長久の奇瑞《きずい》というべきである。」と批判している。家政（出羽守）は、慶安三年（一六五〇）十月二十三日、六十二歳で没した。［本真院殿前羽州大守了覚日栄大居士］と号した。

本門寺　総門

44 本門寺《ほんもんじ》

日蓮宗　大田区池上一―一―一
東急池上線池上駅下車七分

本門寺の歴史は、鎌倉時代の建長年中（一二四九〜五六）幕府の工匠池上宗仲が法華宗《ほっけ》に帰依し、屋敷を寄進して寺院を建立、日蓮が建治二年（一二七六）本門寺と命名したのが起源と伝えている。家康は寺領百石の朱印を寄せ、歴代将軍もこれに倣《なら》う。将軍家、紀伊徳川家、加藤清正、前田利家らと深い関わりを持ち保護を受けたが、寛永七年（一六三〇）不受不施《ふじゅふせ》派にくみしたことから身延《みのぶ》派と対立し、幕府の厳しい弾圧を受け、十六世日樹は流罪となった。

欅づくりの総門を抜け、加藤清正の寄進と伝えられる此経難持坂《しきょうなんじざか》という九十六段の石段を上ると、大伽藍《がらん》が見えてくる。戦災で大半を失ったが、山門・大堂は再建され、経蔵・五重塔は往時の古色を残している。五重塔（国指定重要文化財）を中心にした周辺に数多い豪華な墓塔があるのが目につく。

将軍家に関わるものとしては、家康の側室お万の方［養珠院］、家光の養女勝姫［圓盛院殿光岳泰宗大姉］（岡山池田光政室）、吉宗の側室お須磨の方、お古牟の方［本徳院殿妙亮日秀大姉］（田安宗武生母）などいずれも宝篋印塔か宝塔で、さすがに将軍家女性にふさわしい華麗な石塔である。

お万の方は、天正十八年（一五九〇）召し出され、紀伊徳川家藩祖頼宣《よりのぶ》と水戸徳川家藩祖頼房《よりふさ》を生み、蔭山殿（上総大多喜正木邦時の娘・蔭山氏広の養女）と称された。承応二年（一六五三）八月二十一日、七十四歳で没し、［養珠院殿妙紹日心大姉］と号した。

お須磨の方（紀伊藩士大久保忠直の娘）は、九代将軍家重の生母、正徳三年（一七一三）十月二十四日、二十六歳で逝く、家重三歳であった。［深徳院殿妙順日喜大禅尼］と号し

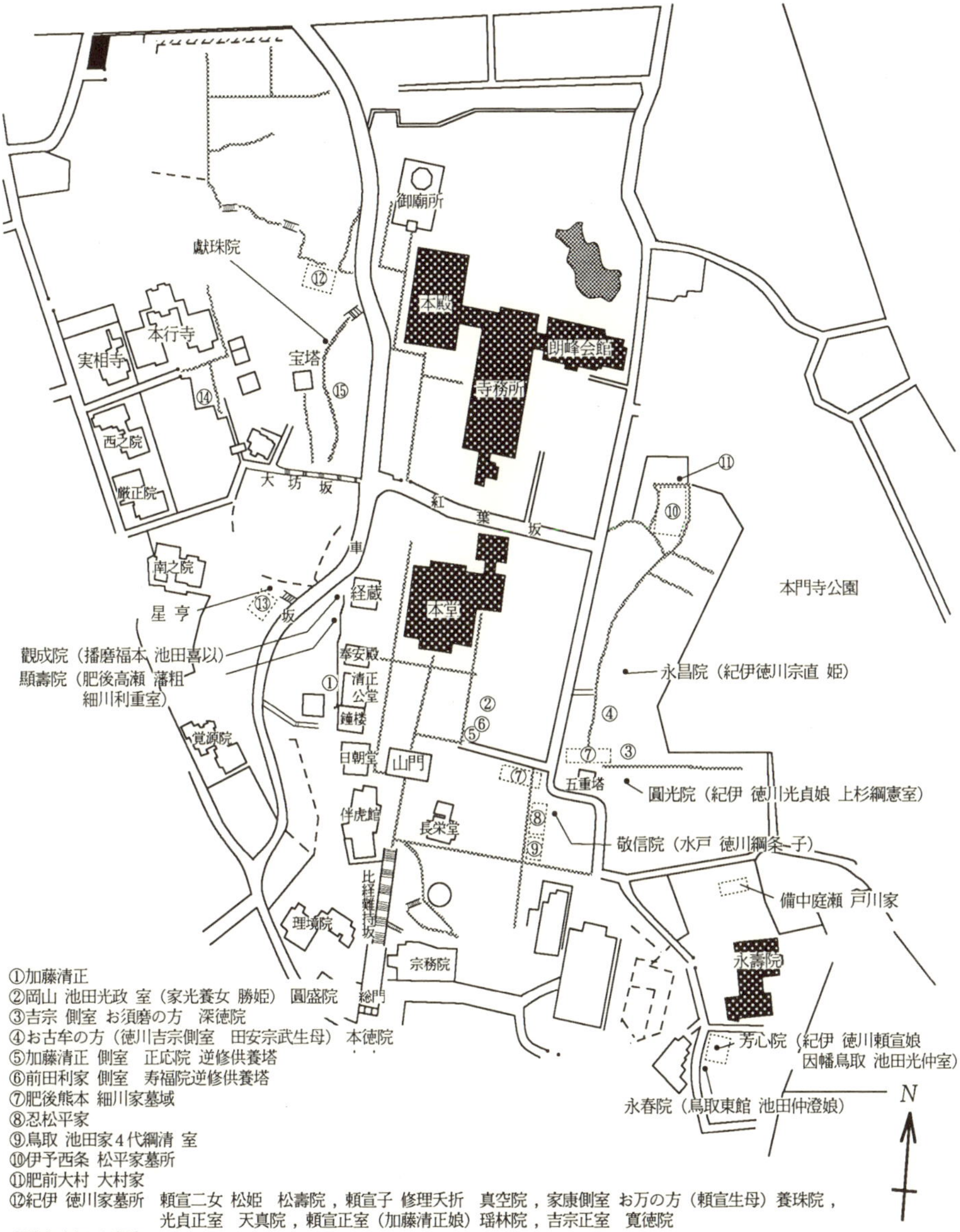

①加藤清正
②岡山 池田光政 室（家光養女 勝姫） 圓盛院
③吉宗 側室 お須磨の方 深徳院
④お古牟の方（徳川吉宗側室 田安宗武生母） 本徳院
⑤加藤清正 側室 正応院 逆修供養塔
⑥前田利家 側室 寿福院逆修供養塔
⑦肥後熊本 細川家墓域
⑧忍松平家
⑨鳥取 池田家４代綱清 室
⑩伊予西条 松平家墓所
⑪肥前大村 大村家
⑫紀伊 徳川家墓所 頼宣二女 松姫 松壽院，頼宣子 修理戌折 真空院，家康側室 お万の方（頼宣生母）養珠院，光貞正室 天真院，頼宣正室（加藤清正娘）瑶林院，吉宗正室 寛徳院
⑬陸奥白河 阿部家
⑭狩野探幽
⑮狩野孝信

本門寺 永壽院 各大名家墓域配置図

0 50 100

加藤清正［遠行浄地院殿］

加藤清正側室［正応院］層塔

た。

さて、熱心な日蓮信者で本門寺の大檀越《だいだんおつ》といわれた加藤清正の墓碑は鐘楼の建っている裏の道にある。山内最大の宝篋印塔といわれる。［遠行浄地院殿日乗台霊　慶長十六年辛亥（一六一一）六月十四日没五十歳］とあり、清正の嫡女である紀伊大納言頼宣の正室あま（没後瑤林院）が父の菩提を弔うために建てた供養塔である。

清正は豊臣秀吉に使えて戦功があり、肥後半国を与えられた熊本城主。関ケ原の戦いでは徳川方に属し肥後一国五十四万石を与えられたが、秀吉の旧恩により豊臣家との関係も断たなかったことから、彼の死については毒殺説もささやかれた。加藤家は二代忠広の幕法違反（江戸で生まれた幼息とその母を幕府の許可なしに無断で国許に帰した）で除封、出羽庄内に配流、酒井忠勝にお預けとなり、庄内領の丸岡一万石を与えられた。その裏は嘘か真か、忠広の謀反説で、豊臣系大名の取りつぶしであった。

本堂に向かう参道の右に、加藤清正の側室（忠広の生母）［正応院］の層塔があるが、逆修供養塔で、もと十一層であったが、現在屋蓋八層が残っている（区文化財）。正応院は、清正の文字通り糟糠《そうこう》の妻（重臣玉目丹波の娘）、忠広に従って庄内に赴き、丸岡に十九年住み、承応元年（一六五二）死す。翌年忠広も没した。歳五十三であった。

哀れなのは忠広の子女たち、それぞれお預けの身となり、配所で死んだ。娘一人だけが生き残り、天涯孤独の身となり忠広の死後六年になってやっと罪を赦された。二十六年間という気の遠くなる幽閉から解放されたが、三十歳を目前にしては嫁ぐこともできなかった。彼女に暖かい手をさしのべたのは紀伊徳川頼宣の妻あま姫（加藤清正の娘）である。加藤家の危機を救ったことのある旗本阿部正之、その五男正重に嫁入りさせた。身分は低い五百俵どりであったが、晴れて自由な生活にどれほど心晴れる思いがあったであろうか。それからしばらくして、正重は兄の死により二千五百石を相続、そんな運の向いてきた矢先

阿部正重妻

前田利家側室［寿福院］層塔

遠江浜松　井上正就［忠源院］

に、彼女は三十二歳で急死した。子はなかった。家譜でも彼女の名は明らかでない。しかし、当寺阿部家一族の墓域の中に、庇付三角頂の墓碑があり、［獻珠院］と刻まれ、寛文二年（一六六二）六月二十二日と彫られている。つつましい簡素な石塔は彼女の身の上を物語っている。

さて、正応院の層塔の近くにある前田利家の側室［寿福院殿花岳日栄大姉］の逆修供養塔（区文化財）は、かつての十一層塔もわずか五層を残して相輪と上部数層は失われている。屋蓋の反り具合は古い形の江戸時代の特色をよく示している。

寿福院（千世の方・上木氏）は、利家の正室芳春院（二代利長母）の侍女であったが、利家の側室となり、三代利常を生む。関ケ原の戦いの前年に利家が病没したのち、家康との関係が悪化したため、利長は母芳春院を江戸に送ることを余儀なくされた。人質的役割を果した女性第一号とされた芳春院は、苦悩の日々を送った。江戸滞在は十五年の長きにわたるが、利長の死によって慶長十九年（一六一四）六月、六十八歳で金沢に戻った。かわって今度は寿福院が江戸に赴くことになった。彼女は寛永八年（一六三一）三月、神田前田屋敷で死す。六十二歳であった。ともに、大名家の宿命を負って逝った女性であった。自ら死後の冥福を祈り建立した層塔を、正応院、寿福院は再び参ることがあったのであろうか。

正応院石塔の近くにある一基の宝篋印塔［忠源院］は遠江《とおとうみ》浜松六万石井上家藩祖の正就《まさなり》（老中・主計頭《かずえのかみ》）で、寛永五年（一六二八）八月十日、江戸城西の丸において目付豊島信満に殺害された。江戸城内での殿中刃傷事件の初めといわれる。碑面は鮮明だが、廃墓のようである。

本殿横の墓地には、熊本藩細川家四代綱利の生母［清高院殿妙秀日圓大姉］・側室［安住院］・娘揚［本空院］・養女初［本壽院］・五代宣紀《のぶのり》生母［高正院殿妙泉日流大姉］など

肥後熊本　細川綱利生母［清高院］

伊予西条　松平家

の墓碑がある。大大名細川家にふさわしい格調高い宝篋印塔である。

常陸水戸三十五万石徳川家三代綱条《つなえだ》末子友千代［敬信院］は九歳で死去、・同支流讃岐高松十二万石六代松平頼真《よりさね》室［永昌院殿妙壽日量大姉］（紀伊徳川宗直息女薫姫）の墓もある。

前記「永昌院」の墓碑から五十メートルほど先の木立の下に一基の大きな石塔がある。これは紀伊徳川家六代宗直ゆかりの墓碑で、［観樹院］は生母太田氏、［眞性院］は側室下条氏、［妙相院］は七歳で早世した女子、三名が連記して刻まれている。鳥取池田家四代綱清室［長源院殿日秀妙性大姉］（盛岡南部重信娘）と娘遊［慶春院］は大きな石塔である。

ほかに米沢上杉家四代綱憲室［圓光院殿日仙栄壽大姉］（紀伊徳川光貞娘）、忍《おし》松平（奥平系）家二代忠弘生母［妙應院殿日感春貞大姉］・娘鍋姫［春照院］は宝篋印塔。さらに、長岡牧野家四代忠辰［大海院殿朗然成喜日観大居士］とお部屋［真浄院］（池上氏）などが目につく。

本殿横の一画には、紀伊徳川家支流伊予西条三万石松平家の墓所もある。藩祖頼純《よりずみ》室［清性院殿観月日春大姉］（白河本多忠義娘）、二代頼致《よりよし》（のち紀伊徳川宗直）生母［観樹院］・側室［妙相院］、三代頼渡《よりただ》［霊心院］、六代頼謙《よりかた》［寿徳院］、七代頼看《よりみ》［応徳院］、八代頼啓《よりゆき》［秀徳院］・室［泰寿院］、九代頼学《よりもと》［智徳院］・室［智月院］、十代頼英《よりひで》［徳本院］、十一代頼永《よりなが》［尚徳院］・室［成等院］の墓があり、合祀碑「伊予西条松平家之墓」は大きな笠塔婆である。

松平家の初代頼純は、紀伊徳川頼宣の次男、万治四年（一六六一）に分家。寛文八年（一六六八）紀伊国内で賄料五万石を分知された。同十年幕府より伊予西条において三万石を与えられ、残る分は蔵米に引き替えられた。以後変わることなく、維新を迎えた。松平家

徳川家康側室　お万の方［養珠院］

紀伊　徳川頼宣室［瑶林院］

墓所の近くに肥前大村二万七千石大村家の合祀碑が建っている。

本堂正面左の道路を大坊坂《だいぼうざか》という。坂の中腹を右へ一段下がったところに、五十五万五千石紀伊徳川家の菩提所（区文化財）がある。この墓所は、主として江戸藩邸で没した藩公の内室を埋葬したものである。墓域の規模、構築の優美さなど、御三家大名の墓所としての威容を示している。

［養珠院］は前記の通り家康の側室お万の方、藩祖頼宣の生母。正面左［妙操院殿円誉性月良仁大姉］は十一代斉順《なりゆき》の生母（十一代将軍家斉側室お登勢の方で幕臣梶主水勝俊娘）、小石川傳通院に埋葬されたので、これは供養塔であろう。［天真院殿妙仁日雅大姉］は二代光貞の正室安宮（伏見宮貞清親王の姫）で宝永四年（一七〇七）二月二十六日没。最左にある宝塔は、頼宣の正室あま（加藤清正の娘）［瑶林院殿浄秀日芳大姉］、寛文六年（一六六六）一月二十四日、六十六歳で生涯を閉じた。

生母お万の方の日蓮宗の信仰の薫化《くんか》により、日蓮宗に帰依した頼宣は、法華経を信奉することが篤かった。清正の息女を妻として以来、本門寺との関係をより深いものとした。ほかに五代頼方《よりかた》のち八代将軍吉宗の室真宮理子《さきのみやみちこ》［寛徳院殿玄真日中大姉］（伏見宮貞致《さだむね》親王の姫）は十六歳で結婚し、わずか四年間妻の座にいただけで、流産してあっけなく亡くなった。二十歳だった、宝永七年（一七一〇）六月四日のことである。

［養珠院］碑を右に、頼宣の子［真空院］夭折、娘松姫［松壽院殿法榮日經大姉］は吉井松平信平室。［靈岳院］は二代光貞三女育姫で出羽久保田（秋田）佐竹義苗《よしみつ》（三代義処長男、若くして死す）室。

さて、車坂を上って左の草むらの中に、星亨《ほしとおる》（明治期の政治家）の墓があり、その背後は雑草が繁って小径もなく、荒涼として人跡もない。車坂の崖上となっているそこは、陸奥白河阿部家一族初期の墓所で、古塔は傷みもはげしく、法名は欠落剥離もあるので判読

陸奥白河　阿部家

播磨三日月　森家

しがたい。藩祖忠秋の生母［蓮成院］、二代正能室［能持院］ほか七基ほどある。縁者として参る者もないであろう古塔をみると、今昔の感ひとしおで、ただ無情寂寥として立ちつくすだけである。

「清正公」墓碑の前の小径に、十基ほどの墓が並んでいる。判明したのは、肥後高瀬細川利重室［顕壽院］、前記お万の弟正木左近将監改め三浦為春（紀伊家家臣）［高松院］、播磨福本池田喜以《よしもち》［觀成院］、出羽山形水野忠元娘［恵光院］などがある。広大な墓域を有する本門寺は各所に墓地を形成しているので、丹念に探墓すれば隠れた墓碑を甦《よみがえ》らせることができよう。

墓地には、日蓮・日朗・池上宗仲をはじめ有名人の墓碑が多い。狩野探幽（都旧跡、江戸初期狩野派絵師）、幸田露伴（明治～昭和期の小説家）などがある。

45　本行寺《ほんぎょうじ》

日蓮宗　大田区池上二－一〇－一五
東急池上線池上駅下車五分

本門寺に隣接する池上宗仲の邸宅跡で、日蓮が病床についたまま入寂《にゅうじゃく》したところと伝えられる（都旧跡）。本堂後の小丘は、播磨三日月一万五千石森家の墓所である。藩祖長俊・側室［浄心院］（二代長記《ながのり》母布宇《ふう》・家臣岡氏姉）、二代長記［長運院］・室［信敬院］以下九代俊滋夫妻の墓碑と「森家之墓」がある。

長俊について『土芥記』は、「生得寛淳にして、行跡道を守り、孝敬を宗とし、家民を哀憐し、悪事なし」とし、善将なりと賞している。長俊（対馬守）は、外寛内剛、諸侯の中でも特に優れた人材であったという。六十八歳で隠居し、名を快翁と名のった。享保二十年（一七三五）六月四日、八十七歳の長寿で没した。［長俊院殿前対州刺史快翁日好大居士」と号する。森家初代長俊は美作津山藩十八万六千石森長継の九男、延宝四年（一六七六）に新田一万五千石を分与され別家となった。元禄十年（一六九七）に播磨三日月に移封となり、以後変わることなく、九代俊滋《とししげ》のとき廃藩置県を迎えた。

本堂横の墓地にある信濃上田五万三千石松平（藤井）家の供養塔「松平家谷中多磨墓地合葬供養塔」は、それぞれの墓地を改葬した合祀碑である。藤井松平といわれ、上山松平家の分家。松平信吉の二男忠晴が寛永十九年（一六四二）駿河田中二万五千石を与えられ、遠州掛川三万石、丹波亀山、武蔵岩槻四万八千石、但馬出石、宝永二年（一七〇五）上田に入封し定着。九代忠礼《ただなり》のとき廃藩置県を迎えた。

紀伊　徳川頼宣娘［芳心院］

46 永壽院《えいじゅいん》

日蓮宗　大田区池上一－一九－一
東急池上線池上駅下車一〇分

本堂の右横の奥は樹木が鬱蒼と繁っているが、その中に巨大な宝塔が建っている。芳心院の墓（区文化財）で、俗に万両塚と称された。

芳心院は、紀伊徳川頼宣の娘因幡姫（茶々姫とも。養珠院お万の方の孫）で、因幡《いなば》鳥取三十二万五千石池田家三代光仲に嫁した。この墓所は、約六〇〇平方メートルの墓域を有し、周囲に二重の堀溝《ほりみぞ》が構築されている。当時はその建築費が一万両に及んだという。堀溝は現在空堀《からぼり》になっているが、江戸時代には、常時水がたたえられていた。これは、彼女が生前蛇嫌いであったために、没後も蛇を遠ざける目的であったと伝えられている。墓所の遺構は構築上からみても珍しいものとされる。

宝永五年（一七〇八）十一月二十八日、八十三歳の長寿で没した。［芳心院殿妙蓉日春大姉］と号する。宝塔は気高く清楚で、御三家の紀伊家の娘をもらった池田家は格式に合っ

備中庭瀬　戸川家

た立派な墓所づくりをしたのであろう。

一基の石塔が墓域の片隅にある。［永春院殿妙住日延大童女］は、鳥取東館《ひがしやかた》三万石初代池田仲澄の長女千屋代といい、貞享元年（一六八四）三月六日、六歳で早世した。

本堂の横の墓地に数基の古い宝篋印塔がある。備中庭瀬二万九千余石戸川家の墓所で、初代逵安《みちやす》と娘［正法院］の墓がある。

逵安は豊臣大名の宇喜多《うきた》直家・秀家に仕えた秀安の長男、体格雄偉、腕力強く、武芸に達していたという。慶長四年（一五九九）家中騒動により主家を去り、家康に仕えて関ケ原の戦い、大坂の陣の功により備中庭瀬藩を立藩した。藤堂高虎・加藤嘉明らとともに家光の御夜話の衆に加えられた。寛永四年（一六二七）十二月二十五日没する。齢六十一。戸川家は四代安風（二万石）の死により、無嗣絶家となる。のち、弟達富（千石）は安風の名跡となり、四千石を加増されたので、撫川《なつかわ》知行所は五千石となって交代寄合として存続した。

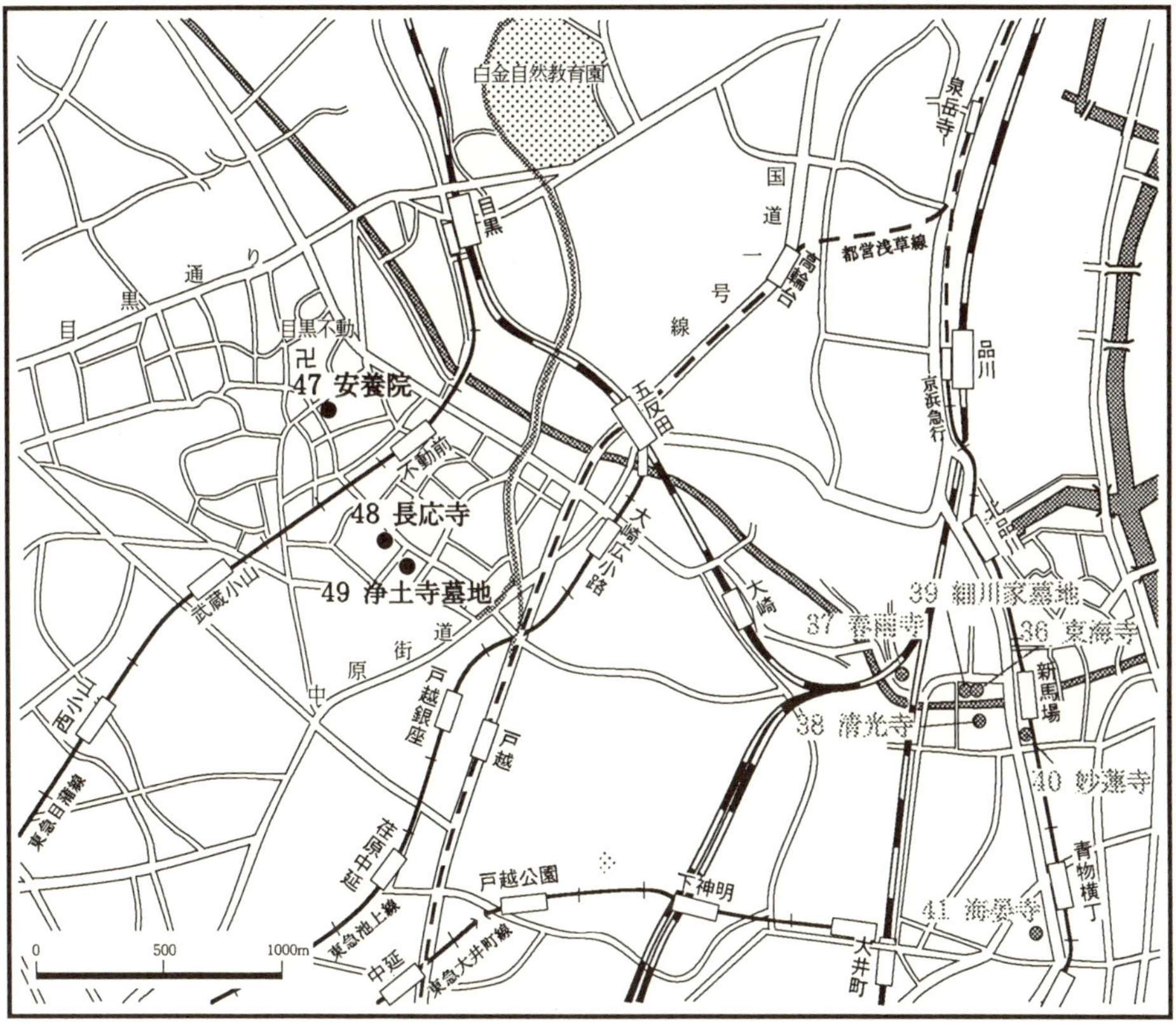
白金自然教育園
目黒
目黒通り
目黒不動
47 安養院
不動前
48 長応寺
49 浄土寺墓地
武蔵小山
西小山
東急目蒲線
中原街道
戸越銀座
戸越
大崎広小路
五反田
国道一号線
高輪台
都営浅草線
泉岳寺
品川
京浜急行
北品川
大崎
39 細川家墓地
36 東海寺
新馬場
38 清光寺
40 妙蓮寺
青物横丁
41 海晏寺
大井町
下神明
戸越公園
荏原中延
東急池上線
中延
東急大井町線
0
500
1000m

安芸広島　浅野綱晟継室［称専院］

四　五反田・小山・荏原

47 安養院《あんよういん》

天台宗　品川区西五反田四－一二－一
東急目蒲線不動前駅下車五分

縁起によると、平安朝のはじめ慈覚大師の開山で、寛永元年（一六二四）中興再建された。

墓所の正面の墓壇一・二メートルの上部に優雅な五輪塔が建ち、それを守るように六体の観音像が囲んでいる。

その石塔は、安芸《あき》広島四十二万六千余石浅野家の四代綱晟《つなあきら》継室八千姫といい、［称専院殿心誉哲空法安大姉］と号した。綱晟の初めの室は愛姫といい、万治二年（一六五九）六月夭折した、九条左大臣藤原道房の娘である。綱晟は愛姫の妹八千姫を二度目の妻としたが、延宝元年（一六七三）一月に妻に先立って死去した。八千姫は、世の無情を悟り、開山の徳に深く帰依し、侍女とともに出家して当院にとどまり、念仏三昧にいそしみ、延宝七年（一六七九）四月十三日に入寂した。不思議な霊異も現われ、安祥《あんじょう》として極楽に往生された。荼毘《だび》の際に五色の舎利《しゃり》が多く現われたともいわれている。

浅野家は当院の絶大な外護となっている。

48 長応寺《ちょうおうじ》

法華宗　品川区小山一－四－一五
五反田駅より東急バス（渋72）桐が谷下車三分

下野宇都宮　本多正純室［理妙院］

文禄元年（一五九二）家康の側室西郡の局《にしのごおりのつぼね》が江戸城日比谷御門内に再建し、高輪伊皿子《いさらご》から明治三十九年（一九〇六）当地に移転した。

墓域中央のつき当たりに歴代上人の墓があり、柵内の正面向かって左から二基目に三葉葵の紋のついた小さな供養塔がある。西郡の局、法名は［蓮葉院］（今川家の臣鵜殿長持の娘、長昭の妹または長忠の養女ともいわれる）、家康の側室となって督姫を生んだ。慶長十一年（一六〇六）五月十四日、督姫の再嫁先の京都池田輝政屋敷で没し、京都本禅寺に葬られた。

無縁仏の近くに華麗な宝篋印塔が二基建っている。一つは［理妙院殿日英大禅定尼］、下野宇都宮十五万五千石本多上野正純の室（上野厩橋酒井重忠娘）、慶安元年（一六四八）八月十日没。正純については前記一乗寺の項参照。

もう一基は、［遷光院殿日通大姉尊儀］越後新発田十万石三代溝口宣直《のぶなお》継室で下総生実《おゆみ》一万石森川出羽守重俊の娘。寛永六年（一六二九）十二月嫁したが、わずか六年後の同十二年六月十四日に先立って死去した。

さて、旗本土方家墓地に数基の墓碑があるが、その正面の大きな笠塔婆一基は、［清涼院殿智貞妙秀日森大姉］といい、備中足守《あしもり》二万五千石木下家五代利貞室で美濃高山三万八千余石金森出雲守重頼の娘、元禄九年（一六九六）孟冬中旬五蓂（十月十五日）に没。移葬された時に土方家に誤って移されたのであろうか。

49　浄土寺《じょうどじ》墓地

浄土宗　品川区荏原一－一－一九
五反田駅より東急バス（渋72）桐が谷下車三分

長応寺の墓地と小道を挟んで反対側に浄土寺墓地（寺は港区赤坂四－三－五）がある。門

三河奥殿　松平真次［乗次院］

扉を開けて奥のあたりは二十基ほどの笠塔婆が整然と並んでいる。

三河奥殿《おくどの》（のち信濃竜岡）一万六千石松平（大給）家の墓所がある。藩祖乗次［乗次院］から九代乗利夫妻まで歴代藩主と乗次の父、子女の墓数基、合祀墓「大給家之墓」がある。松平家は明治初年改姓して大給《おぎゅう》とした。

乗次の父真次は、三河奥殿で七千石を領す、［乗次院殿前尚衣徹景晴暁大居士］正保三年（一六四六）九月十四日、七十歳で没。乗次（縫殿助《ぬいのすけ》）は正保三年（一六四六）遺領四千石で家督を継ぎ、大番頭・留守居・大坂定番などを歴任。この間、加増をかさね貞享元年（一六八四）に三河奥殿一万六千石を領した。同四年八月十日、五十六歳で没した。［乗次院殿前従五位下掖庭令覚誉道本大居士］と号す。

松平（大給）家は、文久三年（一八六三）居所を信濃田野口に移し、明治元年（一八六八）に竜岡藩と改称して廃藩置県を迎えた。

墓域の左奥に狂歌師の柳亭種彦《りゅうていたねひこ》・唐衣橘州《からごろもきっしゅう》・達磨屋吾一《だるまやごいち》の墓がある。

都心

千代田区・中央区

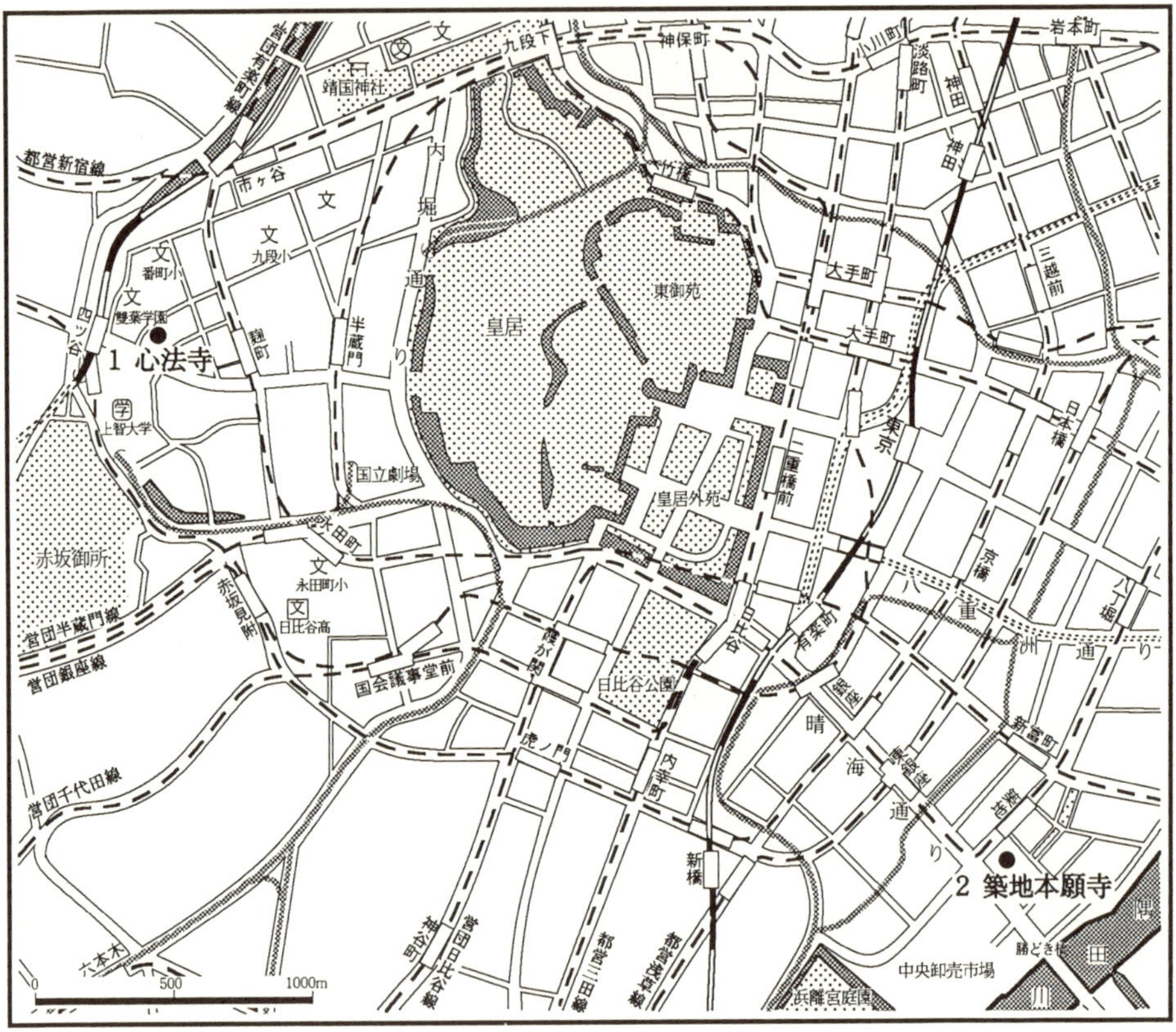
営団有楽町線
文
靖国神社
九段下
神保町
小川町
淡路町
神田
岩本町
都営新宿線
市ヶ谷
内堀通り
文
九段小
番町小
雙葉学園
1 心法寺
四ツ谷
麹町
半蔵門
皇居
東御苑
竹橋
大手町
三越前
上智大学
国立劇場
二重橋前
皇居外苑
東京
日本橋
赤坂御所
永田町
永田町小
日比谷高
赤坂見附
営団半蔵門線
営団銀座線
国会議事堂前
霞が関
日比谷公園
日比谷
有楽町
京橋
八重洲通り
八丁堀
新富町
銀座
晴海通り
東銀座
築地
虎ノ門
内幸町
営団千代田線
新橋
2 築地本願寺
六本木
神谷町
営団日比谷線
都営三田線
都営浅草線
勝どき橋
中央卸売市場
浜離宮庭園
隅田川
0
500
1000m

下野皆川　松平家

都　心　千代田区・中央区

1　心法寺《しんぽうじ》

浄土宗　千代田区麹町六－四－一
ＪＲ中央線・地下鉄丸ノ内線四ツ谷駅下車五分

天正十八年（一五九〇）に創建の区内最古の寺である。門をくぐると正面に古い宝篋印塔が五基建っている。

これらは寛永十八年（一六四一）から寛文五年（一六六五）に建てられたが、法号、没日とも摩耗《まもう》して読みにくいのが難点。下野皆川一万五百石松平（能見）家の初代重則《しげのり》夫妻、二代重正夫妻と三代重利の墓である。

重則は三河国松平大隅守重勝の三男。秀忠に召されて、関ケ原の戦い・大坂の陣に出陣、大番頭・留守居などを歴任し、寛永十七年（一六四〇）に加増され下野皆川一万石余を領したが、翌十八年十二月二十七日、六十二歳で没した。［松巖院殿前信州大守憲誉珠法大居士］と号した。室は［称光院］（屋代越中守勝永娘）。二代重正は［見生院］、室は［勢光院］（相模玉縄松平正綱娘）。三代重利［覚了院］は四歳で父の遺領を継ぐが、寛文五年（一六六五）三月に七歳で死去、嗣子なくて家は断絶した。

2　築地本願寺《つきじほんがんじ》

浄土真宗　中央区築地三－一五－一
地下鉄日比谷線築地駅下車一分

元和年間（一六一五～二四）の創建で、明暦三年（一六五七）の江戸の大火で類焼し、佃

酒井抱一

島の門徒が協力して海浜を埋め、土砂を運び、土地を築き、本堂を再建した。以来これが「築地」の地名となったという。

古代インドの石造寺院様式をとり入れた大伽藍の偉容が目を引く、真宗西本願寺東京別院である。

正門を入って左手の茂みの中に酒井抱一の墓がある。

抱一は、播磨姫路十五万石九代忠恭《ただずみ》の嗣子忠仰《ただもち》の次男（長兄はのちの十代忠以《ただざね》）として江戸神田小川町酒井家別邸に生まれた。姫路藩の若様といっても一生を江戸で過ごした生粋の「江戸っ子」だった。大名の子として一通りの教育、教養は身につけた。絵もまた然り。大名家の常として狩野派を学んだのち、南蘋《なんぴん》派の写生画風を、さらに浮世絵、土佐派、円山派と自由に渡り歩くうち、尾形光琳に惚れ込んだ。琳派の旗手として名を成し、「夏秋草図屏風」（東京国立博物館）は著名。町人たちと親しく付き合うことができたのも部屋住みの若様の身だからこそ。狂歌を四方赤良《よものあから》（大田南畝）に学び、自ら尻焼猿人《しりやけさるんど》と名乗り、山東京伝や版元蔦屋重三郎などの町人にまで交友の輪は広がっていった。三十七歳で突然出家したというのも、信仰心から仏教に帰依したというよりは、大名の家格の束縛からもう一歩自由になって文人・町人の世界に遊びたい一心からのことかもしれない。ちなみに、兄の忠以も宗雅の号を持つ著名な茶人・文人だったが、若くして亡くなっている。抱一は、その分までもせっせと芸の道に励んだのであろう。文政十一年（一八二八）十一月二十九日、六十八歳で入寂。［等覚院殿文詮大僧都］の号、都旧跡である。墓は出家らしい質素な無縫塔、訪れる人もなく立つ墓石は、飄々《ひょうひょう》と江戸に生きた藩主の弟らしい。

境内には、間新六《はざましんろく》の供養塔（都旧跡・吉良邸に討ち入りの赤穂浪士）、土生玄碩《はぶげんせき》の墓（幕府侍医でシーボルト事件に連座して牢死）、九条武子の歌碑（本願寺門主大谷光尊二女、社会事業に尽くし、美貌の歌人で有名）がある。

山手

目黒区・渋谷区・新宿区・文京区・北区・豊島区・板橋区

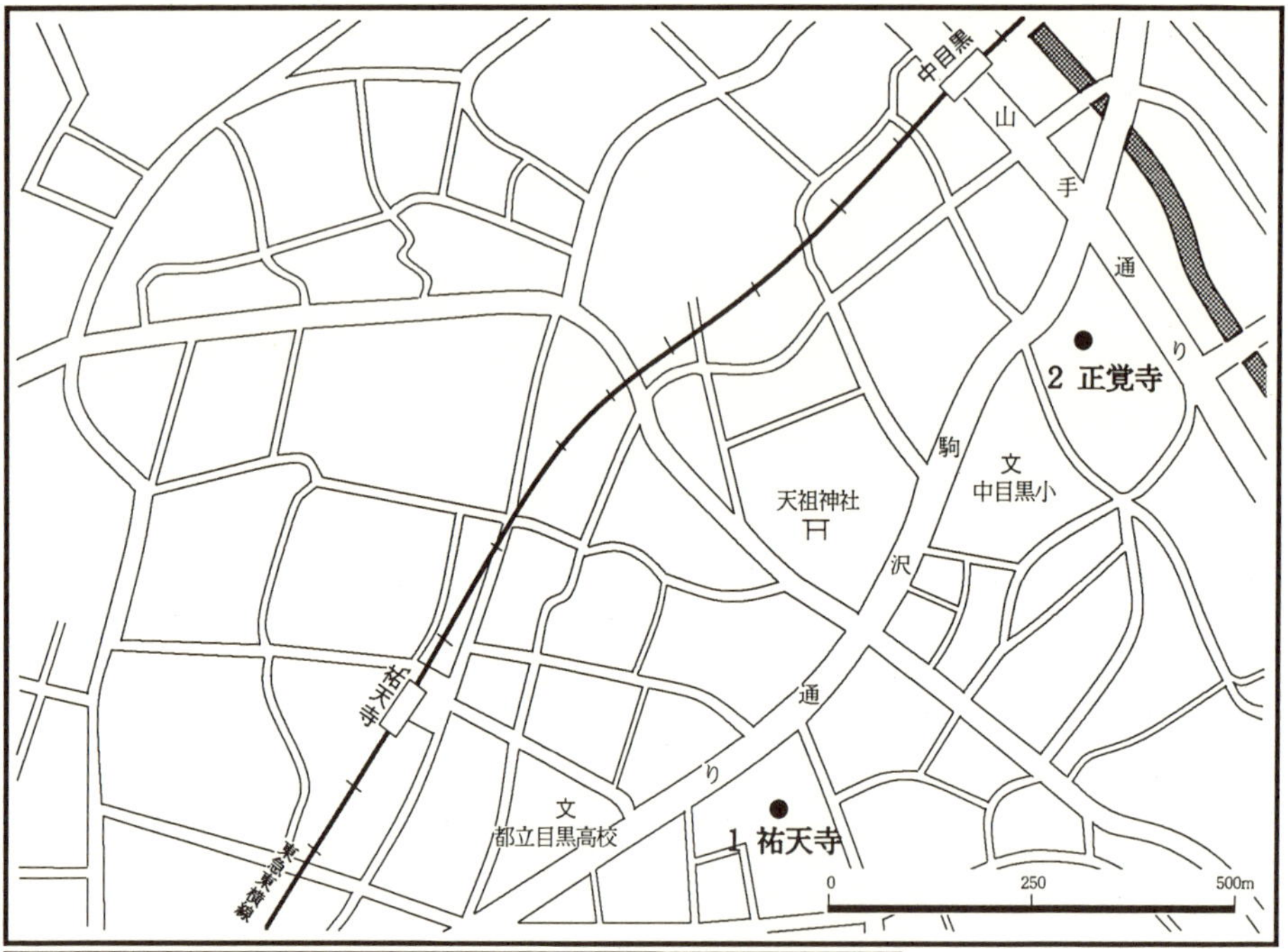
中目黒
山手通り
2 正覚寺
文
中目黒小
天祖神社
駒沢通り
祐天寺
文
都立目黒高校
1 祐天寺
東急東横線
0
250
500m

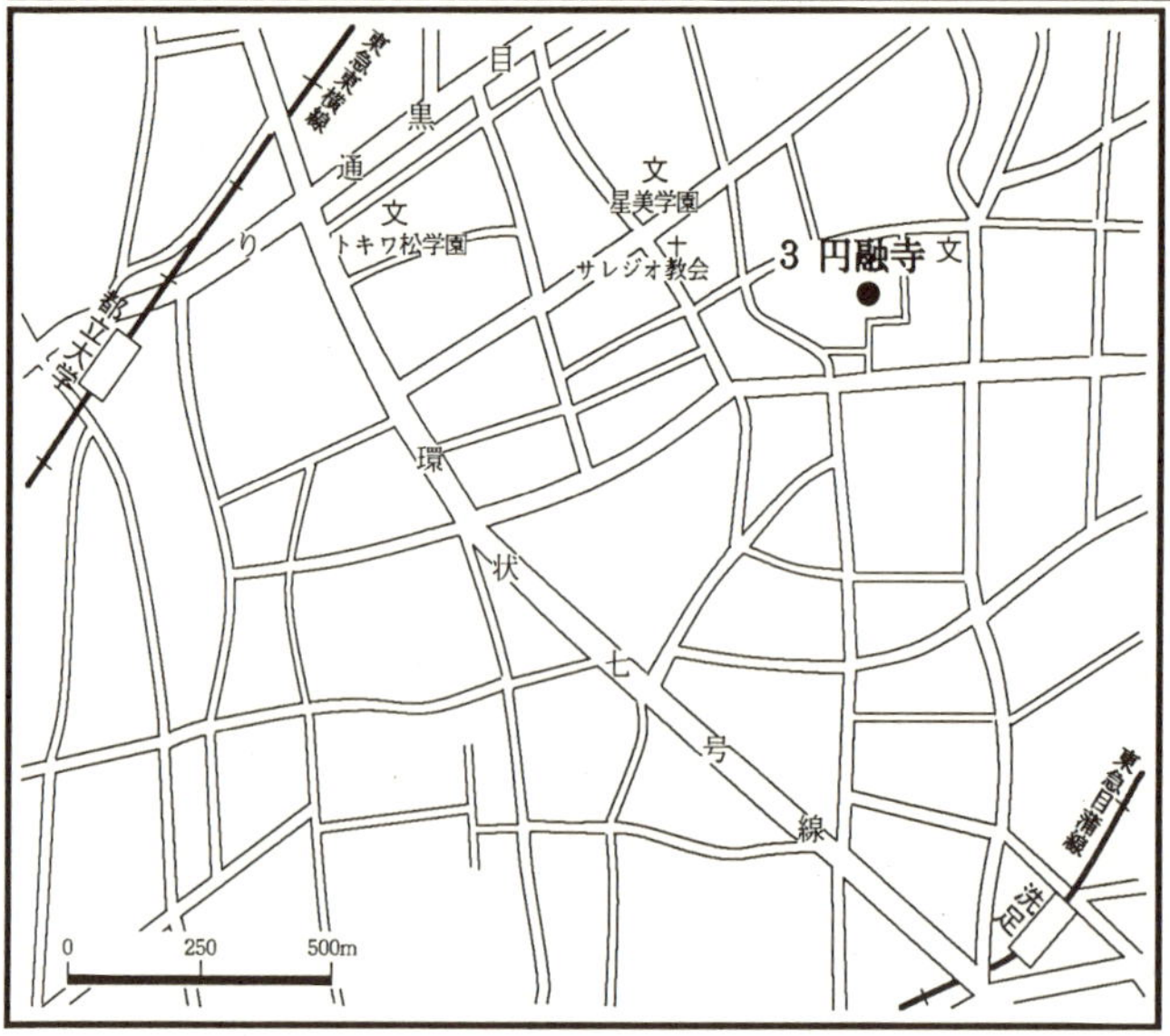
東急東横線
目黒通り
文
星美学園
文
トキワ松学園
サレジオ教会
3 円融寺
文
都立大学
環状七号線
東急目蒲線
洗足
0
250
500m

長門萩　毛利重就　室と娘

山　手

目黒区・渋谷区・新宿区・文京区・北区・豊島区・板橋区

一　目　黒

1　祐天寺《ゆうてんじ》

浄土宗　目黒区中目黒五－二四－五三
東急東横線祐天寺駅下車一五分

享保四年（一七一九）、祐天の遺徳をしのび、高弟祐海が建立した。明治の大火で壮麗を誇った江戸以来の建て物はほぼ焼失したが、仁王門は建立時の姿をとどめている。

寺門を入ってすぐ左に箱型の石塔二基がある。一基は、長門萩三十六万九千石毛利家七代重就《しげたか》の室登代姫で、［瑞泰院殿祐蓮社高譽豊安壽英大禅定尼］明和六年（一七六九）四月十七日没、歳三十八。筑後柳河立花貞俶《さだよし》の次女である。もう一基は、重就の四女勢代姫で、［養源院殿貞室知榮大姉］安永四年（一七七五）十二月二十日、二十五歳で没、筑後久留米二十一万石有馬家八代頼貴《よりたか》の室である。

境内を抜け、一旦道路を横切って墓地に入った左に、四基の笠塔婆がある。ここは、土佐高知二十四万二千石山内家墓所。五代豊房継室［玉仙院殿天蓮社法譽至心香曜大法尼］（岡山池田綱政娘菊姫）宝暦八年（一七五八）五月九日没、を中心に、右後方に早世した九代豊雍《とよちか》娘［随岸院］、十二代豊資《とよすけ》室［祐仙院殿雲峰靈彩大姉］（岡山池田斉政長女豊姫）天

土佐高知　山内家

「政岡」の銅像

保十二年（一八四二）五月二十二日没、とやや離れて十三代豊煕《とよてる》侍妾「平岡氏女民子之墓」（平岡掃部権助娘）の墓がある。

さて、参道の右に三基の格調ある宝篋印塔が建っている。法名は読めないが、葵の紋を付した線香立てがあるので、たぶん将軍家にかかわる墓碑であろうか。その右に建っている角柱塔の［清雲院殿流光露幻大童子］は、十一代将軍家斉の二男で、寛政十年（一七九八）正月に流産した男子の墓であろう。家斉と正夫人寔子《ただ》（島津重豪《しげひで》娘）との間にできた第二番目の子である。

祐天上人の墓の後ろに「森川家之墓」の合祀碑（十七霊）がある。祐天上人は、将軍綱吉の台命により、六十三歳の時、千葉生実《おゆみ》の大巖寺貫主となった。これにより、下総生実一万石森川家とのかかわりができたのであろう。

森川家初代重俊は秀忠に近侍し、寛永五年（一六二八）生実に陣屋を置き一万石を領し、同八年老中になり幕政を担当している。子孫は以後変わることなく、十二代俊方《としかた》のとき廃藩置県を迎えた。

2　正覚寺《しょうかくじ》

日蓮宗　目黒区中目黒三－一－六
東急東横線・地下鉄日比谷線中目黒駅下車二分

元和五年（一六一九）日栄上人の開基。寺門を入ると浄瑠璃や歌舞伎狂言の「伽羅先代《めいぼくせんだい》萩《はぎ》」で、わが子を犠牲にして幼君を守護し、御家安泰を計った人物とされる「政岡」の銅像が建っている。

その政岡とされる三沢初《はつ》の墓は、本堂を背にした墓地の中央にある。初は、陸奥仙台伊達家三代綱宗の側室であり、子の亀千代（四代綱村）を生むが、綱宗は酒癖と遊女ぐるいが

陸奥仙台　伊達綱宗側室　三沢初［浄眼院］

丹波福知山　朽木稙昌室［台嶺院］

もとで幕府から逼塞《ひっそく》を命じられた。

伊達家存亡の危機、「伊達騒動」がおこったのは、四代藩主綱村の時代である。当時綱村（亀千代）はまだ二歳。伊達兵部宗勝の陰謀、老中酒井忠清の画策、国家老原田甲斐の加担、批判勢力も台頭し、仙台藩は伏魔殿の様相を呈していた。ついに寛文十一年（一六七一）三月二十七日、大老酒井忠清邸での原田甲斐の刃傷（寛文事件）で幕となるが、伊達六十二万石は安堵された。

初は、綱宗に従って品川の下屋敷で暮らし、生前から正覚寺の鬼子母神を信仰し、日猷・日登上人に深く帰依していた。貞享三年（一六八六）二月四日没、四十八歳。［浄眼院殿了嶽日嚴大姉］（都旧跡）と号する。透垣で囲まれた五輪塔は女性らしい優美さをそなえている。

初の墓前に、父三沢清長［一心院］・母［真善院］の墓もある。

墓地に古い墓碑数基があり、丹波福知山三万二千石朽木《くつき》家二代稙昌《たねまさ》室［台嶺院殿法山日昇大姉］享保二年（一七一七）六月十四日没は、和泉岸和田岡部宣勝の娘お作。稙昌の娘久子［寶光院殿照山日明大姉］正徳三年（一七一三）五月十二日没、は美濃岩村二代松平（大給）乗紀《のりただ》室である。なお、乗紀の五男玄綱《とうつな》は朽木家に養嗣子として入って六代藩主となっている。

3　円融寺《えんゆうじ》

天台宗　目黒区碑文谷一―二二―二二
東急目蒲線洗足駅より東急バス（渋71）国宝円融寺前下車一分

嘉祥元年（八四八）慈覚大師の開山と伝えられ、弘安六年（一二八三）日源上人によって改宗され日蓮宗法華寺となったが、元禄十一年（一六九八）天台宗に改宗、天保五年（一八三四）円融寺となった。

備中足守　木下利貞次女〔霊光院〕

仁王門（区文化財）は茅葺入母屋造りの八脚門、左右の金剛力士像（都文化財）のほか板碑・日源上人五重石塔も区文化財となっている。

墓地の中央の奥に古い五輪塔があり、寺側にきいても不明。その後、備中足守二万五千石木下家の墓所であることが判明した。五代利貞の三女〔陽春院殿日恵尊位〕寛文七年（一六六七）二月八日没、〔覺性院〕は四女、ともに早世している。〔霊光院殿妙媛日諦大姉〕は二女で延宝四年（一六七六）九月十一日没、旗本交代寄合五千石平野丹波守長政の継室。平野家は明治元年諸侯に列し、大和田原本藩を成立している。

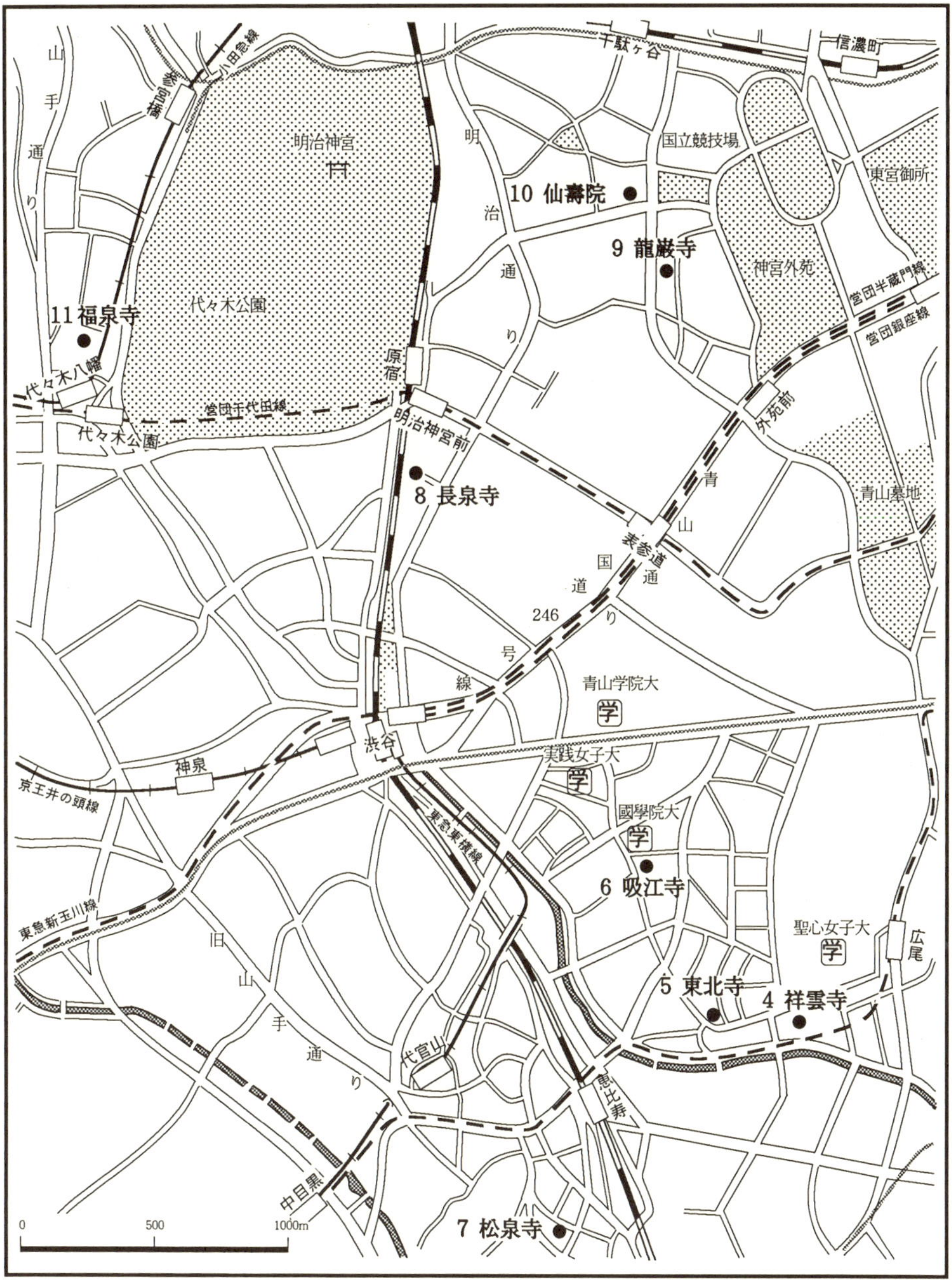
千駄ヶ谷
信濃町
小田急線
参宮橋
山手通り
明治神宮
国立競技場
東宮御所
10 仙壽院
明治通り
9 龍巌寺
神宮外苑
営団半蔵門線
営団銀座線
11 福泉寺
代々木公園
原宿
代々木八幡
営団千代田線
代々木公園
明治神宮前
外苑前
8 長泉寺
青山通り
青山墓地
表参道
国道246号線
青山学院大
渋谷
実践女子大
神泉
京王井の頭線
國學院大
東急東横線
6 吸江寺
聖心女子大
東急新玉川線
広尾
旧山手通り
5 東北寺
4 祥雲寺
代官山
恵比寿
中目黒
0
500
1000m
7 松泉寺

筑前福岡　黒田家

4　祥雲寺《しょううんじ》

臨済宗　渋谷区広尾五－一－二一
地下鉄日比谷線広尾駅下車五分

世に「広尾の祥雲寺」と呼ばれた名刹祥雲寺は、筑前福岡藩主黒田忠之の開基、開山は龍岳宗劉。忠之の父長政は深く龍岳を崇敬し、長政が没すると、忠之は父の冥福を祈るために赤坂溜池の邸内に一寺を建立、長政の法名・興雲をとって龍谷山興雲寺と号し、龍岳を請じて開山としたのが当山の起立である。寛永六年（一六二九）、市兵衛町いまの麻布台に移り、瑞泉山祥雲寺と称したが、同八年火災に遭い、現在地に移った。境内八二〇〇坪、末寺には現在八寺がある。

江戸時代、黒田家が菩提寺としたほか、十家以上の大名家が菩提寺とした。改葬されて整理された墓碑もかなりあるが、当時のままの墓碑も依然として数多く、往時の大名家を偲《しの》ぶことができる。

墓域に入るとすぐ左手にある巨大な三基の墓石に目を奪われるであろう。開基黒田家の六代継高室「圭光院殿明心宗悟大姉」（四代綱政嗣子吉之の娘幸姫）、七代治之室「瑶津院殿瓊山妙瑩大禪定尼」（越後高田榊原政永娘）、重政（六代継高長子）室「眞含院殿實高慈清大禪定尼」（薩摩島津継豊娘）である。

墓地の中央右手の樹木の繁った一画は、筑前福岡五十二万石黒田家墓域である。大屋根にすっぽりと覆われている中に、藩祖長政（筑前守）の唐破風付墓標型で五メートル余の石塔がある。法名に「興雲院殿前大中大夫筑州都督古心道卜大居士」の二十字が刻まれ、金

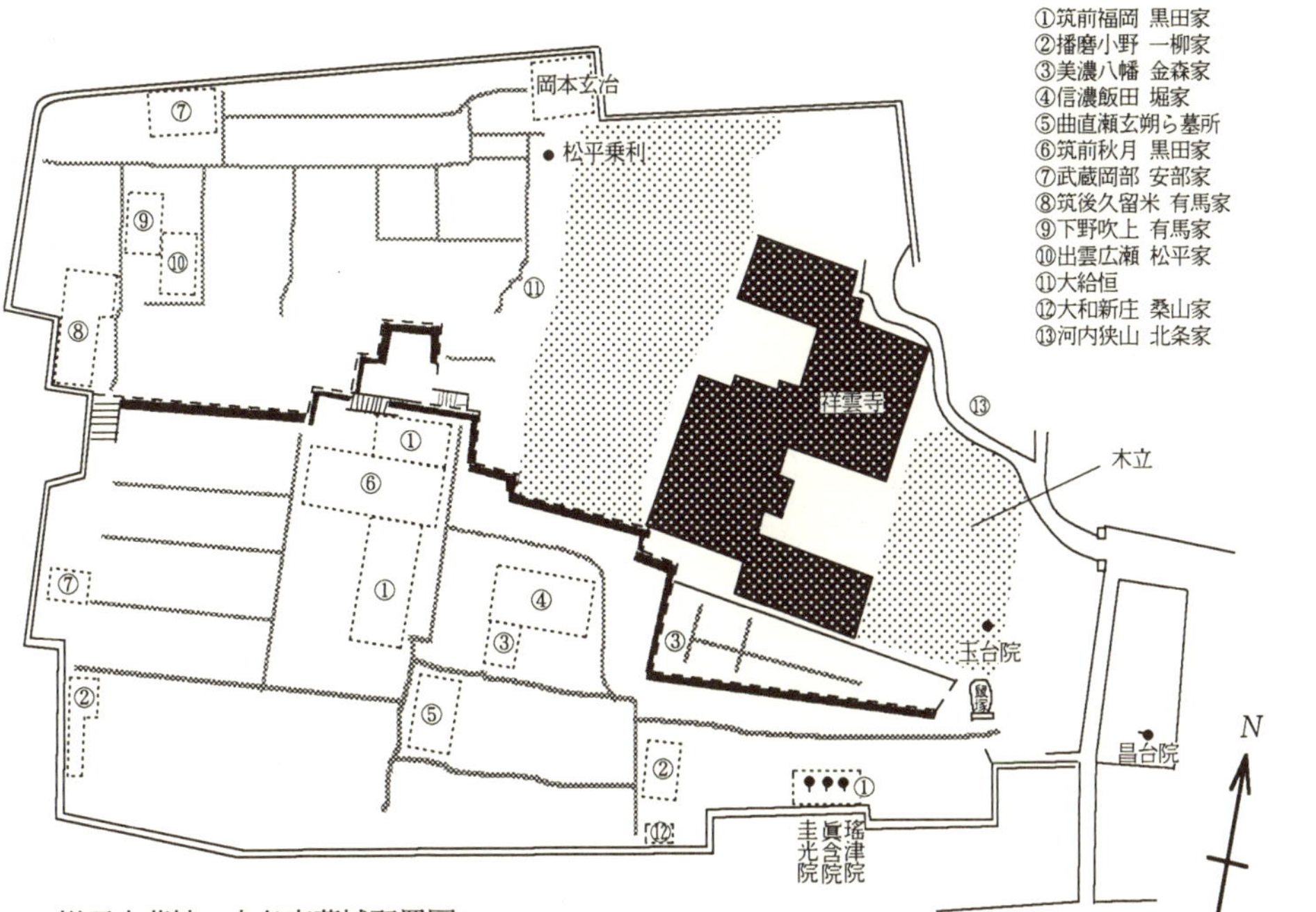

祥雲寺墓地　大名家墓域配置図

粉がつけられているのは珍しい。元和九年（一六二三）八月四日、京都の旅舎報恩寺で病没した、五十六歳。墓は大大名にふさわしい豪壮な格式があり、区史跡に指定されている。長政の墓に向かって右は正室［大凉院殿徳譽栄春大禅定尼］（家康養女・保科正直の娘栄姫）、左は長政三女［清光院天譽珠英大禅定尼］。清光院は、姫路池田輝政六男輝興（播磨赤穂三万五千石）に嫁いだが、正保二年（一六四五）三月十五日、輝興は突然発狂して妻と子ども、さらに侍女二人を殺傷し、妻は翌十六日に息をひきとった。三十歳であった。殺傷の真相は知るよしもない。輝興は池田光政の許に配流、領国収公となった。三基の墓域は門扉のついた石塀に囲まれて、静寂の中に収められている。

黒田長政は如水孝高長男。秀吉に仕え、天正十七年（一五八九）に父の遺領を相続し、豊前中津十八万石余を領した。関ケ原の戦いの功により、筑前一国を与えられた。以後変わることなく、十二代長知《ながとも》のとき廃藩置県を迎えた。秋月黒田家は、長政三男の長興が父の遺領筑前秋月五万石を分与され、別家となった。以後変わることなく、十二代長徳《ながのり》のとき廃藩置県を迎えた。

樹木の下に、二代忠之室［梅渓院殿天秀妙真大禅定尼］（秀忠養女、大垣松平（久松）忠良娘）、四代綱政の嫡男吉之［乾光院］（父に先立つ）の五輪塔と、支藩直方《のうかた》藩四万石初代高政

播磨小野　一柳家

筑前秋月　黒田家

［雲心院前東市令松峯宗丁大禅定門］、二代之勝《ゆきかつ》（市正）［乾徳院］の墓碑もある。

墓地の中央、播磨小野一万石一柳《ひとつやなぎ》家の墓所に四基の墓碑がある。三代末礼《すえひろ》（土佐守）［円照院殿前土州大守善翁鐵心居士］は、正徳二年（一七一二）二月十三日没、歳六十四。四代末昆《すえひで》（土佐守）［円乗院］、五代末栄《すえひで》室［鳳章院］、六代末英《すえふさ》（左京亮）［要津院］。このほか最奥部に七代末昭（土佐守）［嶺松院］、八代末周《すえちか》（対馬守）［義霊院］・室［楽心院］の墓碑も建っている。

福岡黒田家に隣接して二十数基の墓碑群は、筑前秋月五万石黒田家の墓域、藩祖長興（甲斐守）［東陽院前甲斐大守五峰宗印大居士］から十一代長義（甲斐守）［太陽院］の歴代藩主・室・子女の墓がある。

墓地の半ば右に、信濃飯田一万七千石堀家二代親昌《ちかまさ》（美作守《みまさか》）［大玄院殿前作州大守寂然宗外大居士］寛文十三年（一六七三）七月十六日没、歳六十八。合葬百五霊「堀家之墓」の位牌型墓碑が建つ。しかし、空き地は荒れている。

親昌の父親良は下野烏山二万五千石を領し、親昌は父の死後遺跡二万石相続、寛文十二年（一六七二）六月信州飯田へ所替えとなり、翌年死去。親昌は和歌や和文を好み、『烏山紀行』『熱海紀行』『東江寺記』を残している。しかし彼は女房運が悪く、結婚しても次々と死別し、四人も室を迎えている。

その横に美濃八幡三万七千余石金森家の墓所があり、「源姓金森累世之塔」、「源姓土岐金森累世父母霊」、二代頼錦《よりかね》（兵部少輔《ひょうぶのしょう》）［覚樹院殿前兵部侍郎芳山清藍大居士］の角石塔がある。

宝暦四年（一七五四）頼錦が年貢増徴を策して全藩一揆が起こり、農民は幕府に訴え、一方金森家も幕府要路に働きかけた。その結果、頼錦は除封改易、配流となって同十三年（一七六三）六月六日、五十一歳で死去した。この宝暦騒動は、老中・若年寄・勘定奉行・美

美濃八幡「源姓金森累世之塔」

筑後久留米　有馬頼僮

濃郡代へと処分が及び、農民側も十六人が獄門、死罪の厳しい処分を受けた。後に頼錦の六男頼興は名跡を継ぎ、子孫は旗本として存続した。

さらに、大和新庄一万五千石桑山家初代一直《かずなお》［雲叔紹閑］・室［真照院］の墓がある、四代一尹《かずただ》のとき勤務中不敬の故に改易となった。

墓地の石段を上がって小丘の左は、筑後久留米二十一万石有馬家墓所。十代頼永（筑後守）［義源院殿前拾遺補闕筑州大守仁峰道宗大居士］の宝篋印塔と九十六霊合祀の五輪塔・法経塔が清々しい墓域に建てられている。

さらに、本堂周辺の木立の中に白色の小さな層塔がぽつんと一基だけたっている。七代頼《より》僮《ゆき》（中務大輔《なかづかさのたゆう》）である。彼は学問を好み、特に数学に深い関心をもち、関流数学を学んだ。参勤交代の途中でも数学を解いたといわれるほどの数学好き、旅の宿でも、お抱えの数学者藤田貞資らと難題の解法を夜明けまで論議したという。『拾璣算法《しゅうきさんぽう》』は当寺「関流」の中でも一部学者しか知らなかった秘伝を初公開した和算書として名高い。

頼僮は一流の数学者でありながら奇行も多く、「大名は借金で家はつぶれぬが、嗣子がないと断絶する」と、一挙に二十五人の側妾を囲い、子づくりに励んだという。治政の方は、家臣にまかせきりで、宝暦の一揆の原因にもなったという。天明三年（一七八三）十一月二十三日、七十歳で没した。［大慈院殿前羽林中書大卿円山道通大居士］と諡す。

有馬家の発祥の地は摂津有馬郡有馬荘である。藩祖の豊氏の父則頼は秀吉の御伽《おとぎ》衆にとりたてられ、天正十九年（一五九一）一万石余の所領をもらった。豊氏は関ケ原の役で徳川に味方し、福知山六万石、父の遺領二万石を継ぎ八万石、大坂の陣の功により元和六年（一六二〇）久留米二十一万石となり、以後変わることなく十一代頼咸《よりしげ》で廃藩置県となる。

有馬家墓域の前に下野吹上《ふきあげ》一万石有馬家墓所、改葬された累代の墓がある。初代は氏倫《うじのり》、

武蔵岡部　安部家

出雲広瀬　松平近栄

紀伊徳川家において吉宗に仕え、吉宗の将軍職就任に伴い幕臣となって御側を勤めて、享保十一年（一七二六）一万石を領した。天保十三年（一八四二）、上総五井から下野吹上に陣屋を移し、十代氏弘のとき廃藩置県を迎えた。

有馬家の奥に大和柳本一万石織田家の合祀碑がある。

そのすぐ近くと丘下にある武蔵岡部二万石余安部《あんべ》家の墓所は、五代信賢《のぶかた》（摂津守）［芳徳院］・室［栄昌院］、七代信允《のぶちか》室［瑞桂院］、八代信亨《のぶみち》室［瑞雲院］以下十三代信発《のぶおき》［発光院］・室［林光院］と子女の墓を含めて十三基ほどがある。

初代信盛は、家康の関東入国の後、五千余石を知行し、書院番頭、大番頭などを歴任。慶安二年（一六四九）大坂定番となり、加増されて一万九千石余を領した。その後宝永二年（一七〇五）、武蔵岡部に陣屋を置き、明治元年（一八六八）、十三代信発《のぶおき》のとき三河半原へ陣屋を移転し廃藩置県を迎えた。

その傍らは出雲広瀬三万石松平家（越前系）の墓所。藩祖近栄《ちかよし》の大きな五輪塔と「松平家之墓」がある。

近栄（上野介）は、出雲松江藩直政の二男、分知されて広瀬藩を成立。延宝七年（一六七九）以降に起こった越後騒動に連坐して所領を半減されたが、元禄七年（一六九四）に旧に復した。『土芥記』は、「生得悠然として行跡が静かであり、文武両道を学び、道をもって家民の仕置をせる善将である」と近栄を評している。貞享三年（一六八六）には、このことを裏書きするような謹直な禁令を領内に下している。享保二年（一七一七）九月十九日、八十六歳の長寿で逝った、［法雲院殿前上州刺史松蔭宗長大居士］と諡《おくりな》した。

木立の中の最奥部、自然石に刻まれた「樞密顧問官従二位勲一等伯爵大給恒《おぎゅうゆずる》墓」とは、信濃田野口（竜岡）一万六千石松平家（大給）十代乗謨《のりかた》のこと、明治元年に姓も名も改めている。蘭学・仏語・漢学に深く、文久三年（一八六三）大番頭に栄進、その年三河奥殿《おくとの》

大給恒

より信州へ移封を願い、新陣屋竜岡城を築城した。蝦夷《えぞ》箱館の新式城郭と同じ五稜郭である。この間、若年寄、老中格、陸軍総裁などを歴任した。墓域には、四人の娘と側室宮沢氏の墓もある。明治四十三年（一九一〇）一月二十六日没、七十二歳。すぐ横に六代乗友［蓬瀛院］の宝篋印塔がある。

本堂に向かって参道右の小径の木立の中、基壇と塔身は見えるが、相輪と笠は茂みに覆われているので見過ごしてしまう一基の石塔がある。これは河内狭山《かわちさやま》一万千石（後一万石）二代北条氏信（美濃守）［龍興院殿梅澗宗雪居士］の宝篋印塔。氏信は藩祖の父長盛の没後八歳で遺領を継ぐ、しかし二十五歳の若さで、寛永二年（一六二五）十月二十四日没した。以後変わることなく、十二代氏恭《うじゆき》のとき廃藩置県を迎えた。

ここ祥雲寺墓地には著名人の墓が多い。墓地入口から中央周辺には曲直瀬玄朔《まなせげんさく》（都旧跡・江戸初期の医師）・井上玄徹（都旧跡）・今大路道三玄淵《いまおおじどうさんげんえん》、丘上隅にある岡本玄冶《げんや》（都旧跡・江戸初期の医師）ら医師の墓が多いのが特色。宝生流家元代々の墓、常磐津《ときわず》の開祖文字大夫、高橋由一（明治初期の洋画家）の墓もある。墓地入口に大きな鼠塚《ねずみづか》があり、明治時代のペスト流行のとき殺された鼠を供養した珍しい慰霊碑である。

5　東北寺《とうほくじ》

臨済宗　渋谷区広尾二－五－一一
地下鉄日比谷線広尾駅下車一〇分

寛文七年（一六六七）の開山、中興開基は出羽米沢藩主上杉綱勝の生母である生善院、元禄九年（一六九六）当地に移り、現寺名に改められた。

墓地の中央に三基の笠塔婆が並んでいる。米沢十五万石上杉家二代定勝［大上院権大僧都隆心法印］、側室［生善院殿慶巌栄餘尼公大姉］（三代綱勝生母）、四代綱憲生母［梅嶺

米沢　上杉定勝［大上院］（右）
定勝娘［梅嶺院］（中）
定勝側室［生善院］（左）

院殿清厳栄昌大姉］（定勝四女末姫・吉良上野介義央《きらこうずけのすけよしなか》妻富子）である。戦国の名将上杉謙信を始祖とする上杉家は、江戸時代断絶の危機にさらされた。寛文四年（一六六四）時の藩主綱勝が急死したためである。一説によると、吉良上野介が毒殺したのではないかという。『米沢史談』では、綱勝が義央の子三郎（母は綱勝の妹）を嗣子にすると約束したのがその発端で、義央が「上杉家を横領して其財を掠《かす》むる」ための陰謀をたくらんだのだという。

この年閏《うるう》五月一日、藩主綱勝は江戸下城の帰途、吉良邸より茶をよばれたが、その夜半よりにわかに腹痛を起こし、六日間にわたって吐き続け、七日未明ついに息をひきとったという。まだ二十七歳で、子がなく養子も決まっていなかった。当然改易処分である。しかし、綱勝の妻の父、保科正之の斡旋で義央の子三郎が養子となり、かろうじて存続を許されたが、石高は半分の十五万石となったのである。義央の子三郎が四代綱憲となり、その子が吉良家を継ぐという二重の縁故からも、家風万端豪奢になり、藩主の衣食料だけでも年間二千両も消えたという。その上、吉良家の借金六千両の穴埋めを上杉家が負担させられた。火事で焼けた吉良邸の新築費用の大部分は、上杉の出費だったという。

このしわよせは当然上杉の家中にかぶさってきた。吉良憎しの声は家臣の間に広まり、元禄十四年（一七〇一）十二月、赤穂浪士が上野介を討ち取ると、内心快哉《かいさい》を叫ぶ者が多かったという。綱憲は、実父義央が討たれ、そして謹慎、のち隠居して失意のうちに没した。歳四十二。

さて、当寺に墓碑のある定勝は、正保二年（一六四五）九月十日、四十二歳で没した。生善院は、近衛家の家司斉藤内匠頭本盛の娘で、定勝の側室であり、綱勝の生母である。宝永三年（一七〇六）八月十七日、九十二歳という高齢で死去した。定勝の娘で義央の妻［梅嶺院］富子は、本所松阪町吉良邸に赤穂浪士が討ち入った当時は吉良邸に居住していなか

日向佐土原　島津忠寛

備中松山　板倉家

った。義央が江戸城に近い呉服橋の邸を取り上げられ本所に移された時から、女中衆とともに上杉家下屋敷白金邸へ移り、義央から本所邸に移るよう求められても応じなかったのでこの難から逃れることができたという。二人の間はすでに冷えきっていたのであろうか、宝永元年（一七〇四）八月八日、六十二歳で没した。

丘上に日向佐土原二万七千石島津家の墓所がある。十一代忠寛《ただひろ》の神葬型墓碑と「島津家之墓」がある。初代以久《もちひさ》は、本家藩祖島津家久の祖父義久に養育され、慶長八年（一六〇三）に日向佐土原三万石を与えられた。以後歴代変わることなく、十一代忠寛のとき廃藩置県を迎えた。

丘下に越後村上五万石内藤家の墓碑三十基ほどあった、菩提寺小石川無量院（廃寺）から当寺に移葬されていたが、いつの間にか宝篋印塔群は姿を消した。国許村上市光徳寺に移築されたとのこと、江戸から消えても越後で生きることになった。

6　吸江寺《きゅうこうじ》

臨済宗　渋谷区東四－一〇－二三
渋谷駅下車一五分

延宝八年（一六八〇）石潭の開山、備中松山（高梁《たかはし》）板倉家二代重宗の室玉樹院の開基、中興開基は上野安中藩祖板倉重形である。

墓地に入って正面に、合葬された「板倉家累代之墓」の角型石塔がある。安中藩の勝意《かつおき》・勝尚《かつなお》・勝殷《かつまた》ら藩主の法号を読めるが、すでに基壇台石もなく、墓碑の形態をなしていない。

板倉家は、戦国時代三河国に住し、深溝《ふこうず》松平家に属した。勝重に至って家康に仕え、慶長十四年（一六〇九）一万石余を与えられて大名に列し、京都所司代として活躍した。二代重宗も所司代となり、元和六年（一六二〇）に二万七千石を与えられ、寛永元年（一六二四）父勝重の隠居料を合わせ、三万八千石、同十年五万石、下総関宿、伊勢亀山、志摩鳥羽に移り、延享元年（一七四四）備中松山に転封され維新に至った。

安中板倉家は松山板倉家の分家で、重宗の二男重形《しげかた》を祖としている。重形は、旗本から、寛文元年（一六六一）兄重郷より分知されて一万石を領有し、天和元年（一六八一）上野安中一万五千石に移された。以後転封を重ねて、再び寛延二年（一七四九）二万石で安中に転じ、明和四年（一七六七）三万石を領有、維新に至った。

丹波柏原　織田信則［恵照院］

7 松泉寺《しょうせんじ》

臨済宗　渋谷区恵比寿二－一八－一
ＪＲ山手線・地下鉄日比谷線恵比寿駅下車一〇分

織田信長の五女お大が、慶長九年（一六〇四）赤坂一ッ木に開基、明治三十三年（一九〇〇）当地に移った。

墓地に入って本堂横に古い宝篋印塔がある。これは、丹波柏原《かいばら》三万六千石織田家二代信則《のぶのり》（刑部大輔）［恵照院殿陽岩徳公大居士］の墓である。信則の父は信長の三弟信包《のぶかね》といい柏原藩主、信則は十六歳で襲封、寛永三年（一六二六）五月家光上洛の供奉っている。同七年正月十二日、三十二歳で没した。三代信勝は八歳で封を継ぐ。慶安三年（一六五〇）五月十七日、二十八歳で没し、［成徳院殿雪岩元公大居士］と号した。その日、家臣二人が殉死し、ともに藩主墓所松泉寺に葬られている。信勝には嗣がないためその領地は公収されたが、その時室伊与子（松平大膳大夫忠重の娘）が懐胎していたので、出生の子が男子であれば重ねて思し召しで復活できた。しかし、男子出生ではなくその望みは断たれ、柏原藩は天領となった。その四十五年後に再び柏原藩が創設され、織田高長が二万石で移封した。

越後松村　堀直寄［凌雲院］

奥田家

なお、開基のお大は、はじめ信包の家老佐治為興の室となり、のち細川讃岐守昭元の室となった。

また、美濃高須五万石徳永家の墓所で、初代寿昌《ながまさ》と「徳永家累代世之墓」がある。寿昌（式部卿法印《しきぶきょうほういん》）は、柴田勝家の子勝豊、秀吉に仕えて秀次に附属させられ、美濃松の木城三万石を領した。慶長十六年（一六一一）七月十日没した、歳六十三。「広徳院殿前三品法印桂厳寿昌大居士」と号した。二代昌重は、寛永四年（一六二七）、大坂城改築にあたり、期日近くなって石垣が崩れ完成が遅れた、このため工事監督不行き届きとして同五年二月領地没収され、同十九年配所で没した。長男昌勝は父に連坐したが、赦免ののち子孫は二千二百の旗本として存続した。

8　長泉寺《ちょうせんじ》

曹洞宗　渋谷区神宮前六－二五－一二
ＪＲ山手線原宿駅・地下鉄千代田線明治神宮前下車七分

墓地の最奥の中央に巨大な球型の無縫塔が台石に置かれている。石塔の正面の法号は「凌雲院殿鐵團宗釘大居士」と刻まれ、没日は「寛永十六（一六三九）己卯歳、前堀丹州大守藤原朝臣直寄」と深く彫られており、越後村松三万石堀家藩祖直寄の墓である。

その隣には家紋の釘抜き紋を付した「奥田家累代之墓」があり、二十八霊を改葬し、昭和の初めに建てられたもの、明治元年（一八六八）堀姓を奥田姓に変えた。

堀直寄は、越後春日山堀秀治の家老堀直政の次男で、越後板戸一万石を領した。慶長十五年（一六一〇）、父直政の死後、相続をめぐり兄直次と争い、主家改易の要因をつくった。その後、信濃飯山五万石を領し元和二年（一六一六）、越後長岡八万石、同四年越後村上十万石に移封になっている。寛永十九年（一六四二）、二代直定のとき継嗣なく断絶とな

安芸広島　浅野家

った。

直寄の次男堀直時は、父の遺領越後安田三万石を分与され別家となった。正保元年（一六四四）陣屋を村松に移して定着。十二代直弘のとき維新を迎えた。

すぐ側に二百体を超える仏群がある。その一角にある「鉄道轢死者供養塔（明治四十二年十一月十七日）」は注意を引く。

9　龍巌寺《りゅうがんじ》

臨済宗　渋谷区神宮前二－三－八
ＪＲ山手線原宿・地下鉄千代田線明治神宮前下車一五分
地下鉄銀座線外苑前駅下車七分

寺の前のゆるい勾配の坂は勢揃坂《せいぞろいざか》という古道の一つで、後三年の役（一〇八三年）に八幡太郎義家が奥州征伐に向かう時に、ここで軍勢を揃えて出陣したと伝えられている。墓地に入ると中央に、巨大な土まんじゅう型で墳墓というにふさわしい神葬の珍しい墓三基がある。これらは安芸広島四十二万六千石浅野家ゆかりの墓。

十三代長勲《ながこと》の父の関係で、墳墓の角型の石に刻まれた文字は、「浅野懋昭《としあき》之墓」（長男長興は広島新田三万石浅野家六代藩主、のち前記の長勲）・「浅野懋昭室勇姫之墓」・懋績《としげ》（懋昭の兄）と長嘉の墓がある。

長勲は昭和十二年（一九三七）九十六歳の長寿で没するまで、生き残った最後の大名経験者として有名であり、大名生活の語り話が残されている。

10　仙壽院《せんじゅいん》

日蓮宗　渋谷区千駄ケ谷二－二四－一
ＪＲ中央線千駄ケ谷駅下車七分

伊予西条　松平家

正保元年（一六四四）紀伊和歌山五十五万五千石徳川家藩祖頼宣の生母お万の方［養珠院］（徳川家康の側室）の発願により、里見日遥（安房里見義康の次子）を開山として創建された。

江戸時代、紀伊徳川家と文藩伊予西条三万石松平家の江戸表における菩提寺祈願所として十万石の格式をもって遇せられ、壮大な堂宇と庭園は江戸名所の一つに数えられて新日暮里《しんひぐらしのさと》ともよばれていた。

隆盛を誇った当山も、明治維新の変革によって衰微し、明治十八年（一八八五）の火災、さらに戦火、そして昭和三十九年（一九六四）の東京オリンピックに際しての道路拡張などにより、寺の様相は一変してしまった。

墓地に入って奥の一隅に、西条松平家の「松平家之墓」の角塔一基が建っている。二基の墓誌にはそれぞれ十六霊と五霊の法名が刻まれているが、子女と側室である。

紀伊　徳川頼宣側室［圓住院］

11　福泉寺《ふくせんじ》

天台宗　渋谷区代々木五―二―一
小田急線代々木八幡《はちまん》駅・地下鉄千代田線代々木公園駅下車三分

代々木八幡宮の別当寺であった福泉寺は、寛文十一年（一六七一）、紀伊徳川家藩祖頼宣の側室であった円住院が当地に寺を復興した。墓地の中央辺りに古い笠塔婆があり、［圓住院殿松巖寿栄大姉］、紀伊頼宣嘉妾と刻まれている。元禄元年（一六八八）三月二日の没。彼女の出自は、大和国添上郡岩掛城主致秀の十女という。

墓地に斉藤弥九郎（幕末の剣豪）の墓がある。

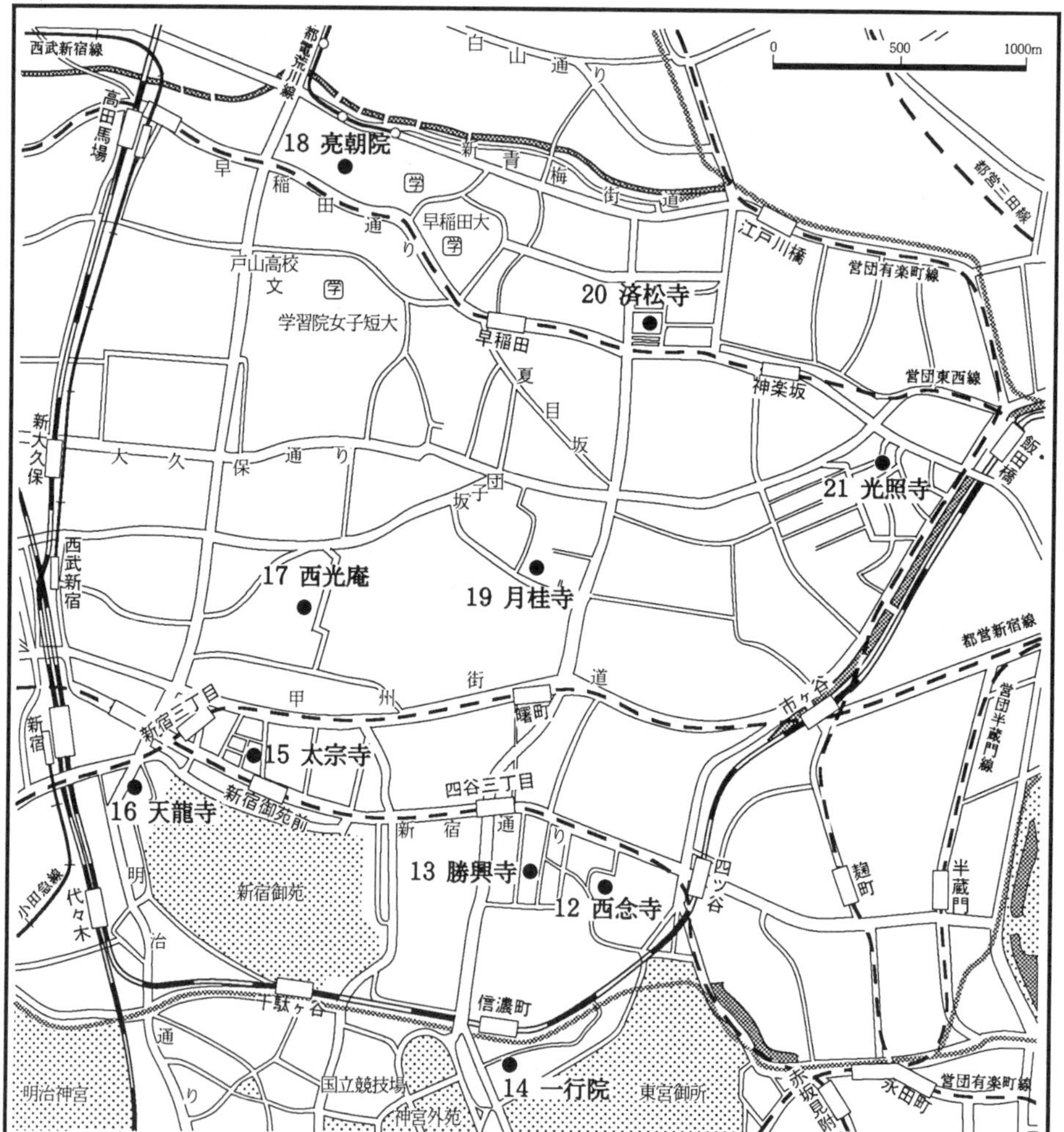
西武新宿線
都電荒川線
白山通り
0
500
1000m
高田馬場
18 亮朝院
早稲田通り
新青梅街道
都営三田線
早稲田大
江戸川橋
営団有楽町線
戸山高校
文
学習院女子短大
20 済松寺
早稲田
夏目坂
神楽坂
営団東西線
新大久保
大久保通り
団子坂
飯田橋
21 光照寺
西武新宿
17 西光庵
19 月桂寺
都営新宿線
甲州街道
市ヶ谷
営団半蔵門線
新宿三丁目
曙町
新宿
15 太宗寺
四谷三丁目
16 天龍寺
新宿御苑前
新宿通り
四ツ谷
麹町
半蔵門
13 勝興寺
12 西念寺
小田急線
代々木
明治通り
新宿御苑
千駄ヶ谷
信濃町
14 一行院
国立競技場
東宮御所
明治神宮
神宮外苑
赤坂見附
永田町
営団有楽町線

服部半蔵［専称院］

徳川信康［清瀧寺殿］

12　西念寺《さいねんじ》

浄土宗　新宿区若葉二－九－九
ＪＲ中央線・地下鉄丸ノ内線四ツ谷駅下車一〇分

境内に由緒ありげな大銀杏《いちょう》。堂々たる本堂が、広い境内に続く墓地入口の風景とみごとに調和している。

山門のすぐ左に「服部半蔵の墓」という立札が見える。墓は宝篋印塔型。没したのは慶長元年（一五九六）霜月（十一月）十四日、五十五歳。法号は［専称院殿安誉西念大禅定門］（区史跡）とあり、専称山安養院西念寺の山号・寺号は、この法号から付けられた。墓は、古いだけにさすが苔むしている。服部半蔵は、今も皇居の半蔵門にその名を残している。家康の十六将の一人、槍の名手、三方ヶ原の戦いで武功によって家康より槍一本を拝領。家康の江戸入府後は、伊賀同心二百人、与力三十騎を預けられた。晩年は仏門に入って、麹町の清水谷に一寺を建てた。寛永十一年（一六三四）、江戸城拡張のため、当地に移った。

家康の長男岡崎三郎信康が、織田信長から甲斐武田氏と密謀しているとの疑を受けて切腹したことは、幼い時から信康の守り役であった半蔵が仏門に入った遠因であった。本堂裏手の横に半蔵が建立した信康の供養塔は、大きく堂々たる五輪塔である。法号は、［清瀧寺殿前三州達岩善通大居士］と刻まれ、台石の背面に文化十一年（一八一四）に半蔵の子孫が修理した時の銘文がある。

ちなみに、信康の自刃は天正七年（一五七九）九月十五日遠江二俣《ふたまた》城内、二十一歳の青年武将であった。
「槍の半蔵」の異名をもつ槍（区文化財）は、一部が欠けているが、元は二・六メートルほどあったという。

13 勝興寺《しょうこうじ》

曹洞宗　新宿区須賀町八
ＪＲ中央線・地下鉄丸ノ内線四ツ谷駅下車一〇分

天正十年（一五八二）の開創、雪庭の開山という。寛永十一年（一六三四）当地に移る。墓地に入って奥の一帯には、四十基ほどの大名家にふさわしい墓碑が林立している。ここは、遠江横須賀三万五千石西尾家の墓域であり、藩主の墓は一基もないが、正室・側室・子女たちの墓である。

四代忠成《ただなり》室［雲松院殿長月了空大姉］（陸奥二本松丹羽光重娘於道）から八代忠善室［霊苗院］（七代西尾忠移《ただゆき》娘）まで歴代の正室と生母の墓碑は低い透塀で囲み、石門を付し、風格を備えている。

西尾家の初代吉次《よしつぐ》（隠岐守）は吉良《きら》持広《もちひろ》の子で、はじめ織田信長、ついで家康に仕えた。天正十八年（一五九〇）家康の関東入国には武蔵国内で五千石知行、さらに慶長七年（一六〇二）に美濃国内七千石を加増、あわせて一万二千石を領し、武蔵原市《はらいち》藩を成立、吉次は老衰後も家康の御伽の列にあった。二代忠永以降移封をかさねて四代忠成《ただなり》は天和二年（一六八二）、遠江横須賀二万五千石で入封し、五代忠尚三万五千石、以降定着、明治元年（一八六八）安房花房に移り廃藩置県を迎えた。

遠江横須賀　西尾家

下総古河　永井直重［寂照院］

信濃高遠　内藤家

14　一行院《いちぎょういん》

浄土宗　新宿区南元町一九－二
ＪＲ中央線信濃町下車二分

慶長年間（一五九六～一六一五）の創建、下総古河七万二千石永井直勝の屋敷内に、家臣で出家した故念のために建立した寺で、俗に千日寺という。昭和三十七年（一九六二）墓域を改葬した際、江戸時代副葬品が多数出土した。

本堂横に古い宝篋印塔が一基だけ建っている。法名の［寂照院殿前吏郎光誉月空徹心居士］は、永井直重（式部少輔）といい、直勝の四男、一万石を分知される。元和二年（一六一六）九月十一日死去、歳七十九。

15　太宗寺《たいそうじ》

浄土宗　新宿区新宿二－九－二
地下鉄丸ノ内線・新宿線・新宿三丁目駅下車三分

寛文八年（一六六八）太宗上人が内藤正勝（安房勝山二万石）の帰依を得て創建し、七千四百坪の境内を寄進されて以来、信濃高遠三万三千石内藤家の菩提寺として発展した。墓地に入って正面は内藤家の墓所、正勝［本覚院殿聴屋源秋大禅定門］寛永六年（一六二九）八月三日没、二十二歳。最後の大名であった八代藩主「前権少教正従五位内藤頼直墓」（頼迎院殿尊誉華雲義楽直生大居士神儀）と、「内藤家之墓」は六十五霊の合祀塔がある。

墓地は三百坪余を有していたが、昭和二十八年（一九五三）以降の都市計画により移葬改葬され、その際発掘された埋蔵品は本堂に安置され、当時の大名生活の一端を知る貴重な品である。

新宿は、甲州街道の第一の宿場（従来は高井戸宿）、内藤新宿は元禄十一年（一六九八）

に開設された。四谷大木戸から追分までの一帯約一キロは内藤家下屋敷の甲州街道沿いの一部が用地として分かれ、このため内藤新宿とよばれた。

上野安中　水野元綱［白雲院］

16 天龍寺《てんりゅうじ》

曹洞宗　新宿区新宿四－三－一七
新宿駅下車五分

山門の風格は堂々として異彩を放ち、古い歴史をもつ寺であることが一見してわかる。もとは駿河掛川の法泉寺という。家康の江戸入府とともに江戸牛込に移され、寺名を天龍寺に改めた。

家康の側室西郷の局《つぼね》（お愛の方、二代将軍秀忠の生母宝台院）と局の父戸塚五郎大夫忠春を供養する菩提寺とし、寺領一万二千余坪、寺格十万石の待遇、江戸城裏鬼門の鎮護（表は寛永寺）の寺として格式を誇ったが、天和三年（一六八三）に焼失し、以後現在地に移転した。

墓地の中ほどにひときわ大きい五輪塔が建っている。上野安中二万石水野家の三代元綱（備後守）［白雲院殿前備州心源道要大居士］の墓碑と「水野家之墓」がある。

元綱の父分長《わけなが》は、三河刈谷水野忠政の八男忠分、忠分の姉は松平広忠の妻於大の方、すなわち徳川家康の生母傳通院である。元綱は秀忠に仕え、大坂夏・冬の役に加わり戦功をたて、元和六年（一六二〇）三河新城《しんしろ》一万石の大名となり、寛永十年（一六三三）四千石加増、正保二年（一六四五）安中城主となり二万石領有した。寛文五年（一六六五）五月十六日没、六十五歳。

元綱の長子元知《もととも》は、寛文四年（一六六四）十月襲封、同七年五月二十七日突如発狂して白刃を振るい妻に切りつけ深手を負わせたが、この事件の真相は明らかでない。元知の内室は水野監物忠善の娘、このことが幕府に知れ、同年五月二十八日家事不取締の廉《かど》をもって領地没収、信濃松本水野出羽守忠職《ただもと》に預けられた。延宝八年（一六八〇）三十歳でこの世を去った。長男元朝は二千石旗本として存続した。

尾張名古屋　徳川慶勝

美濃高須　松平家

17　西光庵《さいこうあん》

浄土宗　新宿区新宿六−一五−二
都営地下鉄新宿線曙橋駅下車一三分

文化七年（一八一〇）、関通の遺訓をつぐ尼寺を江戸に建立し、婦女子の発心修行の場として開山されたという。本堂に向かって左は木立があり、フェンスに囲まれた内が墓地となっている。ここに尾張名古屋六十一万九千石徳川家の十四代慶勝《よしかつ》と生家である支藩の美濃高須三万石松平家十三代義勇《よしたけ》の墓碑が建っている。慶勝の墓は、大きい自然石に「従一位勲二等徳川慶勝卿墓」と刻まれ、夫人の矩姫は「貞徳院殿恭蓮社寛譽和厚大禅定尼」（陸奥二本松丹羽長富の娘）、そして十六代「故従三位徳川儀宜《よしのり》之墓」の三基。

高須藩は最後の藩主「従五位松平義勇之墓」と明治以降の当主、子女たちの墓である。

尾張藩は、十〜十三代にわたって一橋家・将軍家・田安家から藩主を迎えた。「尾張には尾張の血」という切なる願いがかなって、尾張支流高須藩の世子で賢君のほまれ高い義恕《よしくみ》を迎えて十四代を継ぎ、名を慶勝と改めた。

慶勝は藩政改革を行なって藩力を強化、将軍継嗣問題では一橋派となり、やがて公武合体の推進の重鎮となった。第一次長州征伐には征長総督となる。第二次には出兵を拒否して幕府不信を表明したが、しかし、鳥羽伏見の戦いは回避できず、東征軍の出兵の過程の青松葉事件（朝命により家臣七名の死罪、藩内の勤王・佐幕両派の抗争）は、彼にとって死するまで重く尾を引いたという。尾張藩の動きは、将軍家の京勤王派にとっても大きな影響力をもっていた。

明治政府は慶勝に冷たく、晩年、土佐の山内容堂は、将軍慶喜が駿府で気ままな暮らしと生き方をしているのに比べて、慶勝の律儀な生き方に「いつも貧乏くじを引かれた」といったという。明治十六年（一八八三）八月一日、六十歳で逝去した。

18 亮朝院《りょうちょういん》

日蓮宗　新宿区西早稲田三－一六－二
ＪＲ山手線高田馬場駅下車一〇分
地下鉄東西線早稲田駅下車五分

慶安元年（一六四八）の創建、明暦元年（一六五五）亮朝院日暉の開山。そもそもの起こりは、江戸に流行した痘瘡《とうそう》（天然痘）から将軍家を守るための祈祷寺《きとうじ》として戸山に建立されたのが始まりで、寛文十一年（一六七一）戸山が尾張藩の下屋敷となるために移転、その後もずっと将軍家の祈祷寺となって発展した。

ここはまた、水戸徳川家の支流常陸宍戸《ししど》一万石松平家の菩提寺、「宍戸松平家之墓」の合祀碑と自然石に彫られた「贈従三位大炊頭《おおいのかみ》松平頼徳《よりのり》卿記念碑」がある。

水戸系松平家は、初代は頼雄《よりお》といい徳川頼房の七男、天和二年（一六八二）に常陸宍戸で新知一万石を与えられて別家となった。

九代藩主頼徳（大炊頭《おおいのかみ》）は、元治元年（一八六四）の秋、水戸藩内の抗争（天狗党と諸生派の対立）鎮圧のため水戸徳川慶篤《よしあつ》の名代として下向したが失敗、幕府により責任を問われて自刃、元治元年十月五日、歳三十四。従った家臣のほとんども刑死した。さらに領地も没収された悲劇の青年藩主であった。しかし、明治元年（一八六八）二月、朝廷より宍戸藩の復旧、再相続を命ぜられた。

常陸宍戸　松平頼徳

美濃高富一万石本庄家の菩提寺でもあり、九代道貫《みちつら》（安芸守）［大善院殿従五位下前芸州刺史実誉慈仁敬粛大居士］と室［麗鏡院］（八代道昌長女）の笠塔婆がある。

本庄家の初代は道章《みちあきら》、元禄十年（一六九七）四千石を領した、将軍綱吉の生母桂昌院の縁により栄進して大名に列し、十代道美《みちよし》のとき廃藩置県を迎えた。

19　月桂寺《げっけいじ》

臨済宗　新宿区河田町三
都営地下鉄新宿線曙橋下車八分

寛永九年（一六三二）の創建で平安寺といい、開基は喜連川《きづれがわ》島子という。亡くなった明暦元年（一六五五）今の寺名に改めたという。

方丈の裏手は墓地で、参道を歩くとすぐ目につくのは背高い笠塔婆の墓碑、御影石《みかげいし》の角柱に「月桂院殿御墓」と表示されている。［開基月桂院殿龍宗珠大禅定尼台霊］「関東公方末葉左衛兵督源女也」と墓碑に刻まれ、明暦元年（一六五五）六月十七日、八十八歳の波乱に富んだ生涯を閉じた。

喜連川島子［開基月桂院］

島子は古河公方《こがくぼう》足利利氏系の子孫で、秀吉が関東下向の際に、その名跡が絶えるのを惜しみ再興させたという。その蔭には島子の働きがあった。秀吉は古河滞在十八日間、島子を離さず寵愛したという。そしてその代償が喜連川三千五百石。島子の弟国朝は古河に住んだあと喜連川に移り、喜連川を称号とする。のち五千石を知行し、無官ながら十万石の格式を許された。十三代聡氏《さとうじ》から足利の姓に復している。

島子は秀吉に侍したあと家康に召されて、振姫（家康の三女、会津蒲生秀行の室、秀行死後広島浅野長晟《ながあきら》へ再嫁）付老女として会津にも赴いている。

さて、元禄（一六八八～一七〇四）の初め柳沢吉保も檀家となったため、月桂寺には柳沢

柳沢吉里［乾徳院］

一族の墓が数多くある。

吉保の祖父信俊は武田勝頼に仕えたが、滅亡後徳川家に仕官した。父の安忠は、最初駿河大納言忠長（将軍家光の弟）に仕えたが、お家断絶後は館林宰相綱吉の家臣となった。吉保の代には、綱吉が五代将軍となる。吉保は、最初の禄高百六十石の小姓組番頭から出世の階段をのぼり、元禄元年（一六八八）御側用人に抜擢される、大名に列し、同七年に川越城主（七万二千余石）、同十一年、老中首座、大老格。同十四年には松平の称号をゆるされ、将軍の一字をもらい、保明《やすあき》を吉保と改名した。

宝永元年（一七〇四）、十五万千二百石で甲府城主となる。甲府は、徳川の一族か親藩が封ぜられる城であり、まさに異例のことで、おそらく江戸時代を通じて例のないことだった。稀有《けう》の好意に恵まれた吉保は、一代にして権勢を築いたため、巷《ちまた》ではとかくの風評がたえなかった。

綱吉が倒れ、家宣が将軍位につくと、政権の座を追われ、晩年は広壮な駒込六義園《りくぎえん》の別宅に隠居して悠々閑日月を楽しみ、五十七歳で死んだ（墓は、山梨県塩山《えんざん》市の恵林寺、武田信玄の墓所）。子の吉里は所領の十五万石を減封されることなく継ぎ、大和郡山へ移封となったのは、吉保の死後十年の享保九年（一七二四）三月であった。

二代吉里の甲斐領有時代は産業経済の発展が著しく、とくに葡萄《ぶどう》の増産には積極的で甲州葡萄を有名にした。享保三年から開削した穂坂堰は二千三百石余の増収となり、住民の感謝は大きかった（大穴口の碑は享保五年建立）。また甲州金を正徳四年（一七一四）に改鋳し（甲重金）、品位を向上させて、以降の甲州金の流通の基礎を形成するなど、民政にも大いに手腕を発揮した。大和郡山に移っても、藩主としての吉里は甲府時代と同様に評判もよかった。また優れた教養人で、和歌・連歌・俳諧二万首に近い作品があり、『積玉和歌集』『潤《じゅん》玉和歌集』合わせて十八冊を残している。『福寿堂年録』四百四十巻は、大

柳沢信鴻［佛心院］（右）
室［貞徳院］（左）

柳沢吉保側室　町子［理性院］

名としての吉里時代の浩瀚な記録集である。

吉里（甲斐守）は、延享二年（一七四五）九月六日、五十九歳で没した。［乾徳院殿従四位下侍従前甲州大守瑞龍全利大居士］と号した笠塔婆である。

隣に三代信鴻《のぶとき》（美濃守）［佛心院殿典誉阿香山大居士］・継室［貞徳院殿安操禅節大姉］（松代真田信弘の娘輝子）の笠塔婆が並んでいる。

信鴻は教養、趣味、嗜好に多才で、殊に俳諧は米翁と称し、当寺の江戸の俳壇では著名な存在であった。また、記録魔といえるほどで、藩主になる以前からの自筆の日記を三冊本にし、隠居後の日記『宴遊日記』十三巻二十六冊、以後死の直前までの『松鶴日記』十九巻二十六冊を残した。その内容の豊富、膨大、多様さは傾倒に値するといわれている。寛政四年（一七九二）三月三日、六十九歳で没した。吉保の文芸好きの血は、吉里、信鴻、さらに保光と子孫に受け継がれたのである。

ほか六代保興《やすおき》（甲斐守）［天寧院］・室［本遊院］（鹿児島島津重豪《しげひで》娘淑子）までと子女を含めて四十余基が所狭く林立している。

吉保の側室の一人に田中氏町子という女性がいる。町子の父は京都の公卿中でも学者として聞こえた正親町《おおぎまち》前大納言実豊卿、いかに庶子とはいえ、身分の高い公卿の娘を妾にするに憚りありというので、町子の母方の田中姓を名乗ったという。町子は、右衛門佐局《うえもんのすけのつぼね》（後に綱吉の側室）の斡旋で江戸へ下り、右衛門佐局付きとなり、間もなく柳沢家に推薦され吉保の側室となった。吉保は町子の「容儀艶麗、起居進退甚優容、加へて年齢に甚だ稀なる文才」を愛《いつく》しむ。町子の書き残した『松陰日記』（貞享二年・一六八五から宝永六年・一七〇九の約二十五年間の吉保の栄達の様子を焦点に描いた）がある。町子の生んだ四男の経隆《つねたか》、五男の時睦《ときちか》は父吉保とともに松平の称号を許され、父の所領甲斐国内で新田一万石を賜って別家となった。

町子は享保九年（一七二四）三月十一日に亡くなり、［理性院殿本然自覚大姉］と号した。墓碑は思ったより小さく質素で、権勢ある吉保の愛妾にして大名の生母という先入観は覆《くつがえ》される。

経隆（刑部小輔《ぎょうぶのしょう》）［天休院殿従五位下前刑部侍郎実山勝美大居士］は、享保九年越後黒川藩一万石初代として移封、七代光昭《みつてる》（民部少輔）まで代々藩主・室・子女の墓三十数基と「黒川柳沢家之墓」がある。

時睦（式部少輔）［嵩岳院殿従五位下史部郎中教外單伝大居士］も享保九年に越後三日市一万石に移り、八代徳忠《のりただ》のとき廃藩置県を迎えた。歴代藩主夫妻・子女の墓四十基ほどと「子爵柳沢家之墓」がある。また、吉保の父安忠［正覚院］・母［慧光院］の墓もある。

墓地には、幕府医師の渋江氏胤、夏目漱石を朝日新聞社に招いた主筆池辺三山の墓がある。鐘楼の脇には、現東京女子医大となっている墓地から出土した織部燈籠がある。

三代将軍家光側室　お里佐の方［定光院］

20 済松寺《さいしょうじ》

臨済宗　新宿区榎町一三
都バス（白61）牛込保健所下車二分

済松寺は古い寺である。そもそもこの榎町一帯は、文禄元年（一五九二）豊後国大友氏が秀吉より拝領したという。江戸時代、その跡地は家光の比丘尼《びくに》衆の祖心尼に与えられ、この寺の開基となる。開山は京都妙心寺水南和尚、当時境内は八千七百坪あったという。延宝三年（一六七五）八十八歳で入寂、寺領三百石を賜った。

墓地の中央にめだたない小さな古い墓碑がある。法名は判読し難いが、［定光院殿性岳長心大姉］は、三代将軍家光の側室お里佐の方で、延宝二年（一六七四）六月二十日に死去した。元和九年（一六二三）家光の正室孝子（関白左大臣鷹司《たかつかさ》信房の娘孝子）が京都より

和泉岸和田　岡部長慎［葆光院］

入輿のとき、お供の女中として江戸に下った。後に家光の側室となって、鶴松（六か月後に夭折）を生むが、家光没後済松寺で尼生活を送った。父親は諸説あり、不明というほかはない。生まれも明らかでないため、死亡の歳も不明となっている。

隣の墓碑はお振の方［養徳院］、四代将軍家綱の側室。寛文五年（一六六五）三月、御上臈として江戸に下り、大奥に勤める。家綱のお手がついて懐妊したが、熱病にかかり、三人の医師の治療の甲斐なく、同年六月二十八日、十九歳の若さで死んだ。『徳川諸系譜』によると、このお振の系譜は家光の侍妾おまさの方で亀松の生母とも伝えられ、出所も知れぬし今詳しく知ることができぬと記されており、一方『済松寺記』の記述とも異なり、真偽のほどは判別できない。この二基の墓碑は古びて傷みもはげしく、法名・没日とも読み取りにくい。なんとなく楚々として哀しみ深く見えるのは思い過ごしであろうか。

さて、家光の命で、和泉岸和田五万三千石岡部家二代宣勝《のぶかつ》が済松寺維持の付檀家になったため、岡部家の菩提寺でもある。宣勝室［円通院殿心空慈性大姉］から十一代長和《ながより》室［貞量院］まで。藩主は七代長住（内膳正《ないぜんのかみ》）［圓覚院殿了山道義大居士］文化六年（一八〇九）八月八日没、歳七十。九代長備《ながとも》（美濃守）［泰心院殿徳叟全祐大居士］享和三年（一八〇三）十一月二十日没、歳四十一。両名とも大きな五輪塔である。

十代長慎《ながちか》の時は、富裕をもって知られた岸和田藩も「負債山を成す」といわれたが、藩政の大改革で危機を脱し、藩債も償却し、家臣の禄高も旧に復したという。以来倹約の風は家臣・領民にも及んだ。彼は、文武奨励と信賞必罰をもって臨み打擲《ちょうちゃく》さえしたが、反面憐れみの心も深く、足軽・中間に至るまで病に伏すと聞けば侍臣を使わして薬餌・金品を与えるのを常としたという。隠居後は『岡部氏家訓』を選し、また『重訂本草綱目啓蒙』『本草綱目図譜』を刊行、領内の史実を顕彰している。安政五年（一八五八）十月二十五日に没した、歳七十二、［葆光院殿南山道寿大居士］と号した。

岸和田藩の藩祖岡部長盛（内膳正）は、家康に仕え、天正十八年（一五九〇）の関東入国により下総山崎一万二千石を領した。さらに慶長十四年（一六〇九）丹波亀山二万石に加増転封、その後福知山五万石を領した。後に転封を重ねて、寛永十七年（一六四〇）和泉岸和田五万三千石に入封し定着、十四代長職《ながもと》のとき廃藩置県を迎えた。

21 光照寺《こうしょうじ》

浄土宗　新宿区袋町一五
ＪＲ中央線飯田橋駅下車七分　地下鉄東西線神楽坂駅下車五分

慶長八年（一六〇三）神田に建立、開基は家康の叔父松平次郎左衛門、開山は光照上人といわれ、正保二年（一六四五）、当地に移った。

出羽松山（のち松嶺）二万五千石酒井家の菩提所である。藩祖忠恒は出羽庄内十四万石酒井忠勝の三男、正保四年（一六四七）父の遺領出羽松山で二万石を分与されて別家となる。以後変わることなく八代忠匡《ただまさ》のとき明治維新を迎え松嶺と改称、廃藩置県に至った。忠恒（大学頭）は、［光顔院殿国子祭酒覚誉道専受法大居士］と号し、延宝三年（一六七五）八月六日、三十七歳で没した。大きな宝篋印塔は石門を構え、どっしりと男性的な風格のある石塔で他を圧している。

二代忠予《ただやす》を除き、三代忠休《ただよし》［光照院］から七代忠良《ただよし》［松寿院］まで歴代藩主・室と子女たちの墓碑、「酒井家之霊合葬」の塔、数えて三十基ほどが林立している。

出羽松山　酒井忠恒［光顔院］

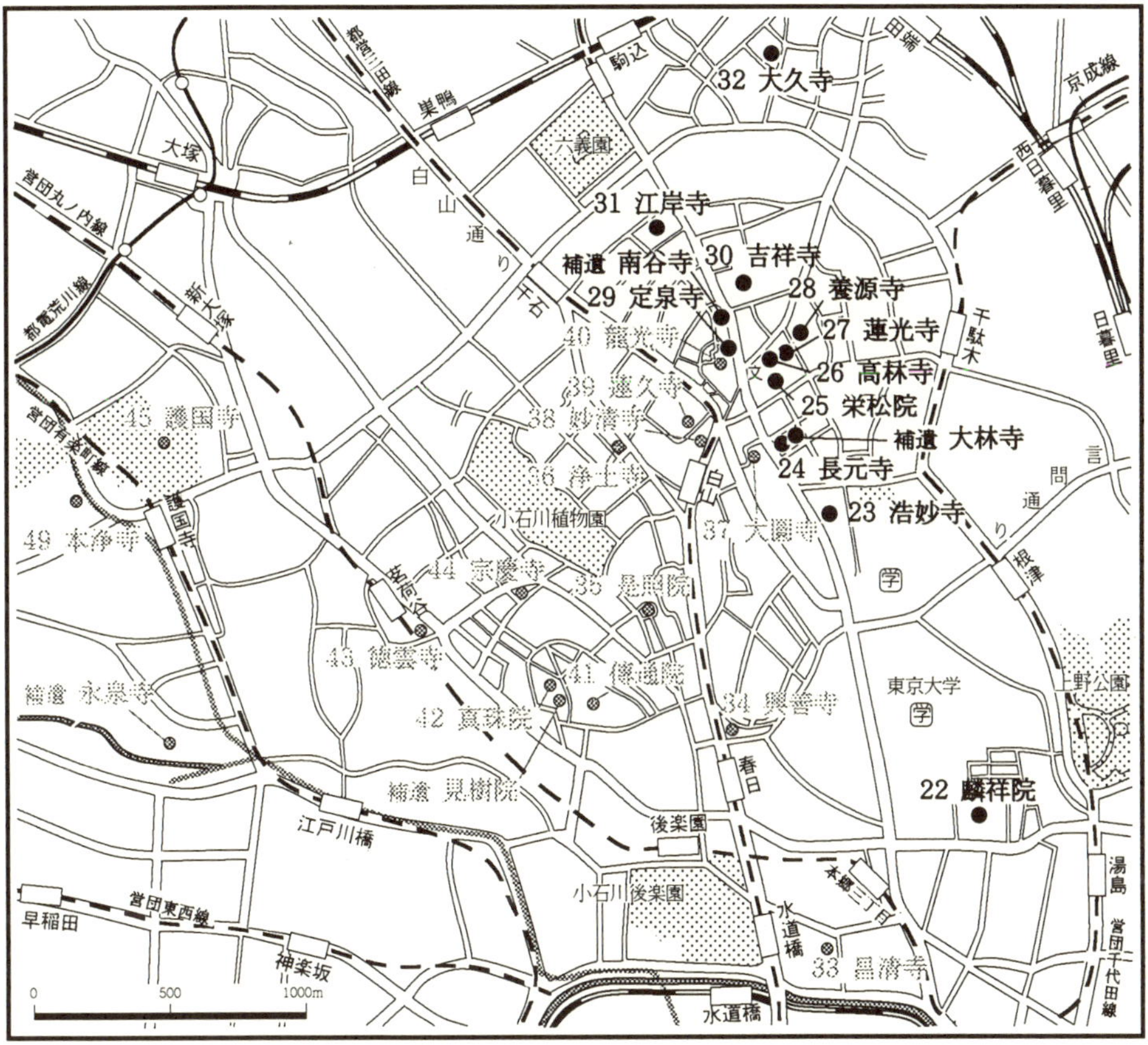

大林寺　補遺314頁
南谷寺　補遺314頁
見樹院　補遺315頁
永泉寺　補遺316頁

春日局［麟祥院］

四　岩槻街道（本郷通り）に沿って　本郷・駒込・千駄木

22　麟祥院《りんしょういん》

臨済宗　文京区湯島四―一―八
地下鉄丸ノ内線本郷三丁目駅・地下鉄千代田線湯島駅下車七分

麟祥院というのは春日局の法名で、法名がそのまま菩提寺となった。春日通りというのも春日局の名声にちなんでいる。春日町にその屋敷跡があったからである。

三代将軍家光の乳母だった春日局は、大奥にあって威張った烈女というように言われている。しかし、烈女という辞句には気性のはげしい女という感じがあるが、辞書には「みさを正しく、節義に重い」という意味が加わっている。それは、権力をほしいままにするような奔放さ、または術数に長《た》けているのとは違うのだろう。

家光が将軍職につくために尽力した経緯もあって、将軍はもとより重臣たちの信頼も厚く、大奥一の実力者となったが、驕《おご》らず常に淑《しと》やかで慎みぶかく振舞い、人々に対しては深い慈愛の念をもって接したと伝えられている。

家光は、幼少の頃から春日局の誠意のこもった保育と厳格な躾《しつけ》を受けて成長した。名君の誉れが高かったのも、ひとえに春日局の力に負うところが多いといわれる。

寛永六年（一六二九）春、家光二十五歳で疱瘡《ほうそう》にかかるが、にわかに重くなり、乳母お福（春日局）は、看護のいたらなさを悔いるかのように、一身に代えて家光を助けようと願を立てる。それは、生涯薬を断つという誓いであった。幸いにして家光は本復する。そのとき、お福は五十歳になっていた。以来彼女は誓いを固く守ってきた。彼女が病に倒れると、家光はたびたび見舞って薬を与えた。彼女は、家光の差し出す薬を受け取りはしたが、飲むふりをしてすべて懐《ふところ》に落としてしまったと伝えられている。誓いを守り通したのである。

家光が将軍になると翌年に引退し、草庵を建てて仏門に帰依した。寛永二十年（一六四三）九月十四日、六十五歳で波乱の一生を終えて、［麟祥院殿仁淵了義大姉］と諡した。麟祥院は、局の地位と権威とは裏腹に、簡素で周囲に石垣も土塀もなく、寺域は臭橘《からたち》の生け垣で囲ってあったので俗に臭橘《からたち》寺といわれ、大正時代初め頃まで生け垣はあったそうである。

墓地の奥に彼女の廟所がある。台石の上に一段高い長卵形の無縫塔（卵塔）が建っている。奇妙なことは、その卵塔と台石に二十センチばかりの穴が穿ってあり、向こうが見通せるということである。これは、「死後も黄泉《よみ》から天下の御政道が見通し得る墓をつくるように」との遺言のためであり、その精神を穴で表現しているのだった。

春日局、本名はふく（福）、父は斉藤利三《としみつ》（明智光秀の重臣、本能寺の変のあと山崎の戦い後斬殺される）、母は稲葉一鉄（美濃三人衆の一人）の姪。福は、母方の縁者稲葉正成《まさなり》の後妻となり、四人の子の母となるが、正成への不信から、子を連れて離別する。ここにも彼女の勁《つよ》い意志が窺《うかが》える。一転して、家光の乳母候補探しに応じる。駿府の家康は、彼女を見て誠実な人柄を見抜いたのであろう、江戸城に登庸させるのである。

寛永六年（一六二九）上洛し、幕府と宮中との朝廷の大役を成し遂げ、宮中より「春日局」という号を賜り、また、明正天皇からは従二位に叙せられている。彼女は「一介の浪人の妻が縁あって幕府に仕え、功成り名を遂げたのは天の恩沢の賜であり、幕府の恩恵に浴すところ」と感謝し、恩恵に報いるため寺院建立を思い立ち、家光もその願いをかなえさせた。彼女が「報恩山天沢寺《てんたくじ》」と名づけたが、のち改めて自分の菩提寺としたのである。

ちなみに、春日局の兄三存《みつなか》（利三の五男）は、後に赦されて斉藤家を復し、旗本三千石

稲葉正則正室［正厳院］

伊勢菰野　土方家

（子孫は六千石）となり、代々当寺を墓所とした。

春日局の墓碑の傍らに六角形の石笠を付した大きな霊廟がある。［正厳院殿天室智鏡大姉］の法号は、春日局の孫でもある稲葉正則（相模小田原十一万石）の正室（長門府中毛利秀元娘万菊子）の墓、寛文四年（一六六四）五月二十日、四十歳で没した。そばの位牌型の大きな石塔、［榮昌院殿華陰宗融尼大姉］は、正則の娘で大老堀田正俊（下総古河十三万石、貞享元年（一六八四）、八月二十八日江戸城中で若年寄稲葉正休《まさやす》により刺殺され、横死を遂げた）の室、正徳四年（一七一四）三月十一日死去した。ほかに稲葉家の大きな合祀碑がある。

墓地の入口の近くは大和郡山十一万石本多家の墓域。板碑型の黒ずんだ墓碑、二代忠平室［慈雲院殿梵音性海尼大姉］の碑に刻まれた「順淑大夫人池田氏之墓」とは、岡山池田光政の娘奈阿姫のこと、五代忠村［玉巖院］は歳十三で死去のため六万石減封、六代忠烈《ただつら》［桂岳院］は五万石を領有するが翌年没、歳十四、無嗣のため絶家、五万石は収公となる。本多家の先祖は忠勝、家康の孫千姫が再嫁した婿忠刻《ただとき》（千姫より先立って没）の弟忠義の系統で、若くして死去する家系のようである。

すぐ傍の［葆真院殿沖翁玄宜大居士］は陸奥泉二万石本多家四代忠如《ただゆき》、漢詩、書画に才をふるい、著書に『壺山集』を残す。

墓地入口近く木立に囲まれた一画に二十基ほどの墓碑が建つ墓域は、伊勢菰野《こもの》一万石土方《ひじかた》家である。三代雄豊《かつとよ》（市正《いちのかみ》）［通霄院殿従五位下前東市玄峯孤頂大居士］から十一代雄嘉《かつよし》（備中守）［寛裕院］まで夫妻と子女たちの墓である。

土方家初代雄氏《かつうじ》（丹後守）は雄久長男、秀吉に仕え、伊勢菰野一万二千石を領した。慶長四年（一五九九）に父とともに追放され、その後赦《ゆる》され旧領を安堵された。以後変わることなく、十三代雄志《かつゆき》のとき廃藩置県を迎えた。

下総高岡　井上政重室［浩妙院］

前田吉徳側室［真如院］

23 浩妙寺《こうみょうじ》

日蓮宗　文京区向丘二－一一－一
御茶ノ水駅より都バス（茶51・東43）向丘二丁目下車一分

寛永五年（一六二八）太田道灌から数えて五代目の太田新六郎重政の娘（浜松藩主太田備中守資宗の姉）で、下総高岡一万石初代井上政重の室［浩妙院殿法真日経大姉］が、父［覚林院］・母［了性院］の菩提を弔うために太田屋敷のうちに姉婿である太田備中守より拝領して建てたという。墓碑の笠塔婆はかなり傷んでいる。

延宝七年（一六七九）十二月十日、八十三才で死去した。政重は大目付として宗門改加役《しゅうもんあらためかやく》を命ぜられ、一万石後に三千石を加増されている。

24 長元寺《ちょうげんじ》

日蓮宗　文京区向丘二－二七－五
御茶ノ水駅より都バス（茶51・東43）向丘二丁目下車二分

寛永四年（一六二七）日長上人により創建され、寛文二年（一六六二）現在地に移った。大正時代（一九一二～二五）に市区改正となり、境内墓地約六百坪を道路敷として収用されたため、加賀前田家の準菩提所となっていた墓域は改葬され、金沢野田山前田家菩提所に移葬されたと寺側はいう。ただ供養塔と思われる二基がある。不幸にも大火と戦災によって建物・記録は焼失して細部は不詳とのことである。

墓地に案内を乞うと、一基の小さな箱型の墓碑があり、遺髪を収めたという石塔で、［真如院殿照月日清大姉］と彫られている。「加賀騒動」に現われるお貞の方である。

お貞の方は、江戸の芝大神宮の門前にある八百屋の娘に生まれ、大神宮の神官が親代わりになって前田家へ奉公にあがり、前田家六代藩主吉徳《よしのり》の側室となった。

吉徳は江戸に参勤して本郷の上屋敷に住んでいる間、ずいぶん遊里へ通い、屋敷内にも側室は何人もおり、側室の数は判明しているだけでも九人と歴代藩主の中で最も多かった。父綱紀《つなのり》は名君と称されたのに反して、暗君とまではいかぬにしても、当時すでに藩財政の困窮は進んでおり、理財に長ずる軽輩の大槻伝蔵（内蔵允《くらのじょう》朝元《とももと》）を寵用し、三千八百石の大身まで昇進せしめ、硬直化した財政の立て直しを行なった。大槻はこれにより藩経済の実権を握り、藩政を実質的に動かすようになっていた。しかし、吉徳が没すると、重臣前田直躬《なおみ》は大槻を弾劾《だんがい》し失脚させた。また、吉徳の側室真如院が八代重煕《しげひろ》に毒を盛り、わが子勢之佐を藩主の座に就けようとしたとし、真如院と大槻の密通説もでっちあげた。その後藩主の若死が相次いだため、真如院や大槻の祟りだという噂が城下に流れたのもうなずけよう。なお、大槻は五箇山《ごかやま》へ配流となってその地で自害した。真如院は終身禁錮となり、寛延二年（一七四九）二月十四日、四十二歳で没した。

吉徳の死後、仏門に入って真如院と名乗ったお貞は、大槻騒動で悪女扱いされ、金沢城下の今井屋敷うちの締まり所に押し込められた。表向きは縊死ということになっているが、某侍の手にかかって縊り殺されたのが真実のようだ。戦後も真如院の墓を勝手に動かすと祟りがあると伝えられ、墓を動かす必要が生じた時、仕事した石工が墓の下敷きとなって怪我をしたという。怨念が今も続いているのだろうか。

さて、墓地のもう一基の角石塔［春山院］は十三代斉泰の側室美衛で、家臣加須屋氏の娘である。

25　栄松院《えいしょういん》

浄土宗　文京区向丘二－三五－七
地下鉄千代田線千駄木駅下車一〇分

中村一氏室［栄松院］

天正十七年（一五八九）聡誉上人によって神田明神下に創建された。豊臣大名の中村一氏は駿河府中十四万五千石を領した後に家康に仕えた。一氏は、上杉征討の際は病床にあったので、舎弟を向け嗣子一忠の安全を図ったが、一忠は関ケ原の戦いの後、伯耆《ほうき》米子に転封となる。若年のためか幕府の勘気に触れることがあり、幽閉されて間もなく二十歳で急死し、世嗣もなく改易となった。一方、江戸屋敷にいた一忠の母は、若くして悲しい最期を遂げた一忠はじめ中村家先祖および有縁無縁の人々の菩提を弔うため、神田に一寺を建て広く浄土の法門を開いたのである。

この一忠の母が中興開基［栄松院殿心誉靖安大禅定尼］で、その墓は舟形如意輪の石像である。寛永十一年（一六三四）九月十一日に亡くなっている。

慶安元年（一六四八）に移転を命ぜられ、千二百坪の寺領地を賜り、当地に移った。

さて、如意輪のすぐ傍らの古い宝篋印塔［清巌院殿前使君順誉徳崇興和大居士］は、越後長岡七万四千石牧野家初代忠成《ただなり》の長子忠虎、寛永四年（一六二七）十二月、十四歳で従五位下大和守に任じられ、光成と改名したが、同十四年六月二十二日父に先立ち二十四歳で没した。

墓地に初代松本幸四郎（江戸初期の歌舞伎役者）、薩摩浄雲（江戸初期に江戸浄瑠璃をおこす）の墓がある。

26 高林寺《こうりんじ》

単立　文京区向丘二−三七−五
地下鉄千代田線千駄木駅下車一〇分

高林寺はもともと神田に在ったが、慶長九年（一六〇四）お茶の水に移った。ある夜境内に突然泉が涌き、名水として評判になり、将軍秀忠が鷹狩りの帰路この水で茶を飲んだこ

越前大野　松平直良室［清光院］

備中岡田　伊東家

とからお茶の水という地名が起こり、高林寺は名刹とされたが、明暦の大火で焼け、当地に移った。名水もその後の堀割拡張工事でなくなったという。

広い墓地の参道に入ってすぐ右は、越前丸岡四万六千余石本多家の墓所である。藩祖成重の二男重看《しげみ》（旗本三千石）［菩提院］は大きい五輪塔。本多家の遠祖は家康の三奉行の一人本多作左衛門重次、四代重益《しげます》は元禄八年（一六九五）三月、失政で除封、のち赦されて二千石の旗本で存続する。

参道の左の高い木立に遮られて見えにくいが、赤レンガ塀を背にして石門を構えた大きな五輪塔がある。前記本多成重の娘豊姫、越前大野五万石松平直良（結城秀康六男）の室である。法名［清光院殿白峯良圭大姉］と号し、万治三年（一六六〇）六月十八日に没した。

奥には、出羽天童《てんどう》二万石織田家の墓所、五十三霊を改葬した五輪塔が一基だけ残っている。織田家は、信長の次男信雄が初代で伊勢国司北畠氏の養子となり、一時、北畠氏と称した。家康と連盟で秀吉と小牧・長久手に戦った。小田原城攻めのあと秀吉から改易となる。元和元年（一六一五）大和松山で五万石が与えられた。その後上野小幡《おばた》二万石（三男信良に分知）、明和五年（一七六八）明和事件に関与して出羽高畠《たかはた》に移り、ついで文政十一年（一八二八）居所を天童に移転、十四代信敏のとき廃藩置県を迎えた。

その右の備中岡田一万石伊東家の菩提所に「伊東家祖先之霊」・「伊東家累代之奥津城」の大きな五輪塔、それに隣接して、三代長治夫妻から八代長寛夫妻まで歴代藩主と室の法号を刻んだ大きな五輪塔もある。

伊東家の初代長次は、秀吉に仕え、その後秀頼に仕えて大坂七手組頭の一人となったが、大坂冬の陣の直前に高野山に遁《のが》れ、本領備中岡田一万石余を安堵された。以後変わることなく、十代長𧦴《ながとし》のとき維新を迎えた。

墓地に緒方洪庵《おがたこうあん》夫妻（区史跡・幕末蘭学者で医者・教育者）、岡麓《おかふもと》（大正～昭和期のアララギ派の歌人）の墓もある。

美濃大垣　戸田氏共［慶徳院］（右）
室［淳徳院］（左）

美濃大垣　戸田氏西室［貞涼院］

27　蓮光寺《れんこうじ》

浄土宗　文京区向丘二－三八－三
地下鉄千代田線千駄木駅下車一〇分

開山は元大垣藩祖戸田一西《かずあき》の五男尊誉、感誉上人のもとで出家し、慶長六年（一六〇一）に本郷湯島妻恋坂に建立したが、明暦の大火で現在地に移った。開基は戸田采女正《うねめのしょう》一西、戸田家の菩提寺である。

山門に足を踏み入れると、正面と左右一帯は戸田家の墓域で、美濃大垣十万石の格式にふさわしい墓碑が建っている。二代氏信室［嶺秀院］（長岡牧野忠成の娘）、三代氏西《うじあき》室［貞涼院］は、法名を刻んだ石塔の上部に大きな観音菩薩像が坐している、内藤飛騨守忠政の娘。さらに石柵で囲まれた墓所「戸田家之墓」は累代霊を合祀した石塔と十一代藩主氏共《うじとも》［慶徳院殿温恭大居士］と室［淳徳院］（岩倉具視の娘）の碑があり、支藩の三河畑村（大垣新田のち野村）一万石戸田家の墓所には初代氏成《うじしげ》（淡路守・氏西二男）［泰真院殿前淡州源誉本貞大禅定門］ほか数基と「戸田家之墓」と一族の墓碑多数がある。

戸田家の発祥地は尾張海部《あま》郡戸田郷、大垣の祖氏一《うじかず》の系統は松平清康（家康の祖父）から代々徳川家に仕え、曾孫一西《かずあき》のとき家康・秀忠に仕えて、江州膳所《ぜぜ》三万石の大名にとり立てられる。大垣藩初代は一西の子氏鉄《うじかね》、関ケ原に父とともに従軍し、寛永元年（一六二四）大坂城の修築に功をたて、大垣十万石に加増となっている。幕末、大垣藩は最初から新政府寄りの姿勢をとり、戊辰の役では、東山道鎮撫の官軍の先鋒を命ぜられ、会津攻めの武功もあり、譜代大名ただ一人、三万石の賞典をうけた。最後の藩主は氏共で、明治政府で累進した。

上総大多喜　松平正綱の娘たち

相模小田原　稲葉家

さらに墓地の半ば左は松平家（大河内）の墓域で、際立って大きな五輪塔は圧巻である。塔には上総《かずさ》大多喜二万石五代正温《まさはる》（弾正忠《だんじょうのちゅう》）［圓理院殿頓譽壽齢大居士］天明二年（一七八二）十一月二日没、十代正和《まさとも》室［梅窓院］と六十霊を合祀している。傍らの四基の五輪塔は、藩祖正綱の娘たち、三女［長香院］（榊原越中守照清妻）、四女［天涼院殿葉譽秀荷信女］（松平正綱の養女・越後新発田五万石溝口重雄の室）、五女［頂照院］（稲葉正能妻）である。他松平一族の墓が多数ある。

墓地南隅に、文荘先生と刻まれている平野金華（都旧跡・江戸中期の儒者）と最上《もがみ》徳内（都旧跡・江戸中期の北方探険家）の墓がある。

28　養源寺《ようげんじ》

臨済宗　文京区千駄木五―三八―三
地下鉄千代田線千駄木駅下車八分

当初、本郷の湯島切通し下に建立された。開祖秀岳玄智禅は、麟祥院にまつる春日局の帰依僧としてたびたび登城し、元和二年（一六一六）二代将軍秀忠より土地三千坪を拝領して開山、春日局の息子稲葉正勝が開基、初めは倚松庵と称した。寛永十一年（一六三四）現寺号に改め、明暦大火の後に当地に移った。

参道を右に曲がって大樹の繁った辺りが開基稲葉家の菩提所、五基の石塔が建っている。相模小田原八万五千石稲葉家初代正勝（丹後守）［養源寺殿古隠紹太大居士］の大きな無縫塔を中心に、右に正勝室［長興院殿心伝妙安禅定尼］。［梅嶺宗春童子］は、正勝の兄千熊といい早世した。もし早世しなければ、家督を継いで藩主たるべき人として、父母と同格の墓を造立したという。左の無縫塔は、塚田木工助といい、主君正勝の死後一周忌に追善して殉死し、その高節を賞して稲葉家墓所に葬られた。「稲葉家累代之墓」は、震災

越後椎谷　堀家

と戦災で墓碑の傷みが多く、整理改葬したと墓誌に記されている。

正勝は正成の三男、母は春日局。母が家光の乳母となる時ともに江戸城に登り、家光に近侍して厚遇され、元和九年（一六二三）には老中に就く。このように新参としては極めて異例の昇進を遂げたのは、春日局の影響が反映したものだった。寛永九年（一六三二）十一月八万五千石で小田原に入封した。翌年正月領内を大地震が襲い、大きな被害をもたらした。正勝は震災後復興に当たり、城郭の修築や城下町の整備を進めたが、その後病気がちとなり、寛永十一年正月二十五日江戸で病死した。三十八歳。妻は、旗本二千五百石山田十大夫重利の娘で、寛永三年十二月十六日、夫に先立って二十歳の若さで死去している。

ここから石塀に沿って奥の一隅は荒れているが、そのなかに山城淀十万二千石稲葉家十代正弘（美濃守）［純正院殿従五位下前濃州刺史厚岳道裕大居士］と室［輪光院］（会津松平容貞娘員姫）と一族数基の墓がある。

正勝の墓域近く、木立の下に古塔とおぼしき傷みのある宝篋印塔は、出雲松江二十三万五千石堀尾家の墓所であり、三代忠晴（山城守）［円成院殿高賢世肖大居士］寛永十年（一六三三）九月二十日没、歳三十五。［法心院］は忠晴の娘（伊勢亀山石川家二代忠総嫡男廉勝室）、ほか数基あるが、摩耗して読みにくい。

墓地の右奥一帯は、越後椎谷《しいや》一万石堀家（のち奥田姓）の墓所である。直之［本光院］（初代藩主直景父）、初代直景（式部少輔《しきぶのしょう》）［龍華院殿級翁宗三大居士］・室［浄證院殿玉峯惟清大姉］（西尾嘉教娘）から十五代之美《ゆきよし》（右京亮《うきょうのすけ》）まで歴代藩主と正室がすべて存立していることは稀である。

初代直景は秀忠に仕え、知行二千石を与えられ、寛永十九年（一六四二）に家督を相続し、自身の知行と合わせて一万石を領した。元禄十一年（一六九八）、越後椎谷に入封し定着。十五代で廃藩置県を迎えた。

播磨姫路　酒井忠相次女初姫［現清院］

蝦夷福山　松前家

墓地の右手に、安井息軒《そくけん》（都史跡・幕府昌平坂学問所教授）、西村茂樹（都史跡・明治前期の思想家・教育家）の墓がある。

29 定泉寺《じょうせんじ》

浄土宗　文京区本駒込一－七－一二
ＪＲ駒込駅より都バス（茶51）吉祥寺前下車三分

元和七年（一六二一）随波上人の開山、開基は蜂屋九郎右衛門、明暦の大火のあと現在地に移った。

墓地の左石塀の前に、唐破風《からはふ》付墓碑に地蔵尊を刻んだ石塔がある。これは、姫路十五万石酒井家六代忠相《ただみ》の二女初姫。三歳で亡くなり、その霊を弔うために建立され、「夢現塚」と呼ばれた。今も多くの参詣者があり、線香の煙が絶えない。初姫は宝永二年（一七〇五）二月二十一日に早世、［現清院殿英光慈仙大童女］と号された。

寺内には、御府内随一とされる「宝篋印塔の六阿弥陀」がある。

30 吉祥寺《きちじょうじ》

曹洞宗　文京区本駒込三－一九－一七
ＪＲ駒込駅より都バス（茶51）吉祥寺前下車一分

長禄二年（一四五八）太田道灌が居城（千代田城のちの江戸城）を構築中、井戸の中より「吉祥」という文字を刻した金印が発見され、これを瑞祥として場内（現在の和田倉門付近）に一宇を設け、「吉祥寺」と称したのが創建の由緒という。

天正十九年（一五九一）神田駿河台に移り、明暦の大火で類焼、その後現在地に移転、府内第一の巨刹として自他ともに許す大寺院となった。山門は享和二年（一八〇二）の再建

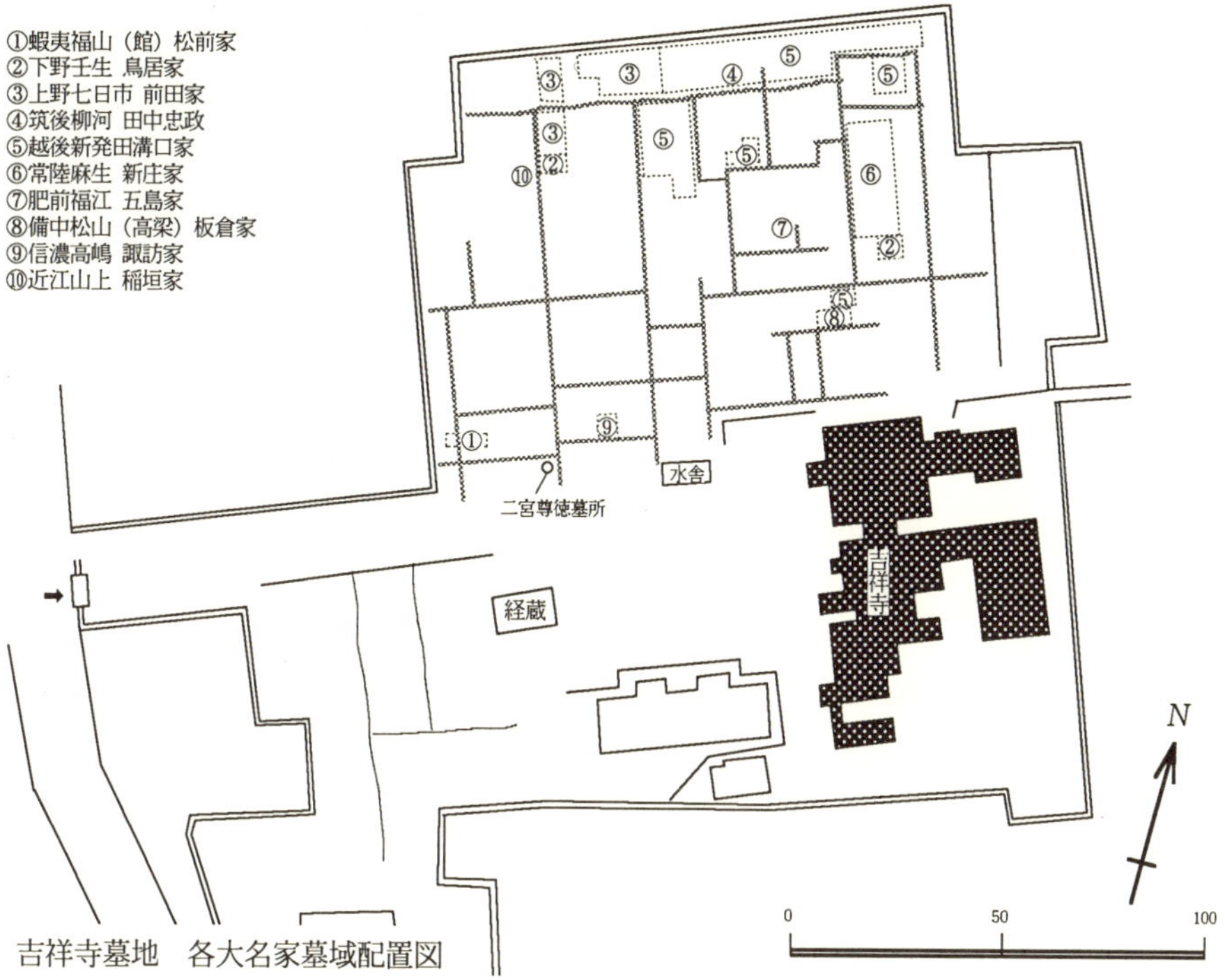

吉祥寺墓地　各大名家墓域配置図

という四脚門、正面に本堂、参道の両側は広大な墓地、右手の経蔵は文化元年（一八〇四）に再建されたもの、ここは栴檀林《せんだんりん》という曹洞宗の修行の場である。

吉祥寺の墓地は広い。あちこちに、寺の歴史を物語るように、古色を帯びた五輪塔、宝篋印塔、笠塔婆が見える。さて、二宮尊徳の供養塔の近くから墓地へ入って、真正面の左右を見ながら周辺を巡ることとする。

墓域左端は蝦夷《えぞ》福山（館）三万石格松前家の墓所があり、四代氏広・九代道広・十一代良広の三藩主、側妾、子女を含めて十五基と、道を隔てて大きい自然石に刻まれた「松前家累代之墓」が林立している。墓碑はすべて「福山館主松前源氏広之墓」のように細長い角柱型で簡素、藩主も子女も妾も同じ大きさと形式で、当時としては上下の区別もない異色のものであろう。

松前家の初代は松前（蠣崎《かきざき》）慶弘《よしひろ》、代々蝦夷松前を領し、文禄二年（一五九三）秀吉から本領を安堵された。以後、代々の当主は無高の賓客の殊遇をうけ、交替寄合の上に位置された。享保四年（一七一九）にはじめて一万石格となり大名に列した。寛政八年（一七九六）頃から異国船が来航し、箱館警固のため松前蝦夷地全域を幕領としたが、文政四年（一八二一）十二月松前家は復領した。以後変わることなく、十五代修広《ながひろ》のとき廃藩置県を迎えた。

上野七日市　前田利孝［慈雲院］

出羽山形　鳥居忠恒［孝徳院］

木立の繁みの下は荒れて人跡もないが、数基の墓碑は、下野壬生三万石鳥居家墓所で、八代忠壽《ただてる》（丹波守）［観光院殿廓応泰然大居士］・室［浄光院］、忠貴［寛中院］の五輪塔がある。別の鳥居家墓所には、最後の藩主忠文《ただぶみ》の墓があり、さらに近くには、甲斐谷村《やむら》三万五千石鳥居家初代成次［前上州大守趙英林伯大居士］、二代忠房（成行）［孝雲宗忠］の墓もある。忠房は、駿河大納言徳川忠長の改易事件に家老として連坐し、自身も改易された。

最奥の左側一帯は上野七日市一万石前田家の墓域で、藩祖利孝をはじめ四代利慶《としよし》［超玄院］から十二代利昭［閑月院］・室［昭月院］ほか子女たちと一族の墓がある。利孝は加賀前田利家の五男、初代利長の弟。大坂の陣に徳川方で出陣して勲功により七日市に入封、本家加賀藩の庇護が厚く、幕末まで続いたという。利孝（大和守）は寛永十四年（一六三七）六月四日没した、歳四十四。［慈雲院殿前和州太守眞翁宗智大居士］と号した。室［養福院］は膳所《ぜぜ》初代本多康俊の娘。七代利尚《としひさ》（丹後守）［本覺院殿従五位下前丹州大守廓然玄性大居士］の墓碑の彫刻と、九代利以室［貞光院殿心海亀月大姉］（利尚長女）の亀趺《きふ》円頭型墓碑は、江戸ではあまり見かけないので一見の価値がある。

前田家の横に高い木に遮られて見えにくいが、出羽山形二十二万石鳥居家二代忠恒（左京《さきょう》亮《のすけ》）［孝徳寺殿前京兆鉄山玄正大居士］の墓碑がある。寛永十三年（一六三六）七月七日没、歳三十三、後嗣なく断絶した。その横の巨大な五輪塔［陽岳院殿前筑州大守傑岫玄英大居士］は、筑後柳河三十二万五千石田中忠政（筑後守）で、元和六年（一六二〇）八月八日没、歳三十六、同様に無嗣絶家となった。

さらに横の大きな宝篋印塔［松岳寺殿傑岑善英大居士］は、越後新発田《しばた》溝口家五万石（のち十万石）二代宣勝（伯耆《ほうき》守）、寛永五年十月二十九日没、歳四十七。なお、溝口家の墓碑はこの辺りに点在し、二代から十二代直正夫妻まで歴代の藩主、室、子女たち三十数基

越後新発田　溝口宣勝［松岳院］

常陸麻生　新庄家

ほどがある。

溝口家初代の秀勝は、はじめ丹羽長秀、のちに秀吉に仕え、堀秀治の与力とされ、加賀大聖寺で四万四千石を領した。慶長三年（一五九八）堀秀治の越後移封に伴い、越後新発田六万石に転封された。溝口氏が独立大名となった時期は諸説あり不明。以後変わることなく、十二代直正のとき廃藩置県を迎えた。

溝口家の近くに木立が繁っているが、そこは常陸麻生《あそう》一万石新庄家墓域で、藩祖直頼（駿河守）［総寧寺殿月海晟珊大居士］から十六代直正まで（四代・再封の六代直時はない）歴代藩主・室・子女二十数基がある。

直頼は秀吉に仕え、文禄四年（一五九五）摂津高槻三万石を領したが、慶長五年（一六〇〇）関ケ原の戦いで失領、同九年に許されて常陸麻生三万石を領した。延宝四年（一六七六）、五代直矩《なおのり》は嗣子なく十七歳で急逝して一時断絶したが、四代直時に一万石を与えて再興させた。

墓域中央辺りに肥前福江一万二千余石五島《ごとう》家の墓所がある。背丈の高い宝篋印塔「五島家歴代之墓」・笠塔婆「五島家之墓」と宝篋印塔［瑞雲寺殿厳良鉄心大居士］は、四代盛清、延宝七年（一六七九）十月十六日没、歳五十二。初代五島（大浜）玄雅《まさはる》（淡路守）は文禄三年（一五九四）父の遺領五島一万五千石を相続した。以後変わることなく、十一代盛徳《もりのり》のとき廃藩置県を迎えた。

備中松山（のち高梁）五万石（のち二万石）「板倉家之墓」は合祀墓である。墓誌に幕末の勝静《かつきよ》の法名［樹功院］が刻まれている。歴代中出色の人物だが、その一代は数奇をきわめる。老中に抜擢されるも束の間で罷免されたが、その後また老中首座格として難局にあたる。歴史的な大政奉還は、勝静が参画して実現したものだった。鳥羽伏見の戦があがると将軍慶喜とともに朝敵の汚名をうけ、江戸を脱出し、日光へとび奥州列藩同盟をへて、

備中松山　板倉家

ついに函館に走る。明治になって自首して出た勝静は死一等を減ぜられ終身禁錮となったが、松山藩は二万石への減封にとどまり、分家の勝弼に相続の沙汰がくだった。明治二十二年四月東京で病没した。

ほか信濃高島三万石「諏訪家歴代之墓」、近江山上一万三千石「稲垣家之墓」は、すべて角塔の合祀墓である。

吉祥寺の墓域には大名家ばかりでなく、旗本家の丹羽家、甲斐庄家、牧野家、中山家、板倉家など、挙げれば数知れず、武家寺の姿を表わしている。

また、二宮尊徳（江戸末期の農政家）、榎本武揚《たけあき》（幕末の幕臣、函館五稜郭にたてこもり、東征軍に抵抗、のち北海道開拓に尽力）、川上眉山《びざん》（明治後期の小説家）、鳥居耀蔵《ようぞう》（江戸町奉行・天保の改革の時に怪腕を振るう）の墓がある。

31 江岸寺《こうがんじ》

曹洞宗　文京区本駒込二―二六―一五
ＪＲ駒込駅下車七分

慶長元年（一五九六）前記高林寺の末寺として神田駿河台に創建され、湯島台、さらに駒込へと移った。開基は、鳥居左京亮忠政で鳥居家の菩提寺としたが、今は一基だけ［俊岳院殿峯山玉雄大居士］の巨大な五輪塔がある。

出羽山形二十二万石藩祖鳥居忠政は、元忠の二男。元忠は関ケ原の戦いの前夜伏見城を守衛し、西軍石田三成の攻撃を受けて壮絶な最後を遂げた。元忠の忠死により遺領下総矢作《やはぎ》四万石から転封加増して元和八年（一六二二）山形二十二万石に移り、さらに二万石を加増された。城下町を整備し、紅花市を開設したと伝えられるが、年貢は定免法で、毎年一律に高率をおしつけたため、後世まで悪評を買った。忠政は寛永五年（一六二八）九月六

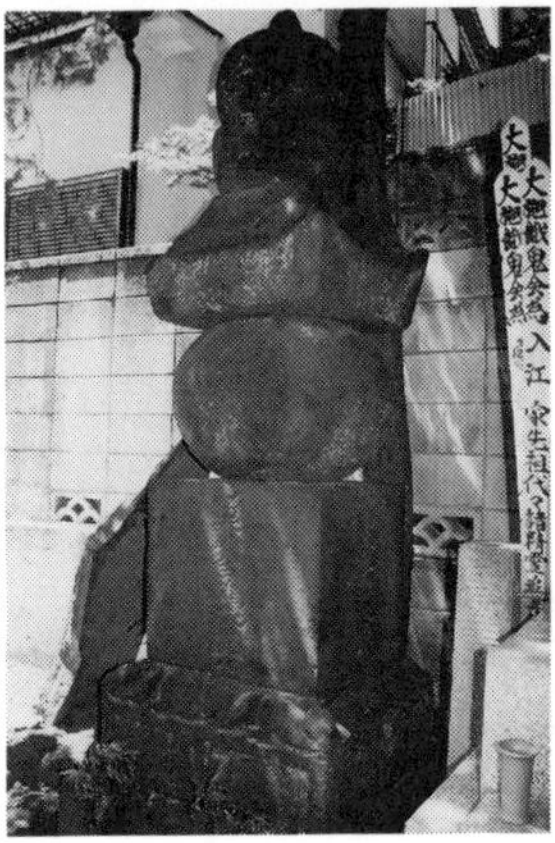

出羽山形　鳥居忠政［俊岳院］

相模小田原　大久保忠世夫妻と忠隣

日山形で没した、六十三歳。忠恒が遺領を継ぐが、多病にて公役を勤めず、三十三歳で死去（前記吉祥寺参照）。

32 大久寺《だいきゅうじ》

法華宗　北区田端三－二一－一
ＪＲ田端駅・駒込駅・地下鉄南北線駒込駅下車一〇分

寺歴によれば、文禄元年（一五九二）大久保忠世は、三河以来の歴戦により一族や家臣を多く失ったため、菩提を弔い、かつ日蓮の遺徳を偲び一寺を建てた。大久山保聚寺（のち保聚山大久寺）という。忠世は帰依していた日英大徳を請いて開山初祖と仰いだ。

山門を入って本堂左側の参道を丘上に上がると、突然視界が開ける。墓地では、いかにも大名家らしい風格の墓碑と逢う。そこは大久保・石川両家の墓域である。清掃は良く行き届き、立ち木もきれいに刈り込まれ、雑草さえ一本もなく、心憎いほどの清潔さ、明るいが静寂さが漂う墓域である。

驚くことが更にある。これほど全体に摩耗し黒ずみ尽くされた墓碑があるだろうか。長く土中に埋もれていたのを掘り出したのではないか、長い石柱は今にも倒れるのではないだろうかと危ぶむほど。それらは、相模小田原四万五千石大久保家初代忠世［了源院日脱］が左、中央は二代忠隣《ただちか》（相模守・六万五千石）［涼池院雪庭道白］、右は忠世室［法眼院日遙］（近藤木右衛門幸正娘）の三基である。

大久保家は、徳川氏譜代の家臣、忠世は徳川草創期の武将として、十六歳の初陣以来数々の戦功をたて、天正十八年（一五九〇）四万五千石で小田原城主となる。

江戸に居城を置いた徳川氏にとって、小田原は西の防衛拠点、のちに箱根の関所が置かれると重要性はさらに増した。忠世は文禄三年（一五九四）九月十五日小田原城中で没し、

伊勢亀山　石川家十一代総安（右）
七代総純（左）

小田原大久寺に埋葬された。歳六十三。忠隣は忠世の嫡男、父同様数多の武勲をたて、家康の関東入国の後に武蔵羽生《はにゅう》二万石を領し、文禄二年は老職（後の老中）となり、秀忠に附属して幕府成立期の幕閣として活躍し、忠世死後六万五千石を領有した。慶長十九年（一六一四）正月二十日、キリシタン禁圧のため京都へ赴くが、その最中改易された。幕法違反（私婚禁止）を理由として除封されたが、理由はともかくとして、家康の権力を背景とした本多正信・正純父子との政争に敗れたのである。寛永五年（一六二八）六月二十七日、七十六歳の生涯を閉じた。一説では、冤罪《えんざい》を恥じて自決して身の潔白を証明したという。

大久保家の改易により、大久寺も廃墟《はいきょ》同然となり、忠隣の二男忠総《ただふさ》（縁の深い石川日向守家成の養子となり二代藩主）は、父の非業の死を悼み、寛永七年（一六〇二）大久寺を小田原から江戸下谷車坂に移し再興させた。二回の火災と上野の山の戦いで破壊されて、明治三十六年（一九〇三）現在地に移ったという。

さて、石川家の墓域は、伊勢亀山六万石二代忠総（主殿頭）［忠総院日観］と室［法林院］をはじめ六代総尭《ふさたか》［恭敬院］から十一代総安（日向守）［総安院興隆日暉］までと子女たち、「石川家之墓」二十数基と、常陸下館二万石石川家と一族の墓碑数基がある。

石川家初代康通（長門守）は家康に仕え、天正十八年（一五九〇）関東入国の際上総成戸（成東・鳴門とも）二万石、慶長六年（一六〇一）に美濃大垣五万石へ転封された。晩年はキリスト教を信仰して、洗礼名をフランシスコという。その後転封を重ね、延享元年（一七四四）に伊勢亀山に入封。二代忠総次男総長《ふさなが》は別家、慶安四年（一六五一）伊勢神戸一万石、さらに一万石加増され、享保十三年（一七二八）常陸下館に入封、二家とも定着し、廃藩置県を迎えた。

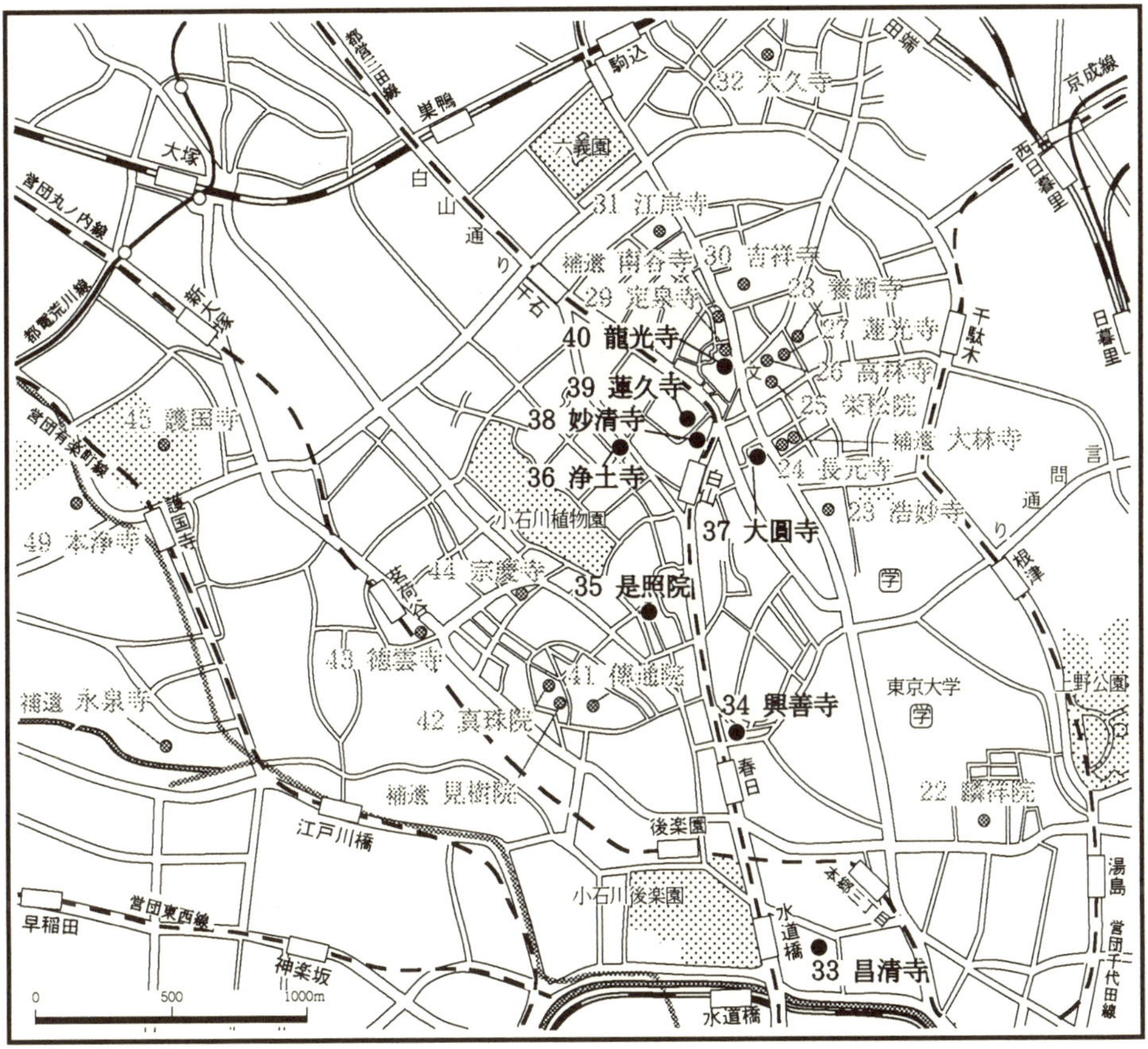

大林寺　補遺314頁
南谷寺　補遺314頁
見樹院　補遺315頁
永泉寺　補遺316頁

五　中山道（白山通り）に沿って

33 昌清寺《しょうせいじ》

浄土宗　文京区本郷一－八－三
ＪＲ中央線・地下鉄三田線水道橋駅下車三分

元和元年（一六一五）の創建、開山は龍誉上人、開基は寺名の昌清尼（俗名朝倉清《きよ》）、将軍家光の弟駿河大納言忠長の乳母。清の父は忠長の家老で朝倉宣正《のぶまさ》（遠江掛川二万六千石）、母は土井利勝の妹。『廃絶録』によると、忠長は寛永八年（一六三一）の春ごろ家光の勘気を蒙《こうむ》り、あわせて病気療養のためと称し甲府に蟄居を命ぜられ、翌九年になると安藤重長の上野高崎に移されて逼塞《ひっそく》、同十年十二月、二十八歳の若さで自害した。この間、五十万石（五十五万石とも）の領地を没収され廃絶となった。また、忠長の家老鳥居成次・朝倉宣正もこれに連坐、廃絶となった。

将軍継嗣問題決着後の忠長の行動について、『徳川実紀』は廃絶を強いる者の立場で書かれているので、逆の立場でみると、兄家光よりもはるかに将軍にふさわしかった賢弟の悲劇は、徳川幕府のために必要な犠牲者であったようである。

忠長の正室北之丸殿お昌の方（上野小幡《おばた》二万石織田兵部大輔信良娘）は夫の自害のあと尼となり、松孝院と号し、忠長菩提のため当寺を建立した。しかし、公儀に遠慮して、朝倉清を自分の名の昌をつけた尼とし、昌清尼の開基とした。

昌清尼は寛永二十年（一六四三）入寂、［昌清院殿心誉妙安大姉］と号した。父の宣正は大和郡山松平下総守忠明《ただあきら》に預けられ、寛永十四年二月六日その地で没した。

駿河　徳川忠長乳母　昌清尼［昌清院］

［妙光院］（右）［妙春院］（左）

上野高崎　松平輝貞室［長慶院］

34 興善寺《こうぜんじ》

日蓮宗　文京区西片一－一五－六
地下鉄三田線春日駅下車三分

開山は寛永元年（一六二四）の正行院日円。養珠院（家康の側室お万の方、紀伊徳川頼宣・水戸徳川頼房の母）の発願、丑寅《うしとら》の方角に水戸家鬼門除けの寺を設けたいという心を継いだ頼房の息女（妙光院）によって建立された。

『文政寺社書上』には「心覚院妙見大姉　寛永十四年（一六三七）六月十八日寂　水府頼房様御息女云々」と記されているが、寺伝の開基妙光院と同一人かどうかは不明である。墓所に二基の宝篋印塔が建ち、右は［妙光院殿蓮性日法大姉］寛永二十年（一六四三）六月四日とあり、開基の、お万の孫娘、頼房息女であろう。左の［妙春院］は旗本岡野家の娘で妙光院付きの老女であり、寛永二十一年死去している。

当寺は幕府より「天下御祈願所」の公許を得、御朱印三百石拝領、ここに日蓮宗興善寺として格式ある地位を確立したという。しかし今日では栄光の俤《おもかげ》を偲ぶことのできるのは、黒ずんだこの宝篋印塔だけである。

35 是照院《ぜしょういん》

臨済宗　文京区白山二－二〇－一
地下鉄三田線白山駅下車一五分

享保年間（一七一六～三六）二度の火災に遭い、後に上野高崎七万二千石松平（大河内）家二代輝貞の援助により再興されたが、明治初年の廃仏と戦災のため、旧来の景観は失われた。

墓地の半ばに一基の品格ある五輪塔がある。開基輝貞の正室［長慶院殿蘭甫秀栄大姉］は

越後高田　松平忠直［西巖院］

柳沢美濃守吉保の養女（実は折井市左衛門正辰の娘永子）、寛延四年（一七五一）二月十四日に死去。寺の説明では、大河内家墓碑はこの一基のほかすべて菩提所平林寺（埼玉県新座市野火止《のびどめ》）に移葬したということである。

36　浄土寺《じょうどじ》

浄土宗　文京区白山四－三五－一八
地下鉄三田線白山駅下車五分

寛永五年（一六二八）の創建。当初は傳通院の末寺、慶安四年（一六五一）当地に移った。開山は了宅上人、越後高田松平（越前系）越後守光長の開基、美作津山松平家（越前系）の香華院である。

墓地に入って正面中央に覆堂があり、その内に一基の唐破風型墓碑が安置されている。法名［西巖院殿相誉蓮友大居士］とは、越前北庄《きたのしょう》（福井）六十八万石松平家二代忠直（結城秀康長男）である。

忠直は元和九年（一六二三）二月十日、参勤せず不行跡の行為が多いと隠居、豊後萩原に配流を命ぜられる。三月剃髪して一伯と称し、萩原に到着、後年津森に移され、慶安三年（一六五〇）九月十日、五十六歳で没した。大分市浄土寺に葬られ、明治十年東京南品川の海晏寺松平家墓域に神式改葬された。当寺のものは供養塔であろう。

父秀康が三十四歳の若さで死去。その長子忠直は十三歳で越前国主となり、配流になるまでの十六年間、破滅への過程には三つの事件があった。

一つは慶長十八年（一六一三）、重臣たちが真っ二つに分かれて引き起こした越前騒動、秀康が築いた特別待遇ともいうべき「御制外」越前家の権威は、大きく傷付く。

二つは、大坂夏の陣の越前勢は徳川方随一の殊勲ながら、家康は恩賞はおろか感状一枚も与えず、忠直は働いた家臣たちに報いることができず、主君としての面目を失った。

三つは、失態続きから煩悶して酒色に溺れた。忠直不行跡なりとして配流の断を下すに至ったわけである。忠直が名君であろうが暗愚であろうが必然的に破滅の道を辿《たど》る運命にあった。家光にとって、忠直はまさに目の上のコブだからである。一度は将軍家たる家光の前に跪《ひざまず》かせ、しかもそのことを天下に普《あまね》く知らしめねばならなかったのだ。

世に「悲劇の家系」というものがあるなら、越前松平家ほどそれにふさわしい家系はあるまい。家康の次男の結城秀康は秀吉養子、さらに結城家に養子へ、秀康の二世松平忠直は配流、さらに忠直の長子光長の越後騒動、三代にわたって悲劇的な生涯を辿っているのである。

ちなみに、福井藩主、松平春嶽（慶永）は直系の血筋。あまり世に知られない事績に、忠直の復権がある。福井藩は代々の藩主から除かれ、法事もなく黙殺されていたが、嘉永三年（一八五〇）九月、春嶽は忠直の二百回忌大遠忌を福井の菩提寺で盛大にとりおこなった。

寸和母［長松院］

37 大圓寺《だいえんじ》

曹洞宗　文京区向丘一－一一－三
地下鉄三田線白山駅下車五分

慶長二年（一五九七）の開創、開山は上州館林茂林寺の久山正雄大和尚、開基は旗本石河《いしこ》土佐守勝政。当初は神田柳原にあったが、慶安二年（一六四九）に当地に移り、以後久しく「駒込の大圓寺」と呼ばれた。

大圓寺の縁起によると、庄内酒井左衛門尉《さえもんのじょう》忠義の正室東陽院（三河吉田松平［大河内］輝綱四女寸和）の帰依をうけて江戸の菩提寺とした。

越前大野　織田秀雄［月松院］

播磨姫路　酒井忠挙三男［青樹院］

本堂左から墓地に入ると、すぐ正面に万霊塔と刻まれた五輪塔があり、左の舟型如意輪に刻まれた［長松院殿齢屋眞椿大姉］は寸和の母（大河内家譜では家女としているので名は不詳）、［江天院華屋清臺大禅定門］は輝綱の七男鶴千代で十歳で早世、大河内家菩提寺野火止平林寺に葬られている。なお、『大河内家家譜』によると「酒井忠義妻寸和、正徳六年（一七一六）四月十六日卒六十五、葬武州駒込大円寺、東陽院殿花岩貞春大姉」としているが、探しても見当たらない。

忠義の娘で夭折した三人の霊［秋槿童女］・［常光院］・［桂芳弦女］が左隅にある。

墓地の右に越前大野四万五千石織田秀雄《ひでかつ》［月松院殿前相公三品天厳玄高大居士］の板碑型石塔がある。秀雄は信長二男信雄《のぶかつ》の長子で大野宰相といわれ、関ケ原の戦い後、武蔵国浅草に閑居、慶長十五年（一六一〇）八月八日、二十八歳で没した。秀雄の家老であり、従兄弟の間柄でもあった星合具泰《ほしあいともひろ》の菩提寺である当寺に供養塔が建てられたのである。

墓地には高島秋帆《しゅうはん》（国史跡・幕末砲術家）、斉藤緑雨《りょくう》（明治文壇の小説家・評論家）の墓がある。

38　妙清寺《みょうせいじ》

曹洞宗　文京区白山五－三三－一五
都営地下鉄三田線白山駅下車三分

慶長十二年（一六〇七）の開山、はじめ本郷弓町にあったが、明暦の大火のあと当地に移った。

墓地の塀際に二童子女の墓がある。一基は、姫路十五万石酒井家五代忠挙《ただたか》の三男金次郎［青樹院殿一夢涼心禅童子］で貞享四年（一六八七）四月二十七日、四歳で亡くなっている。墓は大きな地蔵尊で、温和な顔立ちは幼くして逝った霊を弔うにふさわしい。もう一

播磨姫路　酒井忠邦室

讃岐丸亀　京極高和室［養性院］

基［幻池院殿霊月白純童女］は、四代忠清の九女与志姫、寛文十年（一六七〇）六月二日早世した。

39 蓮久寺《れんきゅうじ》

日蓮宗　文京区白山五－三〇－六
都営地下鉄三田線白山駅下車三分

火災と戦災により、寺史も過去帳も焼失して一切不明である。門を入って、本堂の左側に大樹があり、その下に大きな五輪塔が建っている。前記姫路の十七代酒井忠邦夫人鏐子《よしこ》（十四代忠顕長女・遠江横須賀西尾忠篤養女）で明治四十一年（一九〇八）没、ほか「酒井氏霊碑塔」がある。

40 龍光寺《りゅうこうじ》

臨済宗　文京区本駒込一－五－二二
都営地下鉄三田線白山駅下車五分

寛永九年（一六三二）の創建、開山は虎伯大宣、開基は讃岐丸亀城主京極高和と肥前唐津城主小笠原忠知である。明治初年の廃仏の際は廃寺寸前だったが、同三十三年（一九〇〇）に再興された。

門を入ってすぐ左一帯は、京極家の墓域だが、足を踏み入れるのに戸惑うほど荒れて、境内にはすでに小径もない。雑草と塵《ごみ》の間をどうやら墓碑に辿り着くと、三代高和の室［養性院殿宝山寿心大姉］（伊勢津藤堂高次の娘市子）は大きな宝篋印塔で石門を配し、透垣で囲まれている。元禄二年（一六八九）二月三日、六十八歳で没。水鉢には京極家の家紋平四つ目結紋と藤堂家の蔦紋が鮮やかに刻まれている。

肥前唐津　小笠原長重［竺仙院］

ほか五代高或《たかもち》室［慶寿院］、六代高矩《たかのり》（佐渡守）［大機院］・室［妙智院］、七代高中（若狭守）［大量院］・室［妙光院］、八代高朗《たかあきら》室［青松院］と、子女たちの墓がある。傍らの［芳運院］は、伊勢亀山三代石川憲之嫡男昌能（日向守）の室阿松で、藤堂高次の娘、［養性院］の縁でここに埋葬されたようだ。

さて、本堂の横と墓地の中央にかけて、肥前唐津六万石小笠原家墓域があるが、墓碑の中には傾きかけているものもあり不安げ、また殿様の基壇には植木鉢が並べられているという光景…。

三代長祐《ながすけ》室［真流院］は、石門を構えた宝篋印塔。四代長重（佐渡守）は、［竺仙院殿従四位下侍従前佐州大守英岳崇雄大居士］と号している。長重は長祐の養子となり、遺領四万石を継ぐ。寺社奉行、京都所司代、老中に就き、一万石加増、さらに加増一万石で計六万石を領有した。本丸・西の丸兼帯老中を勤めたが、眼病を理由に御役御免を願っている。これについては「間部詮房が猿楽より出身して枢機を司り、執政の諸老臣と列を同じくしたことを快くせず、眼病に託して職を辞す。享保のはじめ維新の政行われしを聞いて眼疾いえて、ふたたび青天白日を見ることを得たり。」と『文昭院殿（六代将軍家宣）御実紀』に記されている。古武士気質の人物だから、当世風の気風を苦々しく思い、間部が君寵の厚いのも気にいらなかったのであろう。八代将軍に吉宗が就くと召し出され、この後もしばしば登城し、老中たちと同席している。享保十七年（一七三二）八月一日、八十三歳で没した。

五代長熙《ながてる》（壱岐守）［乾亨院］から十一代長会《ながお》（能登守）［韜光院］まで藩主・室と子女の墓十五基ほどがある。

小笠原家は、父秀政（大坂の役で戦死）、母（家康長男信康の娘）の三男忠知《ただとも》、秀忠、家光に近侍し、書院番頭、大番頭などを歴任した。この間加増を重ねて、寛永九年（一六三二）に豊後杵築《きつき》、三河吉田四万五千石を領した。その後、加増転封を重ねて、肥前唐津に入封し定着。十三代長国のとき廃藩置県を迎えた。

参道左手に、栗山潜鋒（江戸中期の儒者、『大日本史』編纂に従事）、三宅観瀾（江戸中期の朱子学者）、深見十左衛門（歌舞伎「助六」の髭髯《ひげ》の意休《いきゅう》のモデル）の墓がある。

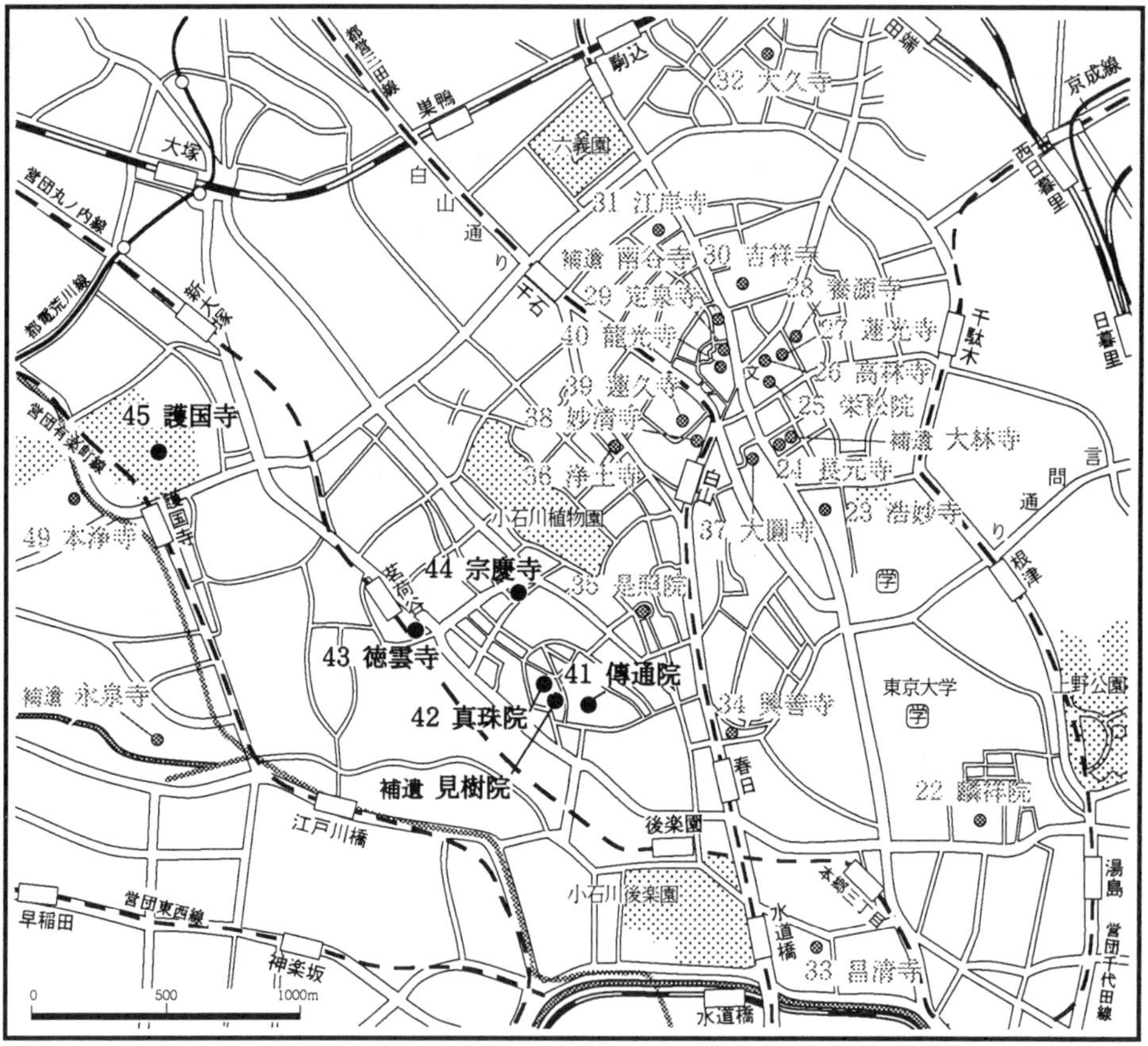

大林寺　補遺314頁
南谷寺　補遺314頁
見樹院　補遺315頁
永泉寺　補遺316頁

徳川家康生母　於大［傳通院］

41　傳通院《でんづういん》

浄土宗　文京区小石川三－一四－一六

地下鉄三田線春日駅下車一〇分・都バス（都02）（都02Z）（上69）伝通院下車一分

傳通院といえば、徳川家康の生母於大《おだい》の菩提寺であることぐらいは、昔の東京人なら、ほとんどが知っていた。が、傳通院というのは於大の法名で、正しくは浄土宗無量山寿経寺と呼ぶことは、あまり知らなかったであろう。傳通院でとおっていた。

於大が亡くなったのは、慶長七年（一六〇二）八月二十九日で、七十七歳だった。家康が征夷大将軍に任ぜられる前年のことで、伏見城に招かれていた於大は、天下人の生母として安らかな最後を遂げた。

しかし、その生涯には波乱があった。三河刈屋の城主水野忠政の娘として育った於大は、天文十年（一五四一）十四歳のとき、同じ三河岡崎の城主松平広忠に嫁した。広忠もまだ十六歳、それが戦国の世の政略結婚だった。そして翌天文十一年十二月二十六日、幼名竹千代、のちの家康を生むが、三年ばかりで於大は松平家を去ることになった。尾張の織田信秀と駿河の今川義元の間にあって、去就に揺れた於大の生家水野家は、やむなく織田氏に属したが、今川氏のもとにあった広忠は、今川氏への配慮から、於大を実家に帰してしまうのである。やがて於大は、尾張知多郡阿久比《あぐい》領主久松俊勝に再嫁する。

六歳のとき家康は、織田氏の脅威から岡崎城を守るため、広忠によって今川義元に人質として差し向けられる。義元の援護を期待するためであった。

美濃大垣　戸田氏鉄室［大誓院］

徳川秀忠娘　千姫［天樹院］

徳川家光正室　孝子［本理院］

家康の人質生活は十数年に及ぶが、その間、於大はさまざまな手段をもって、熱田の家康人質先に時服や書状を届け、絶えずわが子の誤りなき成長を念じたという。久しぶりの母子再会は、永禄三年（一五六〇）五月、桶狭間《おけはざま》の戦いの前日だった。家康はひそかに阿久比城の於大を訪れる。於大への孝養は晩年になってしまったが、母の絶えざる陰の励ましを、家康は痛いほど感じとっていた。

さて、家康は於大の葬儀については、芝増上寺十二世存応に相談した。存応は、師了誉が、小石川極楽水というところに開いた草庵があり、それがすっかり寂《さび》れているが、名僧了誉遺構の再興のためにも、そこを於大の菩提寺とされるようにと建言する。草庵は、無量山寿経寺と称していた。家康は、今の地に十万坪の寺域を選び、草庵を移して寺院造営の手がかりとした。これが傳通院のはじまりである。

完成は慶長十三年（一六〇八）、諸堂も整い、学寮を設け、関東十八檀林の一つに定めた。

傳通院は、明治四十一年十二月の出火により焼失、再建に六年を費し大本堂が完成する。その後、戦災により建造物のことごとくを焼失して、戦後、昭和六十三年五月に竣工された。芝増上寺と並び称された名刹の偉容はなく、それは豪壮というものではなく、温恭《おんきょう》なたたずまいである。一切の資料を失った傳通院にとって、境内墓地に焼け残った数々の古い墓石だけが寺の歴史を物語っている。

墓地のほぼ中央、高く石段を築いた上に大きな変形宝篋印塔墓が聳《そび》えているのが於大の墓、［傳通院殿蓉誉光岳智香大禅定尼］と諡している。

於大の墓を正面に見て右へ並んでいる墓碑を順次記すと、［大誓院殿心誉壽栄大禪定尼］は美濃大垣十万石戸田氏鉄《うじかね》室で、信濃松本戸田（松平）康長の娘、承応三年（一六五四）十二月二十三日、没。

傳通院墓地　大名家墓域配置図

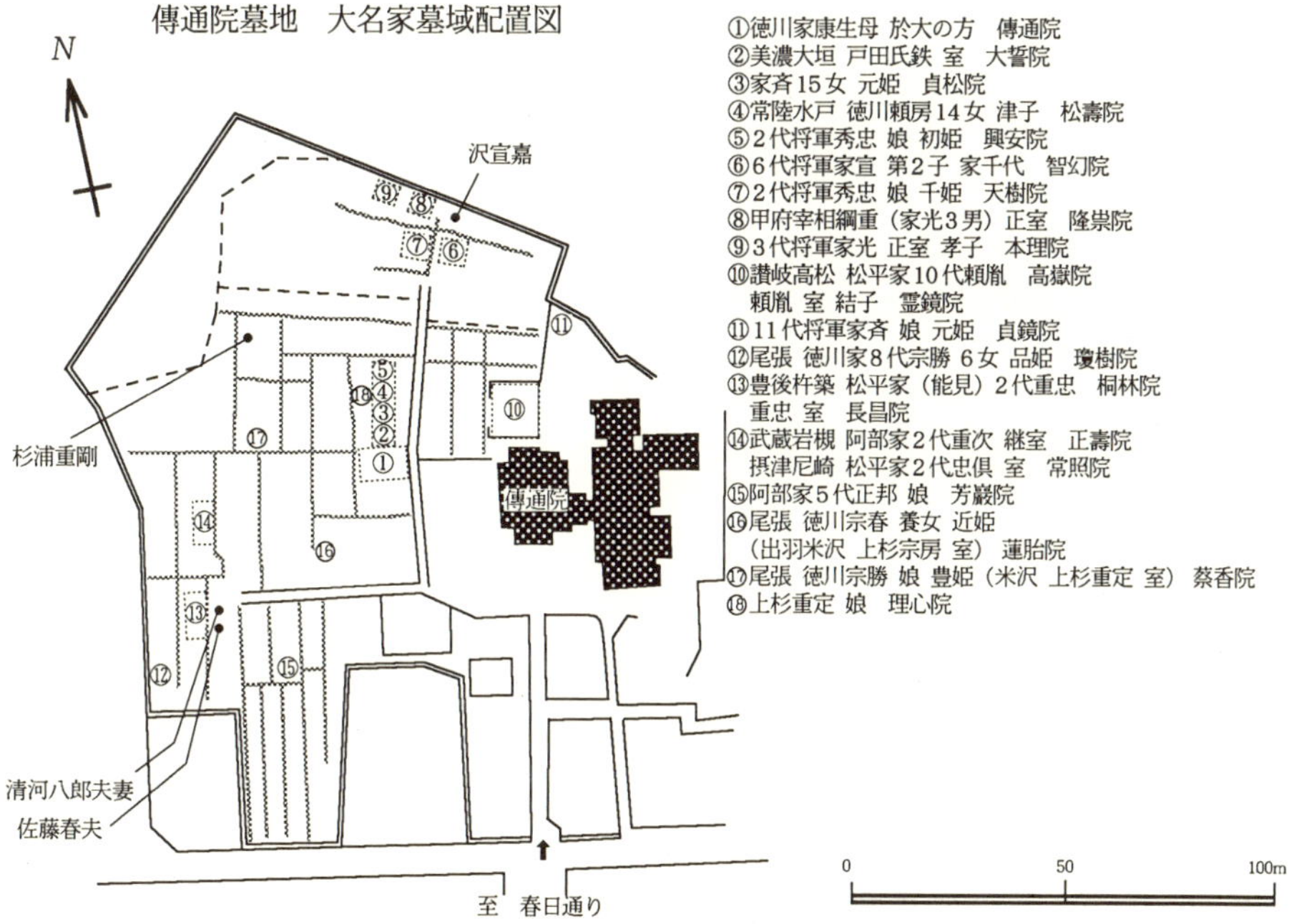

〔松壽院殿桃誉栄紅大姉〕は、常陸水戸三十五万石藩祖徳川頼房十四女津子、寛永七年（一六三〇）五月四日没（伊藤玄蕃友治妻）。

〔興安院殿豊誉天清陽山大姉〕は、二代将軍秀忠娘初姫、寛永七年三月四日没、二十九歳、松江京極忠高室。

石段を降りて低い一郭の直ぐ右の宝篋印塔〔智幻院殿露月涼華大童子〕は、六代将軍家宣の第二子家千代、宝永四年（一七〇七）九月二十八日夭。正面の樹木の繁った木立のなかの〔天樹院殿栄譽源法松山大禅定尼〕の五輪塔は入念な造り、秀忠の娘千姫。七歳で豊臣秀頼と結婚し、大坂城に入るが、これもまた政略結婚であった。大坂夏の陣で豊臣方は亡び、秀頼は自害するが、千姫は救出された後に姫路城主本多忠政の子忠刻《ただとき》に嫁す。寛永三年（一六二六）忠刻が死去すると、落飾して天樹院と号した、三十歳のことである。こうして、寛文六年（一六六六）二月六日、七十歳の生涯を閉じた。

斜めにある〔隆崇院殿理廓良智大禅定尼〕は、甲府宰相綱重（家光三男）の正室で関白二条光平の娘、寛文九年（一六六九）五月十四日、婚礼間もなく二十二歳で死去した。

すぐ横は、三代将軍家光の正室孝子の五輪塔〔本理院殿照譽圓光徹心大禅定尼〕は、関白鷹司信房の娘。愛情のかけらもない政略結婚で、家光が孝子に一向に関心を示さなかったのは魅力に乏しかったからであろうか。夫婦の語らいもなく、寝所も共にする

讃岐高松　松平頼胤［高嶽院］（右）
室［霊鏡院］（左）

こともなく、家光からうち捨てられ、本丸大奥を出て中の丸御殿に移って別居、中の丸様と呼ばれてひっそりと暮らした。離婚はできず、これほど不幸な残酷な女の生き方はない。家光の死後に落飾して本理院と称し、延宝二年（一六七四）六月八日、七十二歳で亡くなり、飾り妻としての孤高な生涯を貫いた。

この低い墓地には、将軍家の子女たちと、子を生んだ多くの側室たちの墓碑が点在している。

於大の墓の正面、ブロック塀の近くに、十一代将軍家斉の十七女文姫が嫁した讃岐高松十二万石松平家（水戸支流）十代頼胤［高嶽院殿卓蓮社立誉善得源靖大居士］の墓がある。頼胤室結子［霊鏡院円誉智照慧高大姉］の大きな五輪塔は、夫君の箱型墓碑より格別秀でている。天保八年（一八三七）三月、二十九歳で逝く。頼胤は明治十年（一八七七）十二月、六十八歳で没した。

塀の外に、宝篋印塔の先端が欠落し傷みのある石塔がある。［貞鑑院殿性誉円明浄覚大姉］は、家斉の十六女元姫、十歳で会津松平肥後守容衆《かたひろ》と婚約が決まり、文政四年（一八二一）春嫁入りしたが、八月二十二日急死した。十四歳の若さであった。翌年二月容衆自身も後を追うようにして急逝した、二十歳であった。

境内に入って左の塀際から右へ、それから中央辺りに足を進めると、［瓊樹院大夫人源氏墓］がある。三つ葉葵紋を付した箱型碑で高い台石にある、尾張徳川家八代宗勝六女品姫（水戸支流常陸府中松平頼前《よりさき》室）、次の宝篋印塔は豊後杵築三万二千石松平家（能見）二代重忠（丹後守）［桐林院殿前刺史英譽長安大居士］と室［長昌院殿華岳法春大姉］（戸田忠次娘）。続いて、摂津尼崎四万石松平家（藤井）二代忠倶《ただとも》室［常照院殿心譽清室光雲大姉］は、伊予松山松平定行養女・岩槻阿部重次三女於鶴である。［正壽院殿貞誉光庵秋月大姉］は阿部重次の継室で桑名松平定勝の娘。参道の左側の［芳巖院殿香林栄薫大童女］

上杉重定室豊姫［蔡香院］

は、五代阿部正邦の六女。

中央辺りの尾張徳川家七代宗春養女で支藩高須松平義方の娘［蓮胎院殿照譽瑞光圓明大姉］は、出羽米沢上杉家七代宗房室、尾張徳川家八代宗勝娘豊姫［蔡香院殿薫譽自性明心大姉］は、八代上杉重定室、少し離れて重定の娘［理心院殿性巖蒙光大童女］の石塔もある。上杉家の五輪塔は、女性らしい清楚な五輪塔である。

［恵覚院殿眞譽智薫誠圓大姉］は、徳川（田安）宗武の娘誠姫、仙台伊達重村と婚約中の宝暦九年（一七五九）五月、十九歳で病没した。

ほか墓地には将軍家の側妾と子女たちの墓多数があり、徳川家由縁の人たちの、古色を帯びた墓碑で集成されているといってもよいが、未だ記さない数基もある。

一般人の墓のなかには著名人の墓が多い、沢宣嘉《さわのぶよし》（都旧跡・幕末尊攘派公卿）、清河八郎夫妻（幕末庄内郷士で尊皇攘夷に活躍するも暗殺される）、佐藤春夫（大正・昭和の詩人、作家で浪漫耽美的作品を発表）、杉浦重剛（明治・大正期の教育家・思想家）、古泉千樫《こいずみちかし》（明治・大正期の歌人）、柴田錬三郎（昭和後期の小説家）などの墓がある。

42 真珠院《しんじゅいん》

浄土宗　文京区小石川三−七−四
都営地下鉄三田線春日駅下車一〇分・都バス（都02）（都02Z）（上69）伝通院下車三分

昔は傳通院の支院の一つで、駿河沼津水野家（家康の生母於大の生家）の菩提寺である。

墓地の奥にある石門を配した背高い宝篋印塔は、藩祖忠清（隼人正《はやとのしょう》）［真珠院殿前布護署源朝臣厳誉全中大居士］は、三河刈屋城主水野忠重の四男、家康に従って関ケ原に出陣、秀忠から上野小幡一万石を与えられ、書院番頭兼奏者番を命ぜられた。大坂冬・夏の陣に

駿河沼津　水野忠清［真珠院］

出陣し功をたてた。元和二年（一六一六）四月、家康は病床に忠清を招き、「汝の家は世世忠功あり、就中汝が父忠重に旧勲最も多し。汝、弱齢なりと雖も家名をおとさず、去年大坂の役には勇を震い、武を揚げ、誠に嘉尚すべし、故に今本領刈屋の城を賜う」と述べ、一万石の加増を行なったという。

家康の母於大の方は、忠清の父忠重の妹、叔母に当たる。その後加増転封を重ね、寛永十九年（一六四二）信濃松本七万石を領した。享保十年（一七二五）、六代忠恒のとき発狂して江戸城で刃傷に及び、改易された。その後、水野家は再興され、駿河沼津五万石初代忠友から七代忠誠《ただのぶ》までと三人の正室が改葬・調査された（『骨は語る、徳川将軍・大名家の人々』）。墓域は右に忠清、中央に、家紋を付した大きな石門の奥に石造りの大きな御霊屋《みたまや》と「水野家本家墓」「水野家先祖代々墓」の宝篋印塔、左に名跡を継いだ忠穀《ただよし》（出羽守・七千石）［教善院殿前羽州刺史仁誉祐伝端心大居士］の石塔が並んでいる。明治元年（一八六八）上総菊間に移封となった。

墓地の半ばにある低い透垣の中の宝篋印塔は、忠清の四男、別家となった水野忠増（周防守）［覚了院殿前周州大守法誉性蓮大居士］である。三代目の忠定は安房北条一万二千石を領した。文政十年（一八二七）に上総鶴牧で定着して六代忠順《ただより》のとき廃藩置県を迎えた。

43　徳雲寺《とくうんじ》

臨済宗　文京区小石川四－一五－七
地下鉄丸ノ内線茗荷谷駅下車三分

本堂の上段の丘が墓地で、そこに一基の大きな宝篋印塔が建ち、墓前に大きな燈籠と水鉢を配している。

上野高崎六万六千余石安藤家の二代重長二男重之の室［養徳院殿本円悟心大姉］は伊勢津

上野高崎　安藤重之室［養徳院］

藤堂家二代高次の二女於長である。

重之は父重長に先立ったため、重之の子重博（重長嫡孫）が幼くして安藤家の世子となった。安藤家は、重長・重之は青竹をへし折るほどの怪力の持ち主で大力大名の異名をとった。こんな逸話が残されている。重博が高崎藩主になって間もない頃、母養徳院と碁を囲んでさんざんに負かされたところ、重博は傍らに控えていた侍女をひょいと抱き上げて碁盤に乗せ、高々と持ち上げたまま、口惜しい口惜しいと地団駄踏んで部屋中を走り回ったという。「物の本によると人間の力には限りがあって、それを使い果たすと死ぬとあります。お父上が早死にしたのは大力にまかせて無駄な力を使い過ぎたためかもしれません。またお祖父様は大名の力自慢は無用、と常々お父上に訓戒なさったそうです。あなたもこのことを肝に銘じておきなされ」と養徳院は戒めたという。碁も強かったようだから賢い女性だったのであろう、さすがは藤堂家の娘である。

44 宗慶寺《そうけいじ》

浄土宗　文京区小石川四－一五－七
地下鉄丸ノ内線茗荷谷駅下車一〇分

昔は傳通院の末寺で、応永二十三年（一四一六）了誉の開山、古くは伝宝院と称した一草庵であり、慶長年間（一五九六～一六一五）、お茶阿《ちゃあ》（家康の側室）がこの地に幽居した。

お茶阿の素性はよくわからない。遠江の鋳物屋の娘で、土地の男に嫁ぎ一女を生んだが、代官が美人の彼女に目をつけ、夫を殺して彼女を奪った。彼女は逃げ出し、家康に訴えたので、家康は代官を罰し彼女を側室にしたという。

文禄元年（一五九二）茶阿局が、辰千代・松千代の双生児を生んだ。松千代は早世し、辰千代は成人して松平忠輝となるのである。家康は辰千代を疎んじた。顔が不様な他に、本

徳川家康側室　茶阿局［朝覚院］

能的に嫌悪する何かがあったのであろうか。「徳川殿、憎ませ給ひて、捨てよと仰せあり」と、新井白石の『藩翰譜《はんかんぷ》』に見える。家康は、本当に辰千代を江戸城から出してしまう。これを聞いて、下野国皆川領主皆川山城守広照が養育係を願い出て許される。

最も悲嘆にくれ、秘かに家康を怨んだのは茶阿局である。しかし顔色には出さず、辰千代の復帰を願った。忠輝は、長沢松平家の名跡を継ぎ、武蔵深谷一万石を振り出しに、慶長十五年（一六一〇）二月、越後福島（のち高田）六十万石（一説に七十五万石）の城主となった。元和元年（一六一五）九月、家康より勘当され、翌年七月、不行跡・幕臣の殺害・大坂の陣の懈怠などを理由に除封となる。伊勢朝熊《あさま》のち飛騨高山から信濃上諏訪に配流され、天和三年（一六八三）九十三歳で没した。

失脚の原因として大久保長安事件に関係ありとか、キリスト教との深い関係とか様々にいわれるが、伊達政宗（娘五郎八《いろは》姫は忠輝の妻）の後ろ盾のある存在は、家康亡き後幕閣を脅かすものだったのであろうか。

家康の病を聞き、忠輝は、せめて一目でもと駿府へ来て目通りを願ったが、許されなかった。家康は茶阿局を手放さなかったので、彼女も嘆願したが聞き入れなかったという。元和二年（一六一六）家康が死ぬまで、側室においている。

茶阿は家康の死後落飾して宗慶院と号し、この草庵に住んだ。彼女は家康の死の五年後元和七年（一六二一）六月十二日死去した。［朝覚院殿貞誉宗慶大禅定尼］と号した。

なお、忠輝には茶阿局侍女である竹の局との間に徳松という子があった。徳松は、改易後岩槻城主阿部重次に預けられていたが、寛永九年（一六三二）五月、十八歳の時、にわかに住居に火をかけて自殺してしまった。真偽のほどは不明（『徳川実紀』）、竹の局と徳松の墓は岩槻市浄安寺にある。

本堂（国重要文化財）

月光殿（国重要文化財）

45　護国寺《ごこくじ》

真言宗　文京区大塚五－四〇－一
地下鉄有楽町線護国寺駅下車一分

五代将軍綱吉の生母桂昌院の発願で、帰依する僧亮賢を開山とし、綱吉の将軍就任の翌年の天和元年（一六八一）、雑司ケ谷薬園の地に建立した。この辺りの地名「音羽《おとわ》」には、京都育ちの桂昌院が音羽山清水寺と門前町清水坂の賑《にぎわ》いを懐かしみ、京都にならって護国寺門前に九丁の町屋をつくらせて町名を音羽とした説と、この地を管理した綱吉の奥女中音羽の名から取ったという説がある。

綱吉の護国寺参詣は三十数度に及んだというから、庶民にとってはかなり迷惑な話であったことであろう。

江戸中期の天和（一六八一）～元禄（一七〇四）の建築がいくつか残っている。石段を上って中門（不老門）をくぐった右手の大師堂は、元禄十四年（一七〇一）再営の建物で、格調高く、伝統を重んじられている。正面の大伽藍《がらん》が本堂（国重文）、左手の月光殿（国重文）薬師堂は元禄期建物の遺構であり、鐘楼《しょうろう》の梵鐘は天和二年（一六八二）銘がある。

広い境内・墓域内には、大小さまざまな記念碑や著名人の墓碑も多いが、大名家のものも少なからずある。

参道右側奥には、出雲松江十八万六千石松平家（越前系）の墓所がある。大きな五輪塔に［大圓庵松平治郷不昧］と彫られているのは、七代藩主治郷である。松江藩のみならず十八世紀後半の名君の一人に数えられている。その理由の一つは藩財政の立て直しにあったが、しかしその名を高めたのは何といっても茶人大名としての識見であり、『雲州蔵帳』に名をつらねる夥《おびただ》しい名器の蒐集家としての面目にあった。今日も松江市に残る名席菅田庵（重要文化財）は寛政二年（一七九〇）から四年にかけて営まれたものであり、その流

出雲松江　松平治郷

陸奥盛岡　南部利剛と室明子

儀（石州流）は不味流として伝流した。

治郷が二十歳の時の著作『贅言《ぜいげん》』に「茶の湯は知足の数の道なり」とあるが、知足とは文字通り「足るを知る」こと、不満があってもそれを抑えるということ。茶道が簡素・静寂の中で心を充足させ得るのはそのためであるが、これは茶室の中だけのことではなく、一家、一藩についても同じで、そこに真の知足がなければならない。この知足ということが本質であり、利休居士の本意である、と治郷は説いている。さらに展開すれば、簡素を旨とする茶道の心は倹約第一の藩政改革と一致する、と治郷は考えたのである。

彼が書いた円相の画賛《がさん》、「大円鏡中　独楽自在　背後面前　霊光不昧」からとった不昧《ふまい》の名（文化三年（一八〇六）引退して号す）は後世の人々に広く記憶されよう。文政元年（一八一八）四月二十四日、歳六十八で没した。江戸虎ノ門天徳寺に葬られたが、当寺に移葬された。

墓所には十代定安《さだやす》［松江院］・室［光彩院］（九代斉貴《なりたか》長女熙姫）ほか数基と「松平家墓」がある。

松平家の藩祖直政は、結城秀康の三男で元和二年（一六一六）に大坂夏の陣の功により宗家兄忠直の領地越前国内一万石分封、同五年上総姉崎《あねがさき》二万石が与えられた。その後、加増転封を重ね、寛永十五年（一六三八）出雲松江十八万六千石に入封し定着。以後変わることなく十代定安のとき廃藩置県を迎えた。

さらに奥の濃い木立の中に、陸奥盛岡二十万石（のち十三万石）南部家の墓所がある。十五代［正三位南部利剛《としひさ》墓］と夫人明子（水戸徳川斉昭六女）、十六代［従三位伯爵南部利恭《としゆき》墓］、夫人喜久子（広島浅野懋昭長女）・夫人溝口幾子墓の墓のほか、子女たちの墓がある。

近くの若狭小浜十万三千石酒井家墓所には、七代忠存《ただあきら》（備後守）［実相院殿諦覚円成大居士」と合祀碑「酒井家之墓」がある。忠存は六代忠音《ただおと》の三男、二兄が早世したため嫡子となり、十六歳で襲封したが、寛保二年（一七四二）七月二十二日、二十三歳で没した。小篠坂から入る新しい墓地に、越中富山十万石「伯爵前田家累世之墓」がある、御影石の
高い角柱である。

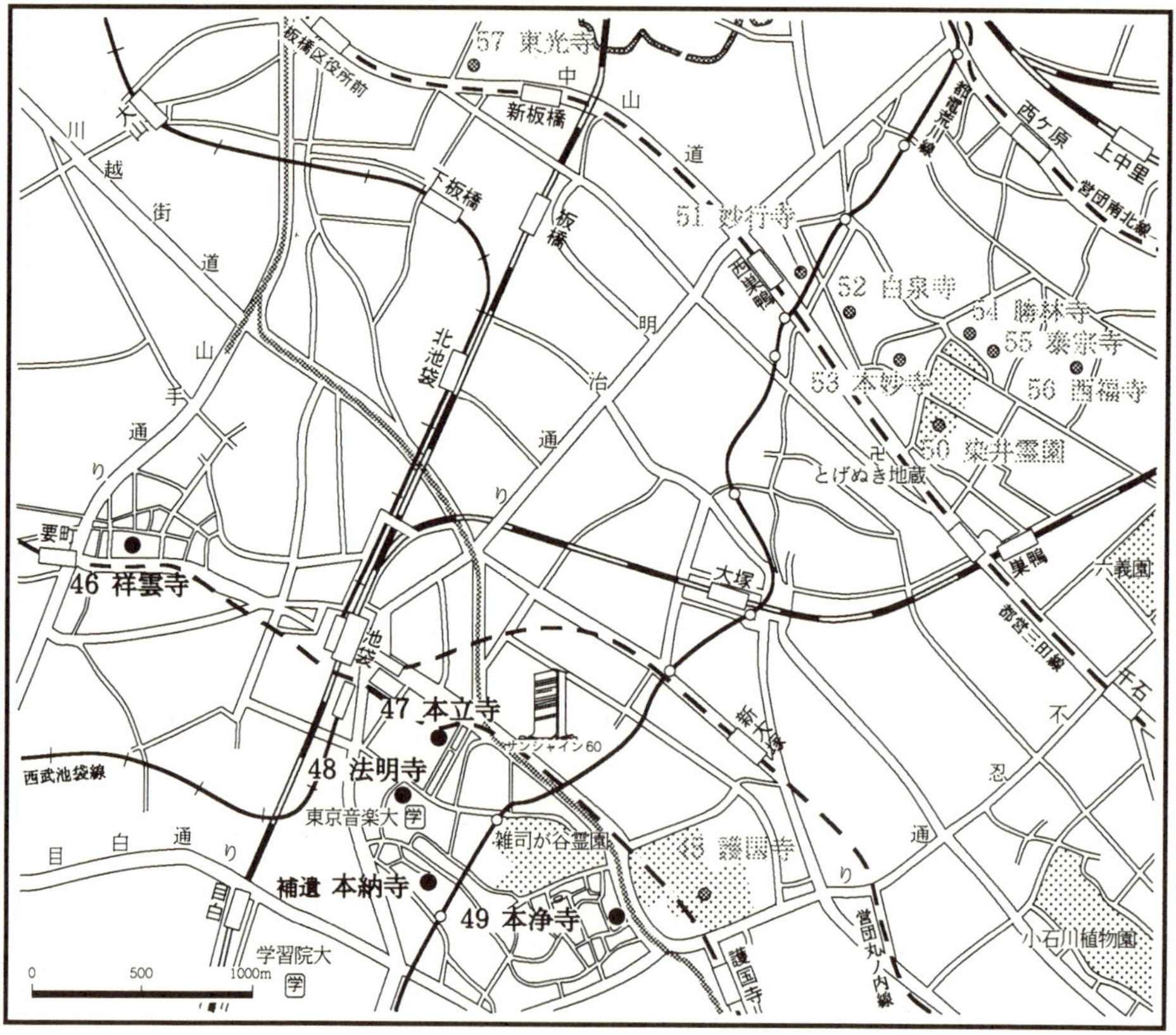

57 東光寺
板橋区役所前
新板橋
中山道
大山
川越街道
下板橋
板橋
51 妙行寺
西巣鴨
52 白泉寺
54 勝林寺
55 蓮宗寺
53 本妙寺
56 西福寺
50 染井霊園
とげぬき地蔵
北池袋
明治通り
山手通り
要町
46 祥雲寺
大塚
巣鴨
六義園
池袋
47 本立寺
サンシャイン60
新大塚
千石
不忍通り
48 法明寺
西武池袋線
東京音楽大
雑司が谷霊園
43 護国寺
目白通り
補遺 本納寺
49 本浄寺
目白
学習院大
護国寺
営団丸ノ内線
小石川植物園
都電荒川線
西ケ原
上中里
営団南北線
都営三田線
0 500 1000m

本納寺　補遺316頁

信濃松本　戸田家

大沢基胤［月江院］室［正覚院］

七　池袋周辺

46　祥雲寺《しょううんじ》

曹洞宗　豊島区池袋三－一－六一
地下鉄有楽町線要町駅下車三分

寛永六年（一六二九）信濃松本城主戸田氏が檀越《だんおつ》となって復興、宝永六年（一七〇九）戸田康長の法号により祥雲寺と改寺し、大正四年（一九一五）小石川戸崎町から現在地に移る。

境内に入って本堂横の参道から墓地の奥部に古い墓碑が数列に並んでいる。松本六万石戸田家の墓域で、正室・子女たち二十数基があり、四代光永室［清貞院］から十二代光年室［慧秀院］までの藩主夫人の墓碑と「戸田家代々之墓」がある。墓碑はおおかたは唐破風型だが、かなりの欠落がある。

墓地入口近い木立の下に、宝篋印塔が二基並んでいる。これは大沢基胤（左衛門佐）［月江院］と妻［正覚院］（遠州木寺宮の姫宮・後二条天皇皇子邦良親王の開基）。慶長十年（一六〇五）に建てた石塔ながら刻まれた法号は鮮明。なお、大沢家は高家三千五百石の知行、子孫の基寿《もとひさ》の時に高直しで一万六石をもって明治元年（一八六八）九月諸侯に列したが、後に水増し石高の虚偽申告の廉《かど》で禁錮《きんこ》刑をうけて華族から降格された。

墓地には山田浅右衛門（首斬り浅右衛門七代目）、三浦樽明（酒豪で有名）の墓がある。

47　本立寺《ほんりゅうじ》

日蓮宗　豊島区南池袋二－二〇－三七
ＪＲ池袋駅下車七分

播磨姫路　榊原家

政岑側室高尾

宝永年間（一七〇四～一一）日詠により開創。播州姫路城主榊原政邦の生母延寿院が元文二年（一七三七）に葬られて以来、榊原家代々裏方たちの菩提所となった。

今では墓域は改修され、大きな五輪塔には家紋の榊原源氏車も鮮やかに、「榊原家」の三文字が刻まれている。傍らの墓誌の、歴代藩主夫人・側室・童子女五十霊の法名・没日が彫られた墓碑銘のなかに、「蓮昌院殿清心妙華日持法尼」天明九己酉歳正月十九日」とあるのは、八代藩主政岑《まさみね》の側室高尾のことである。

政岑が、旗本千石榊原勝久の遺領を継ぎ、さらに本家七代政祐《まさすけ》の養子となり、八代藩主となったのは享保十七年（一七三二）十月、十八歳であった。政岑は、資性潤達、人となり不羈奔放《ふきほんぽう》、覇気に富んでおり、一方、多芸多趣味、下情に通じ、遊里にもしばしば足を踏み入れたわけで、遊女を落籍《ひか》したことも一再ではない。江戸新吉原の三浦屋高尾（十代目）落籍の一件はその中でも名高く、寛保元年（一七四一）六月、身代金二千五百両で落籍し、三千両を費して遊女総揚げにして披露し、姫路に連れ帰った。こうした不行跡は幕府の譴をうけることになり、同年十月、「隠居謹慎、追って所替を命ずる、」の申し渡しを受け、家督を子の政永に譲った、まだ七歳の少年である。政岑はこの時二十七歳、この後、姫路で蟄居し、さらに越後高田において蟄居すべしの命により、高田へ下って寛保三年二月病にかかって没した、享年二十九。この間も、政岑は高尾を手離さず、高田へ連れて移り住んだというから、よくよくの惚れ込み方だったのであろう。

政岑の死後、高尾は剃髪して政岑の菩提を弔う身となった。間もなく江戸に戻った彼女は、本立寺にあって余生を送ったと伝えられている。高尾は、まさしく世紀の大恋愛のヒロインだった。政岑の子もなく、遊女上りで、国替えの原因の張本人でありながら、藩の人々には慕われていた。人々を納得させるような生き方をしたのであろう。榊原家墓域から離れた木立の中にある位牌型で並みの石塔はまさしく彼女の墓碑、戒名・没年は前記墓

陸奥湯長谷　内藤政貞後室［顕了院］

誌とまったく同じである。六十七歳の生涯を語る供養塔は誰が建てたのであろうか。

将軍吉宗は政令を許さず、墓にまで青網を覆った。明治維新になってやっと網がとられたという。並の大名なら改易を免《まぬか》れぬところ、藩祖榊原康政（家康の四天王の一人といわれ功績抜群）の遺徳によって事なきを得たというべきであろう。

本堂左手の「神木隊戊辰戦死の碑」は、上野の戦いで彰義隊に加わって二十六名の戦死者を出した高田藩家臣の慰霊のため建立された。さすが徳川譜代意識が強かったに相違ない。

48　法明寺《ほうみょうじ》

日蓮宗　豊島区南池袋三－一八－一八

JR目白駅下車一〇分・都電荒川線鬼子母神前駅下車三分

寺の歴史は古い。弘仁元年（八一〇）源家代々の祈祷寺として開創、正嘉元年（一二五七）日源（日蓮の弟子）によって改宗され、江戸時代の塔頭《たっちゅう》・末寺十四を有した大寺であった。

墓地中央の参道を少し歩いて右に一基の宝篋印塔が建っているが、宝珠・請花・九輪などの相輪部分は失われている。法号「顕了院殿勝月妙光日峯大姉」は、陸奥湯長谷《ゆながや》一万五千石三代内藤政貞の後室、陸奥梁川松平義昌養女（丹波柏原《はいばら》織田信武の娘）である。宝暦五年（一七五五）一月七日没した。

墓地には、楠木正成の息女の墓と伝えられる姫塚、小幡景憲（甲斐の人、徳川幕府の軍学者）、豊島氏（鎌倉時代から勢力のあった一族、徳川氏に仕える）、橘家円喬（明治期の落語の名人）などの墓がある。

なお、山門の右手の蕣《あさがお》塚には酒井抱一《さかいほういち》（江戸後期の画家）の筆の朝顔の絵と俳句が彫られている。左手鐘楼の梵鐘は享保二年、太田駿河守藤原正義の銘があり、下縁に彫られた

越後新発田　溝口直溥

算盤・天秤・曲尺などのデザインは珍しい（昭和十九年、国重要美術品指定）。

法明寺東墓地

法明寺から南二〇〇メートル、東京音楽大学に隣接してブロック塀で囲まれた墓地。法明寺の支院五寺のほか四寺の合同墓地となっている。

階段上の丘上最奥は大乗寺墓地で、ここに「越後新発田城主溝口直溥《なおひろ》公墓」の笠塔婆の石塔が建っている。

五万石より高直しで十万石に格上げされ（万延元年（一八六〇））従四位下に昇進したが、藩兵の動員数も倍加され出費も増えた。もともと新発田藩は表高五万石であるが、開拓や干拓によって耕地は拡大して実高三十万石とも四十万石ともいわれるほど豊かな藩であった。嘉永から文久年にかけて、異国船警備や安政の大地震など出費多端で、慶応元年には藩の借入れは表向きだけで六十六万両にも達したという。戊辰の役には中立を保ち、志ある民間の農兵隊を組織し、東征軍の先導役を勤めたが、慶応三年（一八六七）八月、体の不自由を理由に隠居、退隠後は世代の激しい交替を眺めていたが、明治七年（一八七四）八月九日、五十九歳で没した。

もう一基幅広い箱型の墓碑は、陸奥磐城平五万石（のち三万石）安藤家である。四名の法名が刻まれている。

三代重博（対馬守）［定恵院殿前対州刺史文淵覚海大居士］・室［看松院殿円覚義心大姉］は信濃松本松平（戸田）光重娘、六代信成《のぶなり》（対馬守）［従四位下侍従前対州大守法融顕実意證得悟日準大居士］・室［融法院殿顕理法実日悟大姉］は石見浜田松平武元の娘である。

重博は祖父の安藤重長の遺領上野高崎を継ぎ、元禄八年（一六九五）五月、備中松山へ移封、五千石の加恩があって六万五千石を領す。苛酷な元禄検地での拝領高であったため、前領主水谷《みずのや》氏時代と同年貢率では、知行所が亡所になるということで、藩財に苦心したという。元禄十一年（一六九八）八月九日、歳五十九で没した。

信成が美濃加納より磐城平五万石で入封したのは宝暦六年（一七五六）五月であった。信成は頭脳明敏、奏者番、寺社奉行、若年寄と栄進し、寛政五年（一七九三）四十六歳で老中となった。松平定信が老中首座を辞した直後だったので、定信改革のあとの十一代将軍家斉の大御所時代を泉藩主本多忠籌《ただかず》とともに担うことになる。家斉の世子家慶の傅役を晩年まで続けた。藩政では、藩校施政堂（のちの佑賢堂）を創設し、平藩は文化文政以後学問が盛んになり、多くの学者を輩出した。文化七年（一八一〇）五月十四日、老中在任中に病没した、歳六十三。

重博・信成は北品川東海寺定恵院を葬地としたが、東海寺から改葬されて、当墓地に移されたようだ。

安藤氏は安倍仲麿の後裔といわれ、三河時代から松平家に仕え、安藤家重、その子基能が家康に仕えて戦功があった。この基能の二男対馬守重信を藩祖とするのが磐城平の安藤家で、大坂の陣の勲功等により高崎五万五千石の城主となり、その後備中松山、美濃加納と転封し磐城平で定着した。

十代信正は坂下門の変によってその名を天下に知られる。万延元年（一八六〇）井伊直弼が桜田門にたおれたあと老中として徳川幕府の主導権をにぎり、公武合体を推進し、皇女和宮の降嫁に尽力する。このため文久二年（一八六二）一月、江戸城坂下門で水戸浪士に襲われて負傷、のち老中罷免、隠居、謹慎を命ぜられ二万石減封となる。その後戊辰戦争で奥州列藩同盟に参加して抗戦、平城は総攻撃を受けて守りきれず、城を焼いて退城、

陸奥磐城平　安藤家

戦後永蟄居の処分を受けたが、明治二年（一八六九）九月許され、同四年十月、波乱の生涯を閉じた、五十三歳。十二代信勇《のぶたけ》のとき廃藩置県を迎えた。

さて、下って中段は本納寺墓地という。ここは、遠江浜松六万石井上家の墓域であり、荒涼索漠のなかに二十数基の傷みのはげしい墓碑があったが、今は無残にもなくなった。

三河田原　三宅家

49　本浄寺《ほんじょうじ》

日蓮宗　豊島区雑司ケ谷一－五一－一八
地下鉄有楽町線護国寺駅下車五分

承応年間（一六五二～五）の創建、宝永四年（一七〇七）根津権現の建立のため当地に移る。明暦・安政の大火で類焼して、古文書類は焼失している。

墓地の半ばは三河田原《たわら》一万二千石三宅家の墓所、十四代康直（土佐守）［偕楽院殿巴江感亨大居士］、十五代康保《やすよし》（備後守）［大康院殿寿岳保亀大居士］、「三宅家先祖之墓」と四基の子女の墓がある。

康直は、天保十年（一八三九）五月、「蛮社の獄」にて家老渡辺崋山を逮捕した藩主。同十二年十月十一日、蟄居中の崋山は自刃している。

三宅家初代康貞は、家康に仕え、諸々の合戦に従軍した。天正十八年（一五九〇）関東入国の際に武蔵国内で五千石を知行した。その後、慶長七年（一六〇二）に加増され、三河挙母《ころも》で一万石を領した。寛文四年（一六六四）に三河田原に入封し定着。十五代康保のとき廃藩置県を迎えた。

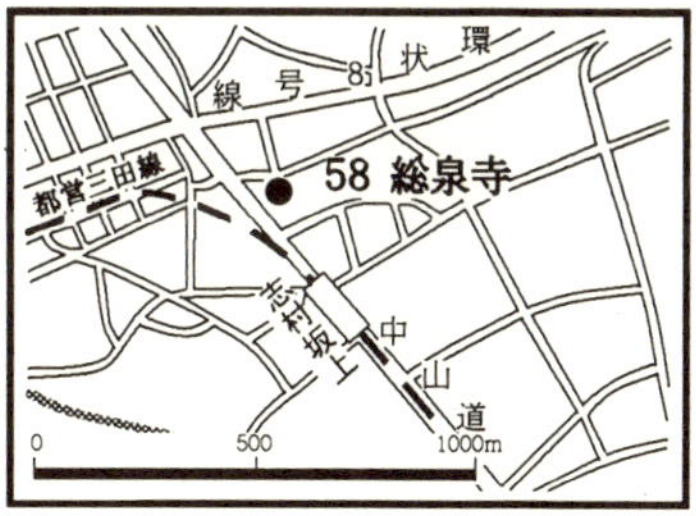
環状8号線
58 総泉寺
都営三田線
志村坂上
中山道
0 500 1000m

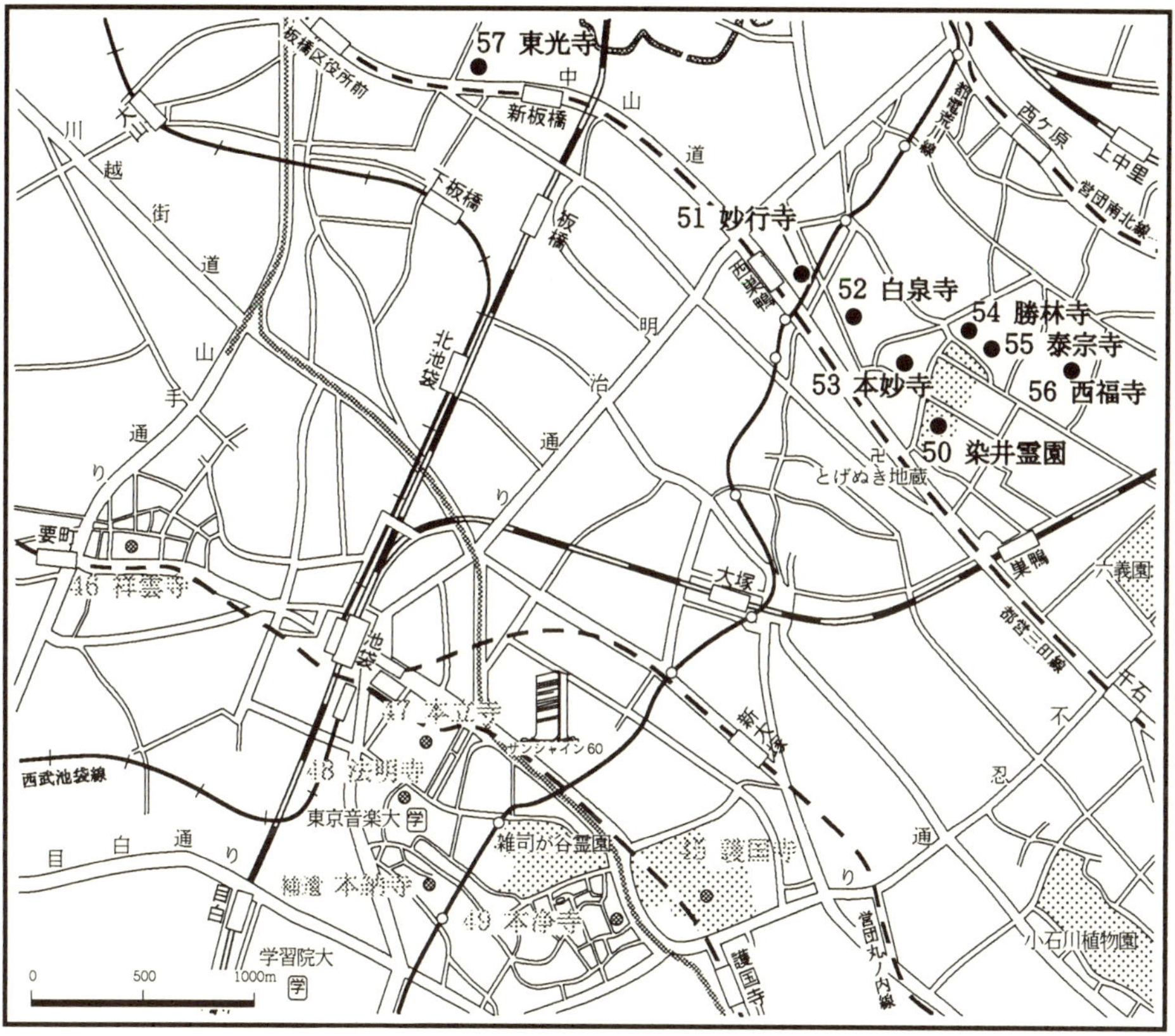
57 東光寺
板橋区役所前
新板橋
中山道
大山
川越街道
山手通り
下板橋
板橋
北池袋
明治通り
51 妙行寺
西巣鴨
52 白泉寺
54 勝林寺
55 泰宗寺
56 西福寺
53 本妙寺
50 染井霊園
とげぬき地蔵
都電荒川線
西ケ原
上中里
営団南北線
要町
46 祥雲寺
大塚
巣鴨
六義園
都営三田線
池袋
47 本立寺
48 法明寺
サンシャイン60
新大塚
千石
不忍通り
西武池袋線
東京音楽大
雑司が谷霊園
35 護国寺
補遺 本納寺
49 本浄寺
目白通り
目白
学習院大
護国寺
営団丸ノ内線
小石川植物園
0 500 1000m

本納寺　補遺316頁

伊勢津　藤堂高猷

下総高岡　井上家

八　再び中山道の周辺　駒込・巣鴨・板橋

50　染井霊園《そめいれいえん》

都営　豊島区駒込五－五－一
ＪＲ山手線・都営地下鉄三田線巣鴨駅下車一〇分

明治五年（一八七二）につくられた公営墓地の一つ、神葬祭地の墓地で面積は約六・八ヘクタール、明治以降の著名人の墳墓が多くある。旧大名家の墓所も設けられているが、霊園事務所にある著名人墓一覧に記されているのは少ない。

この辺りは江戸時代に植木の村として知られており、桜の改良種染井吉野は、幕末から明治にかけてこの地で作り出された。

さて、霊園事務所沿いの塀際に、伊勢津三十二万三千九百石藤堂家（一種ロ4号）の墓所がある。十一代高猷《たかゆき》（和泉守）・十二代高潔《たかきよ》（大学頭）夫妻、子女たち、「御先亡霊塔」がある。高潔の墓碑は地表五メートル余で、霊園で最高であろう。高潔は、賢明温厚で書画の才能に秀でていた。最後の藩主で、廃藩置県を迎えた。

隣は、肥前平戸六万千七百石松浦《まつら》家（一種ロ4号）、墓域は広く、樹木の繁りは静寂な気配を醸している。十二代松浦詮《あきら》（肥前守）夫妻・子女・一族の二十基ほどの墓碑がある。中央にある巨大な土まんじゅう型の墳墓というにふさわしい詮の墓は神葬式である。明治四十一年（一九〇八）四月、六十九歳で没した。

下総高岡一万石井上家（一種ロ6号2）の墓所は、宝篋印塔と唐破風付墓碑が建っている。藩祖政重（筑後守）は、［玄高院殿幽山日性大居士］と号す。家光に仕えて五百石を与えられ栄進し、寛永九年（一六三二）四千石を知行し、大目付に昇進した。大目付は、

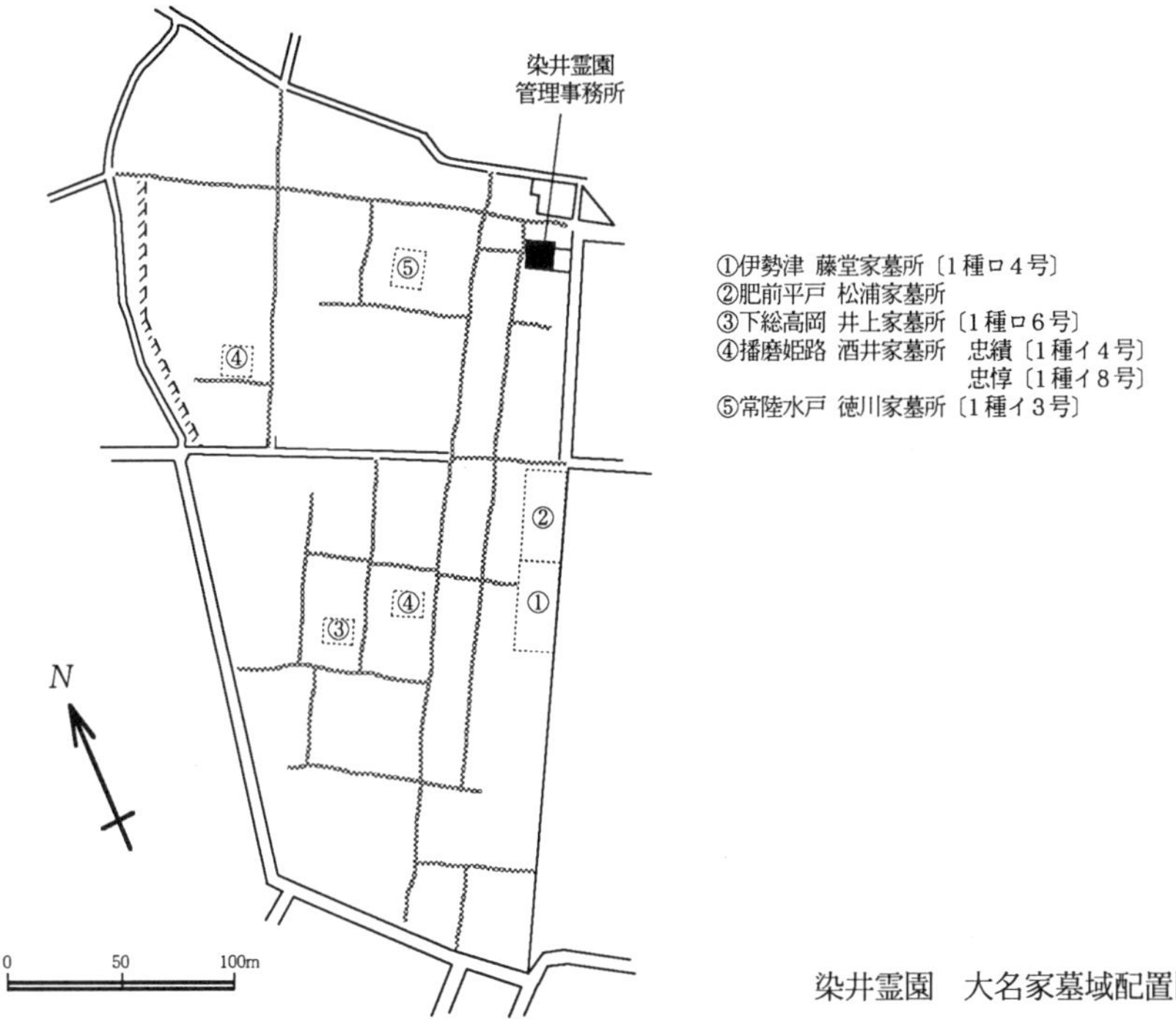

染井霊園　大名家墓域配置図

この時に創置されたもの。同十五年島原の乱鎮圧のため、上使として派遣された。以後毎年のように長崎に派遣された功により六千石を加増され、大目付として宗門改（新設）加役を命ぜられ、一万石となり諸侯に列した。同二十年三千石を加増された。慶安三年（一六五〇）老齢のため致仕して幽山と号し、万治四年（一六六一）二月二十七日、七十七歳で没した。白山丸山浄心寺に葬られ、後にここを代々の墓地としたが、明治期に移葬したのであろう。

三代政蔽《まさあきら》室［秋葉院］は、周防徳山毛利就隆の六女。十代政和《まさかず》（筑後守）「玄勇院」の墓碑には、三十二霊の碑銘が記されている。十一代正順《まさより》のとき廃藩置県を迎えた。

播磨姫路十五万石酒井家十六代忠績《ただしげ》（一種（イ）4号6側）の墓は角柱塔、左に大きな自然石の顕彰碑が建っている。忠績は旗本五千石一族の酒井忠誨の長男であったが、十五代忠顕《ただてる》の願いにより宗家の遺領十五万石を相続させられた、時に三十四歳。資性勁直、剛毅、文武に通じ、武将として、また、宰相としての器を具えていた。老中上座から幕末ぎりぎりの慶応元年（一八六五）大老職に昇った経歴をみても、凡庸の材でないことがわかる。

将軍家茂《いえもち》の信任厚く、忠績は心底に「累世徳川家譜代の臣」である酒井家は、徳川家と存亡を共にすべきだとの考えを堅持していた。第二次長征のなか、家茂が大坂城内で薨じ、朝命に

播磨姫路　酒井忠績

常陸水戸　徳川家

より兵をかえし、忠績もその後病を得て、家を実弟の養嗣子忠惇《ただとし》に譲って隠居した。江戸開城後、十六代当主徳川家達《いえさと》の請により静岡に移住し、後は酒井本家へ引き取られ、忠惇に従って分家して、明治二十八年十一月六十九歳で没した。なお、忠惇の墓所（一種（イ）8号9側）もこの近くにある。忠績・忠惇の兄弟ともよく徳川氏に仕え、維新後も長く徳川氏に随従し、幕臣の生き方として一つの方向を示したものといえよう。

常陸水戸三十五万石徳川家（一種（イ）3号）の広い墓域があり、「徳川家之墓」は三十六霊を改葬した合祀塔である。このほかに［外山氏補子墓］は、九代斉昭（烈公）生母（七代治紀側室お永の方）、［万里小路《までのこうじ》氏睦子墓］は十一代昭武の生母（斉昭側室・万里小路建房卿六女）、［松平夫人柳原氏墓］は篤敬生母（斉昭側室・柳原前大納言隆光長女）、［水谷氏清子墓］は圀順生母（十代慶篤側室・幕臣水谷善四郎直権長女）。これらの墓碑は、三段の石積みした三メートル平方ほどの中にある、台石を含めて一メートルほどの箱型の石塔であり、左右背面には子たちにより墓記が刻んである。ほか、老女たちであろう墓もかなり建っている。

51　妙行寺《みょうぎょうじ》

法華宗　豊島区西巣鴨四－八－二八
都営地下鉄三田線西巣鴨駅下車五分

寛永元年（一六二四）日善の開基、四谷鮫ヶ橋から明治四十二年（一九〇九）当地に移る。

墓地の最も奥に田宮家の墓がある。といってもピンとこないであろうが、「四谷怪談のお岩様」といえば納得するであろう。お岩の生家田宮家がこの寺の檀家である。お岩の墓と背中合わせにあるのが、播磨赤穂浅野家の墓所、供養塔であろう三基の唐破風付墓碑が建

播磨赤穂　浅野長矩室［瑤泉院］

下総多古　松平（久松）家

っている。

二代長直室［高光院殿蓮心日澄淑霊］（陸奥二本松丹羽長重の娘）を中心に、左は四代長《なが》矩《のり》室［瑤泉院殿良瑩正澄大姉淑霊］、右は大学長広（長矩弟）妻［蓮光院殿妙澄日清大姉］（旗本土方杢助《ひじかたもくすけ》豊高の娘）である。

元禄十四年（一七〇一）三月十四日、浅野内匠頭長矩が、高家吉良上野介義央に殿中で刃傷に及び、切腹を命ぜられ、五万三千石の領地は収公された。浅野家廃絶の折無縁となるのを心配した瑤泉院が、永代供養料として金三十両を納め、供養塔を建てたといわれる。瑤泉院の碑には「正徳四甲午年（一七一四）六月三日示寂」と刻んである。（泉岳寺参照）

52 白泉寺《はくせんじ》

曹洞宗　豊島区巣鴨五－三三－五
都営地下鉄三田線西巣鴨駅下車五分

天正十四年（一五八六）浅草清島町に創建、明治四十三年（一九一〇）当地に移る。墓地の左奥は下総多古《たこ》一万二千石松平家（久松）の墓所である。背高い雑草が道を遮《さえぎ》り、木立が繁って墓碑を邪魔する。墓碑も傷みがかなりすすんでいる。

初代勝以《かつゆき》（大蔵少輔）［徳芳院殿興岩道盛大居士］夫妻から七代勝行《かつゆき》（大蔵少輔）［徳全院］まで、子女・一族を含めて二十基ほど墓碑がある。

松平勝以の祖父勝俊（久松俊勝三男で家康と異父弟）は兄康元・弟定勝とともに同姓の兄弟に準ぜられて松平姓を与えられた。

延宝八年（一六八〇）兄勝忠（九千石）の遺跡を継ぎ、後に書院番頭・御側・大坂定番となり三千石加増されて一万二千石を領有し諸侯に列した。以後変わることなく、八代勝慈《かつなり》のとき廃藩置県を迎えた。

下総関宿　久世家

久世広周［自護院］

53 本妙寺《ほんみょうじ》

法華宗　豊島区巣鴨五－三五－六
都営地下鉄三田線西巣鴨駅下車七分

元亀二年（一五七一）駿府に創建され、寛永十三年（一六三六）江戸本郷丸山に移った。明暦の大火（明暦三年（一六五七）俗に振袖火事）の火元になった寺である。明治四十四年（一九一一）ここに移った。墓地内には振袖火事の死者のための供養塔がある。この火事で江戸市内の七割ほどが焼失、死者十万人以上といわれた。

境内に入ってすぐ右手に、下総関宿《せきやど》四万八千石久世《くぜ》家の墓域がある。藩祖広之（大和守）［自證院殿心光日悟大居士］、二代重之［真如院殿消残露月日成大居士］・室［円就院殿妙頓日詣大姉］（越前大野土井利房娘）、以下七代広周《ひろちか》（大和守）［自護院殿倹徳忠山日秀大居士］・室［秘妙院殿浄身日昌大姉］（備後福山阿部正精三女鈊《とし》子）、八代広文《ひろふみ》・九代広業《ひろなり》夫妻と子女たちを含めて三十数基、「旧関宿城主久世家」と一族「久世家之墓」が林立している。墓域は清々しく整って、大名家らしい風格ある雰囲気が漂っている。

広之は、家光・家綱に仕え、小姓組番頭、若年寄、老中などを歴任し、幕政に参与した。老中としての広之は、「下馬将軍」と称され専権を振るった大老酒井忠清の影で特に傑出した面は見られないが、家綱政権下で幕政の文治傾向の推進に努めた。『土芥記』は、「広之は文武を学び、諸道に達し、心意智仁勇を兼ね、正賀を宗とす。天下の執政たりしかども、邪権に誇らず、謙礼を以て和平を専らとし、万人を愛し、憲法を沙汰す。故に世以尊敬し、其の威高し。誠に誉の将たりし。殊に法花（妙法蓮華経、日蓮宗の別称）の学者たり」と賞している。広之に対称して重之については、「無学無能なり、去れども民を憐み、人使い善し此の将の行跡悪義なければ差して難すべき失もなし。文武の両道なきことは大なる主将の僻《ひが》みというべきなり」としている。

七代広周は、井伊直弼の桜田門の変後、安藤信正とともに徳川政権の幕末を支え、大規模に軍事制度を改革し近代装備の軍隊を創設したり、貿易でも積極的な施策を行なったが、文久二年（一八六二）正月の坂下門の変で信正が襲われると老中の座から失脚した。在職中の「失政」により、減封・隠居・永蟄固となって謹慎中、失意のうちに元治元年（一八六四）五月十八日、四十六歳で没した。悲運の老中といえるであろう。

八代広文は十歳で家督を継ぐが、父の広周の代に加増された一万石を減ぜられ、さらに一万石も減封、上野の彰義隊の戦いに参加して敗れ、結果は広文の隠居と五千石の減封の命が下された。九代広業のとき廃藩置県を迎えた。

墓地右奥の隅に和泉伯太《はかた》一万三千五百石渡辺家の墓所があり、二代方綱《まさつな》室［栄林院］（旗本・形原松平氏信娘）と三代基綱室［栄厳院］（方綱娘）は、笠塔婆型石塔である。すぐ横に播磨福本一万石池田政直［性浄院］ほか歴代藩主の墓がある。二代政武は七千石で旗本交代寄合となった。

ほか本妙寺墓地には遠山金四郎景元（都旧跡・江戸末期の江戸北町奉行で名奉行の評判を集め、遠山の金さんとして有名）、千葉周作（幕末三剣士の一人、北辰一刀流開祖）、本因坊歴代（江戸幕府碁所家元の一つ）、森山多吉郎（本邦最初の通辞（通訳））、天野宗歩（将棋型の墓碑）の墓がある。

54　勝林寺《しょうりんじ》

臨済宗　豊島区駒込七－一四－一四

ＪＲ山手線・地下鉄南北線駒込駅下車一五分

元和元年（一六一五）湯島天神に創建、開山は勅諡禅河弘済禅師。明暦の大火で本郷蓬莱町に移り、明和九年（一七七二）に焼失、中興開基の老中田沼意次《おきつぐ》により再建され、昭和

遠江相良　田沼意次［隆興院］

十五年（一九四〇）現在地に移った。

墓地に入って最も大きく目につくのは、やはり田沼家の菩提所である。藩祖意次（主殿《とのも》頭《かみ》）［隆興院殿耆山良英大居士］の墓碑は、大きな唐破風型石塔で、地表より四メートル余はあろう。ほかの墓碑はすべて改葬され、嫡男意知《おきとも》と歴代藩主の合祀塔一基と、夫人と子女たちの合祀塔一基は、それぞれに法名と没日が刻まれ、七曜紋の家紋を付した石門と透垣で囲む。

意次は九代将軍家重、十代家治に仕え、小姓、御側、側用人と異例の累進を遂げた。特に家治の信任厚く、安永元年（一七七二）には老中に進み幕閣の実権を握り、世に言う「田沼時代」を出現させた。この間、六百石から宝暦八年（一七五八）には一万石に加増され、前後十回の加増により遠江相良《さがら》五万七千石となった。経済政策が破綻し、子意知（若年寄）が刃傷事件に遭ってから勢いを失い、天明六年（一七八六）に老中を退任、領地の大部分は収公され、孫の意明《おきあき》には陸奥下村一万石の相続がゆるされた。文政六年（一八二三）、遠江相良に復領、明治元年（一八六八）に上総小久保に移封、八代意尊《おきたか》で廃藩置県を迎えた。

「士農工商」の建前を中軸として動いていた江戸社会は、すでに商業を本音とする流通経済社会に突入していた。田沼はその現実を直視して大胆に幕政を動かした。それが幕府を繁栄させる最善の道だと思って、重商業的政策を積極的に推進していた。しかし、それは田沼の失脚によって中途で挫折するのである。田沼の政治哲学は、政治を動かしているのは金だ、という認識から始っていた。それは、武士社会の建前派からは非難の対象以外の何物でもない。田沼は商人の心で政治を行なう者であり、武士にあるまじき振舞いということになった。田沼の悪名の根源であった。

他の面、例えば海外文化への積極的な関心と、その結果生ずる開国的気運について語られ

備中浅尾　蒔田家

ることも必要であろう。その例として、田沼時代の奇才平賀源内、蘭学者・杉田玄白、外国貿易による富国強兵策を説いた経済思想家の本田利明の名を挙げるのは容易である。また、彼の経済閣僚としての手法・手腕は歴史上にも見直され、明治政府になって実施された事項も多いのである。

天明八年（一七八八）七月二十四日、謹慎の身で没した、七十歳であった。

墓地の右は備中浅尾一万石蒔田《まきた》家の墓所、「歴世之墓」「蒔田家代々」と藩祖広定［従五位下藤原朝臣蒔田左衛門権佐廣定墓］と最後の藩主「蒔田甫菴得鼎公碑」は十二代広孝（相模守）である。広定は秀吉・秀頼に仕え、一万石を領した。関ケ原の戦いで西軍に味方したが、浅野幸長のとりなしで備中浅尾一万石を与えられた。寛永十三年（一六三六）、死去ののち遺領は二分され幕臣となった。広孝は、安政五年（一八五八）家督を継ぎ、七千石余を知行した。文久三年（一八六三）江戸市中警衛の功により加増され大名となり、備中浅尾一万石を領したが、廃藩置県に至った。

さらに参道の中央で入口に近い所に、信濃高島二万七千石日根野《ひねの》家墓所がある。初代高吉（織部正）［鑑照院殿鉄叟玄心大居士］は、信長・秀吉・家康に仕え、家康の会津征伐の出陣準備の最中に急死した。軍学・武具に長じ、「日根野錣《ひねのしころ》」の名を残す。また、築城も得意で諏訪湖の水を引いた水城の高島城はその遺産である。二代吉明が継ぐが、その長子吉雄は先立ち、甥吉重長男を末期養子にと願ったが認められず、無嗣絶家で除封収公となる。

55　泰宗寺《たいそうじ》

曹洞宗　豊島区駒込七－一一－一

JR山手線駒込駅下車一〇分

陸奥白河　阿部家

慶長年間（一五九六～一六一五）、摂津三田《さんだ》城主九鬼守隆《くきもりたか》の開基、江戸茅場《かやば》町に建立、寛永十年（一六三三）下谷稲荷町に移り、焼失後明治四十一年（一九〇八）当地に移る。本堂裏に上野前橋十七万石松平家（越前系）の「松平家之墓」があり、箱型の墓碑で大きな自然石に三十六霊を刻んだ墓誌がある。藩祖直基（結城秀康五男）が時の住職文鷲と法縁深いものがあって菩提寺とし、後には江戸にあった墓碑を当寺に移葬して合祀したようだ。

直政は父の遺言で結城家の家名を相続し、本姓を結城氏とした。寛永元年（一六二四）に越前勝山三万石が与えられ、姓も松平に改める。越前大野、出羽山形、播磨姫路十五万石に移封の命を受けて二カ月、江戸藩邸で卒。子孫はその後転封を重ね、明和四年（一七六七）に武蔵川越へ入封。慶応三年（一八六七）上野前橋に移して廃藩置県を迎えた。

ここから少し離れて広い墓地がある。墓地に入ってすぐ左に大きな宝篋印塔が五基並んでいるのが目立つ。古く風化しているが、女性らしく楚々とした風情の石塔は、陸奥白河十万石阿部家の藩主夫人たちのもの。

藩祖忠秋室［光聚院］（信濃松本松平（戸田）康長娘）、三代正武室［香雲院］（近江彦根井伊直澄養女）、正武娘竹姫［艶陽院］（陸奥会津三代松平正容《まさかた》室）、四代正喬室［仙寿院］（彦根井伊直興娘）、正直（正喬三男）室［荷香院］（安芸広島浅野吉長娘誠姫）のほか子女の墓碑数基がある。

56　西福寺《さいふくじ》

真言宗　豊島区駒込六－一一－四
ＪＲ山手線・地下鉄南北線駒込駅下車五分

創立年代は不詳で江戸中期の建立と思われる。江戸時代には藤堂家の祈願寺として栄えた。

陸奥仙台　伊達慶邦

備前岡山　宇喜多秀家

山門を入ると大きな「伊達慶邦《よしくに》公墓碑記念碑」が建っている。慶邦は仙台伊達家六十二万石十三代藩主、戊辰の役で官位を止められ、東京に謹慎。明治元年（一八六八）十二月特旨を以て伊達の家名を継承し、改めて二十八万石を賜わる。亀三郎（宗基）を嗣として隠退、治世二十八年、東京駒込の別邸に移り住み、明治七年（一八七四）七月十二日没、行年五十歳。ここ西福寺に埋葬されたが、のち仙台大年寺に改葬し、当寺に記念碑を残したのである。

墓地に伊藤政武（都史跡・将軍家御用植木師で染井吉野桜や菊人形などを開発した）の墓がある。

57　東光寺《とうこうじ》

浄土宗　板橋区板橋四－一三－八
地下鉄都営三田線板橋区役所前駅下車五分

創建年次は不明、開山は天誉。境内には、豊臣五大老の一人、備前岡山城主宇喜多秀家の墓がある。慶長五年（一六〇〇）関ケ原の戦いに敗れ、薩摩に逃れて捕われた秀家は、慶長十一年八月八丈島へ流され、彼の地で亡くなった。明治三年（一八七〇）子孫七十一名が内地帰還を許された。

秀家の正室は加賀藩祖前田利家の娘豪姫（秀高・秀次と娘を生むが絶縁して金沢で卒した）、秀家の子孫たちは三百年前の縁で加賀前田家を頼る。前田家もこれを助け、板橋の下屋敷内に住まわせる。宇喜多家は祖先秀家の霊をこの地に祀り、この墓を守りながら荒れ地を開拓し、その跡が、明治頃までは浮田とか八丈などの地名として残っていたという（現北園高校周辺は広大な前田家下屋敷跡）。

秀家の墓は五輪塔の笠石が二輪あり、塔身の大きな円形に三文字だけ「秀家卿」と刻んで

八丈島大賀　宇喜多秀家（都旧跡）

出羽久保田　佐竹家（左）
出羽岩崎　佐竹家（右）

いる。「先祖代々之墓」に「宇喜多」と刻んだ角碑がある。八丈島大賀郷に住した秀家は明暦元年（一六五五）十一月二十日、八十三歳で没した。八丈島の秀家墓は都旧跡に指定され、埋葬当初のもの。新墓石は天保十二年（一八四一）に子孫が建て替えたものという。墓地にある寛文二年（一六六二）の庚申塔は雄大で、江戸でも最古に属するものである。

58　総泉寺《そうせんじ》

曹洞宗　板橋区小豆沢三－七－九
都営地下鉄三田線志村坂上下車三分

康正年間（一四五五～五七）浅草橋場に創建され、昔の関府六ヶ寺、本宗江戸三ヶ寺のひとつ。後に千葉介実胤が宗俊を請いて開山、また常陸水戸佐竹義宣《よしのぶ》も深く帰依し、江戸の香華所とした。明和九年（一七七二）の江戸大火後も再三焼失、震災後昭和四年（一九二九）当地に移った。

境内に入ると、出羽久保田（秋田）二十万五千余石佐竹家「侯爵佐竹家累代之墓」と支藩出羽岩崎二万石佐竹家「子爵佐竹家累代之墓」の合祀碑があり、角柱型墓碑にはそれぞれ大きな石燈籠を配している。

佐竹家の初代義宣は、天正十八年（一五九〇）小田原の陣から秀吉に従い、本領を安堵され、常陸水戸五十四万石を領した。慶長五年（一六〇〇）関ケ原の戦いには西軍に属し、戦後、出羽久保田二十万石余に減転封となった。義宣は兵法家として知られる反面、茶道や文芸にも通じていた。以後変わることなく、明治四年（一八七一）十二代義堯《よしたか》のとき久保田藩を秋田藩と改称し、廃藩置県を迎えた。

岩崎佐竹家は宗家二代義隆四男義長を初代として、元禄十四年（一七〇一）出羽岩崎において新田二万石を分与され別家となり、九代義理《よしただ》のとき廃藩置県を迎えた。

城西

中野区・杉並区・練馬区・世田谷区

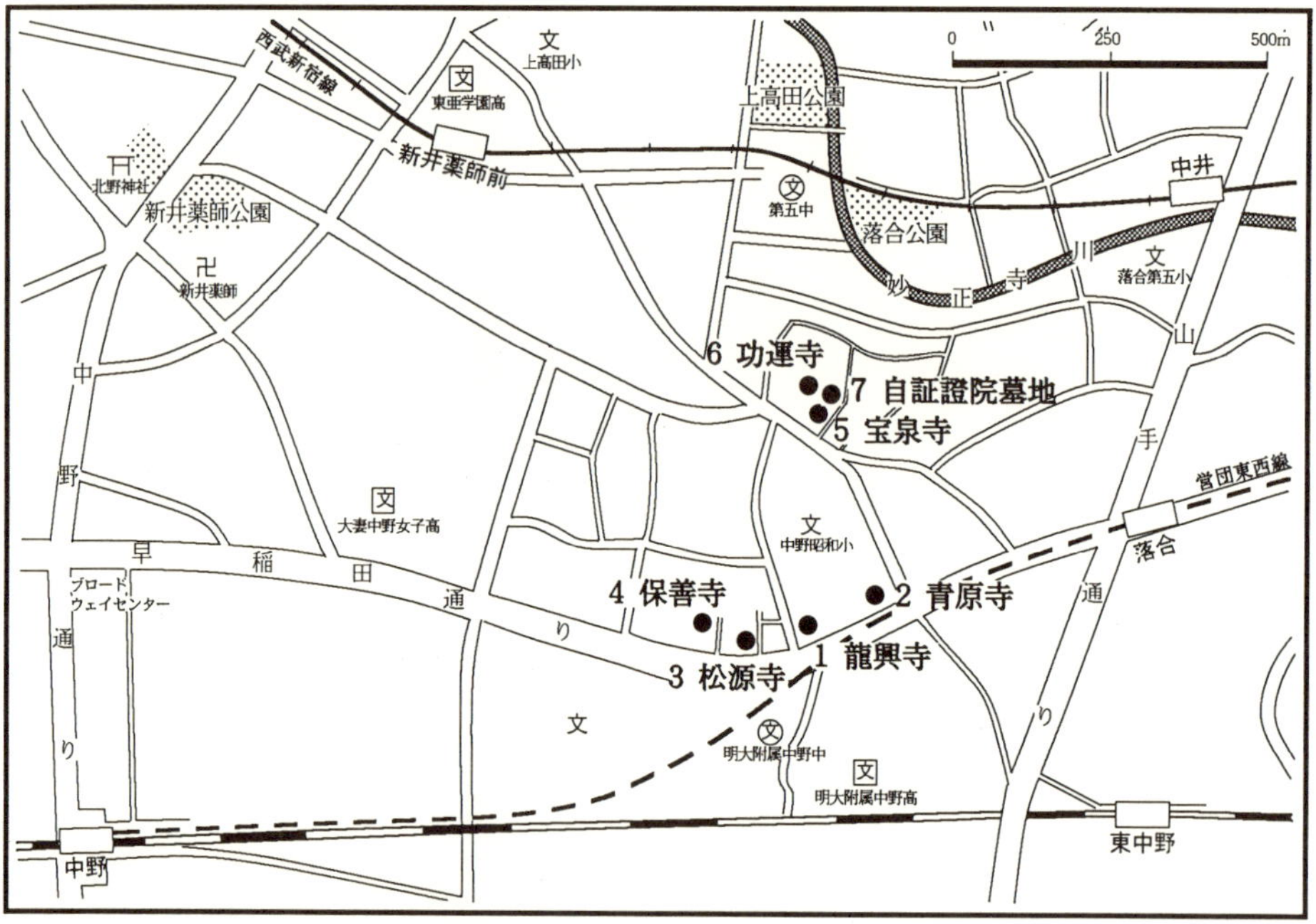
西武新宿線
新井薬師前
上高田小
東亜学園高
上高田公園
0
250
500m
北野神社
新井薬師公園
第五中
落合公園
中井
妙正寺川
落合第五小
新井薬師
山手通り
中野通り
6 功運寺
7 自証證院墓地
5 宝泉寺
営団東西線
大妻中野女子高
中野昭和小
落合
早稲田通り
ブロードウェイセンター
4 保善寺
2 青原寺
3 松源寺
1 龍興寺
明大附属中野中
明大附属中野高
中野
東中野

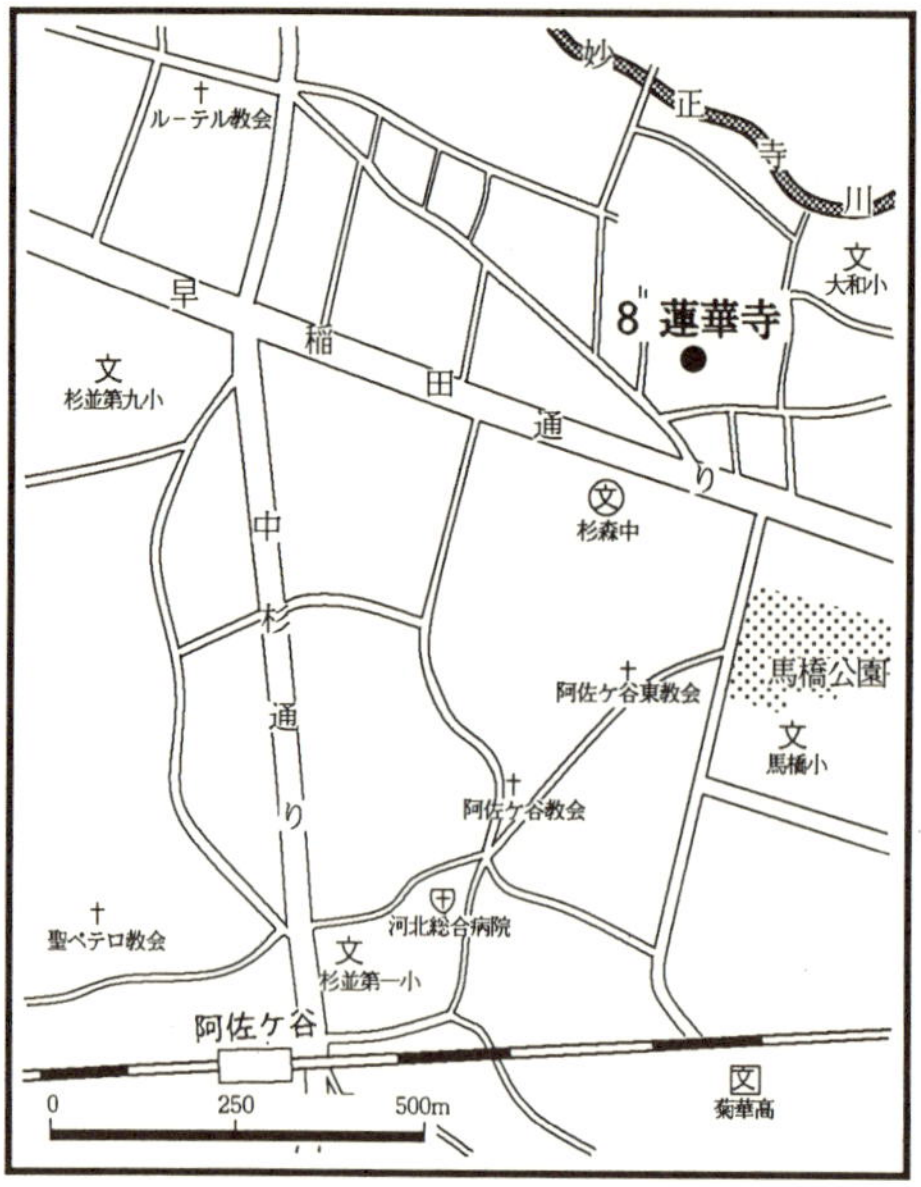
妙正寺川
ルーテル教会
大和小
早稲田通り
8 蓮華寺
杉並第九小
杉森中
中杉通り
馬橋公園
阿佐ケ谷東教会
馬橋小
阿佐ケ谷教会
聖ペテロ教会
河北総合病院
杉並第一小
阿佐ケ谷
0
250
500m
菊華高

大和郡山　飯塚染子［霊樹院］

城　西　中野区・杉並区・練馬区・世田谷区

一　早稲田通り（上高田の寺町）

1　龍興寺《りゅうこうじ》

臨済宗　中野区上高田一―二―二
地下鉄東西線落合駅下車五分

承応三年（一六五四）小石川小日向台に創建、柳沢侯と旗本五十騎の帰依をうけ、玄門道幽が開創した。明治四十一年（一九〇八）当地に移る。

静寂なたたずまいの境内に、大きな唐破風型の墓碑［霊樹院殿月山寿心大姉］がある。俗名は染子といい、柳沢吉保の側室である。

染子は上総国一之袋《いちのふくろ》村（旗本柳沢氏領・現東金《とうがね》市）に生まれ、浪士飯塚杢太夫正次の三女で、柳沢吉保の生母了本院の侍女となり、了本院が吉保に引き取られた際に柳沢家に仕え、吉保の寵《ちょう》をうけた。二代藩主となる吉里のほか、俊親、安基、さらに二人の女子、あわせて五人を生むが、いずれも早世している。なお、『柳沢家譜』では染子は家女としている。

染子の兄弟（三男四女）は皆優れた資質の持ち主であったようで、とくに四女は幼くして仏門に入り、後には信濃善光寺の上人にまでなった才媛で、ある年には柳沢吉保邸で尼僧には稀な博学な者として将軍に拝謁しているし、大奥にも参上して法話をしている。こうした秀才の血統に恵まれた才色兼備の染子、吉保が平生禅の師坊であった就学院僧竺道雲岩に就いての参禅の際、常に傍らにあり、その語録の覚え書きをとり、自ら『胡紙《こし》録』と名づけた。

染子はよく歌を詠み、『柳沢文庫』に残っている染子の歌集にある吉保の序文を見ると、やはりほかの側室とは別格のお気にいりであったようである。彼女の作品は、元禄十五年（一七〇二）秋から宝永二年（一七〇五）四月、死の直前までのものばかりであり、愛《いと》しんだ染子の死を悼み、吉保自ら集めて序文を書いたのであろう。

染子は四月頃から病床につき、宝永二年五月十日、三十九歳の生涯を閉じた。吉里の生母でもあり、病中には将軍綱吉、家宣、大奥からの見舞いもあり、死後には上使弔問差遣があり、丁寧な取扱いを受けている。染子は、吉保の正室曽雌《そお》氏の菩提寺である龍興寺に葬られた。柳沢家歴代の塋域である月桂寺に葬られなかったのは、「自然と曽雌家の祭祀も等閑ならさる両全なり」との深慮からとしている。墓碑には「施主甲斐少将吉保」と刻まれている。

『柳沢家秘蔵実記』（二巻）には染子についてほとんど触れていないが、「霊樹院（屋形様御実母様）竜興寺へお納りなされ候に付き霊樹庵へ米百俵づつ年々御寄付なされ候」とある。

吉保（初め保明）は、将軍綱吉がまだ館林藩主のころ延宝三年（一六七五）五百三十石取りの小姓として仕え、十数年にして綱吉の側用人となり、十五万石の大名に取り立てられるという異例の出世ぶりから、いろいろな噂や憶測が広まり残された。『三王外記（太宰春台《だざいしゅんだい》の著といわれる）』では、染子と将軍の間に関係があり、吉保の子吉里は将軍の落胤だとしている。『護国女太平記』になると、吉保はさらに悪人に仕立てあげられており、長子吉里を将軍につけようと大陰謀をたくらんだというストーリー。ちなみに『日本人名辞典』の染子（飯塚）の項でも、「柳沢吉次の妾、もと将軍の侍女、吉里を生む。寛永二年五月没。年三十九」とあり、傍点の他にも誤りがある。吉保は、将軍綱吉の稀代の悪法といわれた「生類憐れみの令」や、貨幣の改悪鋳から起こった綱吉に対する世の非難を一身に引き受けることで酬《むく》いようとした。「君の過ちは臣の受くべきことである」に徹したようである。しかし、これらはみな俗書の伝えるところで、吉保について研究論評している名だたる史家たちの徳富蘇峰《とくとみそほう》、三田村鳶魚《みたむらえんぎょ》、辻善之助、三上参次をはじめとしてとくに、明治の歴史家坂田諸遠《もろとお》（篁蔭）は『甲斐少将吉保朝臣実紀（八十一巻と同附録一九巻）』を著し、いちいち考証して野史弁妄している。

「綱吉が吉保邸に臨みしこと前後五十八日…饗宴《きょうえん》終りて将軍大学の講義あり、吉保また講ず。その寵遇《ちょうぐう》想い見るべし、これらの関係原因となりて、はしなくも俗書に誤解を伝えられるに至れり」（江戸時代史（四）三上参次）との記述もある。

『徳川実紀』では「宝永二年二月五日臨駕には吉保、母と妻、長子吉里夫妻、四男経隆・五男時睦、娘、養女とその夫に綿百把から縮緬《ちりめん》二十巻まで、吉里が生母（染子のこと）に縮緬十巻、ほか生母に五巻、家司五人・執事六人に時服を給わる」と「そのあと御講書進講例のごとはてて…」と記されている。染子にとってはこれが最後の臨邸で、その後病に伏した。

「霊樹院」の墓碑の左に延命地蔵が建てられている。これは吉保と染子の間に生まれた二女幸子のもので、幼くして死んだ霊を弔うもの、「早逝　桃園素仙童女霊」と刻まれている。

2　青原寺《せいげんじ》

曹洞宗　中野区上高田一—二—三
地下鉄東西線落合駅下車五分

万治三年（一六六〇）青山信濃守が中興開基、享保七年（一七二二）播磨脇坂侯の香華院

播磨竜野　脇坂家

下野宇都宮　戸田家

となり、明治四十二年（一九〇九）当地に移る。

墓地に入ると中央に一基の大きな唐破風型石塔が建っている。「子爵脇坂家累代家族之墓」の墓碑には左面から背面にかけて六十四霊の法名が刻まれている。播磨竜野五万壱千石脇坂家の裏方たちの合葬塔で、家紋の違い輪が鮮やかに刻まれ、石燈籠を配している。

脇坂家の初代安治《やすはる》は、はじめ信長、のち秀吉に仕えた。天正十年（一五八二）の賤ケ岳の役では七本槍の一人に数えられた。同十三年には淡路洲本《すもと》で三万石を領し、慶長十四年（一六〇九）伊予大洲五万石に加増転封された。子孫はその後転封を重ね、寛文十二年（一六七二）に播磨竜野に入封定着。十二代安斐《やすあや》のとき廃藩置県を迎えた。

墓地に朱楽菅江《あけらかんこう》（江戸中期の狂歌師、三大家の一人）の墓がある。

3　松源寺《しょうげんじ》

臨済宗　中野区上高田一－二七－三
地下鉄東西線落合駅　ＪＲ中央線東中野駅下車七分

麹町四番町に創建、開山は霊鑑。慶長十八年（一六一三）牛込神楽坂に、明治三十九年（一九〇六）当地に移る。

墓地に入って右奥に下野宇都宮七万七千石戸田家の墓所がある。大きな三基の唐破風型墓碑の一つ「旧宇都宮藩主戸田家松源寺殿以下霊珠院殿因幡守忠明公迄之各霊塔」とは、三代忠昌から十一代忠明までの合葬碑である。二基は忠昌（山城守）［松源寺殿前従四位下侍従兼城州大守法雲竜沢大居士］と室［雲台院殿高巖妙蔭大姉］（近江彦根井伊直孝養女実は上野館林秋元富朝《とみとも》娘）の墓碑である。

忠昌は、三河田原一万石から寛文四年（一六六四）五月肥後国天草二万一千石に移封、富岡新城を築くが、奏者番兼寺社奉行になって転移のとき、同時に天草は将来とも天領たる

志摩鳥羽　稲垣家

べき旨を進言、許可を得て城を破毀し、「戸田の破城」といわれ領民に喜ばれたという。のち京都所司代・老中に進み、忠昌一代で一万石から六万石に出世を遂げた。『土芥記』では、この出世について「其の立身の次第、偏《ひとえ》に竜の雲に騰《あが》るが如し」と評している。人柄についても「生得才智発明、理智義にて誉あり。寺社奉行并に京都所司代職の時、公事の裁判、理非分明成よし、謳歌す。今以、猶然り。文武を学び、天性極信也と云へり。忠義を専らとし、行跡能く、家民の仕置順也。」と称賛している。後に一万石加増され、老中在職中に没した。元禄十二年（一六九九）九月十日、歳六十八。

墓地に支藩下野足利一万石「戸田家之墓」の合祀碑がある。

4　保善寺《ほぜんじ》

曹洞宗　中野区上高田一－三一－二
ＪＲ中央線東中野駅下車七分

創建の年代不詳。元牛込通町にあり「獅子寺」といわれた。墓地に入って正面に古い宝篋印塔が建っている。

志摩鳥羽三万石稲垣家の墓所で、［洞源院殿湛心良然大居士］は二代重綱の嗣子重昌、寛永十二年（一六三五）十月四日、二十二歳で没した。［正学院］は昭辰（四代重富の季子）、［光徳院］は長守（信濃守・六代昭央《あきなか》の嫡子）。ほかに「稲垣本家墓」は上州伊勢崎天増寺より改葬している。

稲垣家の初代長茂は家康に仕え、牧野康成の与力として諸所の戦いに参加、慶長六年（一六〇一）伏見城城番となり、加増されて上野伊勢崎で一万石を領した。子孫はその後加増転封を重ね、享保十年（一七二五）に志摩鳥羽へ入封し定着。十二代長敬《ながひろ》のとき廃藩置県を迎えた。

三河深溝　板倉重昌

5 宝泉寺《ほうせんじ》

曹洞宗　中野区上高田四－一三－一
ＪＲ中央線東中野駅下車一〇分

元禄二年（一五五九）の開創、明治四十年（一九〇七）に牛込横寺町から当地に移る。

山門から境内に入るとすぐ右に大きな五輪塔がある。高さ約三メートル、これは板倉内膳正《ないぜんのかみ》重昌の石塔で、正面に「剣峯源光大居士」、右に「寛永十五戊寅歳（一六三八）」、左に「正月朔日」と刻まれている。重昌が島原の乱で戦死した日に当たる。重昌は、京都所司代板倉勝重の第三子で三河深溝《ふこうず》一万五千石藩主。寛永十四年幕府の命を受けて九州諸大名を督励し反徒の鎮定につとめたが、強い抵抗にあって果たさず、幕府が再び老中松平信綱を派遣したことを知って、これを恥じた重昌は、翌年元旦に原城を総攻撃し、自らも戦死を遂げた。

墓地中央の四基の笠塔婆は、肥前島原七万石松平家（深溝）の墓所である。三代忠雄娘［慈雲院］（盛岡南部利幹《としもと》室）、七代忠恕《ただひろ》室［珪樹院］（松代真田信安娘）、八代忠馮《ただより》室［豊章院］（彦根井伊直幸《なおひで》娘）、二代忠房養女実は旗本松平外記《げき》忠実の娘［月桂院］は渡辺安房守綱高妻。

墓地の最奥は門扉で閉ざされた墓所で、陸奥中村六万石相馬家の菩提所である。墓域の左奥塀際にある巨大な五輪塔は三代義胤《よしたね》（大膳亮）［巴陵院殿月海霜剣大居士］、大きな宝篋印塔は室［聖楽院殿華岳栄心大姉］（志摩鳥羽内藤忠重娘）のものである。さらに四代忠胤《ただたね》室［円照院］（義胤娘）、十代祥胤《よしたね》室［長壽院］（尼崎松平忠告《ただつぐ》娘）、十一代樹胤《むらたね》室［掃雲院］（上田松平忠済《ただまさ》娘）と子女たち、分家一族を含めて四十基ほどの墓碑がある。

三代義胤は、七歳で家督を相続、祖父義胤（同名を三代も名乗る）が後見するが財政は苦しかった。祖父義胤が八十九歳で没した時に嫡孫三代義胤は十七歳になっていた。領内検地を行ない、実収高と貢租額の均衡、公平化を計り、相馬藩政の基礎を築き、財政を改善した義胤は三十三歳の若さで病死した。慶安四年（一六五一）三月三日であった。

下総古河　永井尚征［龍谷院］

美濃加納　永井家

6　功運寺《こううんじ》

曹洞宗　中野区上高田四－一四－一
ＪＲ中央線東中野駅下車一〇分

慶長六年（一六〇一）の創建、開山は黙室芳ぎん、開基は永井右近大夫直勝。当初は三田にあったが、大正十一年（一九二二）に現在地に移転した。なお、昭和二十五年（一九五〇）に当寺と合併した万昌院は、天正二年（一五七四）の創建で、開山は喚英長応、開基は今川澄存《ちょうそん》（義元の子氏真の第四子・若王子大僧正）で、大正三年牛込築土八幡町より転じたものである。

墓地の中央、木立の繁った辺りは永井家の墓域で、巨大な古い宝篋印塔数基がある。下総古河七万二千石永井家の藩祖直勝の正室［泉溶院殿盛岸理鏡大禅定尼］（岩槻阿部正勝娘）、二代尚政の娘［松久院殿法山宗説大禅定尼］（島原高力《こうりき》高長室）、三代尚征《なおゆき》（右近大夫）［龍谷院殿雲山宗関大居士］と長男尚房（越中守）［永明院殿透雲徹参大居士］。ほかに巨大な笠塔婆の「永井家累代之墓」・「永井家累代家族之墓」が建っている。

延宝八年（一六八〇）六月二十六日将軍家綱の法要が芝増上寺で営まれている最中に、四代信濃守尚長は内藤和泉守忠勝（志摩鳥羽三万三千石）に刺殺される。このため、無嗣ということで除封されたが、弟直圓《なおみつ》に大和新庄一万石を与えられ、名跡相続が認められた。

一族の美濃加納三万二千石永井家は、初代尚庸《なおつね》（伊賀守）［正源院殿前侍従覚應賢心大居士］、二代直敬《なおひろ》（伊豆守）［正功院殿保貞寛英大居士］の宝篋印塔と「永井家之墓」・「永井家累代家族之墓」の笠塔婆がある。

下野黒羽　大関増業

永井家は三河以来の譜代、藩祖直勝は長久手の戦いで豊臣方の武将池田勝入斉を討ち取った。天正十八年（一五九〇）に五千石知行、その後加増され、元和三年（一六一七）に常陸笠間三万二千石、同八年下総古河《こが》で七万二千石を領有した。二代尚政は山城淀、三代尚征は丹後宮津に移り、四代尚長で廃絶となった。

尚庸は、尚政の三男、家綱に仕え小姓をつとめ、万治元年（一六五八）河内内で二万石を分与されて大名となり、その後奏者番、若年寄、京都所司代を歴任している。尚征以降転封加増し、宝暦六年（一七五六）美濃加納に入封し定着した。

墓地の右は、下野黒羽《くろばね》一万八千石大関家の墓所。八代増備《ますとも》室［松寿院殿貞心日栄大姉］（備中鴨方池田政方《まさみち》娘）、十一代増業《ますなり》［従五位下行土佐守丹治真人増業墓］・室［履信院殿罳順尚賢大姉］（下総佐野堀田正敦娘）、十二代増儀《ますのり》（伊予守）、十五代増裕《ますひろ》（肥後守）・継室待子（養父増徳養女）、十六代増勤《ますとし》（美作守）・室年子（出羽矢島生駒親敬《ちかゆき》娘）、子女、「大関家之墓」がある。

さて、十一代増業（伊予大洲加藤泰衑《やすみち》八男）は十代増陽《ますはる》の養嗣子となり財政再建を図るが、緊縮政策の反感をかって、文政七年（一八二四）引退を余儀なくされる。世に茶人大名の数は多いが、茶の湯に用いる水に興味をもって、全国各地の名水を集めてその比重を測り、水質分析を行なったのは彼だけであろう。また五十年間の気象記録を自ら採り、星時計を案出した。兵法に通じ、医書を著し、国史・神道の研究も行ない、数百巻の著作を残した。大名の学問というよりは、学者がたまたま大名であったということであろう。弘化二年（一八四五）三月十九日、六十五歳で没した。

幕末の藩主増裕《ますひろ》は名君で幕府の陸軍奉行・若年寄をつとめる。藩政は積極策をとり、いちはやく西洋式兵術を採用し、大小砲十二門・小銃六百挺で農兵隊まで組織した。維新の際は密《ひそ》やかに朝廷方に通じ、戊辰の役では自慢の近代兵備で官軍に投じ、会津攻めや世直し

上野吉井　松平（鷹司）改め　吉井家

騒動の取締りに功をあげ、小藩には破格の賞典禄一万五千石を得た。

ここの墓地には有名人の墓も多く、幕府高家《こうけ》の吉良家の墓所もある。義央《よしなか》の碑面に「元禄十五壬午《じんご》十二月十五日」と刻まれているのは、赤穂浪士の討ち入りの際に死去した史実を裏付ける金石文として興味深い。義央の墓前には「吉良家忠臣供養塔」「吉良邸討死忠臣墓誌」の御影石があり、こちらも主君のために散った家臣たちだった。ほか、栗崎道有（江戸中期の南蛮外科医・義央の傷を治療した）、水野重（十）郎左衛門（旗本と町奴幡随院長兵衛との抗争により切腹）、長沼国郷（直心流開祖の剣客）、歌川豊国（江戸後期の浮世絵師）、林芙美子（昭和期の小説家）の墓がある。

7　自證院《じしょういん》墓地

天台宗　中野区上高田四－一三－一
ＪＲ中央線東中野駅下車一〇分

自證院は古くは牛込榎町にあって法常寺と称し、日蓮宗に属していた。寛永十七年（一六四〇）自證院殿（尾張大納言光友室千代姫の母堂於振方《おふりのかた》）が当寺へ葬送となった。将軍家光の時、現在地（新宿区市ヶ谷富久町一八）へ替地を命ぜられ、寛文五年（一六六五）本宗に改宗した。墓地に自證院の表示はないが、前記宝泉寺に隣接している。

墓地に入って左に大きな笠塔婆が二基あり、上野吉井《よしい》一万石松平家（鷹司《たかつかさ》）の墓所である。明治元年（一八六八）松平姓を吉井に改め、「吉井家之墓」「吉井家先祖代々之墓」がある。

初代信清の祖父信平は関白鷹司信房の四男で、姉孝子［本理院］が将軍家光の御台所《みだいどころ》となった縁で七千石と松平の屋号を許された。信清は宝永六年（一七〇九）四月に三千石加増、上野矢田《やた》に陣屋を置き、三代信有の宝暦二年（一七五二）に吉井へ移り、定着した。定府

伊勢長島　増山正利生母［泉光院］

大名として江戸に居住する。

8　蓮華寺《れんげじ》

日蓮宗　中野区大和四―三七―一五
ＪＲ中野・阿佐ケ谷駅より関東バス（阿45）お伊勢の森下車一分

万治元年（一六五八）の創建。三代将軍家光の側室お楽の方［宝樹院］（墓は上野徳川墓地にある）の安産のため日優（本門寺十四世）に請うて祈念し、男子を得たのが四代家綱であり、後に将軍の祈願所となる。明治四十一年（一九〇八）関口台町から当地に移る。

境内に入って最奥に高い樹木が繁っている。その一画は伊勢長島二万石増山《ましやま》家の墓域である。正面の大きな五輪塔［泉光院殿妙澄日新大姉］は、初代正利の生母で当寺の開基。正利の姉がお楽の方であり、その縁で一族は破格の栄達をみた。

正利（弾正少弼《だんじょうのしょうひつ》）［覚性院殿月潤全心大居士］は、下野国都賀郡生まれ、初め丹治氏で青木を称していたが、寛永二十年（一六四三）八月、家光に謁し、増山に改める。正保四年（一六四七）相模国内で新知一万石、万治二年（一六五九）加増され、三河西尾二万石、二代正弥《まさみつ》から伊勢長島へ移り定着、九代正同《まさとも》で廃藩置県を迎えた。

墓域は、正利・室［本了院］（三河西尾松平乗寿娘）から九代正同夫妻まで歴代藩主・室・子女たちの墓と「増山家之墓」がある。

さて、六代正賢《まさかた》（河内守）［慈雲院殿雪斎道智大居士］は、治政上の業績は伝えられていないが、一流の文化人として知られている。藩校文礼館を興し、また財産没収された木村蒹葭堂《かどう》（大坂の豪商で博物学者、文化人としても有名）を招いて厚遇するなど文化墨客を庇護し、当時の文化人たちの盟主的存在だった。享和元年（一八〇一）引退し、江戸巣鴨の下屋敷に住み、風流三昧の生活を送った。しかし、当時の奢侈禁止令に触れたのであろう

伊勢長島　増山家

か、文化元年（一八〇四）七月、「不埒《ふらち》な事により」と謹慎を命ぜられている。

正賢（号雪斎）は花鳥画を描いては一流で、大名の博物図譜の中でも『虫豸帖《ちゅうちじょう》』（東京国立博物館蔵）四巻は自ら描いたことがはっきりしている点で特筆すべき作品。彼の人柄を示すこんな逸話もある。この心優しき大名は、写生のために殺した虫の死骸を「糞壌に委し」てしまうに忍びず、布張りの小箱に収め、これはわが友である、いつの日にか適当の地に埋めたいものだ、と語っていたが、果たさず没した。遺命にしたがって葛西因是らが菩提寺に立てた「虫塚」（都旧跡・黒光りした大きな石の立派な墓）は、上野寛永寺に移されて現在も境内右隅に残っている。正賢は文政二年（一八一九）正月二十九日、六十六歳で没した。

なお、墓地の入口にある「山荘の碑」は、キリシタン禁制厳しい江戸時代、小説や講談で知られる遊女浅妻《あさづま》殉教の碑。後にこれを伝え聞いた讃岐守大江政晴が、文化十二年（一八一五）に建立したもの。「山荘」とは山屋敷、切支丹《キリシタン》屋敷ともいわれ、初代宗門改役井上筑後守政重の下屋敷内に牢や番所などを正保三年（一六四六）に建て、収容（宣教師や信者などを）した。文京区茗荷谷にあったが、蓮華寺とともに移されてきた。

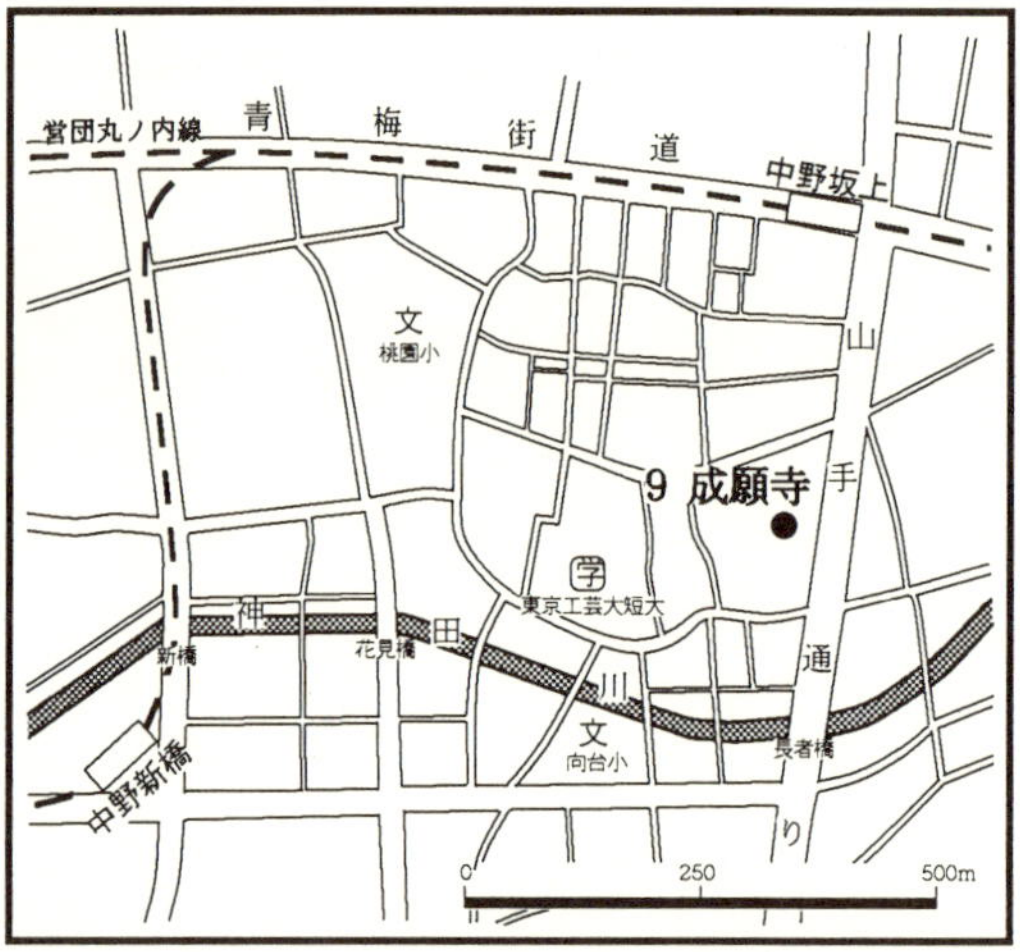
営団丸ノ内線
青梅街道
中野坂上
山手通り
桃園小
9 成願寺
東京工芸大短大
神田川
新橋
花見橋
長者橋
向台小
中野新橋
0
250
500m

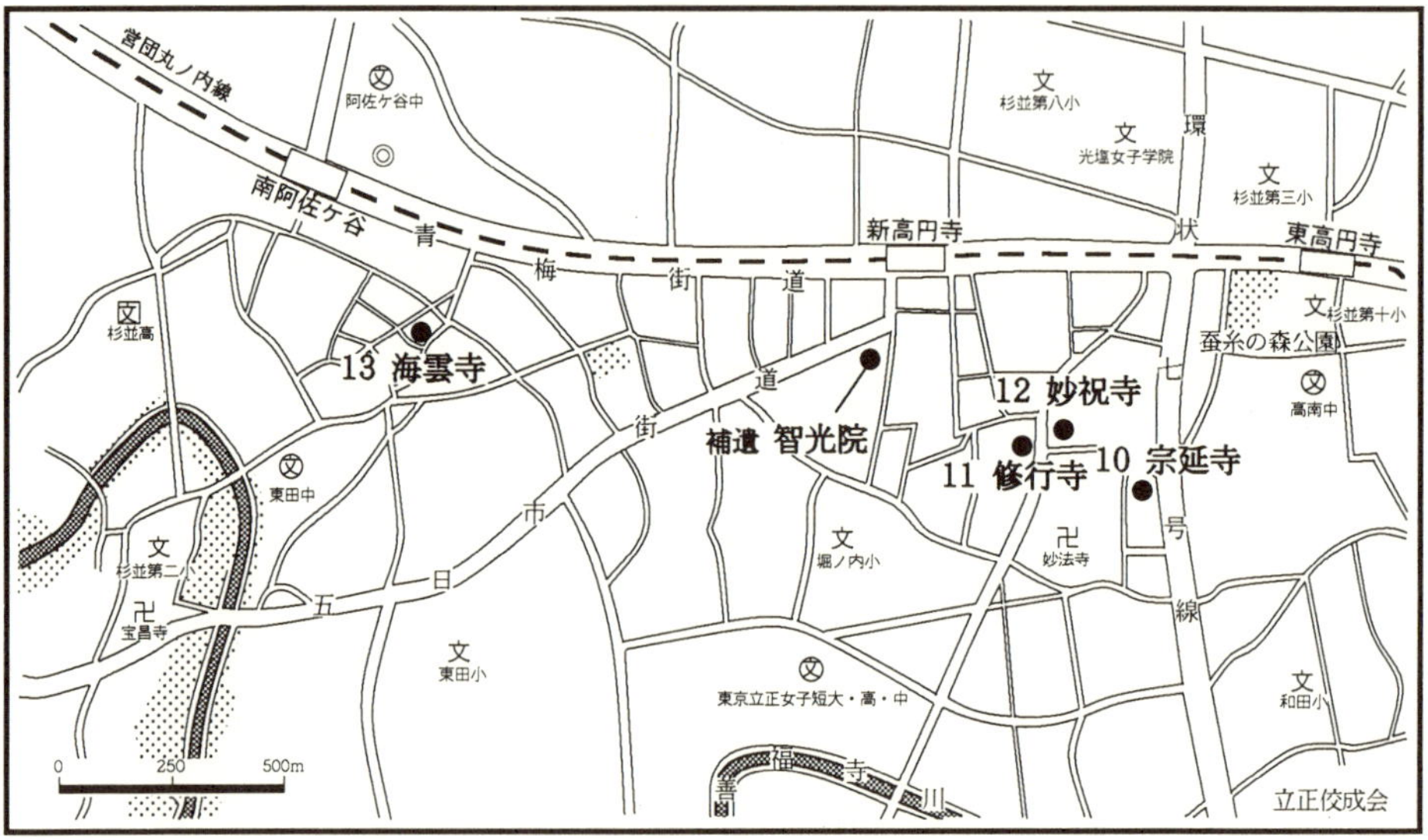
営団丸ノ内線
阿佐ケ谷中
杉並第八小
光塩女子学院
環状七号線
杉並第三小
南阿佐ケ谷
青梅街道
新高円寺
東高円寺
杉並高
13 海雲寺
五日市街道
補遺 智光院
12 妙祝寺
11 修行寺
10 宗延寺
杉並第十小
蚕糸の森公園
高南中
東田中
杉並第二小
宝昌寺
堀ノ内小
妙法寺
東田小
東京立正女子短大・高・中
和田小
善福寺川
0
250
500m
立正佼成会

智光院　補遺317頁

肥前蓮池　鍋島家

9　成願寺《じょうがんじ》

単立（禅系）　中野区本町二―二六―六
地下鉄丸ノ内線中野坂上駅下車三分

応永年間（一三九四～一四二七）、小田原最乗寺宗能の高徳を慕い得度《とくど》した中野長者鈴木九郎が全屋敷と十数町歩の土地を寄進し、川庵宗鼎を招き建立、娘の法名の正観にちなんで正願寺（江戸期に成願寺と改名）と名づけた。

墓地の中央に、肥前蓮池《はすのいけ》五万二千余石鍋島家の墓所がある。中野在来の寺院で大名家の墓所があるのはこの寺だけ、大小十基ほどの墓碑が並んでいる。手前の自然石は四代直恒（摂津守）［竜華院殿実厳玄成大居士］の墓碑、二代直之、三代直称《なおのり》、九代直紀《なおただ》の子女の墓碑と鍋島地蔵と呼ばれる童女碑が建っている。直恒は寛延二年（一七四九）十月十六日江戸藩邸で病死し、衾《ふすま》村（目黒区）に葬られたが、後にここに移された。

直恒の藩主時代は、財政は極度に貧窮化し、藩主も江戸から帰国できず、臨時税を徴収してその費用を捻出するなど、参勤中止も再三考えるが、藩名を汚す心配のため思い止どまっている。延享元年（一七四四）には鍋島三支藩主が病と称して参勤が遅延することを幕府は厳しく糾弾した。藩浮沈の瀬戸際に及んで、直恒自身も神仏の加護を求め、朝鮮使節の接待も本藩の援助でようやく可能であった。直恒は神道を厚く尊んだが、四十九歳で没した。

美濃青野　稲葉正休

10　宗延寺《そうえんじ》

日蓮宗　杉並区堀ノ内三－五二－一九
地下鉄丸ノ内線東高円寺駅下車七分

天正年間（一五七三〜九二）の初め、相模小田原城下の郷士報新宗延が居宅を道場としたのが開創と伝えられる。天正十九年、開基である二世日侊上人が江戸に移り、下谷車坂に寺地を賜わり、寺運ひらけ江戸中期には塔頭五寺をおく大寺となった。明治以降焼失し、再建後大正八年（一九一九）当地に移った。

宗延寺横の小道の左右に六寺の合同墓地がある。右の宗延寺墓地に稲葉石見守正休《まさやす》の五輪塔がある。

正休の父正吉は、明暦二年（一六五六）七月、駿府城在勤中理由不明の自殺をしている。そこで正休は父の遺跡五千石を知行し、書院番頭、御側などを歴任した。天和二年（一六八二）若年寄となり、加増され美濃青野一万二千石を領した。

貞享元年（一六八四）八月二十八日江戸城中で、一つの刃傷事件が突発した。斬りつけたのは若年寄の稲葉正休であり、斬られたのは大老堀田筑前守正俊であった。正休は正俊を御薬部屋の廊下に呼び出し、脇差しを抜いてこれを刺した。「これは何事か」と正俊の呼ぶ声で、老中、若年寄たちが駆け寄り、その場で正休を滅多切りにした。一方、正俊は深手を負い、屋敷へ送り届けたが、帰宅後間もなく息を引き取ったという。ときに正俊五十一歳、正休は四十五歳だった。

正休が、なぜ正俊を殺害したのか、その理由は今もはっきりしていない。『常憲院殿（五代綱吉）御実紀』では「正休発狂して大老の正俊を刺した」としているが、その編者は「されど実に狂気の所為ともいひがたし」と注記している。通説では、正俊が権勢に傲り、不遜な考えを持つようになったから誅殺《ちょうさつ》したという。正俊は、五代綱吉の将軍就任の功労者であるが、当時綱吉と正俊のあいだは疎遠になっており、正休は綱吉の命を受けて正俊を殺害したという説もある。その説によれば、正休の刺殺は、事の真相を隠滅《いんめつ》するためだったという。

戸田茂睡《とだもすい》の『御当代記』では、正俊を奸物として口を極めて罵り、正休を「忠といひ分別といひ、先代にも末代にもたぐひあるまじき良臣なり」と絶賛している。ともかく、正俊の評判はあまりよろしくない。この理由は、一つは厳正すぎる頑固な性格が招いたものであろうが、もう一つは将軍綱吉にも一半の責任があるような気がする。とすれば、正俊が将軍に綱吉を担《かつ》いだこと自体が、運命的な誤算だったことになる。徳川政権下に、若年寄が大老を刺殺した例はほかには見当たらない。しかも正俊の父正盛と正休は従兄弟の関係にあり血縁の関係でもあった。

なお、正休が刃傷した際に使用した脇差（初代虎徹）は寺宝として保存されている。

尾張犬山　成瀬家

11　修行寺《しゅぎょうじ》

日蓮宗　杉並区堀ノ内三－四三－二七
地下鉄丸ノ内線新高円寺駅下車三分

寛文三年（一六六三）麹町に創建、下総小金本土寺の末寺である。後に赤坂に移り、その後当地に移転した。尾張犬山三万五千石成瀬家の菩提寺である。

境内に入って右塀際に並ぶ三基の五輪塔がある。六代正典（右衛門佐）［一珠院殿自得日慶大禅定門］文政三年（一八二〇）十月十八日没、歳七十九。七代正寿《まさなが》室［延寿院］（下野烏山大久保忠喜娘）、八代正住《まさずみ》室［教操院］（豊前中津奥平昌暢《まさなが》娘）の墓である。

成瀬家初代の正成《まさなり》は、家康に仕え、諸所の合戦に従い、天正十八年（一五九〇）、関東入国の際下総栗原で四千石を知行、後に幕政に参与し、甲斐内で二万石を領した。慶長十五年（一六一〇）、尾張藩徳川義直《よしなお》の付家老《つけかろう》を命ぜられ、尾張に移った。次男之成《ゆきなり》に栗原一万五千石を譲り（三代之虎のとき継嗣なく断絶）、自身は尾張犬山で一万石余を領した。以後変わることなく二代正虎から九代正肥《まさみつ》まで代々尾張藩の付家老をつとめ、明治元年（一八六八）に諸侯に列し廃藩置県に至った。

伊予西条　一柳直盛正室［常法院］

12　妙祝寺《みょうしゅくじ》

日蓮宗　杉並区梅里一－一－一九
地下鉄丸ノ内線新高円寺駅下車五分

開創は寛永五年（一六二八）、麻布桜田町（現六本木）とされるが、たびたびの類焼により古記録を失い詳細は不明とされる。開山は興善院日為、開基は常法院で、桜田邸内に御堂を開創したのが始まり。日為は常法院の法号にちなんで妙祝寺とした。大正三年（一九一四）当地に移る。

当寺は伊予西条六万八千余石一柳《ひとつやなぎ》家の菩提寺で、藩祖直盛の正室［常法院殿妙祝日栄大姉］は、菊亭大納言公矩の娘、寛永十一年（一六三四）十月十日に亡くなった。墓は大きく、しかも華麗な女性らしい宝篋印塔である。

さて、直盛は西条に移封を命ぜられて任地に赴く途中、大坂で急死した。遺領は長男直重に三万石（伊予西条）、次男直家に二万八千六百石（播磨小野）、三男直頼に一万石（伊予小松）に分封された。直家は没後無嗣で収公の後、家名相続で播磨小野一万石で存続した。直重の長男直興は遺領を継ぎ、弟直照に五千石を分与したが、後に失政・不行跡を理由に除封収公となった。

墓地には直照系と小野藩直次系の墓碑が十五基ほどある。また笠塔婆の合祀碑は祖先草創の一族二十霊のものである。

播磨三草　丹羽薫氏［活性院］

13　海雲寺《かいうんじ》

曹洞宗　杉並区成田東四－一八－九
地下鉄丸ノ内線南阿佐ケ谷駅下車五分

慶長十六年（一六一一）八月、江戸八丁堀の地を拝領して開創、後に浅草八軒寺町に移り、明治四十三年（一九一〇）当地に移った。開山は天徳寛隆、開基は肥後熊本細川家三代光尚の長男［渓谷院殿月山窓雲大童子］。『細川藩世系』によると、寛永十三年（一六三六）十二月に生まれた長男は十日後に亡くなり、その死を悼み浅草八軒寺町にあった海雲寺に葬る、と記録されている。

墓地中央右に箱型の石塔が一基建っている。表面は剥離が進んでいるが、これは播磨三草《みくさ》一万石丹羽家の七代薫氏《しげうじ》（和泉守）［活性院殿前泉州刺史英山源機大居士］、宝暦七年（一七五七）五月二十二日、六十三歳で没した。

美濃岩村丹羽氏音《うじおと》二万石が家中の乱れによって元禄十五年（一七〇二）没収となったが、祖氏次以来の功に免じ、代わって一族の薫氏が越後高柳一万石を賜わった。享保四年（一七一九）に美作河内へ、寛保二年（一七四二）三草に陣屋を構えて立藩した。

明治元年（一八六八）明治政府は、江戸城内紅葉山の徳川家歴代の霊廟を取り壊し駿河へ移した。その門の一つを貰い受けたものが当寺の山門で江戸後期のもの、区内建造物中でも貴重な遺構である。

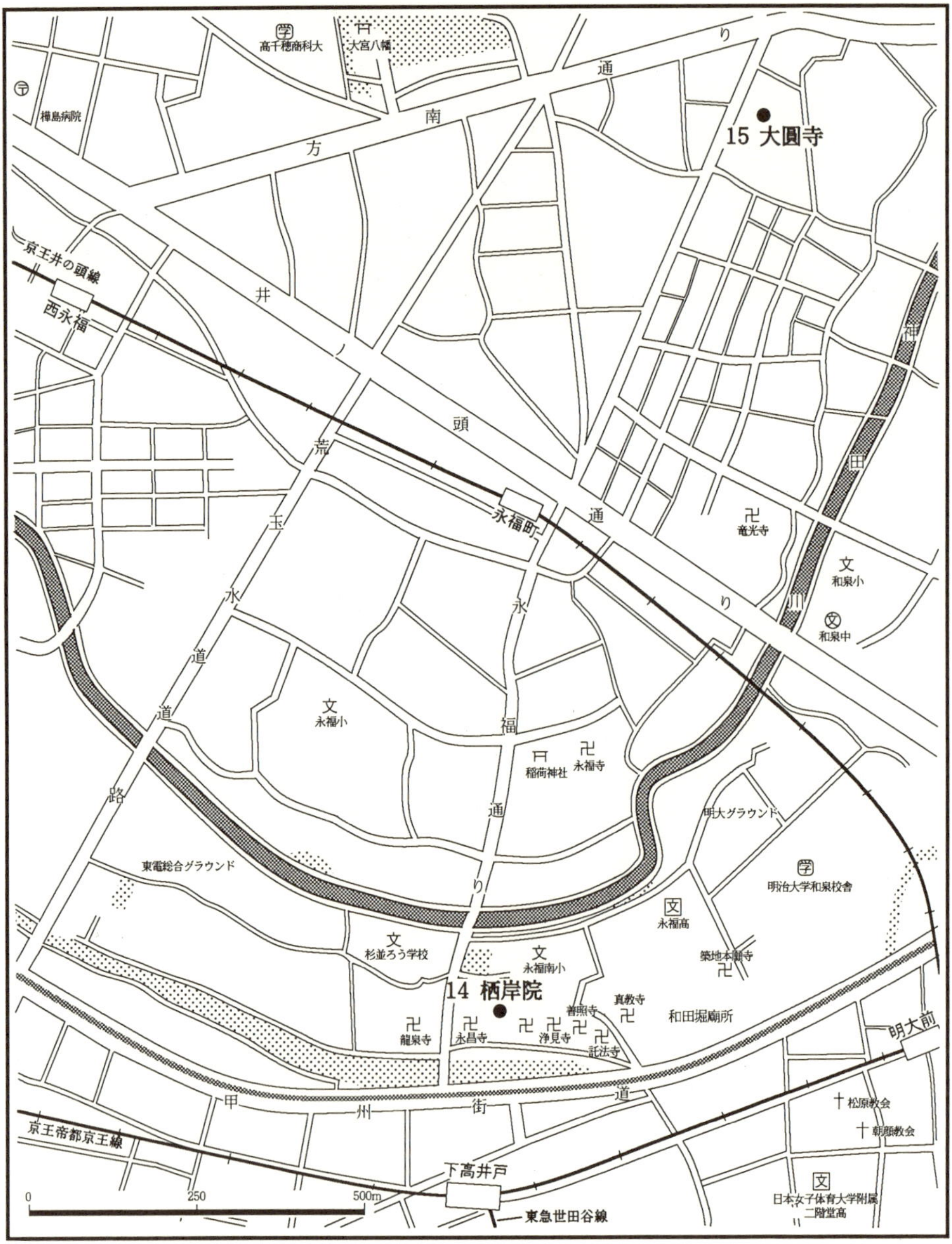
15 大圓寺
14 栖岸院
高千穂商科大
大宮八幡
樺島病院
南
方
通
り
井
ノ
頭
通
り
京王井の頭線
西永福
永福町
荒
玉
水
道
道
路
永
福
通
り
竜光寺
和泉小
和泉中
神
田
川
永福小
稲荷神社
永福寺
明大グラウンド
明治大学和泉校舎
東電総合グラウンド
杉並ろう学校
永福南小
永福高
築地本願寺
真教寺
善照寺
和田堀廟所
龍泉寺
永昌寺
浄見寺
託法寺
甲
州
街
道
明大前
松原教会
朝顔教会
日本女子体育大学附属
二階堂高
京王帝都京王線
下高井戸
東急世田谷線
0
250
500m

紀伊田辺　安藤直次［藤嚴院］

河内丹南　高木家

三　永福・和泉

14 栖岸院《せいがんいん》

浄土宗　杉並区永福一－六－一二
京王線・東急世田谷線下高井戸駅下車五分

当寺ははじめ三河国安城《あんじょう》にあったが、慶長年間（一五九六～一六一五）江戸麹町に移り、さらに大正八年（一九一九）当地に移転した。開山は妙誉、開基は安藤対馬守重信である。

境内に入ってすぐ左の大樹の下に一基の塔婆型石塔が建っている。安藤直次《なおつぐ》（帯刀）［藤嚴院殿従五位下帯刀長崇賢大居士］の墓である。直次は彦四郎といい、三河国生まれ、木工助基能の長子。家康に仕え、姉川・長篠の戦いに従って功を挙げ、慶長十年（一六〇五）従五位下帯刀に叙任し、一万石を加賜され、元和五年（一六一九）七月徳川頼宣が紀伊和歌山に封ぜられる際にその付家老となり、紀伊田辺三万八千余石を領有した。寛永十二年（一六三五）五月十三日、直次が八十二歳で没した後も、子孫代々紀伊徳川家付家老として十六代直裕《なおひろ》に至り、明治元年（一八六八）諸侯に列した。

墓地に入って左側木立の下に、河内丹南《たんなん》一万石高木家の墓所がある。板碑型墓碑は藩祖正次の父主水助《もんどすけ》清秀［性順大信士］・［先考先妣墓］・［高木家累代諸精霊之墓］が建っている。初代正次は家康に仕え、諸所の合戦に従軍し、大番頭をつとめた。この間、加増を重ね元和九年（一六二三）に河内丹南で一万石を領して諸侯に列し、以後変わることなく、十三代正善のとき廃藩置県を迎えた。

ちなみに、陸奥磐城平五万石安藤家の墓所に藩祖重信［栖岸院］・重長・重友・信正の墓があったが、国許いわき市の菩提寺である良善寺へ移葬された。

15　大圓寺《だいえんじ》

曹洞宗　杉並区和泉三―五二―一八
京王井の頭線永福町駅下車五分

慶長八年（一六〇三）江戸赤坂溜池あたりに家康が開基となって建立、開山は甲斐国武田信虎の末子で東林院の諦巖桂察。家康の帰依をうけ、外護者として大名七家を付した。寛永年間（一六二四～四三）に芝伊皿子《いさらご》に移り、明治四十一年（一九〇八）当地に移転改築した。寛文年間（一六六一～七二）鹿児島島津家の香華院《こうげいん》となった。その縁により明治元年の「戊辰役薩藩戦死者墓」に益満休之助《ますみつきゅうのすけ》ほか七十五名の名が刻んである。なお、島津家の墓碑が一基もないのは、明治初年の廃仏毀釈《はいぶつきしゃく》が原因であるとの寺側の説明である。

上総飯野　保科家

墓地に入ると、一段と豪華な墓碑が目につく。上総飯野二万石保科《ほしな》家墓所であり、大きな五輪塔［長元院殿清信授法大禅定尼］は、藩祖正貞（正直三男）の生母多劫《たこ》である。多劫は松平（久松）俊勝の娘於亀で、初めに家康の養女として松平与一郎忠正に嫁ぎ（家広を生む）、忠正の死後に弟の与次郎忠吉に再嫁した（信吉を生む）が、忠吉も先に死去する。そして三人目の相手は保科正直（信濃高遠城主）で、正貞と重元を生む。多劫は、家康とは共に於大の方を母とし、家康の異父妹の関係にあり、元和四年（一六一八）六月七日、波乱の生涯を閉じた。年齢は不明である。

七代正率《まさのり》（越前守）［安居院殿前従五位偶住一光大居士］文化十二年（一八一五）十月十四日没、六十四歳。八代正徳《まさよし》（能登守）［寿山院殿前従五位高照朗大居士］天保十五年（一八四四）六月二十二日没、七十歳。九代正丕《まさもと》（能登守）［高顕院殿前従五位峰霞彩雲大居士］嘉永元年（一八四八）三月十七日没、四十八歳。ほか「保科家之墓（大姉）」・「保科家之墓（大姉・童子・童女）」がある。

保科家の初代正貞は、正光の弟で猶子となり、寛永六年（一六二九）に召し出され、大番頭、大坂定番をつとめた。この間加増を重ね、慶安元年（一六四八）に上総飯野一万七千石を領した。また、寛永十四年（一六三七）には、保科（のち松平姓）正之より相伝の宝物等を譲られ、保科家の名跡を相続している。

子孫は以後変わることなく、十代正益《まさます》のとき廃藩置県を迎えた。

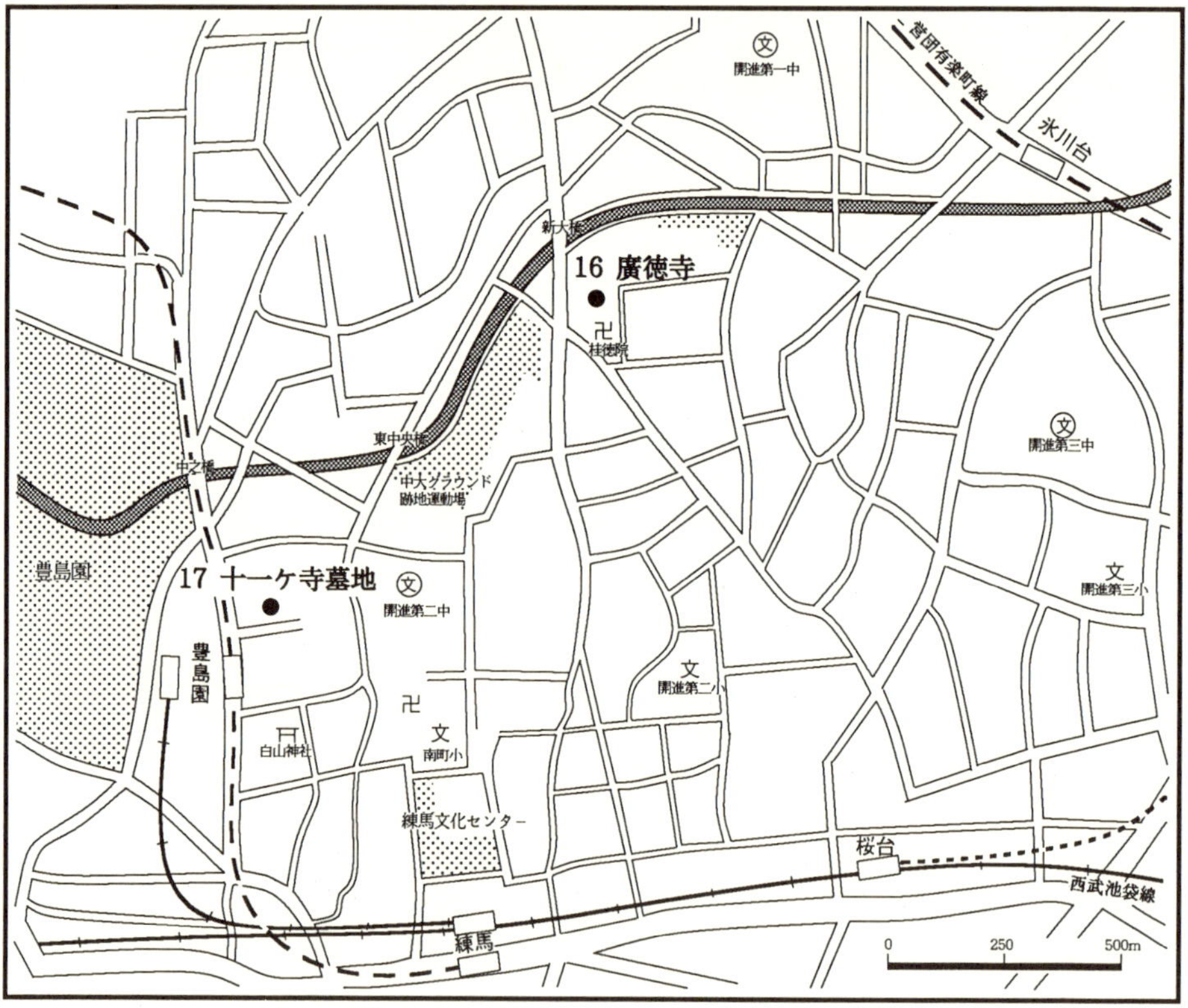
開進第一中
営団有楽町線
氷川台
新大橋
16 廣徳寺
桂徳院
開進第三中
東中央橋
中之橋
中大グラウンド
跡地運動場
豊島園
17 十一ヶ寺墓地
開進第二中
開進第三小
豊島園
白山神社
南町小
開進第二小
練馬文化センター
桜台
西武池袋線
練馬
0
250
500m

大和柳生 柳生宗矩［西江院］

16 廣徳寺《こうとくじ》

臨済宗 練馬区桜台六―二〇―一九
地下鉄有楽町線氷川台駅下車一〇分

元亀・天正時代（一五七〇～九二）、北条氏政の子氏房（武蔵岩槻城主）が、義父太田三楽の菩提を弔うため、箱根湯本の早雲寺の子院として小田原に草創した。北条氏滅亡後、家康は希叟《きそう》和尚を江戸へ招き、神田に再興させた。後に下谷へ移り、諸大名・旗本を檀家として江戸屈指の大寺院となり、俚諺《りげん》にも「びっくり下谷の広徳寺」といわれるほどであった。大正十二年（一九二三）の関東大震災の後、この地に別院が建てられ、墓地が移転した。昭和四十六年（一九七一）には本坊も移った。

本堂の後ろの墓地は広大であり、そこに大名家の巨大で格調ある墓碑が林立している様相は圧巻であり、まさに現世から隔絶した別世界ともいうべきか。参道から順を追ってみる。

大和柳生一万石柳生家墓所には、初代宗矩《むねのり》（但馬守）［西江院殿前但州太守贈従四位大通宗活居士］、二代三厳《みつよし》［長巖院殿金甫宗剛大居士］、三代宗冬（飛騨守・宗矩三男）［常林院殿前飛州太守決厳勝公大居士］の五輪塔と亀趺型石塔「子爵柳生家之墓」が建っている。

初代宗矩は、柳生新陰流を創案した石舟斎宗厳《むねよし》の五男。文禄三年（一五九四）京都郊外で宗厳・宗矩父子は家康に謁し、勤仕を求められ、宗厳は高齢の故をもって断り、宗矩が仕えた。旧領二千石を与えられ、慶長六年（一六〇一）千石加増をうけ秀忠の兵法師範、大坂両陣の後家光の兵法師範、寛永九年（一六三二）に大監察すなわち後の大目付で三千石

大和柳生　柳生家

加増、同十三年にさらに四千石の加増をうけ、一万石となり大名に列した。家光の寵愛をうけていた友矩《とものり》（庶子）の急死で、その二千石を、さらに五百石加増になり、一万二千五百石を領有している。宗矩は、将軍家三代にわたる兵法家として剣道指南を行なったほか、大名の門弟も多い。柳生家の門弟らも、各大名家の師範として迎えられた。茶の湯・華道・申楽《さるがく》にも通じて、諸大名の動静を監察するのに役立ったという。家光の信任厚く、禅をすすめ、澤庵・木下順庵を紹介し、また病床につくと三回も家光の見舞いをうけた。残された逸話の中で、島原の乱の際、板倉重昌が総追捕使に指名されたことを家光に練止するよう説得したが、果たさなかったことは有名な話である。正保三年（一六四六）三月二十六日、七十六歳で没した。

柳生家の中では、宗矩の長男十兵衛三厳の名が最も有名。片目で諸国隠密《おんみつ》の行状が、映画やテレビでもてはやされている。一説では、この期間、不行跡のため父から勘当されたともいわれた。のちに御書院番に登用され、八千三百石をもらった。秀忠の勘気をこうむった理由が謎で、期間も長く憶測が生じたらしい。そして、この期間に新陰流に関する資料収集を行なって、これを基に寛永十九年（一六四二）『月の抄』、慶安二年（一六四九）『武蔵野』を著した。剣は父宗矩より豪剣といわれ、文学に通じ、文武両道の達人と期待された。慶安三年三月二十二日、四十四歳で没した。山城国の山中で放鷹中急死したといわれ、その死も謎に満ちている。

三代宗冬は、家光の小姓、御書院番をつとめ、三百石の采地を与えられた。父の遺言と兄の急死によって寛文八年（一六六八）千七百石の加増があり、一万石の大名に列した。宗矩の死後二十一年、家綱の剣道師範となってから十二年後に、柳生家は再び大名家となる。延宝三年（一六七五）九月卒す、歳六十四。

ほかに加賀前田家の菩提寺でもあったが、廣徳寺移転の際、金沢野田山へ移し、今は一基

近江小室　小堀家

もない。同大聖寺十万石前田家墓所の〔真源院殿雄鋒紹機居士〕は、采女《うねめ》利昌（二代利明四男、新田一万石分与され新田領主）。利昌は、将軍綱吉の葬儀に参列する中宮使の饗応掛を命ぜられたが、宝永六年（一七〇九）二月十六日、上野寛永寺宿坊において大和柳本藩主織田秀親に切りかかり、家臣が羽交い絞めにしたところ、刺殺した。十八日に切腹を命ぜられた、歳二十六。一万石は収公され兄利直に返上された。「子爵前田家之墓」のほか四基がある。

近江小室《こむろ》一万二千石小堀家墓所は、さすが風雅で趣ある五輪塔である。遠州侯であろうが、法号はない。二代政一《まさかず》（遠州）は、大坂の陣の後、伏見奉行・普請奉行として、仙洞御所や大坂城本丸、江戸城西の丸など多くの作事に関わった。また、茶人大名のリーダー格だった遠州自ら『遠州公所持名貨帖』で格付けを作り出した茶道遠州流の開祖である。正保四年（一六四七）二月六日伏見奉行屋敷で死去した、歳六十九、法号は〔孤蓬庵〕である。政一の父正次の宝篋印塔〔長照院殿信誉道喜居士〕（備中国代官）慶長八年（一六〇三）二月二十九日没、六十五歳、ほか合祀した「小堀家之墓」がある。六代政方《まさみち》は、天明八年（一七八八）五月、伏見奉行在職中の不正・服務規定違反の廉で改易、収公となった。

丹波園部二万六千余石小出家の墓所の五輪塔は、初代吉親《よしちか》（伊勢守）〔福源院殿松溪玄秀大居士〕・長門萩毛利秀就《ひでなり》側室〔徳雲院殿庭柏宗意大姉〕と「小出家累世之墓」（十三霊合祀）がある。

吉親は吉政（但馬出石《たじまいずし》六万石）の次男、秀忠に仕え二千石を知行、兄吉英《よしひで》の領地出石を譲られ、全部で二万九千石余を領した。元和五年（一六一九）丹波園部に移封した。藩主として水利灌漑事業や城下町・道路の建設整備などに尽力し、彼の隠居後の号を冠した「意閑堰」などが残っているように、民政に意を注いだ。寛文八年（一六六八）三月十一日、

陸奥会津　松平家

七十九歳で没した。以後、明治の廃藩まで一度の国替もなく続いた。

陸奥会津二十八万石（のち陸奥斗南《となみ》三万石）松平家墓所には、大きな宝篋印塔が三基建っている。

一基は容詮《かたさと》（駿河守）［宣明院殿圓通義覺大居士］（五代容頌《かたのぶ》の養嗣子）天明五年（一七八五）六月十七日没、歳三十六。容序《かたつぐ》［良徳院］（容詮三男）、正邦［眞照院］（三代正容《まさかた》長男）。

一基は二代正経室［僊溪院］（加賀前田利常娘）から九代容保《かたもり》室［寶鏡院］（八代容敬《かたたか》娘）までの正室たち。さらに、八代容敬の侍妾［圓隆院］（岡崎氏）・［貞順院］（小平氏）である。

幕末の会津藩の悲劇の発端は、九代容保が京都守護職に任命されたことにあった。容保は初代正之以来の賢君といわれた。越前の松平春嶽などは、学者としても飯が食えるほどの力量だと評価している。いくぶん虚弱体質気味で律儀すぎる点が弱点といえばいえただろう。徳川慶喜と松平春嶽が容保を推して京都所司代に向けたのもこの律儀さのためであったろう。時の帝《みかど》孝明天皇の信頼も絶大で、容保もこの君のためならと必死の御奉公をした。

会津が勤皇派から仇敵視されたのは、その治安警察活動による。とくに、「会津肥後守御《お》預《あずかり》浪士」の新撰組の血の粛清は、長州や土佐の尊攘浪士を戦慄《せんりつ》させ、容保の暗殺計画もしばしば企てられたという。

文久三年（一八六三）八月十八日の政変、薩摩と長州の合体、孝明天皇の崩御、鳥羽伏見の戦い、海路江戸に逃げ帰ると、さらに過酷な運命が待っており、「遠く府外へ立ち退くべし」と必死で尽くしてきた将軍慶喜からの言葉。官軍の憎悪を一身に集めた会津中将は、いまや徳川にとって邪魔物扱い。容保には、朝廷に反抗する意志は微塵《みじん》だになかったが、

筑後柳河　立花宗茂［大圓院］

官軍は総力をあげて会津若松城に進撃してきた。少年、婦女子まで武器をとって戦った悽惨な戦だった。

明治元年（一八六八）九月二十二日正午、降伏の式典に至る。政府は藩主父子は永禁固とし、明治三年にやっと赦され、日本の北のはて斗南の荒れ地三万石に移る。藩主は容保の子容大《かたはる》、まだ二歳の幼君だった。

筑後柳河十万九千六百石立花家の墓所は、藩祖宗茂（飛騨守）［大圓院殿従四位前飛騨太守松隠宗茂大居士］と宗茂の母［宋雲院殿花嶽紹春大姉］（仁志姫・斉藤鎮実姉）、そして「立花家之墓」がある。

宗茂は生涯に諱《いみな》を十度改名した。宗茂は晩年の諱。高橋鎮種《しげたね》の子で、戸次《へつぎ》（立花）鑑連《あきつら》の養子となり大友氏に仕えた。天正十五年（一五八七）秀吉から筑後柳河十三万二千石余を与えられた。慶長五年（一六〇〇）の関ケ原の戦いに西軍方で参戦し、失領。その後許され、同八年に堪忍分として陸奥棚倉一万石を与えられ、さらに加増され、元和六年（一六二〇）に旧領筑後柳河十万九千石余を領した。立花家は徳川時代の初め一度つぶれ、奇跡のカムバックを遂げた。苦節二十年の春であった。

さて、宗茂を天下に喧伝させたのは、朝鮮の役、碧蹄館《へきていかん》の戦いであろう。わずか二千五、六百の兵で明軍三十万をきりくずしたという。明側もこの大敗北で日本が恐るべき敵であることを認識したのだった。

寛永十四年（一六三七）島原・天草の乱に子の忠茂と参戦、翌年に剃髪して立斎と号す。同十九年（一六四二）十一月二十五日、七十四歳で没した。十一代鑑寛《あきとも》のとき廃藩置県を迎えた。

子藩の陸奥下手渡《しもてど》一万石立花家の墓所は、「子爵立花家之墓」の合祀碑、明治元年（一八六八）に筑後三池に領地替えにより再移転し、廃藩置県となる。

播磨安志　小笠原家

日向高鍋　秋月種弘［瑞應院］

丹波柏原　織田家

播磨安志《あんし》一万石小笠原の墓所に、大きな五輪塔が建っているのは、遠祖である豊前小倉十五万石小笠原忠真《ただざね》の室亀姫［円照院殿華陽宗月大姉］。寛永二十年（一六四三）十月没した、七十二歳であった。

元和元年（一六一五）大坂の陣で小笠原秀政は嫡子忠脩《ただなが》・二男大学助（忠政のち忠真と改名）と出陣、天王寺口で勇戦し秀政・忠脩は戦死、忠真は重傷を負った。家康の命で忠真が家督を継ぎ、兄の室亀姫（本多忠政と岡崎信康の二女国姫との間に生まれた女子）を妻とした。

安志藩小笠原氏は豊前小倉小笠原氏の分家、初代長興は豊前中津小笠原長圓《ながのぶ》（四万石）の次男、兄長邕《ながさと》が六歳で没し断絶となったため、名跡として播磨安志一万石が与えられた。以後変わることなく、七代貞孚《さだちか》のとき廃藩置県を迎えた。

日向高鍋二万七千石秋月家の墓所には、五代種弘（長門守）［瑞應院殿恵山宗定大居士］の巨大な宝篋印塔がある。種弘は治世二十四年、病身ながら摂生を重んじ、聡明で善政と産業開発につとめ、宝暦三年（一七五三）七月二十一日、六十七歳で没した。「秋月家之墓」もある。

常陸谷田部《やたべ》一万六千余石細川家は、「細川総容之墓」「細川家夫人之墓」「子爵細川家代々之墓」。総容とは九代興貫《おきつら》で、最後の藩主で明治を迎えた。

近江西大路一万八千石「子爵市橋家之墓」は唐破風型、丹波柏原《はいばら》二万石「織田家」・「織田家累世之墓」は多宝塔と笠塔婆である。

常陸片野二万石滝川家の初代雄利《かつとし》（下総守）［桂徳院殿前法印三英周傑庵主］は慶長十五年（一六一〇）二月二十六日没、八十八歳。二代正利は病弱無嗣で領地返上を願い、一万八千石を収公、二千石を与えられ、子孫は旗本として存続した。

ほかに関家、松浦家、真田家など多くの一族と旗本家の墓がある。

墓地にはほかに、菊地五山《ござん》（江戸後期の漢詩人・儒官）、大内熊耳《ゆうじ》（江戸中期の儒学者）、小野お通（『浄瑠璃十二段草子』の作者）と二世お通の墓がある。

17　十一ヶ寺《じゅういっかじ》墓地

浄土宗　練馬区練馬四－二七
西武池袋線豊島園駅下車三分

十一ヶ寺とは珍しい名であるが、十一の寺があるからである。本坊は誓願寺といい、開山は東誉、家康から神田豊島町に一万坪の地を賜わり、小田原から移る。明暦の大火（一六五七年）後、浅草田原町へ移り、明治維新後に各塔頭は独立した。震災（一九二三年）後当地へ移転。

誓願寺を菩提寺とした大名は七家を数えるが、現存するのは、美作《みまさか》勝山二万三千石三浦家の二代安次室［心光院殿粲誉瓊室元瑤大姉］（丹波福知山朽木種綱長女）と安次の弟共次（越中守）［通玄院］（分知五千石）の墓、そして、下総古河八万石土井家の藩祖利勝の五男利直（信濃守）［静寂院］（分知一万石、奏者番）の墓である。

広い墓地には青地家代々（蔵前の札差《ふださし》）、小野蘭山（都旧跡・本草学者）、池永道雲（都旧跡・書家）、植村棋園《きえん》（儒学者）、小澤卜沢《ぼくせき》・馬場存義（俳人）、千金斉春芳・燕栗園《じゃくりつえん》千寿（狂歌師）、園部覚弥・奈良安親（彫金家）、沢村宗十郎一家（歌舞伎俳優）、林家（幕府の碁所）の墓がある。

美作勝山　三浦安次室［心光院］

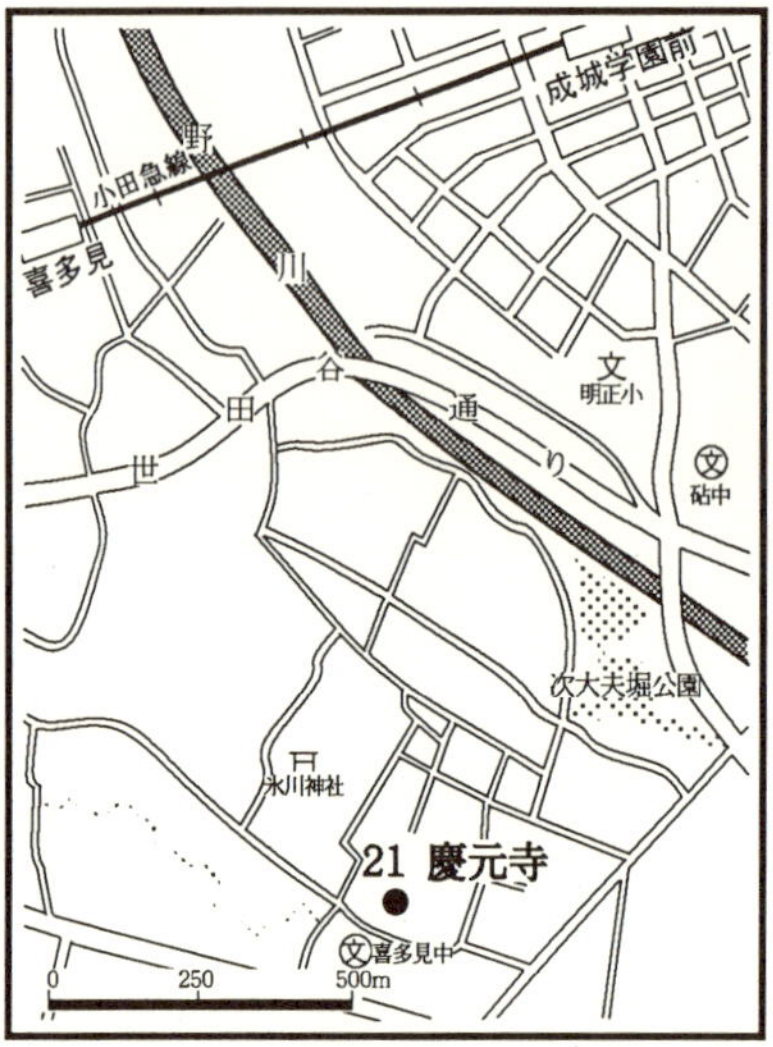
成城学園前
小田急線
喜多見
野
川
世
田
谷
通
り
文
明正小
文
砧中
次大夫堀公園
氷川神社
21 慶元寺
文 喜多見中
0
250
500m

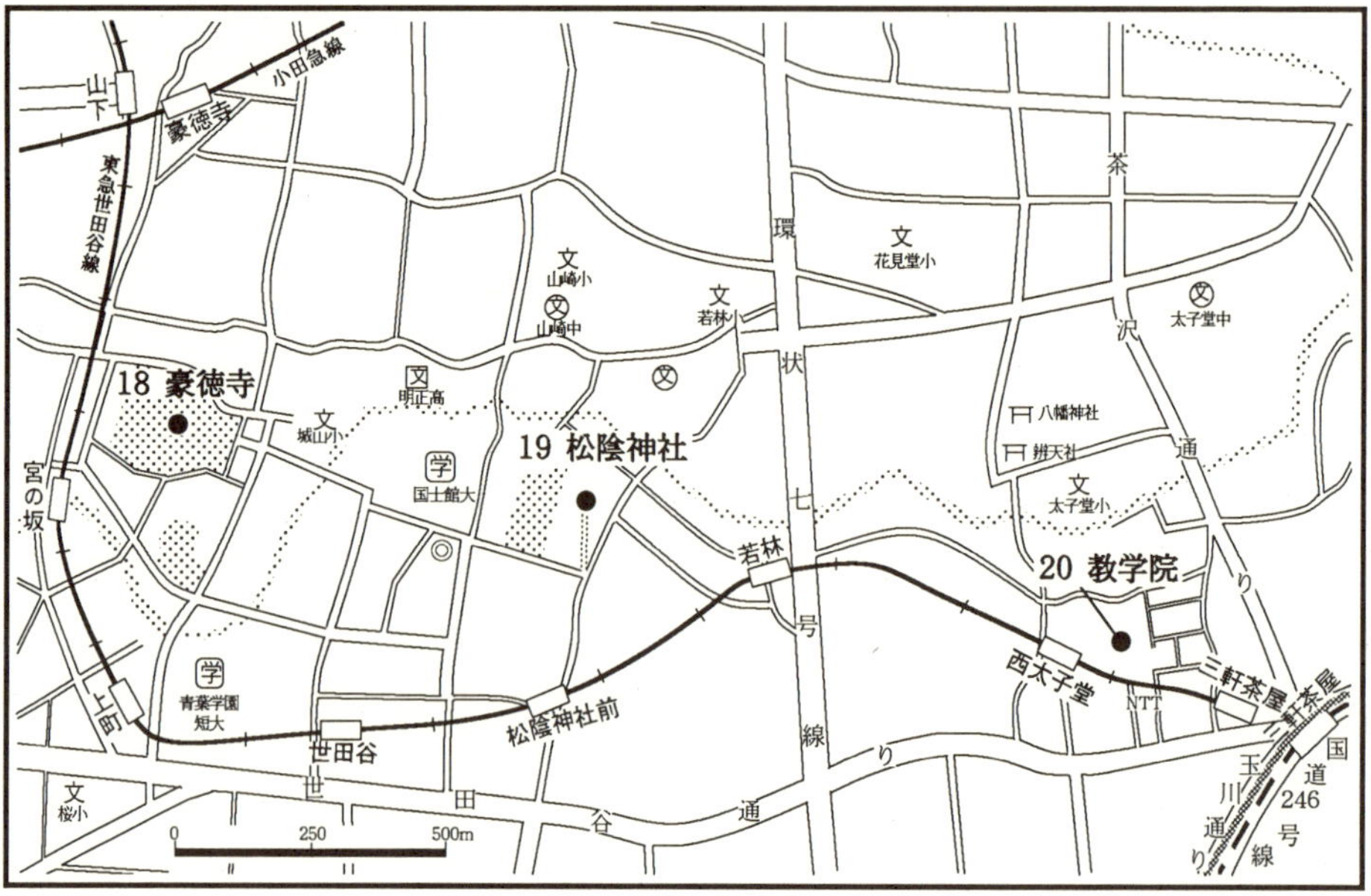
山下
豪徳寺
小田急線
東急世田谷線
茶
文
花見堂小
環
状
七
号
線
文
山崎小
文
山崎中
文
若林小
文
太子堂中
沢
通
り
18 豪徳寺
文
明正高
文
城山小
文
19 松陰神社
学
国士舘大
八幡神社
辨天社
文
太子堂小
宮の坂
若林
20 教学院
西太子堂
NTT
三軒茶屋
三軒茶屋
上町
学
青葉学園短大
世田谷
松陰神社前
文
桜小
世
田
谷
通
り
0
250
500m
玉
川
通
り
国
道
246
号
線

近江彦根　井伊家

五　世田谷

18　豪徳寺《ごうとくじ》

曹洞宗　世田谷区豪徳寺二－二四－七
小田急線豪徳寺駅下車七分・東急世田谷線宮の坂駅下車三分

豪徳寺は、世田谷城址公園の北にある。初めは世田谷城内の小庵で弘徳院と称した。文明十二年（一四八〇）吉良左京大夫政忠が伯母弘徳院理椿大姉のために一寺を建て、法名を寺名とし、開山に臨済僧の馬堂昌誉を請じたという。天正十二年（一五八四）門庵宗関が住職となり、本宗に改宗した。寛永十五年（一六三八）、井伊直孝が大檀那となり大堂宇を完成した。以来隆昌し、万治二年（一六五九）直孝を当寺に葬り、その法号に基づいて現寺号に改めた。

豪壮な山門に「大谿山」と刻まれている。参道の両側は赤松の大樹が並び、松籟《しょうらい》が心地よい。境内にはいかにも禅寺らしい本堂・仏殿と鐘楼、庭の隅には東京三大茶室の一つ種月園（非公開）があり、招き猫の伝説に基づく招福堂には、福を招くという「招き猫」が所狭しと置かれている。

豪徳寺の墓地は広い。あちこちに、寺の由緒を物語るように古色を帯びた石塔が見える。墓地の奥に、整然と同じような唐破風型の墓碑が並んでいる。そこが、井伊家の墓域である。二代直孝をはじめ、歴代の彦根藩主とその内室、言うまでもなく、桜田門外の変で知られる井伊直弼《なおすけ》の墓碑も同じような唐破風型である。

さて、徳川家康の「譜代」の直臣団は、松平郷（岩津）・安城（安祥《あんじょう》）・山中・岡崎譜代に分類されているが、駿河譜代というのは、家康が浜松へ移ってから駿河府中に移るま

近江彦根　二代井伊直孝［久昌院］

での間に服従した家臣団をいう。生粋の三河武士とはいえない駿河譜代に、井伊直政は入る。最古参の三河譜代が羽振りをきかせた中にあって、新参者の直政は、天正十八年（一五九〇）家康の関東入国の知行割りで上州箕輪《みのわ》十二万石という「四天王」の中でも最も高い所領を与えられた。関ケ原の役後に近江佐和山に移封された時の加増高六万石も、最高の加封である。直政が、家康のもとでこのような異例の累進を遂げたのはなぜか。それは多分、直政の人間的な厚みが家康の信任を絶大ならしめたからであろう。さらに言えば、家康への忠節、軍事・政治の才など、もろもろの要素の総合力で抜きんでていたからであろう。ともあれ家康は、直政を、沈毅《ちんき》で寡黙《かもく》であるが頼りになる男だと高く買っていた。小牧・長久手の戦いののち秀吉は、「赤鬼」と称すべき勇姿を戦場に馳せめぐらせたとして、井伊直政と榊原康政、本多忠勝の三傑を絶賛した。直政は「秀吉は自分たちを誘惑する底意がある」ことを指摘し、「たとえ天下に賂《まかな》うとも、この兵部（直政）は他人の禄を貪《むさぼ》るべくもござらぬ」と言い放ったという。新参ながら、譜代の気骨を常に失わなかった直政の挿話はつきない。直政は、関ケ原の鉄砲瘡の再発により、慶長七年（一六〇二）没。墓は豪徳寺にはなく、彦根清涼寺にある。

井伊家歴代の藩主の内、直弼があまりに有名すぎて、藩祖直政、二代直孝は知られていないきらいがある。

直孝は父直政の跡を継いだので彦根では二代目に数えられるが、慶長七年（一六〇二）から二十年まで直継が藩主だったので、正しくは三代目であろう。直継は元来病弱だったので、大坂冬の陣のときも病床にあり、藩主の責務が果たせないため、家康は庶弟の直孝に命じて直政の跡を継がせた（直継には直政の十八万石のうち三万石を与え、上州安中城主に封じた）。直孝は大坂夏の陣で木村重成を倒し、大阪城へ攻め入って豊臣秀頼母子の自刃を確認するなど抜群の功をたてた。その行賞で五万石加増、さらに五万石、寛永十年（一

近江彦根　十三代井伊直弼［宗観院］

六三三）にも五万石の加増となり、ついに三十万石の大名になった。秀忠の命で幕政に参加することになり、同十一年以降、死ぬまで江戸で幕府に勤仕した。大老職という重職にあったことは確かなことであろう。万治二年（一六五九）六月二十八日、七十歳で没し、［久昌院殿正四位上前羽林中郎将豪徳天英大居士］と号した。墓碑は総高三メートル余である。

十三代藩主直弼は、安政五年（一八五八）大老となり、勅許を待たずに日米修好通商条約など安政五ケ国条約に調印し、また十三代将軍の後継者を紀伊家の慶福《よしとみ》（のちの将軍家茂《いえもち》）に決め、反対派の一橋慶喜《よしのぶ》らを抑えるというような強い政策を強行した。さらに安政の大獄を断行したため尊皇攘夷派から狙われ、江戸城桜田門外で、水戸・薩摩の浪士により暗殺された。

直弼には政治家としての強烈な印象があるが、文化人としての評価もまた重要であろう。政治の舞台で活躍したのは十四年間である。埋木舎《うもれぎのや》時代といわれる三十二歳までは、禅の修行に励むなか「文武」の教養を身につけていった。藩主となった後も、茶の湯に意をそそぎ、一家をなし、茶禅一体の思想を『茶湯一会集』に著わしている。好んで「和敬清寂」や、「独座観念」という言葉を用い、一行物に筆をそめている。柳をこよなく愛し、「柳王舎」や「柳暁堂」の号を使っている。茶の湯でむつかしいのは火加減であるが、そのことについても『炭の書』で著わしている。井伊家の家紋は橘、その橘をデザインして作られた五枚一組の「楽焼橘紋形向付」は、自らの手作りであり、このほかにも数多くの茶道具の自作品を残し、彼の美意識を彷彿《ほうふつ》させる。茶の湯では「宗観」と号する直弼の世界はあまりにも広い。

都史跡の直弼（掃部頭《かもんのかみ》）の墓は［宗観院殿柳覚翁大居士］と刻まれ、万延元年（一八六〇）三月三日の没、四十六歳であった。井伊家では幕命によって喪を秘し、同月三十日に

近江彦根　十四代井伊直憲［忠正院］

長門萩　毛利秀就次男　松寿丸［松雲院］

大老を免ぜられ、閏三月三十日に病死と発表された。直弼の正室は［貞鏡院殿柳室智明大姉］と号し、丹波亀山松平（形原）信豪《のぶひで》娘昌子といい、明治十八年（一八八五）一月に亡くなった。直弼の側室［柳村院殿翠顔智性大姉］（西村里和）は十四代直憲の生母、もう一人の側室秋山静江は［柳江院殿心月明円大姉］という。すべて直弼の好んだ「柳」の一字が用いられている。

十四代直憲《なおのり》は直弼の二男。文久二年（一八六二）三月、十五歳で将軍家茂の名代として孝明天皇に謁見した。同八月井伊家歴代の名誉であった京都守護の職を免ぜられ、同年十一月には直弼の事で十万石を減ぜられて二十万石となった。明治三十五年一月、五十七歳で没した。［忠正院殿清節恕堂大居士］と号す。最後の藩主であった。

豪徳寺には、藩主は、二・六・九・十・十二・十四代と、正室・側室・子女の四十余基と支藩越後与板二万石十四代井伊直安の墓がある。

井伊家墓域に隣接して、遠城《おんじょう》謙道（井伊家家臣で生涯直弼の墓守りを全うした）の墓、「桜田殉難八士之碑」（明治十九年建立）、日下部《くさかべ》鳴鶴《めいかく》（本名東作、明治・大正期の書道家）の墓があり、一般墓地には、中村吉蔵（劇作家で西欧近代劇を導入した）、吉江喬松《たかまつ》（フランス文学者・詩人）などの墓がある。

19　松陰神社《しょういんじんじゃ》境内

世田谷区若林四―三五―一
東急世田谷線松陰神社前駅下車三分

社殿左手の奥に、吉田松陰の墓と彼と志を同じくした人々の墓がある。その手前参道の塀際に一基の立派な五輪塔がある。この地は、かつては大夫山《たいふやま》墓地と称した。

［松雲院殿清秀宗珪童子］の碑名は、長門萩三十六万九千石毛利家の二代秀就《ひでなり》の二男松寿

丸で、母は越前宰相結城秀康の娘。元和九年（一六二三）二月七日早世した。江戸神田広徳寺脇の徳雲寺に葬ると『毛利家家譜』に記されているので、なぜここに葬られたかは今となっては不明だが、この地は毛利家の抱屋敷《かかえやしき》であったことは確かである。

境内には、広沢真臣《さねとみ》（都旧跡・明治維新の功臣、明治四年暗殺される）、近くに桂太郎（長州の人、陸軍大将）の墓もある。

下野烏山　大久保家

20 教学院《きょうがくいん》

天台宗　世田谷区太子堂四－一五－一
東急世田谷線・新玉川線三軒茶屋駅下車三分

慶長九年（一六〇四）、江戸城内紅葉山に玄応が創建、後に赤坂、青山と移り、明治四十一年（一九〇八）当地に移転した。詳細な記録は江戸時代の二度の火災によって焼失した。小田原城主大久保加賀守の菩提寺となってから栄えたという。東叡山輪王寺の直末寺となり、大寺の格式を持つようになった。江戸五色不動の一つ、目青不動がある。

境内に入って正面の墓所は木立が茂り、その下に五基の笠塔婆が並んでいる。ここは下野烏山三万石大久保家の二代常春《つねはる》（佐渡守）［故執政高門院藤公墓］享保十三年（一七二八）九月八日没、歳五十四。三代忠胤［仁譲院］、四代忠郷《ただあき》［稟性院］、六代忠成《ただしげ》［圓珪院］と「大久保家之墓」がある。

初代忠高は家綱・綱吉に仕え、小姓組番頭・留守居・御側などを歴任、加増して大名に列し、享保十年（一七二五）下野烏山に入封定着。九代忠順《ただより》のとき廃藩置県を迎えた。

烏山大久保家の背後の高い木立を巡らした広い墓域は、相模小田原十一万三千石（後に七万五千石）大久保家墓所である。三代忠朝《ただとも》から十二代忠良《ただよし》までの歴代藩主・正室・子女四十余基と「大久保家之墓」がある。

大久保忠朝［松慶院］

忠朝は、幼少より家綱の小姓・小姓番頭を勤めて将軍に近侍し、延宝五年（一六七七）老中に就任、肥前唐津より下総佐倉へ、貞享三年（一六八六）一万を加増され十万三千石で小田原に入封した。藩祖忠隣《ただちか》改易以降七十二年ぶりの復帰であり、この入封を大いに喜んだという。しかし、老中の激務に追われて領内に入ったのは隠居後の元禄十六年（一七〇三）であった。『土芥記』の忠朝評は、「文武両道を学ぶ、しかれども理を極むる程の学に非ず。されど生得淳直にして、行跡正しく、佞曲邪欲の心なく、慈仁を専らとし、礼を厚くし、奢りなく、私を去り、慎み多く、政道順に、家民を哀憐する故に豊也。…此の将は、善人の良将というべきもの」と称賛している。

忠朝（加賀守）［松慶院殿四品拾遺實邦了圓大居士］の墓は大きな五輪塔である。正徳二年（一七一二）九月二十五日に没した。八十一歳の長寿であった。

小田原大久保家の墓所から一段下ったところの墓所は荻野《おぎの》山中一万三千石大久保家で、初代教寛《のりひろ》（長門守）［虎山院殿武林崇勇大居士］から六代教孝《のりたか》（出羽守）［就徳院］・室［貞寿院］、七代教義室［栄光院］までと子女たちを合わせて十数基がある。

荻野山中大久保家は、小田原大久保忠朝の次男教寛が新田六千石を分与され別家となったものである。教寛は、書院番頭・御側・若年寄などを歴任。この間加増されて宝永元年（一七〇四）には一万千石を領した。五代教翅《のりのぶ》のとき相模中荻野に陣屋を置き、七代教義《のりよし》で廃藩置県を迎えた。

21 慶元寺《けいげんじ》

浄土宗　世田谷区喜多見四－一七－一
小田急線成城学園駅より　東急バス（玉07）次大夫堀公園下車五分

樹木の茂った参道は長い。境内に入ると、江戸太郎重長の猟《かり》姿で床几《しょうぎ》に掛けた戦国武将の

江戸家

像がある。江戸氏は鎌倉以来の東国の名族である。古い名族ほど各地にちらばって、姓を替えるなどして歴史の上から消えていっているものも多いが、江戸氏も北条家に仕えた勝忠が、小田原落城後は巧みに関東入国の家康に拝謁し、名族の故をもって御家人に列することが許されたのである。ここで彼は従来の江戸氏という名を憚《はばか》って、木田見氏（後に喜多見氏）と称し、本領武州多摩郡喜多見村五百石を安堵された。江戸氏の祖は、もとは今の皇居がある辺りに館を構えていたが、江戸城築城の際ここ喜多見の地に移り、菩提寺である慶元寺もこの地に移した。

辛うじて本領と家名を保つことができた勝忠は、新参の御家人として徳川家に忠勤を尽くした。とくに関ケ原の戦、大坂の両陣には殊功をたてて、摂津で五百石、ついで河内、武蔵で千石の加増、官職も近江の郡代を経て摂河泉の奉行に転じた。勝忠は寛永四年（一六二七）十二月堺で病死した、六十歳。長子正忠はすでに亡く、次男重恒に千石余、三男重勝に千石が与えられ、分家が創設された。本家の重恒に養子として入ったのが重政（旗本二千五百石の石谷武清の次男、母は重恒の娘であるから、重政は外孫になる）である。

さて重政は喜多見家を継いで、はじめ書院番士として仕えたが、綱吉が将軍になると、見いだされて御側小姓に、天和元年（一六八一）には従五位下若狭守に叙任、その年二千石加増、同三年には六千八百石余の加恩があって、合わせて一万石の大名にとりたてられ、御側御用人に昇格した。（かの柳沢吉保と同じ昇進コースを歩む）やがて貞享三年（一六八六）正月には一万石の加増により合わせて二万石に倍増したから、綱吉の信用がいかに篤かったかわかる。ところが、ここに不測の事件が起こった。

分家の重治（重勝の養子）の刃傷である。『徳川実紀』や『寛政諸家譜』などを要約すると、重治に一人の妹がいて、朝岡縫殿頭《ぬいどののかみ》直国（千五百石の旗本）に嫁していた。直国は綱吉の御側小姓としてとりたてられていたが、「猶志を改めず作法宜かざる」と重なる勘気

武蔵喜多見　喜多見重政［心光院］

を蒙って今度は知行地没収、お預けの厳しい処分を受けた。妻は実家の重治に預けていたので、帰っても住む家のない直国は、喜多見家に僑居することになった。

こうしたとき、重治と直国との争いがおこった。「遺恨あるにより」とか「憤る事ありて」などと記して明らかでないが、ともかく刃傷に及んだという。もう一説あって、直国の妻というのは、重治の実妹ではなく義妹であり、重治はその義妹と密通し、ことの露顕を恐れてひそかに家人に命じて直国を殺害せしめ、狂気の末自害したと報告した。収まらない直国の家臣はことの真相を調べて評定所に訴え出た。その結果、重治の処罪となり、事を隠そうとした重政も処罪された、というのである。なかなかうがった説であるが、いずれが真か、即断できない。

『廃絶録』によれば重政は、元禄二年（一六八九）二月二日、格別の恩寵をうけ抜擢されたのに、綱吉の意に背き、勤務も怠慢であるとの勘気をうけ、除封された。そして伊勢桑名松平定重に預けられ、配所で没した。恐らく重治の一件に関係したことが彼の没落を決定したのであろう。あるいは、重政の昇進を妬んだ一味がこれを利用したのであったかもしれない、といわれる。

江戸氏喜多見氏の墓所は墓地中央西側にある。墓石は二十基、石灯籠六基がコの字型に配列され、正面の宝篋印塔は江戸氏累代の供養塔。左側の奥から手前二番目の五輪塔が喜多見重政（若狭守）［心光院殿出透浄諦大居士］元禄六年（一六九三）七月二十三日、三十六歳で没した。狂死したといわれる。

重政の陣屋は慶元寺近くにあり、広大な陣屋・屋敷跡は区教育委員会により遺構の発掘調査が実施された。

また重政は、綱吉の生類憐愍政策により喜多見に犬小屋を建てているが、その跡地の標示はない。

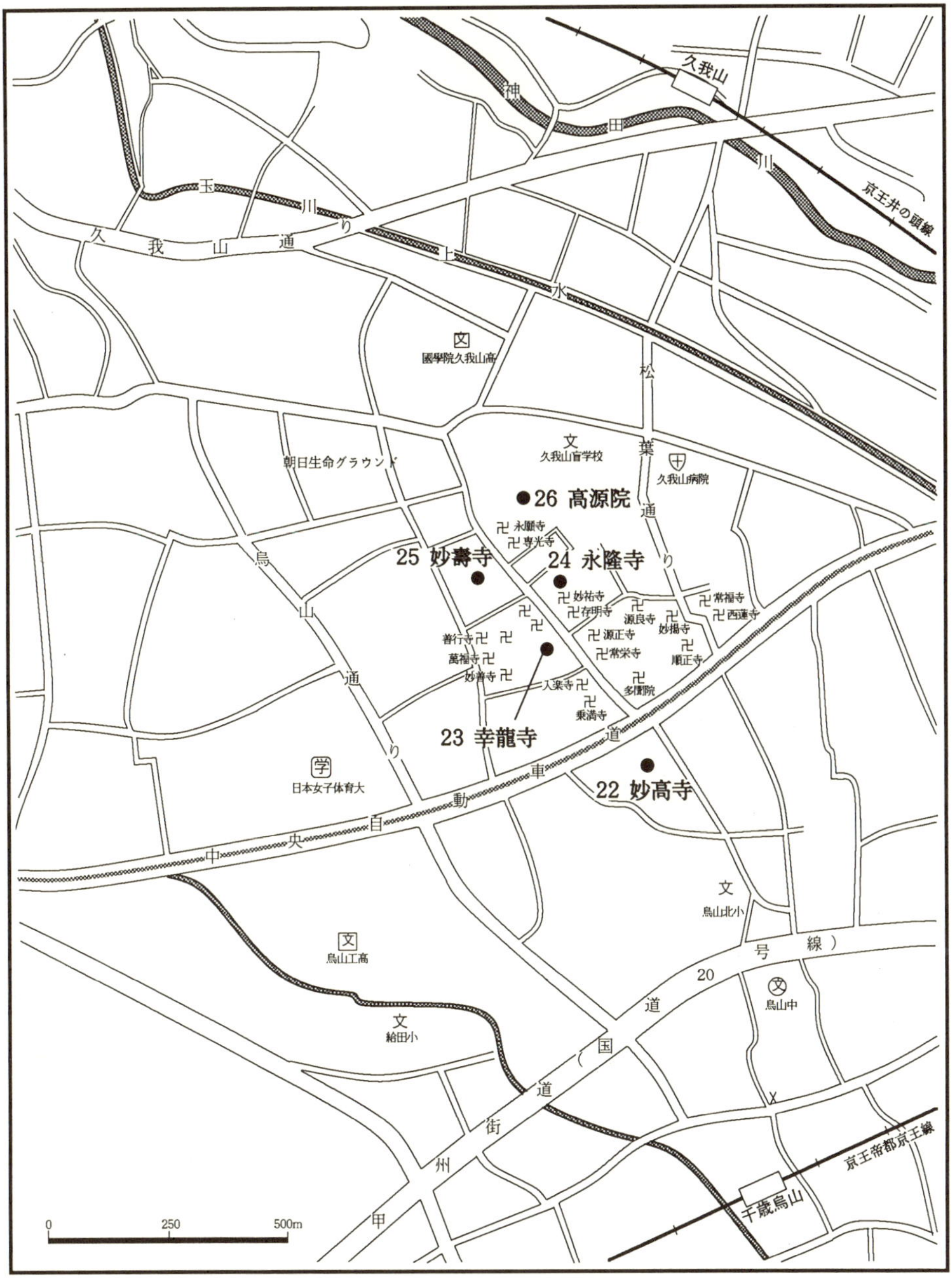

久我山
京王井の頭線
神田川
玉川上水
久我山通り
國學院久我山高
松葉通り
久我山盲学校
久我山病院
朝日生命グラウンド
26 高源院
永願寺
専光寺
25 妙壽寺
24 永隆寺
妙祐寺
存明寺
源良寺
常福寺
西蓮寺
妙揚寺
源正寺
善行寺
萬福寺
常栄寺
順正寺
妙善寺
入楽寺
多聞院
乗満寺
烏山通り
23 幸龍寺
日本女子体育大
22 妙高寺
中央自動車道
烏山北小
烏山工高
国道20号線
甲州街道
烏山中
給田小
京王帝都京王線
千歳烏山
0
250
500m

出羽山形　水野家

六　甲州街道　烏山の寺町

22 妙高寺《みょうこうじ》

日蓮宗　世田谷区北烏山六－二三－一
京王線千歳烏山駅下車一〇分

寛永二年（一六二五）首玄院上人が浅草今戸に開山、山形藩主水野出羽守の帰依を受け、浅草に四千坪の地を寄付され栄えた。震災（一九二三）後当地に移った。

墓地に入って左の竹林の中にある二基の角型石塔は出羽山形五万石水野家の墓所で、十二代「従四位水野忠精《ただきよ》之墓」（越前守）・十三代「従三位子爵水野忠弘之墓」（和泉守）と「水野家之墓」がある。

水野家は、初代の忠元が幼時より秀忠に仕え、小姓番頭、大坂両役の戦功により下総山川三万石、さらに五千石を増封、領内支配に結城氏の旧臣などを登用するなど藩政の基礎固めに努力した。その後、加増転封を重ねた。

忠精は「天保の改革」を推進した老中水野忠邦の長男、忠邦の隠居・蟄居（在職中の不正を理由に加増地一万石と本高のうち一石を没収）により家督を継ぐが、二か月後には浜松七万石から山形五万石に転封を命ぜられた。この際に、領内からの借上金を返済せずに移ろうとしたため、水野家に対する積年の怒りが爆発し一揆が起こったという。忠精は奏者番、寺社奉行、若年寄に栄進して、文久二年（一八六二）老中に就任する。藩財政は窮乏し、富商富農を御用達に任じ、その借用金によって財政を運用した。紅花の専売制を計画したが失敗、同年七月安米売りを要求して騒動があり、藩は出兵して鎮圧に当たるとともに安米を売り出すなどの対応に苦慮したという。

慶応二年（一八六六）六月老中を辞任、九月には忠弘に家督を譲った。明治三年（一八七〇）十一月近江朝日山に転封となり、廃藩置県を迎えた。

墓地には藤井右門（尊皇の先覚、明和事件で山県大弐とともに幕府に捕えられ処刑）の墓もある。

徳川家光側室　お夏の方［順性院］

23 幸龍寺《こうりゅうじ》

日蓮宗　世田谷区北烏山五―八―一
京王線千歳烏山駅下車一五分

徳川家康が浜松在住の頃、祖母正心院日幸尼の願いを入れ、天正十九年（一五九一）一寺を建立、妙祐山幸龍寺と号した。以来家康の関東入国に伴い江戸に移り、神田湯島、浅草田圃から震災（一九二三）後当地に移る。かつて将軍家の祈願所として白書院独礼の待遇をうけ、百五十石の朱印を賜わり、塔頭十支社を数えた。

本堂の背後に［順性院殿妙喜日円大姉］の華麗な五輪塔が建っている。三代将軍家光の側室、六代家宣の祖母に当たるお夏の方である。時代を経ている割には清潔で、傷みもなく女性らしい石塔は、多分供養塔であろう。お夏は、京都の町人弥市郎（後に旗本藤枝摂津守重家）の娘、元和八年（一六二二）の生まれ、寛永十四年（一六三七）に召し出され、綱重を生み、天和三年（一六八三）に没し、浅草幸龍寺に葬られると記録されている。幸龍寺は昭和二年、世田谷に移り、墓碑も移葬されたが、さらに昭和五年谷中の徳川墓地に改葬された。

一説には、お夏は元和九年（一六二三）生まれ、本理院（家光の正室）に従って西城に入り、浴室に候していたが、家光の手がつき、寛永二十一年（一六四四）五月二十四日、長松を生んだと伝えている。長松は幼い時伯母天樹院（千姫）の養子となり、竹橋御殿に住み、元服して後に甲府宰相綱重という。綱重の子綱豊は六代将軍の家宣である。

墓地の左奥に肥前唐津六万石小笠原の墓所がある。巨大な宝篋印塔は藩祖忠知《ただとも》の室［法源院殿了仙日心大姉］で豊臣秀頼の家臣多賀長兵衛光貞の娘、寛永十一年（一六三四）十月八日没。「小笠原家之墓」は合祀碑、墓誌に、小笠原家の宗家である秀政、忠知と歴代藩主夫妻など十五霊を刻んでいる。

墓地にはほかに、長谷川雪旦《せったん》（江戸後期の画家）、喜多村信節《のぶよ》（節信《ときのぶ》とも、江戸後期の国学者・考証学者）、鶴賀若狭鶴吉（江戸中期の新内節の開祖）の墓がある。

尾張犬山　成瀬家

24　永隆寺《えいりゅうじ》

法華宗　世田谷区北烏山四－一二－一
京王線千歳烏山駅下車一五分

開基の利玄院日義は、家康の囲碁の師であったという。神田鍛冶橋に創建、寛永年間（一六二四〜四四）谷中清水町へ、さらに本所出村（後の太平町）から現在地へ移る。

境内に入ると、正面に大きな笠塔婆三基と箱型墓石が建っている。寺側に訊《たず》ねるが、古記録は本所にあった二百三十七年間に水害で流失して不詳とのことであった。のちに調べたところによると、尾張犬山三万五千石成瀬家（尾張徳川家の付家老）の墓碑で、三代正親《まさちか》室［荘厳院殿隆岳日山大姉］（但馬出石《いずし》小出吉重娘於葉）延宝六年（一六七八）十二月四日没、四代正幸室［光岸院殿秀玉智海日到大姉］（越後村松堀直利娘きい）正徳三年（一七一三）九月十三日没、三十三歳、正幸娘きち［恵眼院］は早世している。もう一基の［高運院］はだれの娘か不明である。

陸奥弘前　津軽信義［桂光院］

25 妙壽寺《みょうじゅじ》

法華宗　世田谷区北烏山五－一五－一
京王線千歳烏山駅下車一五分

寛永八年（一六三一）日受上人の開創で谷中清水町にあったが、寛文二年（一六六二）本所猿江村へ、さらに震災後に現在地に移る。

本堂前の木立の中に一基の古色漂う大きな五輪塔がぽつんと建っている。ここは墓地ではない。だれの墓碑なのか、法名は［桂光院殿雪峰宗瑞大居士］とある。後日明らかになったところによると、陸奥弘前十万石津軽家の三代信義（土佐守）であった。

信義は二代信枚《のぶひら》の嫡男、母は松平康元の娘（家康養女の満天姫）、寛永十五年（一六三八）家督を継ぎ、土木事業、新田開発と、父の執政を受け継いだ政策をとり、民政に多くの業績を残している。これだけ見ればなかなかの名君だが、大変な酒乱で、家臣たちから「情張《じょっぱり》殿様」と陰口されていた。

『津軽藩旧記伝類』によると、酒乱で、相当数の近臣や家臣をその時の気分次第でバッサリ殺《や》っている。出番出仕の人々は、御本城には出行《いで》くごとに家内と杯（水杯）を取り交し、今日限りの命なりと覚悟を決めて奉公したという。慶安元年（一六四八）、一部の家臣が信義の失政を幕府に訴えて、信義の弟信英（後の支藩黒石藩初代）を新藩主に推そうという運動を企てた。ところがこの信英擁立の動きは、事前に密告されて信義の知るところとなり、関係者は捕えられて切腹、あるいは斬罪に処せられてしまった。まことに無残なようではあるが、藩内のこんなゴタゴタが幕府に知られれば、津軽藩は悪くすれば改易の憂き目を見なければならないところだったから、当時の「君、君たらざるとも、臣は臣たるべし」の封建道徳からいえば、信義の処断は正しかったということになるわけである。

また、信義は愛妾十八人、子は三十九人ともいわれた女好き。蟄居中の弟信光の妻を城中に呼び寄せて十日ほど帰さなかった風聞もあった。家臣に美貌の妻があると聞くと城中に召したともいわれ、酒乱と女好きのほどは、歴代藩主にその例をみない。

明暦元年（一六五五）十一月二十五日没、歳三十七であった。津軽家の菩提所の上野津梁院に葬られたとされるが、津梁院には存在しないで、なぜかここにある。寺側に訊ねても墓碑については一切不明であった。

26　高源院《こうげんいん》

臨済宗　世田谷区北烏山四－三〇－一
京王線千歳烏山駅下車二〇分

開基は筑後久留米二十一万石有馬家の四代頼元で、晩年江戸の有馬家菩提寺である祥雲寺輪番の怡渓和尚の高徳を慕い仏道に帰依し、江戸品川に一寺を創建、怡渓を招いて開祖とした。これが高源院という。しかし故あって明治二十六年（一八九三）には無住となって祥雲寺の兼務住職となった。大正十五年（一九二六）品川から移る。敷地内に清泉の湧き出るのをそえて浮御堂を建立したと寺伝にある。

境内に入ると二基の唐破風型墓碑が建っている。右は［養福院殿高源宗隆大姉］、左は［玉樹院殿雪貞妙浄大姉］と刻んである。寺側に訊ねても過去帳がないので確答を得ず、有馬家の国許の菩提寺梅林寺に問い合わせた結果、右は頼元公家女、左は富岡家後室の墓ということがわかった。家女とは、出身家柄も定かでない時姓名を明記しない表示の方法で、富岡家についても、有馬家とのかかわりについても不明ということ。また『有馬家譜』にも両名について一切記されていないので、これ以上のことはわからないが、両石塔には有馬家家紋左三つ巴紋が刻まれており、頼元の妾か、それにかかわる女性であろう。

頼元公家女［養福院］富岡家後室［玉樹院］

下町

台東区・荒川区・墨田区・江東区・足立区・葛飾区

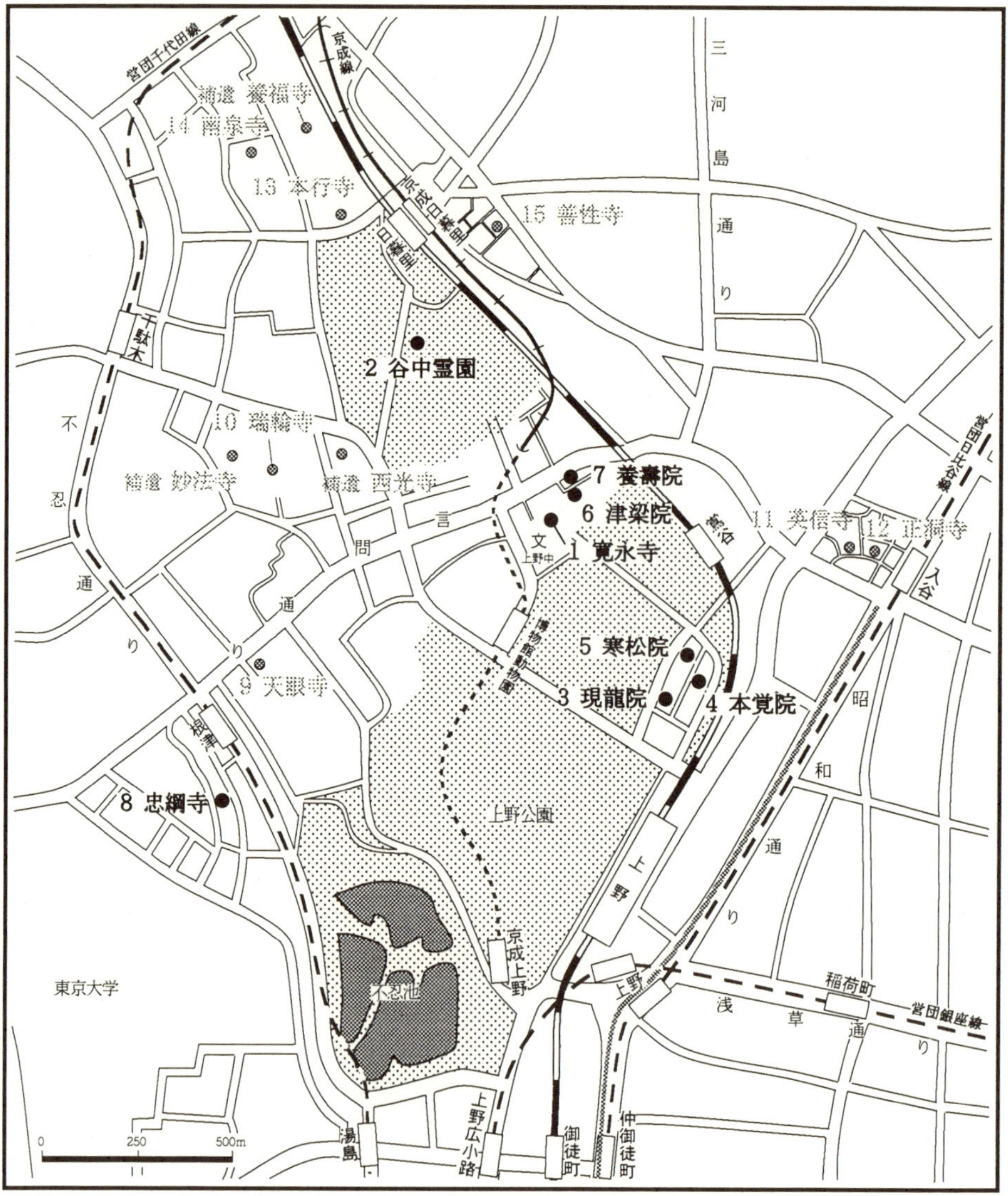

妙法寺　補遺317頁
西光寺　補遺318頁
養福寺　補遺318頁

下　町　台東区・荒川区・墨田区・江東区・足立区・葛飾区

寛永寺

一　上野の山周辺

1　寛永寺《かんえいじ》

天台宗　台東区上野桜木一－一四－一一
ＪＲ山手線・京浜東北線鶯谷駅下車五分

東叡山《とうえいざん》円頓院と号す寛永寺は、三代将軍家光の時、江戸城の艮《うしとら》（東北）の鬼門を鎮護し国家の安穏長久を祈願するため、寛永二年（一六二五）に天海僧正（川越喜多院住職）に命じて完成させた。

天海は自ら寛永寺の初代門主（住職）となり、他の寺院に比べて全く別格な寛永寺をつくりあげていく。まず、勅許をえて滅多に使うことが許されなかった年号を寺名に使い、山号を東叡山とし、天台宗総本山比叡山延暦寺にならい、東の叡山とする。さらに門主には三代目から皇族が就任し十五代まで続く。いわゆる上野の宮様、上野輪王寺宮といった方である。

このように、徳川幕府の強力な援護と天海の力により、寺院として最高の座を占め、六人の徳川将軍霊廟（墓所）をもつような寺格にまでなる。寛永寺は子院三十六坊（現十九子院）と本坊、根本中堂、文珠楼（吉祥閣）など豪壮な建物を有した。その後諸堂宇は数回

寛永寺徳川墓地　各霊廟配置図

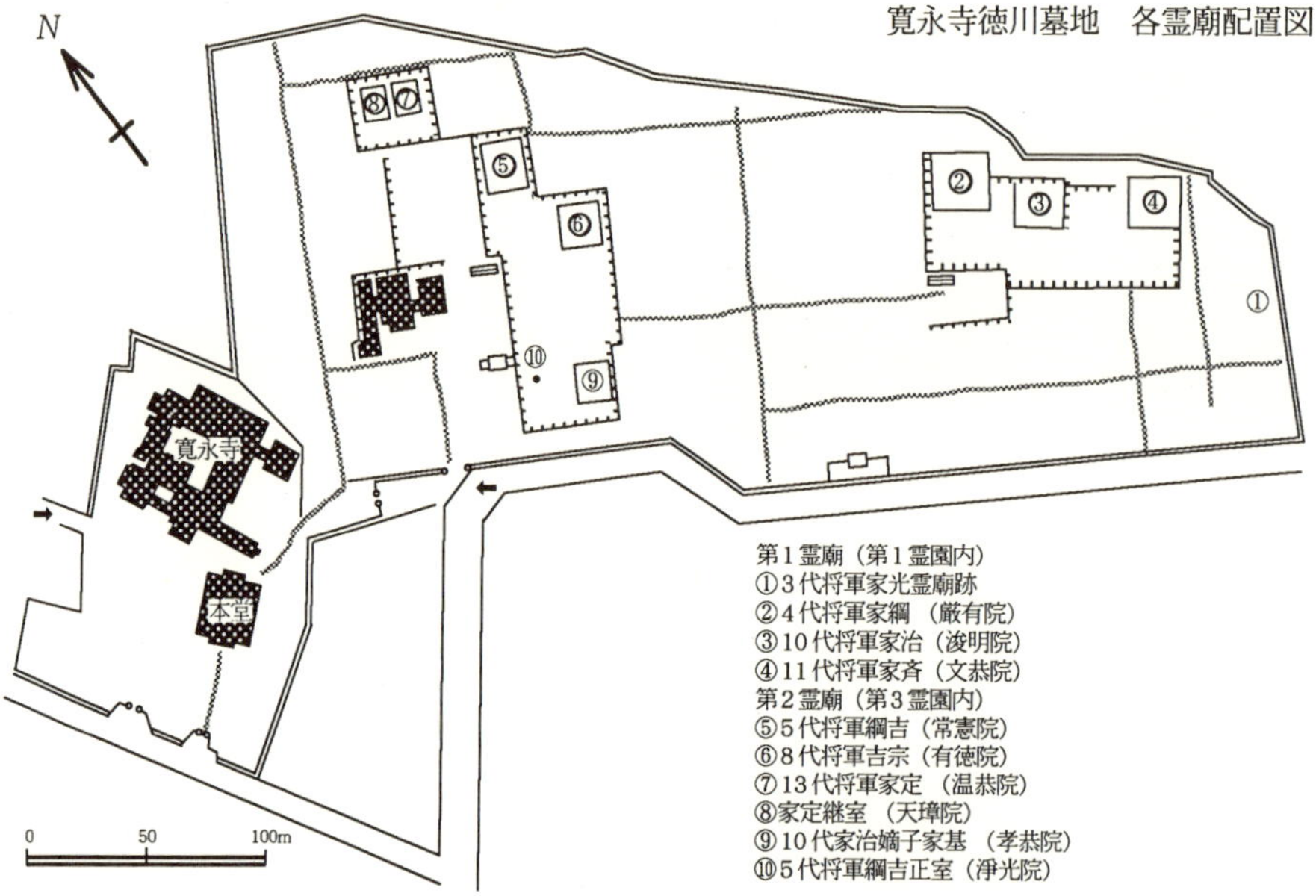

の火災にあったがその都度再建し、幕末のころは寺域は上野全山三十六万坪、神祠堂舎子院など七十余坊、寺領一万二千石をもち隆昌を極めた。

慶応四年（一八六八）五月十五日上野の戦い（彰義隊の戦い）により大部分の建物が焼失、一部を残して新しく上野公園（十八万坪）に生まれ変わる。

徳川家と共に歩んできた寛永寺も、子院であった大慈院《だいじいん》（最後の将軍慶喜が謹慎した）の地に、明治十二年（一八七九）喜多院から本地堂を移築し、本堂として現在に至っている。

さて、江戸っ子がことさらに上野の「お山」と敬称したのは、東照宮や公方《くぼう》（将軍）様たちの墳墓があって、幕府にとっては霊域だったからであろう。上野のお山の正式の名は「忍《しのぶ》ケ岡《がおか》」といい、その西麓に広がる池には対句的な面白さから「不忍池《しのばずのいけ》」の名がつけられた。

江戸開府の当初、忍ケ岡には藤堂・津軽・堀家など諸大名に宅地が与えられ、また大学頭林羅山《らざん》の屋敷（学問所）や孔子廟が設けられていたが、寛永寺の創建に伴い、これらすべてが立ち退いたのである。

徳川将軍霊廟（上野寛永寺霊園）について記す。

寛永寺第一霊廟の「大猷院霊廟跡碑」とは、三代家光の墳墓が初代家康の祀られている日光東照宮へ改葬されたので、石柱で跡の標記を示したもので、二つの灯籠が配されている。

大猷院霊廟跡碑

十六代家達夫妻

ほか第一霊廟には、四代家綱・十代家治・十一代家斉の墓があり、第二霊廟には、五代綱吉・八代吉宗・十三代家定と継室天璋院、十代家治世子家基の墓がある。墓碑は宝塔といい、おおむね同じ様式である。さらに十六代当主家達《いえさと》公爵夫妻の笠塔婆があり、巨木の木陰下にひっそりと眠っている。

家康と家光は日光東照宮に葬られているが、ほか十三人の将軍はいずれもが江戸の地に埋葬され、しかもその墳墓がここ寛永寺と芝増上寺に分かれている事実を知る者は意外に少ない。ただ十五代将軍慶喜は寛永寺谷中徳川墓地へ別に葬られ、両寺には半々に葬られている。将軍が逝くと両寺から幕閣に猛烈な働きかけがあって、幕閣は頭を悩ましたという。

霊廟は戦災を受けたので、将軍の宝塔前にあった権現造りの御霊屋《みたまや》とその前面に設けられていた本殿・相殿・拝殿・勅額門などは失われてしまったけれど、道路沿いに厳有院（家綱）廟の勅額門と水盤舎、西路よりやや引っ込んで建つ常憲院（綱吉）廟の勅額門と水盤舎（以上いずれも国重要文化財）が残ったのは貴重な財産である。なお、増上寺のそれは戦災により焼失して、往時の面影を全くとどめていない。

とりわけ常憲院霊廟は、綱吉の殊遇により栄進した松平（大河内）輝貞が、綱吉没後殉死を願い出て許されず、全財産を投じ三年がかりで建造したものだけに、輝くばかり美しい。宝塔前の総唐銅《からかね》造りの唐門（国重文）も輝貞の寄進になるもので、両袖の分を除き眼にすることはなくなってしまったが、さすが将軍のものだけに石壇上の宝塔は調和のとれた立派な造りである。

残念ながら、ここ徳川将軍霊廟の霊域には、だれもが自由に足を踏み入れるというわけにはいかない（徳川家や寛永寺の許可が必要）。せめて勅額門《ちょくがくもん》を目の当たりにして、往時を偲ぶことでよしとしたい。

勅額門　四代家綱霊廟

勅額門　五代綱吉霊廟

本堂

五代将軍綱吉［常憲院］

四代将軍家綱［厳有院殿贈正一位大相国公尊儀］は、三代家光三十八歳にして生まれた嫡男だが、この世に生をうけると同時に、生母（側室お楽の方）と死別、わずか五歳で元服、弱冠十一歳にして将軍に就く。年少の将軍を補佐する優秀敏腕なブレーンが前将軍家光の遺産であった。第一に保科正之（家光の異母弟）が家光の遺託をうけ、後見人、大老の井伊直孝・酒井忠勝、老中に松平信綱・阿部忠秋といった俊秀が幕閣を固めた。

家綱は生来の病弱な体が、画・碁・将棋・茶の湯といった静的なものに趣味を抱かせ、武将の好んだ鷹狩のようなものは避けさせたらしい。虚弱であり、短命と思われた家綱だが、意外にも三十、四十と生き抜き、その間に慶安の変（由井正雪の陰謀事件）、玉川上水の貫通、明暦の大火（いわゆる振袖火事、焼失町数八〇〇、焼死人十万）後の都市計画や、殉死の禁の発令、などの処理が、優秀なるブレーンによってなされた。かつて曾祖父家康も祖父秀忠も、汗みどろ血みどろになって命を賭けて戦陣を駆けずりまわり、手にした征夷大将軍職だが、三代から四代へと時世が移っては、さながら床の間の飾り物めいてしまい、家綱は、まったく無為の人と化してしまった観があった。

延宝八年（一六八〇）の春先から、急に家綱の病が重くなった。治政後期の幕閣である大老酒井忠清は、「将軍の御気鬱《きうつ》を散じ参らせるため」と称し、前代未聞の盛宴を催した。今度は老中稲葉正則が、つづいて老中大久保忠朝が大酒宴を開いた。彼らは一体将軍の病気をどのように受けとめていたのであろうか。家綱はこんな大老・老中の顔をどんな思いで見ていたのであろうか。五月八日朝、家綱は没した、行年四十歳であった。

五代綱吉［常憲院殿贈正一位大相国公尊儀］は、家光の第四子、母は本庄氏桂昌院。家光より十五万石の厨料を分与され、承応二年（一六五三）松平左馬頭《さまのかみ》綱吉と名乗る。寛文元年（一六六一）十万石が加増され上野国館林二十五万石城主。『徳川実紀』は、公式的には、四代家綱の病状が悪化した時に、親族・重臣らが協議して綱吉を養君にすることを決

五代将軍綱吉室［浄光院］

八代将軍吉宗［有徳院］

め、家綱の同意を得て、滞りなく事は決定したとする。しかし、その間に激しい争いのあったことを暗示する記事も併せ載せている。それは綱吉が将軍家に迎え入れられると、すぐ家綱代の権臣酒井忠清が退けられ、家綱代末期に登用されたばかりの堀田正俊が大抜擢をうけて忠清の跡役とされた、という変事を踏まえてのものである。また、舘林時代の家老牧野成貞に「私生活」を補佐する役職、新設の「側用人」という老中に近い格の役職を与えた。綱吉の初政は賞罰厳明で「仁政」を目ざし、老中以下の諸役人が精励し、緊張した安定した時代が出現した。堀田正俊の補佐に負うところも大きい。

正俊没後（貞享元年、江戸城中で若年寄稲葉正休に斬殺された）は、側用人牧野成貞・柳沢吉保らを重用し、仏教へのめり込み、「生類憐れみの令」と総称される稀代の悪法をつぎつぎと発令して、華美な生活に耽り、寺院の造営などに巨費を投じたので、財政は窮乏した。このため金銀貨を改鋳して通貨量をふやし一時をしのごうというような政策をとった。また、晩年には天候異変・地震・富士山の噴火などという自然災害も起こり、世情は騒然とした。そして、その功罪は、補弼《ほひつ》の臣の牧野成貞・柳沢吉保にも負わされている。綱吉を元禄時代と切り離しては考えられない。そこには将軍綱吉がいる、影響はある。

綱吉は嫡子徳松が五歳で夭折したため、ひたすら跡取りの男子誕生を願ったが、生類憐れみの効果もなく、その後も子は生まれなかった。宝永六年（一七〇九）一月十日、六十四歳で没した。

八代吉宗は、紀伊徳川家二代光貞の四男、生母は於由利《おゆり》の方（浄円院）という。吉宗の兄たちが相次いで急逝したため、思いがけなく、宝永二年（一七〇五）十月紀伊徳川家五代当主となる。藩主の十二年間、藩財政の再建に尽力、それは徹底した緊縮政策であり、一方新田開発や殖産興業にも積極的に努力、そのため人材登用をはかった。その結果幕府からの拝借金を返上し、和歌山城金庫に十四万両、米十二万石が蓄えられるほど藩財政の再建に成功した。また、尚武崇学の面でも意をもちい、第一に文、第二に武、第三で禅とした。講釈所を設置し、藩校の基礎を築いた。吉宗時代の施策の中で有名なのは訴訟箱の設置である。

七代将軍家継はわずか四歳で将軍となったが、八歳になった正徳六年（一七一六）四月末に危篤状態となった。吉宗が後見役となるが、翌日家継が没すると五月一日、吉宗は、三十三歳で八代将軍となった。

吉宗が幕藩体制安定強化のため行なった「享保改革」は、将軍親裁を強化し（側用人を廃し、老中尊重の姿勢）、足高制《あしだか》（少禄の者を抜擢し、在職中は役職相応の禄を与えて人材登用を容易に）などによって幕府官僚体制を整備、旗本・御家人の財政難救済のため上米《あげまい》制（緊急措置として、財政窮乏をしのぐため諸大名に対して石高一万石につき百石の割で米を幕府に上納させ、その代わり江戸参勤の期間を半年短縮した）を実施した。農村政策として定免制（一定年間収入が変動しないとし、五公五民に引き上げ）の実施などにより年貢収納を強化、新田開発や甘藷など新作物の栽培を奨励し、米価の安定、通貨の統一に努め、商業資本の統制に留意をはらう。一方では、目安箱の設置や、町火消組合の創設と実学の奨励（実際の生活に役立つ洋書の輸入解禁）、法令類の編纂も実施した。その政策は幕藩体制の安定に大いに貢献し、中興の祖ともいわれる。しかし、改革の背景は、農村における商品経済の発展を遠因とした幕府財政の窮乏にあったので、貢租徴収の限界と、享保十七年（一七三二）の大飢饉をはさむ米価の大変動が契機となり、元文元年（一七三六）貨幣の質を落とした文字金銀の増発など改革の修正を余儀なくされた。

問題は残るものの、享保の改革もある程度成功させ、延享二年（一七四五）九月、六十二歳で将軍職を家重に譲り、居を西の丸に移して大御所と称された。寛延四年（一七五一）六月二十日、六十八歳で没し、［有徳院殿贈正一位大相国公尊儀］と諡した。

十代将軍家治［浚明院］

十一代将軍家斉［文恭院］

十代将軍家治は、九代家重の長子、生母は側室お幸の方（至心院）である。宝暦末年以降、明和・安永期の幕政の中心は老中首座松平武元《たけちか》（水戸家庶流、館林松平家を嗣ぐ）で、吉宗から特別の懇命をうけ、家重の政務の補佐を命ぜられた。家治が将軍になると、直々何事も心に及ぶほど忠言せよとの特命をうけて、引き続き幕閣をリードしていた。すでにこの時期には幕政は安定を欠きはじめ、社会的矛盾を大きく露呈していたが、まだそれをカバーできた。

天明期幕政の中心は田沼意次《おきつぐ》であった。この時期は、浅間山の大噴火、天明の大飢饉、一揆、打毀しといった社会的不安に覆われていた。さらに封建権力を支える社会的基盤である封建農村そのものが、飢饉と幕府の営利政策によって荒廃し、とくに東北・北関東では餓死や流亡による急激な人口減少もあって、荒廃がひどかった。

とりわけ天明期は、無為の君主では済まされない時代だったにもかかわらず、家治は五十年の治政は二人にゆだねて、自身が将軍としての主体性を発揮することがなかった。家治［浚明院殿贈正一位大相国公尊儀］は、天明六年（一七八六）九月八日、五十歳で没した。

十一代将軍家斉《いえなり》は、御三家の一つである一橋治済《はるずみ》の四男、生母は側室お富の方（岩本氏）。家治の継嗣がないために養子となり、豊千代改め家斉と改名した。十歳にもみたない若さであった。

家斉の治政五十年間の第一期は、松平定信が幕政を担当して寛政の改革を行なった時期で、まず田沼派を排除して譜代大名による同志的結合に基づく幕閣を形成した。要職についた者は、すでに各地の藩政改革で一応の成功をおさめた人々で、これら幕閣と協議を重ねて将軍独裁を排していった。定信の政治は注目すべきものもあったが、厳しすぎて反感を買い、人心の離反がおこり、寛政五年（一七九三）七月、突然、将軍補佐役と老中職を解任（大御所問題と尊号事件がかかわる）された。

十三代家定［温恭院］

第二期の前半は、寛政の遺老（定信の改革路線に沿った老中松平信明らによる）政治といえる。信明が没すると幕閣は一変、政治も変わり、水野忠成《ただなり》が登場し、腹心で固め、かつての田沼政治と同じように重商主義的傾向をさらけ出し、一時的に財政は改善することが出来ても財政難の根本的解決にはならなかった。

家斉は官位欲が強く、文政五年（一八二二）左大臣となり（三代家光以来のこと）、同十年に太政大臣となった。このように官位欲の強い家斉は、人間としても奢侈淫靡《しゃしいんび》の風につかり、文政期になると全般的に綱紀が著しく乱れる。

家斉といえば子福者としても有名で、側室四十人、そのうち十七人の女性が五十五人の子を生んでいるが、成育したのはわずか男子十三人、女子十二人であった。生まれた子供らが成長した時どのように処遇するかは、さすがの家斉にしても頭を痛めたらしい。そのため諸大名家への押し付け養子や政略結婚という手段がとられた。それを巧みに処理した水野忠成が家斉の信任を得たといわれている。

家斉治世の大御所時代は、綱吉治世の元禄時代とともに、大奥の全盛時代でもあった。文政期の政治の乱れは水野忠成の専権によるところが大きく、それを可能にしたのは、家斉から得た信頼とともに大奥女中らに対する懐柔であった。このような事情から綱紀は乱れ、政治への信頼は大きく崩《くず》れていった。泰平に退廃を招いた大御所の死によってはじめて家慶が将軍として政治を動かすことができるようになったが、幕府にとって内憂外患といわれる深刻な情勢であった。家斉は天保十二年（一八四一）一月三十日、六十九歳で没し、［文恭院殿贈正一位大相国公尊儀］と謚した。

十三代家定は、十二代家慶の第七子、四男として生まれ、母は側室お美津の方［本寿院］。父家慶は、死の一年前六十歳までに二十九人の子女をもうけたが、皆夭折《ようせつ》し、十歳以上生きたのは家定と一橋家を継いだ慶昌（十三歳で病没）だけである。

　嘉永六年（一八五三）六月、家慶が没し、家定が継ぐ、ときに三十歳。二人の御簾中《ごれんちゅう》はすでに他界、三十三歳で三人目の正室を迎える、世に名高い天璋院篤子であった。家定には一人の実子もなく、安政五年（一八五八）七月六日、三十五歳で没し、［温恭院殿贈正一位大相国公尊儀］と謚している。

　家定は、多病で疳《かん》が強く、首や手足が本人の意思にかかわりなくピクピク動くという、挙動に尋常でないところがあった。また、天然痘にかかって、顔に痘痕《あばた》があって醜いというので、人に会うのを嫌がる陰気な性格であったという。さらにひどいのは、家定の知能は赤子同然であったというものもあり、松平慶永（御家門・越前藩主）などは、「凡庸中の尤も下等」と酷評してはばからない。しかし、天璋院などの証言を総合すれば、家定は確かに決して非凡ではなかったが、、挙動に不自由なところはあるものの、まずは普通の人であったようだ。平和時なら宰相の補佐で、可なく不可もない将軍であったろう。家定がわずかにも自分の意思を通したのは、後継者に一橋慶喜を拒んで、紀伊の慶福《よしとみ》（十四代将軍家茂《いえもち》）を選んだことであった。しかし、このことで家定は、後世、徳川将軍十五人中最も無能者扱いをうけることとなった。

　家定公の近くに宝塔を並べているのは三人目の正室となった敬子《すみこ》［天璋院殿敬順貞静大姉］である。敬子は、薩摩藩主島津斉彬《なりあきら》の一門島津忠剛の娘、将軍家の正室とするため、斉彬の養女とし、さらに左大臣近衛忠煕《ただひろ》の養女にして、名も篤姫と改めている。

　慶喜を将軍に推し、幕府中枢として政治を動かそうとした斉彬は、「機をみて将軍に慶喜を嗣子に勧めよ」と密命し、篤姫を家定と結婚させた。まだ二十一歳の娘にとって、政略結婚というより人身御供に近いやり方である。色黒で骨組が太く、十五貫もの体重のある篤姫は、当時の女性としては大柄の方で、少しも哀れな感じがしない。篤姫をはじめて見

十三代将軍家定継室［天璋院］

十代家治世子家基［孝恭院］

四代家綱生母［宝樹院］

十二代家慶室［浄観院］

た家定は、首を振り、アゥーッと言ったきりだったという。先妻の秀子（一条左大臣忠香の娘）が人並みはずれて小さかったので、あまりの違いに驚いたのであろう。

当時の大奥は大の水戸嫌い、家定の生母本寿院やお年寄たちは、紀州の慶福を擁立する体制を固めていた。慶喜が後嗣になれば自害する、とまでいう本寿院の影響で、家定も極端に慶喜を嫌っていた。このような状況では、篤姫がいくら聡明で気が強くても、斉彬の望むように慶喜を次期将軍に推すことはできなかった。紀州の慶福を将軍継嗣に定め、家定は没し、輿入れしてわずか一年半で未亡人になった篤姫は、薙髪し天璋院を号とした。その後いくばくもなく斉彬も没した。これでは何のための政略結婚かわからないが、聡明でしっかり者の天璋院は、大奥の女主人として、幕末の大奥を統制することになった。

幕府瓦解後も、天璋院は徳川家に残り、衰微した徳川の家政を切りまわし、幼少の当主十六代家達《いえさと》の養育に尽くした。乏しい財政をやりくりして、家達に洋行もさせ、その結婚までとことん面倒を見ている。明治十六年（一八八三）十一月、四十七歳の生涯を閉じた。死後、手文庫の中にはわずか三円しか残されていなかったという。

この霊廟に、十代家治の長男家基《いえもと》の宝塔が建っている。家基の生母は側室お知保の方。家基は、安永八年（一七七九）二月二十三日に急死している。このとき十八歳。二十三日に新井宿（大田区）に鷹狩りに出かけての帰途、俄かに気分が悪くなり、悶え苦しんだ末に翌日には息を引き取った。あまりのことに家治は深く悲しみ、数日は食事も喉を通らないほどであったという。あまりに奇怪な状況であったため毒殺説がしきりに流され、容疑者とされた中に田沼意次の名前もあったと伝えられる。［孝恭院殿贈内大臣正二位］と号する。

徳川将軍正室霊廟（寛永寺谷中徳川家墓地）には、四代家綱正室浅宮《あさのみや》［高巌院殿月潤円真大姉］（伏見宮貞清親王の姫顕子）・生母お楽の方［宝樹院殿華城天栄大姉］（三代家光側室）、六代家宣生母［長昌院殿天岳台光大姉］（甲府宰相徳川綱重側室お保良の方）、

十三代家定継室［澄心院］

四代家綱室［高巖院］

九代家重正室比宮《なみのみや》［証明院殿智岸真恵大姉］（伏見宮邦永親王の姫増子）、十代家治正室五十宮《いそのみや》［心観院殿浄池蓮生大姉］（閑院宮直仁親王の姫倫子《ともこ》）・生母［至心院殿観真円如大姉］（九代家重側室梅溪前権中納言道条息女）、十二代家慶正室楽宮《さささのみや》［浄観院殿慈門妙信大姉］（有栖川宮織仁親王の姫喬子）、十三代家定継室寿明姫［澄心院殿珠現円照大姉］（関白一条忠良の姫秀子）などがある。宮家出身の正室の墓碑は、いずれも同じ形の見事な美しい宝塔で、損傷もあるが優雅であることには変わりない。

四代家綱の正室浅宮《あさのみや》顕子は、明暦三年（一六五七）に入輿した。宮家の姫としての気品あふれる色白のほっそりした女性だったが、彼女はもともと体が弱かった。気位の高い精神の強さをもっていたが、家綱のもとですべて控えめにつつましやかに過ごした。しかし、家綱も病弱のせいか子宝に恵まれなかった。

その浅宮に恐ろしい病魔がとりついた。はっきり病状が現れたのは延宝四年（一六七六）だった。当時、貴人とりわけ女性は医師に直接身体を診察させず、糸脈といって患者の手首に白絹糸を長く巻き、次の間に控える医師にその糸に伝わってくる脈拍の様子で病状を判断させた。これは将軍家にはなくて、京都の公卿だけの習わしであったが、当然浅宮は糸脈しか許さなかった。浅宮の衰弱を心配する家綱は、医師の診察を許可したが、彼女は頑として拒否した。医師たちは御台所《みだいどころ》付きの右衛門佐や、飛鳥井などの局から彼女の病状を聴くことで判断するよりほかなかった。

最初小さなしこりだったものが、短期間のうちに大きな腫《は》れ物となり、透き通るように白かった乳房は、暗紫色に色が変わり、熟れた無花果《いちじく》のようになってきた。つまり乳癌である。当時は、薬湯と貼り薬がせめてもの治療法だった。浅宮は再三の将軍のすすめにもかかわらず、触診を許さなかった。宮家の姫という高貴な生まれの肌を、下々のいやしい医者などに見せることは、彼女の誇りが許さなかったのだ。「お命にかかわる御病気かも知

寛永寺_谷中_徳川家墓地（正室・側室・子女）

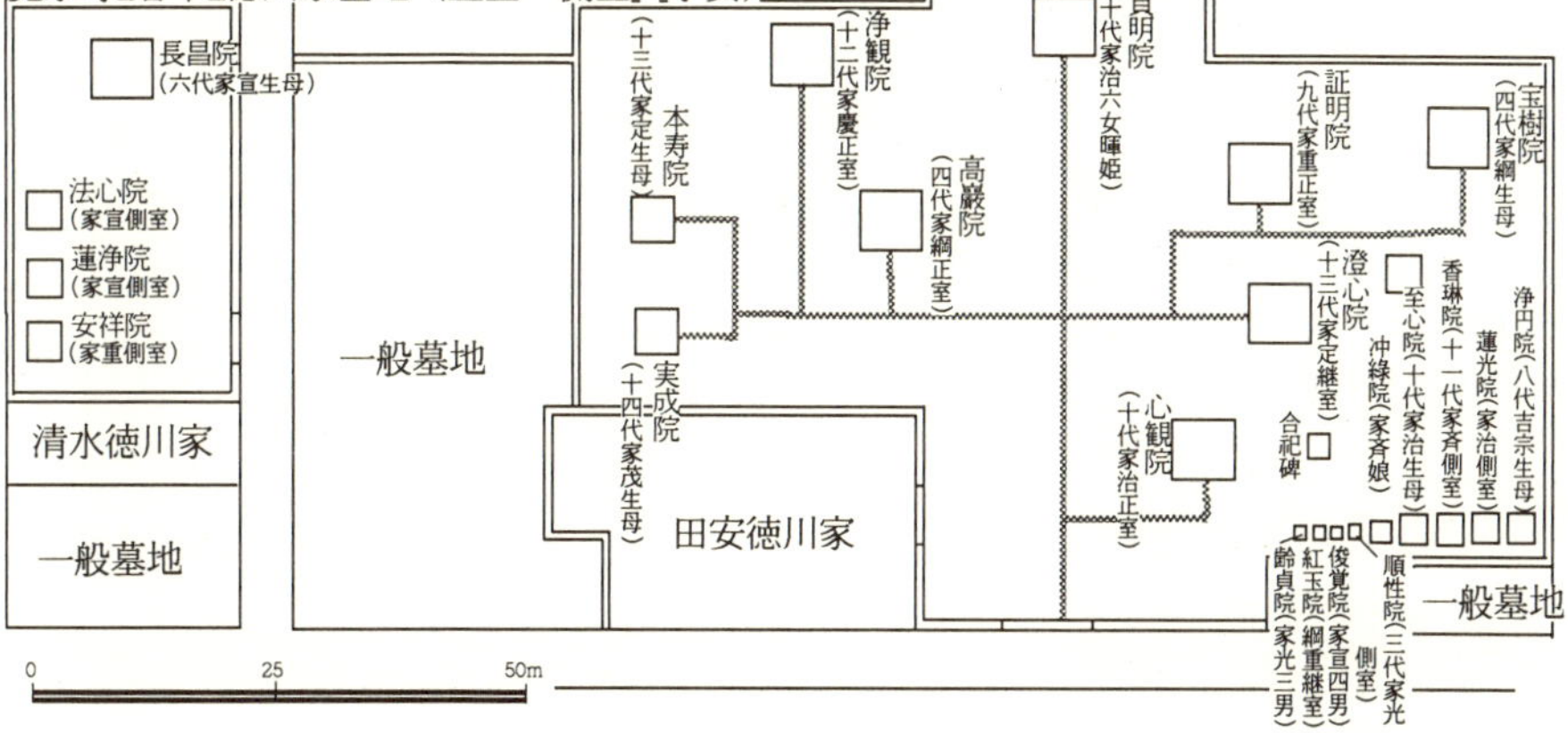

れませぬ、御診察をぜひ」と言上すると、「生命惜しさに誇りを捨てたと言われるくらいなら、死んだほうがよい」との答がかえってくる。末期症状を呈してきた頃は、他の部分にも転移している。苦痛を耐える汗と悪臭は、夏のことなのでことさら浅宮を苦しめ、夜も昼も激痛に悶え《もだえ》つづけた。だが、彼女は歯をくいしばって、低くうめき声を洩らすだけで決して「苦しい」とは言わなかった。

延宝四年（一六七六）八月五日の夜、彼女は息をひきとった。享年三十七歳。あくまで高貴な女人として「操」潔く死んでいった御台所［高巖院］の名は、のちのちまで伝えられ、ここ墓域の静寂なたたずまいのなか、清楚な宝塔の下に眠っている。

六代将軍家宣の生母お保良の方は、史上にその名をとどめているが、その生涯は決して華やかなものでなく、むしろ日陰者として、隠忍のうちに世を去った薄幸な美女だった。家宣の父は、三代将軍家光の次男甲府宰相綱重である。家光の四十二歳の厄年に生まれた綱重は、古くからの迷信に四十二の二つ子は育たないといわれたことから、家光の姉天樹院（千姫）の養子として、江戸城内の天樹院屋敷で生まれ、ここで養育された。天樹院屋敷で乳母松坂の局に女中奉公にあがったのがお保良で、局の信任を得て、七つ年下の綱重の身辺の世話を任されるようになった。そんな二人がいつしか関係を結ぶようになったのも自然の成り行きであった。なにしろ綱重という少年は、性格放縦、学問や武芸への精進に乏しく、そのくせ早くから性に目覚め、やたら若い侍女の尻を追いかけまわすという問題児だった。寛文二年（一六六二）四月二十五日、お保良は谷中の甲府屋敷で虎松を生んだ。ときに綱重十九歳、お保良は二十六歳だった。

虎松誕生の頃、綱重は御簾中（関白二条光平の姫）を迎えることになっていたため、この出産は極秘にされ、お保良と虎松は、綱重の家臣新見備中守正信に引き取られる運命となった。以来、虎松は備中守の子として育てられ、新見左近と名乗った。その際、大老酒井

6代家宣生母［長昌院］

田安家

忠清に事の一部始終を語り、将来ことあるときは、虎松が綱重の実子であることを証明してくれるよう申し入れておいたのである。備中守のこうした配慮がなければ、虎松は将軍はおろか甲府家の後継ぎにもなれず、一生涯一家老の子として終わっていたであろう。むろんお保良の方も歴史の中に埋もれていたに違いない。

一方、御簾中を迎えたばかりの綱重は、その後もお保良への想いが絶ちがたく、虎松に会うといっては度々備中守邸を訪ねた。そうこうするうち、またお保良は身籠った。備中守はあわてて松坂の局と相談し、局の養女として用人越智与右衛門に嫁がせ、お保良は男子を出産した、のちの松平右近清武（後に石見浜田六万石藩祖）。しかしお保良の方は、第二子を生んで間もない翌寛文四年（一六六四）二月二十八日、二人の幼な子の行く末を案じながら、わずか二十八歳の若さでこの世を去った。その遺骨は人知れず葬られ、専光院殿と号したが、のち家宣の世になって、上野東叡山に新たに建立された林光院に改葬され、前記長昌院殿の法号に改められた。さて、その虎松が、綱吉の世子に決定し、家宣と名乗るまでには、それから二十六年の月日を要した。

以上のほか、寛永寺谷中徳川墓地には、三代家光三男［齢真院］（鶴松）、綱重生母［順性院］（於夏の方）・後室［紅玉院］、五代綱吉側室［寿光院］（御典侍の局）、六代家宣四男虎吉［俊寛院］、八代吉宗生母［浄円院］、十代家治側室［蓮光院］（於知保の方）・［養蓮院］（於品の方）・六女暉姫《てるひめ》［貞明院］、十一代家斉側室［香琳院］（於羅久の方）・［本性院］（於袖の方）・［皆春院］（於八重）・［本輪院］（於以勢の方）・［宝地院］（於宇多の方）・［速成院］（於蝶）・娘格姫《ただ》［冲縁院］、十三代家定生母［本寿院］、十四代家茂《いえもち》生母［実成院］、ほか［徳川家之墓］（大姉・童子・童女四十五霊）の合祀碑などがある。

六代家宣側室　右近の方［法心院］
お須免の方［蓮浄院］
お遊喜の方［安祥院］

一橋治済夫妻

少し隔てて御三卿徳川家の墓域があり、田安家は初代宗武［悠然院］・室［法蓮院］から歴代夫妻と六代寿千代［英樹院］まで。一橋家は初代宗尹《むねただ》［覚了院］・室［深達院］、二代治済《はるさだ》夫妻から歴代夫妻と十代茂栄《もちはる》［顕樹院］・室［崇松院］。清水家は初代重好［俊徳院］・室［貞章院］から四代斉明［寛量院］ほか数基がある。

小径をはさんでの徳川寛永寺墓地に、前記［長昌院］のほか六代家宣側室右近の方［法心院］、お須免の方［蓮浄院］と九代家重側室お遊喜の方［安祥院］の墓もある。

一橋家は他の御三卿と異なり歴史にたびたびその名を現わす。初めは十一代将軍家斉の誕生である。このとき当時の当主治済は、筆頭老中田沼意次と組み、自分の長男豊千代を将軍世子に推すことに成功した。治済は政治の黒幕的辣腕《らつわん》の持ち主で、意次に世間の非難が集まると、政敵の松平定信を老中に推挙して田沼没落に力を貸している。幕末に至って、また一橋家が注視される。水戸徳川家から迎えた慶喜が一代の麒麟《きりん》児で、変動する幕末政界で、ついに最後の将軍職に就くのである。治済は、文政十年（一八二七）二月二十日、歳七十七で没し、［最樹院殿性体瑩徹大居士］と号する。正室の在子［桂芳院］は桂宮公仁親王の姫である、明和七年（一七七〇）十七歳で死去している。

さて、徳川政権最後の将軍である十五代徳川慶喜《よしのぶ》の墓は、谷中霊園乙十号隣の徳川墓地にある。慶喜は宗教的に生家である水戸徳川家に準じて神道に帰依したため、死後は別扱いされ、歴代徳川将軍霊廟に葬られることなく、同じ寛永寺ながら谷中の地に神式の葺石《ふきいし》墳墓型で祀られた。［従一位勲一等徳川慶喜之墓］（都指定史跡）、右に同じ型式で夫人美賀子（左大臣一条忠香養女・今出川三位公久の長女）の墓が並んでいる。墓碑の背後に慶喜の晩年の側妾たち、新村信子・中根幸子（ともに幕臣の娘）・奥向き女中頭の一色寿賀の小さな墓が控えている。

十五代将軍徳川慶喜夫妻

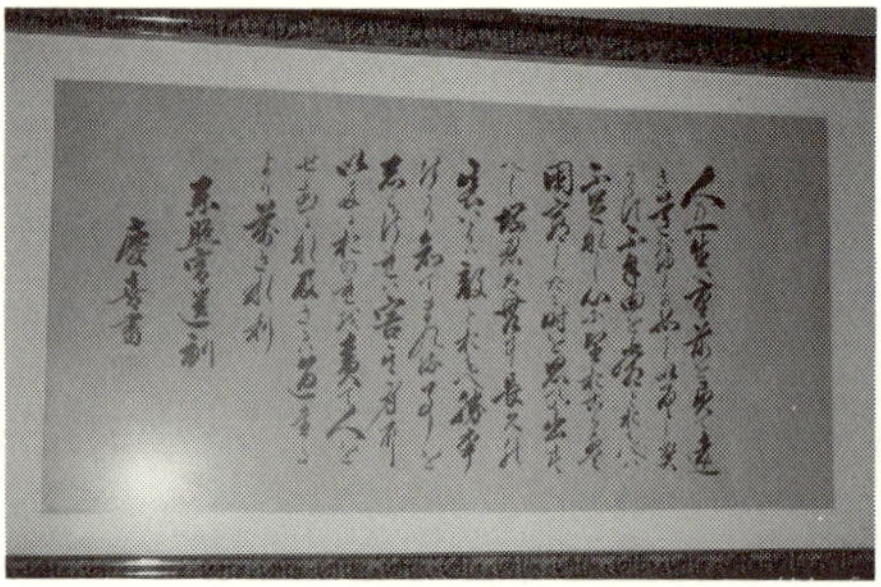

徳川慶喜書

慶喜は、水戸徳川家九代斉昭（烈公）を父に、有栖川宮家から嫁いできた正室登美宮《とみのみや》吉子を母に生まれている。慶喜は三十七人兄弟のうち七番目の男子に生まれたこともあって、父の剛気な教育を徹底して受けて育ち、十一歳で一橋家の養子に望まれ継ぐ。将軍家定の継嗣問題で、いわゆる一橋派に擁立されるも、南紀派の慶福（家茂）に敗れた。安政の大獄で隠居謹慎を命ぜられたが、井伊直弼の死後許された。文久二年（一八六二）幕政改革により将軍後見職となり、幕権の維持、公武合体の政策を進めた。慶応二年（一八六六）家茂の死後将軍となり、ヨーロッパ式制度を取り入れた幕政改革を行ない、徳川氏中心の統一権力構築の構想を進めようとしたが、同三年十月十四日大政奉還。世上、徳川家康の再来との声もあった慶喜の英才も時世にはかてぬ。ついに戊辰の役がおこり、徳川三百年の幕引き役を演じたのだった。翌年徳川氏の処分決定に際し、田安亀之助（徳川家達）が宗家を相続、駿府七十万石に封じられると、隠居として静岡の地で余生を送り、趣味に没頭する毎日であったという。油絵などは自分で画材までつくる凝り性ぶりを発揮し、牡丹や唐獅子の刺繍《ししゅう》をつくったりもした。また、幕末わが国へ入った写真にはとくに興味を持ち、現像のため暗室で徹夜することもあったという。平穏な生活の中で子を多くもうけ、成人した者だけで十男十一女を数えた。しかし朝敵となった会津松平や伊達でさえ華族に列していたのに、慶喜だけは何の身分もなく世から捨てられた形だった。明治三十年東京に帰り、旧小石川水戸屋敷の近くに住んだ。

明治三十一年（一八九八）三月九日、皇居へ招かれたが、朝廷へ江戸城を明け渡してから三十年の歳月がたっていた。同三十五年六月、家達とは別にとくに一家をたてて公爵に列し、勲一等旭日大授章と最高の栄誉が与えられ、復権したのである。

大正二年（一九一三）十一月二十二日、七十七歳の長寿を全うし、葬儀は寛永寺で行なわれ、多くの市民が「最後の公方様《くぼうさま》」を沿道で送ったという。

信濃小諸　石川乗政［瑞祥院］

2　谷中霊園《やなかれいえん》

都営　台東区谷中七－五－二四
ＪＲ山手線・京浜東北線、京成線日暮里駅下車一分

明治七年（一八七四）旧天王寺墓地の大半を官有として、東京府の共同墓地として発足、谷中霊園（谷中墓地）は、天王寺霊園・東京都谷中霊園・寛永寺谷中墓地の総称である。一度足を踏み入れて墓を見て歩くと、広大な墓地の中で、ここは天王寺、寛永寺、都営の墓地であると、分けて認識することはまず不可能である。ただ、都営だけは白い標示板が角々にあり区分されている。墓碑七千余で江戸末期から明治以降の著名人の墓も多いことで知られ、従って旧大名家の墓も多くあるが、一部だけを記す。

寛永寺墓域の石塀を背にして、美濃岩村松平家（大給《おぎゅう》・乙14号1側の奥）の藩祖石川乗政（信濃小諸）［瑞祥院殿威巌道応大居士］（故あって石川姓を称す）の大きな五輪塔と「松平家之墓」がある。信濃小諸《こもろ》二万石の城主のとき没す。貞享元年（一六八四）十月十六日、四十八歳。二代乗紀《のりただ》から祖父乗寿《のりなが》ゆかりの美濃岩村へ移り、家号を松平に復した。

美作《みまさか》津山十万石松平家（越前系）十一代斉民《なりたみ》（越後守）［文定院殿成誉寂然確堂大居士］は、十一代将軍家斉の十六子（十四男とも）。松平家は津山十万石を封じていたが宣富《のぶとみ》の子浅五郎が幼年で没し、領地半減され、長熙《ながひろ》に五万石が与えられて存続、斉民のとき五万石を増封され十万石に復した。参道の奥に葵紋を付した大きな石門に透垣を巡らし、二基の石燈籠、奥には四メートルほどの石塔があり、さすが将軍の子の墓碑である。斉民は維新の際徳川宗家の家達の後見人となった。明治二十四年（一八九一）三月二十三日、七十八歳で死去した。墓所右に斉民の側室須摩子・京子の墓もある。隠居して確堂と称したが、「三河様の御隠居」の名で親しまれた粋人で、春本が大好きだった。田舎源氏をまねた極彩色の春本を出版して江戸城中で諸大名に配ったり、側室に刺青をさせ、裸にして図柄を

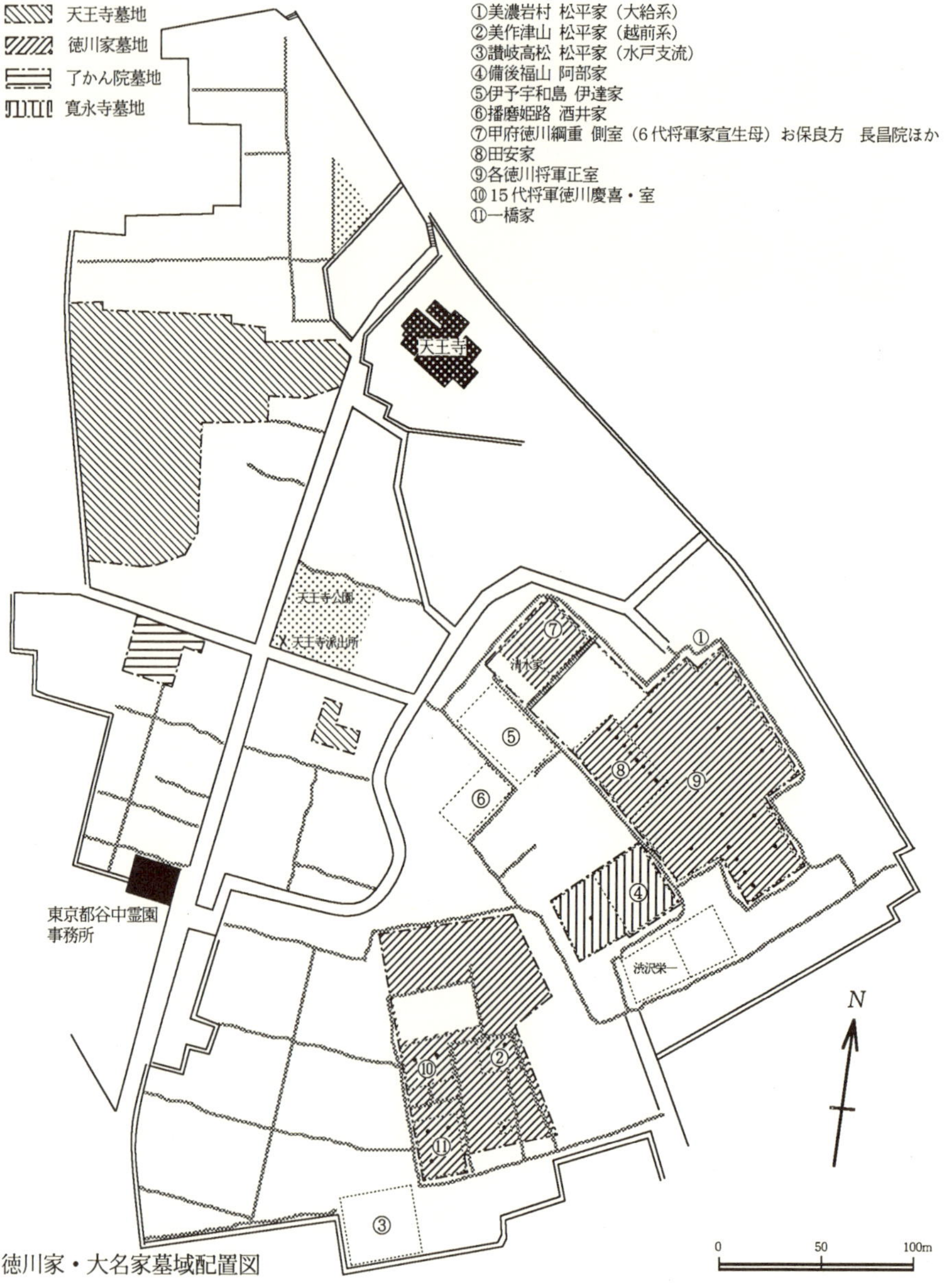

天王寺墓地
徳川家墓地
了かん院墓地
寛永寺墓地
①美濃岩村 松平家（大給系）
②美作津山 松平家（越前系）
③讃岐高松 松平家（水戸支流）
④備後福山 阿部家
⑤伊予宇和島 伊達家
⑥播磨姫路 酒井家
⑦甲府徳川綱重 側室（6代将軍家宣生母）お保良方 長昌院ほか
⑧田安家
⑨各徳川将軍正室
⑩15代将軍徳川慶喜・室
⑪一橋家
天王寺
天王寺公園
天王寺派出所
清水家
渋沢栄一
東京都谷中霊園
事務所
N
0
50
100m

徳川家・大名家墓域配置図

美作津山　松平斉民［文定院］

松平宣富娘［瑩光院］

楽しんだり、大らかな振舞が多かったという。

松平家墓域外にあるとりわけ目立つ大きな五輪塔は、五段の石段の上に透門を巡らした石門の中にあり、石塔は、［瑩光院殿照誉珠徳貞鑑大姉］と号した於富（四代宣富の娘）で、阿波徳島二十五万石六代蜂須賀《はちすか》宗員《むねかず》と婚が約されたが成婚せず、享保十七年（一七三二）一月十一日二十三歳で没した。なお、宗員は同二十年二十七歳で没している。於富は西久保天徳寺に葬られた。この石塔は西久保天徳寺ほか二寺の改葬した合葬碑でもある。讃岐高松十二万石松平家（水戸支流）は広大な墓域（乙4号1側30）で、ブロック塀で囲み、門扉は施錠されて厳しく入門を拒んでいる。高所から望遠すると、十一代頼聡《よりとし》（讃岐守）［厚徳院殿開蓮社温誉知透源懿大居士］と室［清徳院殿円誉心月妙照大姉］（彦根井伊直弼の二女千代子）、ほか明治以降の当主・子女の墓がある。頼聡は最後の藩主で、二百二十八年の治政を終えて廃藩置県を迎え、明治三十六年（一九〇三）十月十七日、七十歳で死去した。

寛永寺墓地で最も多く墓碑が現存しているのは、備後福山十一万石阿部家の墓所で、よく整備されている。藩祖正勝室［恵眼院］、二代正次室［順性院］、三代重次室［清台院］と、五代正邦（備中守）［長生院殿尋誉耀海踞岸大居士］・継室［貞松院］から十四代正桓《まさたけ》夫妻までと子女たち、「阿部家之墓」の二十数基がある。阿部家は家康の祖父清康の代から徳川に仕える譜代、三代重次は、三代将軍家光の寵厚く、六人衆に抜擢されて老中職となり、家光が没すると殉死した。福山十万石に封ぜられたのは正邦からで、正桓のとき廃藩置県を迎えている。幕末の藩主十一代正弘は、二百年の鎖国をやぶって日本の夜明けの幕を開いた人である。安政元年（一八五四）三月、幕府はペリーとの間に歴史的な日米和親条約を結び、ついでイギリス・ロシア・オランダとの条約を締結したが、当時正弘は幕府の最高責任者として老中首座（首相）の職にあった。徳川斉昭は正弘を、「水越」（水野

備後福山　阿部正弘［良徳院］

備中福山　阿部家

越前守忠邦）などとちがい、憤激などは致さざる性にて、申さば瓢《ひさご》（ひょうたん）にてなまずをおさえ候と申す風の人」と評している。柔軟な政治力をもった人であった。幕府三百年出色の人物という評価もある。幕府から加増された一万石余のほとんどを費やして藩校誠之館をつくったが、これは現誠之館高校へと続き、有名人物を輩出している。

正弘は、二十二歳で寺社奉行となり天保の改革に参与、二十五歳で老中に就き、後に首座となっている。人材登用に門地門閥《もんちもんばつ》にとらわれず清新の気風をいれ、温厚円満で衆論を採り上げ、御三家・雄藩とよい関係を保ちつつ朝廷にも外交問題を報告するなど、挙国一致の体制をつくりあげていった。

一方、藩政においても、開明進取の政策で改革を実施、「幕府における実行前に福山藩において先鞭をつけよ」と命じ、兵制も洋式に改め、大砲の鋳造・西洋型船順風丸を建造させるなどした。しかし開国以来の激務が健康をおかし、ついに病を発し、安政四年（一八五七）六月十七日、没した。時に三十九歳の壮年であった。正弘（伊勢守）［良徳院殿高誉信毅節道大居士］と諡する五輪塔がある。隣の正室［寛恭院］は福井松平治好三女謹子《きんこ》、継室［清心院］は福井松平慶永養女で糸魚川松平直春三女謐子《しづこ》である。

谷中墓地（乙8号11側1）に、伊予宇和島十万石伊達家八代宗城《むねなり》の墓がある。大きな唐破風型墓碑の正面には［従一位勲一等伊達宗城公之墓］と刻み、背面には［靖国院殿藍山維城大居士］と記す。篆額《てんがく》は北白川宮能久《よしひさ》親王、その撰文は大給恒《おぎゅうゆずる》である。

わずか十万石ながら、宇和島藩の名を天下に喧伝したのは、幕末の藩主伊達宗城である。長面の美男子で、水戸家の姫が惚れて結婚ということになったが、運悪くその姫は式の五日前に死去したという。生まれは旗本の次男坊（幕臣山口直勝の二男）だが、運よくとんとん拍子にいって、遠縁の伊達十万石を継ぐ身になった。後に土佐の山内容堂、越前の松平春獄、薩摩の島津斉彬《なりあきら》らそうそうたる藩主と並び称され、「幕末の四賢侯」といわれ

伊予宇和島　伊達宗城［靖国院］

武蔵岩槻　阿部重次［芳松院］

た。明治維新の大業なるや、新政府の参議に任ぜられ、民部卿兼大蔵卿から明治四年（一八七一）には全権大使として清国に赴き、李鴻章《りこうしょう》との間に修好条約を結んだ。飾り物の大名にはない行動力がある。

幕末の宇和島は、賢侯宗城のもとに人物が往来した。若き日の村田蔵六（大村益次郎）を最初に認めたのは宗城であり、高野長英も招かれて砲台を築いた。慶応二年（一八六六）六月には英国公使が宇和島に来航し、交歓していることは、さすがに開明的殿様であった。アーネスト・サトウは、「この人諸侯のなかでも屈指の知恵者である」とその記録に書きとめている。明治二十五年（一八九二）十二月二十日、七十六歳で没した。

3 現龍院《げんりゅういん》

天台宗　台東区上野公園一五―二五
ＪＲ山手線・京浜東北線鶯谷駅下車三分

現龍院墓地には「殉死者の墓」があるが、参るには施錠されているので鍵を要する。

慶安四年（一六五一）四月二十日、三代将軍家光が死去すると、家光側近の臣、その家臣が殉死した。ここ現龍院墓地内に、それら殉死者の墓がある。殉死とは、死んだ主君のあとを追って、臣下が自殺することで、戦国時代から武士の間で広く行なわれた風習。しかし江戸時代初期になると、殉死の是非が論議され、四代将軍家綱時代の寛文三年（一六六三）、幕府は殉死禁止を令した。ここには、禁令発布直前、殉死した人たちの霊が眠っている。その点において、貴重な史跡といえよう。

殉死者の墓に埋葬されている人たちは次の通り。

武蔵岩槻九万九千石阿部重次（対馬守）は五輪塔、［芳松院殿全巖浄心大居士］五十四歳。のち将軍の命で日光山妙道院に碑が建立される。重次に四名の家臣と阿部家の槍持一

下総佐倉　堀田正盛夫妻

開基　稲葉正成［現龍院］

名が殉死した。

下野鹿沼一万五千石内田正信（信濃守）は位牌型。［理明院殿光徳徹宗大居士］三十九歳、正信に殉じた家臣二名。

下総佐倉十一万石堀田正盛（加賀守）は宝篋印塔。［玄性院殿心隠宗卜大居士］四十四歳。正盛の殉死は家光の遺言であったといわれるが、義理の祖母が家光の乳母春日局、その後ろ盾と家光の特別な恩恵を受けて一代で異例の昇進をとげた、いわば家光個人の臣であり、周囲にも殉死を期待されていたのである。正盛の正室阿要も葬られており、その五輪塔がある。［正統院殿華岳宗栄大姉］（若狭小浜酒井忠勝の五女）、延宝二年（一六七四）十月三十日に死去。

元書院番頭《ばんがしら》六千石の旗本三枝《さいぐさ》土佐守守恵［静心院殿一無了性大居士］は、命により日光山妙道院に葬られた。家臣一名が殉じた。

現龍院の開基は稲葉正成《まさなり》（佐渡守）（一説では子の正勝とも）、［現龍院殿輝宗道範大居士］の法名から寺名とした。正成は豊臣秀吉、小早川秀秋に仕え、関ケ原の戦い前後の忠節等から徳川秀忠に召し出されて一万石、さらに一万石を加増され、元和四年（一六一八）合わせて越後糸魚川二万石を領したが、同九年江戸に退去し、のち嫡子正勝の采地で蟄居。寛永四年（一六二七）再び召し出され下総真岡《もうか》にて新知二万石を与えられ、同五年九月十七日、五十八歳で死去した。正成は、初め稲葉兵庫頭重通の娘、死別後に稲葉重通の養女福のちの春日局、離婚の後、山内修理亮康豊の娘を妻としている。

墓地の右奥に一基の五輪塔が建っている。これは一橋家二代治済の二男徳川治国の室［乗蓮院雪山浄白大姉］で、二条左大臣治孝の娘隆子の墓、天保十三年（一八四二）一月八日没。なお、治国は寛政五年（一七九三）四月、十八歳で死去している。

越前丸岡　有馬直純［松園院］

4　本覚院《ほんかくいん》

天台宗　台東区上野公園一六－二二
ＪＲ山手線・京浜東北線鶯谷駅下車三分

境内に入って参道右に一基の宝篋印塔が建っている。法名は［松園院殿光山宗和居士］と刻んでいる。これは越前丸岡五万石有馬家の二代直純の供養碑である。

直純の父晴信は肥前日之江城主、慶長十四年（一六〇九）ポルトガル商船を撃沈、その恩賞をめぐり岡本大八（本多正純の家臣）事件を引き起こし、また長崎奉行長谷川藤広の暗殺を企てたとされ、本領没収、甲斐国都留《つる》郡に配流され、同十八年自殺す。直純は幼時から家康に近侍し、本多美濃守忠政（家康の外曾孫）の娘国姫を養女として配され、父の旧領に封ぜられ、さらに一万三千石を加増されて日向延岡に移封した。父晴信はキリスト教の洗礼を受けたが、直純は棄教して、それ以後キリシタン迫害の先頭に立ち、島原の乱を誘引したといわれ、後年罪を問われた。寛永十八年（一六四一）四月二十五日、大坂にて没した、歳五十六。

墓碑の前に燈籠の竿石（十字架に見立てた石）に似た地蔵尊二基があり、直純に殉じた家臣の追悼碑といわれ、主君直純の墓につきそうように立っている。

有馬家は四代清純《きよすみ》のとき一揆を誘発させたこともあり、無城の越後糸魚川へ移封、さらに元禄八年（一六九五）越前丸岡に移り定着。十代道純《みちすみ》で廃藩置県を迎えた。

5　寒松院《かんしょういん》

天台宗　台東区上野公園一五－一一
ＪＲ山手線・京浜東北線鶯谷駅下車三分

上野動物園正面から入園して右の道を歩くと、草葺屋根の茶亭「閑々亭《かんかんてい》」がある。将軍秀

伊勢津　藤堂家

忠・家光が東照宮に参詣の折は寒松院に立ち寄ったが、その際の接待のための亭《あずまや》である。さらに少し行くと塀越しに墓碑の先端が見える。そこは藤堂家の墓のある寒松院墓地である。どうして藤堂家の墓所が動物園の中にあるのか、それは寒松院の境内とその周辺の清水谷とを合わせた土地が動物園の敷地となったからである。明治十五年（一八八二）三月開設のわが国初の公立動物園となったが、藤堂家の墓は移葬することなくそのまま置かれることになったのであろう。ここは藤堂家の許可を要するので墓地に入ることはできない。

この墓域には、伊勢津三十二万三千九百石藤堂家の藩祖高虎（和泉守）［寒松院殿道賢高山権大僧都］、寛永七年（一六三〇）十月五日没、歳七十五。二代高次（大学頭）［大通院殿智堂高勝大僧都］延宝四年（一六七六）十一月十六日没。八代高悠《たかなが》（和泉守）［到岸院］、十代高兌《たかさわ》（和泉守）［誠徳院］など数基がある。

高虎は豊臣秀長（秀吉の弟）に仕え、家老をつとめたが、文禄三年（一五九四）に秀吉に召し出されて伊予内で七万石を領した。その後家康に信任され、慶長五年（一六〇〇）には伊予今治《いまばり》二十万石、同十三年伊勢津二十二万石、元和元年（一六一五）同三十二万九千石を領した。以後変わることなく、十二代高潔《たかきよ》のとき廃藩置県を迎えた。

6　津梁院《しんりょういん》

天台宗　台東区上野桜木一－一四－二九
JR山手線・京浜東北線鶯谷駅下車五分

寛永年間（一六二四～四四）弘前城主津軽信義の創建で、寺名は父の信枚《のぶひら》［津梁院］の法名による。往時は寺域も広く寺院も大きかった。墓所は寺とはかなり離れて、京成電車が

陸奥弘前　津軽承昭［寛徳院］

上野の山に入るトンネルの辺りにある。墓所は施錠されているので鍵を要する。

陸奥弘前十万石津軽家の二代信枚（越中守）の治政で特筆すべきは、慶長十六年（一六一一）の弘前城の築城と城下の建設であり、寛永二年（一六二五）の青森港開港である。開港による青森町の振興と、さらに東廻り航路への先鞭が高く評価される。元和飢餓や川中島転封が起こるなど困難な治世であったにもかかわらず、初代為信の意志を引き継ぎ、藩の基礎固めに専念した。寛永八年（一六三一）正月十四日、江戸で没、歳四十六。［津梁院殿徳山寛海大居士］と号した。

最後の藩主となった十二代承昭《つぐあき》は、熊本細川斉護の四男、十一代順承《ゆきつぐ》の婿養子となり、家督を継ぐ。承昭の業績として、英学寮の設置や武備の洋式化があげられるように、よく時代の進展の洞察力にすぐれて大勢を見誤らなかった。勤皇か佐幕か藩論の動揺したなかにあって、近衛家の教書があったとはいえ、最終的に奥羽列藩同盟を脱退したのは承昭の決断によるところが大である。また、箱館戦争では戦功をあげ勤皇のあかしをたてた。大正五年（一九一六）七月十九日、七十七歳で没し、［寛徳院殿承天有昭大居士］（麝香間祗候《じゃこうのましこう》従一位勲一等伯爵］と号する。継室信姫［貞信院殿明鏡尹性大姉］は近衛忠熙六女尹子《ただこ》である。

「瑤池夫人供養塔」は八代信明《のぶはる》の室喜佐、前橋松平（越前系）朝矩の娘である。ほか子女と側室の墓碑もある。

当院は津軽家の江戸での菩提寺で、『津軽家譜』では藩主はじめ多くが埋葬されているということだが、今日では以上の数基だけ、また支藩黒石一万石津軽家の墓碑は一基もない。谷中墓地の開設の際に接する津梁院墓地が削られて残ったのが今の墓地であろうと推測する。狭くなった墓域は大樹が鬱蒼と茂り、木洩れ陽もとどかず薄暗い。どことなく訪れる人もない情景である。

7 養壽院《ようじゅいん》

天台宗　台東区上野桜木一－一五－三
ＪＲ山手線・京浜東北線鶯谷駅下車五分

寛永年間（一六二四～四四）の創建。はじめ山王台にあったが、のち元禄十一年（一六九八）清水門口に、さらに当地に移る。那須家の菩提寺である。しかし、墓地は谷中霊園内の一隅にあるので、寺側の案内がないと所在地を探すのは難しい。

下野烏山　那須家歴代

那須家は、鎌倉時代以来下野国那須郡を根拠とした那須七党を基盤として武威を振るった。慶長十四年（一六〇九）初代資景は下野福原藩一万四千石を領したが、同十九年、子の資重は父に先立って死去した。継嗣なく断絶となり、名跡五千石が資景《すけかげ》に与えられた。承応元年（一六五二）二月、資弥《すけみつ》（伊勢長島増山正利弟）が養嗣子となり、加増転封となって、天和元年（一六八一）下野烏山二万石を領した。貞享四年（一六八七）六月二十五日没、歳六十。資弥（遠江守）［蓮台院殿光国清心大居士］と号した五輪塔は墓所の正面にある。正室は［乗蓮院殿霊池妙香大姉］（下総古河土井利勝の娘）。二代資徳《すけのり》［清光院殿月峰常心大居士］・室［安寿院］（旗本花房右近正矩の娘）のほか二十基近い一族の墓が参道の両側に整然と並んでいるのは、最近整備したようである。

さて、資徳は弘前津軽信政の三男、資弥の養嗣子となる。資弥には資寛という実子（病弱だったらしい）がおり、母とともに遺領相続を幕府に訴えた。このため、「養父資弥実子のあるところ資徳を養子とせしこと、曲事の至りなりとて」と除封され、資徳は実父にお預けの身となった。元禄十三年（一七〇〇）赦され、翌年千石を与えられ、子孫は交代寄合那須衆の筆頭として存続した。

和泉伯太　渡辺家

8　忠綱寺《ちゅうこうじ》

真宗　台東区池之端二－五－四三
地下鉄千代田線根津駅下車二分

寛永元年（一六二四）渡辺院と号し、渡辺忠七郎忠綱の菩提のため、その父の半蔵重綱によって建立され、孤峰を開山とする。

和泉伯太《はかた》一万石渡辺家の墓所に、［渡辺丹州公吉綱五品墓］がある。初代丹後守吉綱《よしつな》は、秀忠に仕え三千石を知行、後に留守居、御側、大坂定番などを歴任して、この間、加増され寛文元年（一六六一）武蔵野本一万三千石を領した。同八年六月十九日、大坂にて没、五十八歳。七代豪綱《ひでつな》（駿河守）［故伯太侯駿州之守従五位下源朝臣渡辺豪綱之墓］は寛政五年（一七九三）三月二十二日没、歳三十五。正室［光旺院］の墓碑と「子爵渡辺家歴代御廟」同じく「御裏方御廟」の合祀塔がある。

三代元綱《もとつな》から伯太に移封、十二代章綱《あきつな》で廃藩置県となる。

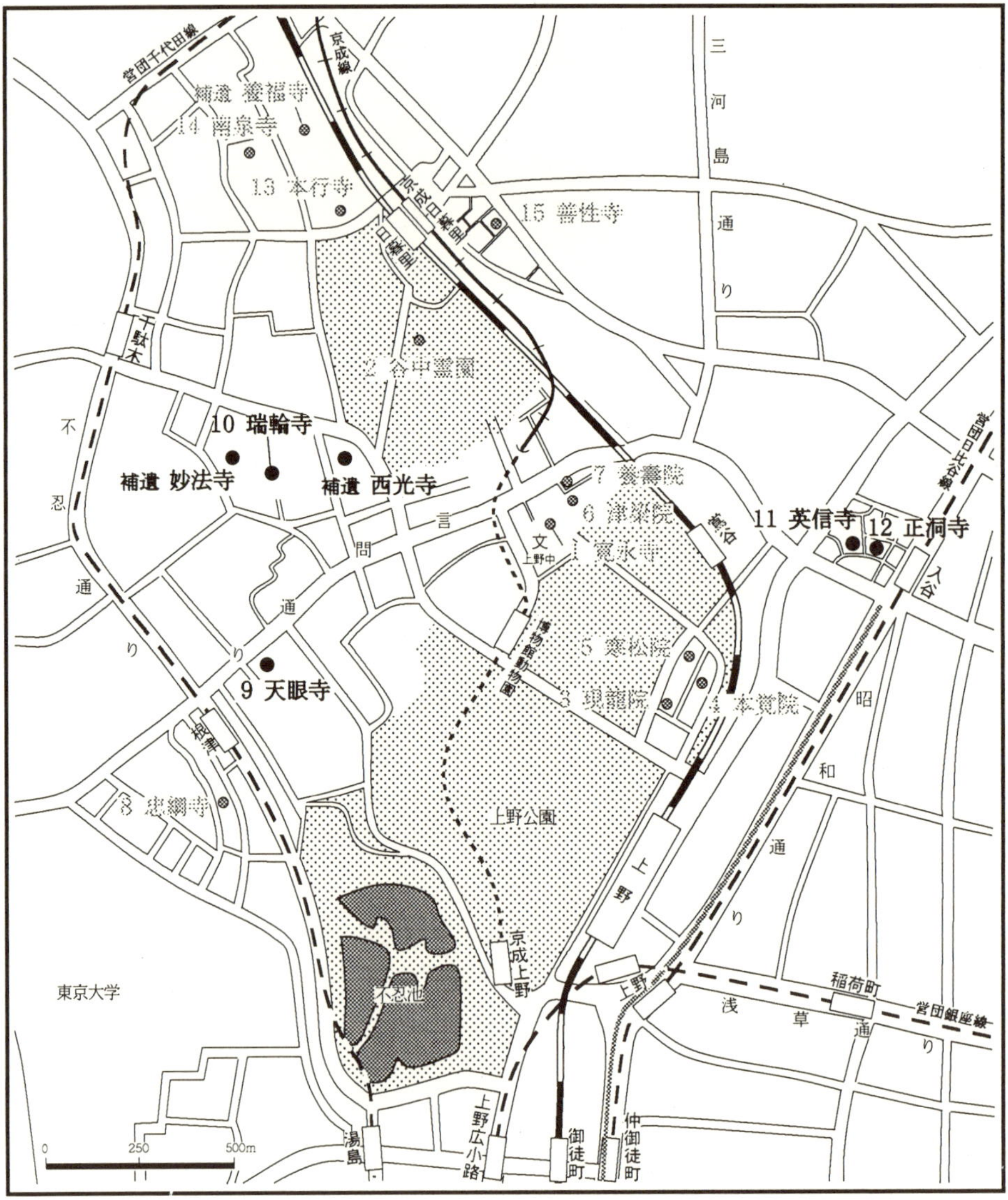

妙法寺　補遺317頁
西光寺　補遺318頁
養福寺　補遺318頁

武蔵忍　松平家

松平忠弘室［天眼寺殿］

9　天眼寺《てんがんじ》

臨済宗　台東区谷中一－二－一四
地下鉄千代田線根津駅下車五分

延宝六年（一六七八）の創建で、松平下総守忠弘の開基。本堂裏の墓地中央が武蔵忍《おし》十万石松平家（奥平系）の墓所である。

姫路十八万石松平忠明《ただあきら》の嫡子忠弘について『土芥記』は、「生得愚魯にして、然も文武共に学ばず、去れども天性淳直に、佞奸邪曲の念なく、穏和の人也。十八九二十時分迄、取所なく闇将たりしが、壮年に至りて、少々智も秀たりという。親父忠明の時代は、物毎せはしかりしが、当忠弘の時に至りて、大様に家民安住せし。然処に、養子乗昌・養父忠弘緩々たる仕置を俄かに改替えんと思、せはしく稠《きびし》き法令を出し、士卒を悩ましける程に、士民とともに乗昌を疎《うと》みて、家中立別、混乱しけると聞く。是と云も、忠弘愚昧《ぐまい》故に斯くの如し」と記している。

忠明は人となり勇武、学問を修め、島原の乱の後、西国探題職を兼ねる要務に就いていた。忠明の嫡子忠弘は、父の遺領のうち十五万石を継ぐが、幼少のため要所の姫路から山形へ移封となった。忠弘は愚直なところがあり、家の掟《おきて》が充分に行なわれぬきらいがあり、宇都宮・白河と移り、さらに家政治まらぬ故をもって城地没収、五万石削り閉門を命ぜられる。しかし、徳川家所縁のため許され十万石で再度忠雅（忠弘の嫡男清照の子、祖父忠弘の養嗣子となる）が山形に移封された。

ここ天眼寺は忠弘の室［天眼寺殿慈光性輪尼大姉］（熊本細川忠利の娘）の法名を寺名と

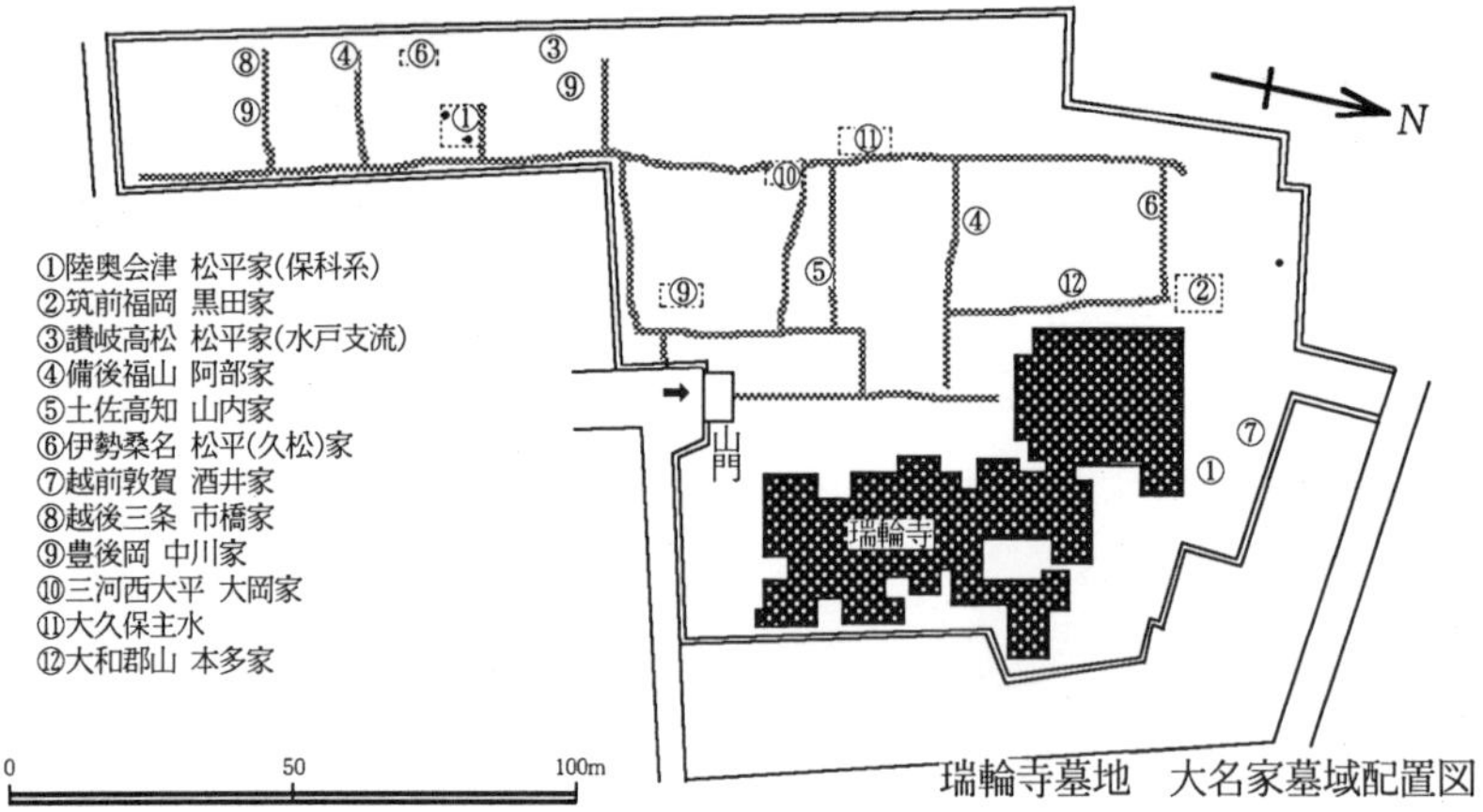

瑞輪寺墓地　大名家墓域配置図

している。墓碑は無縫塔で、半ば上部に大きな丸い穴が穿《うが》たれているのは珍しい。春日局の墓碑の穴が徳川家の将来を案じたごとく、連れ添う夫忠弘の愚昧さからくるお家の将来を秘かに案じ、行く末をじっと見つめるための穴か。元禄十一年（一六九八）六月二十三日、六十五歳で死去した。忠弘はそれから三年後、七十歳で没し、紀州高野山中性院に葬られた。

10　瑞輪寺《ずいりんじ》

日蓮宗　台東区谷中四―二―五
地下鉄千代田線千駄木駅下車七分

徳川家康が江戸馬喰町《ばくろうちょう》に百間四面の地を定め、大久保治衛門を奉行として堂宇を建立、身延山十七世慈雲新師に寄進したのが起源という。以来身延山触頭《ふれがしら》筆頭である。慶安三年（一六五〇）再度の火災により谷中の当地に移る。

山門は重厚、本殿は豪壮、墓地は広大と、谷中の寺町でも最も三拍子そろった寺院であろう。境内に入って左一帯と本殿の裏は墓地であり、大名家とのかかわりも深いので多くの大名家が菩提所としている。

墓地にはいり本堂を背にして左の奥の巨大な笠塔婆は、陸奥会津二十三万石（後に三万石）松平家（保科系）の墓所。正甫《まさもと》（大膳大夫）［紹栴院殿圓樹日芳大居士］は、三代正容《まさかた》三男、享保十二年（一七二七）三月二十三日没、三十一歳。正容の継室［栄光院妙荘鷲峰日華大姉］（家臣横山九右衛門常武の娘）と正容の娘二人の墓もある。

接して大きな五輪塔は、筑前福岡五十二万石黒田家の四代綱政の嫡男吉之（大隅守・父に先立つ）の正室［本光院殿妙瑞惠照日周大禅尼］（大和郡山本多忠常の娘富子）、もう一基の五輪塔は本多忠常の正室［蓮經院殿妙脱日解大姉淑霊］で、広島浅野綱晟《つなあきら》の娘春姫で

大和郡山　本多忠常室［蓮經院］

讃岐高松　松平頼豊室［栴壇院］

越後三条　市橋家

ある。

讃岐高松十二万石松平家（水戸支流）三代頼豊室［栴檀院殿妙香清信大姉譜薫日誠台霊］は、正親町《おおぎまち》権大納言実豊の娘で大きな笠塔婆である。

巨大な宝篋印塔は、備後福山十一万石阿部家の五代正邦の室［寶境院殿秋岸日嬉大姉］で、土佐高知山内豊昌の娘、［晴岸院］は正邦の娘染子。

土佐高知二十四万二千石山内家の四代豊昌の室［仙壽院殿久栄日成大姉］は、伊予松山松平（久松）定頼の娘で、宝篋印塔。松平家には、四代定長の娘［真理院］・五代定直の娘［定鈴院］の墓もある。

伊勢桑名十一万石松平（久松）家の三代定重継室（駒井氏）［松久院殿妙月日盛大姉］は宝篋印塔。ほかに早世の童女三基と十代定永の娘「松平邦子之墓」もある。

近くの越前敦賀一万石酒井家之墓は合祀碑である。

古く黒ずんだ宝篋印塔が二基並んでいるが、一基は、越後三条四万千石市橋家初代長勝（下総守）［法橋院殿日悟大居士］で、元和六年（一六二〇）三月十七日没、歳六十四。秀吉に仕え、美濃今尾一万石余を領した後に一万石加増後伯耆矢橋を経て元和二年（一六一六）大坂の陣の功により再度越後三条に加増転封となった。入封四年後病のため江戸に没した。嗣子なく所領没収、のち甥左京（長政）に家督相続が許され、近江仁王寺二万石を与えられた。もう一基は［玄悟院］の三四郎長善と四十三霊の合祀墓である。

墓地に入ってすぐ左は豊後岡七万石中川家の墓所である。三基の笠塔婆があり、四代久恒の室［長壽院殿妙應日慶大姉］は備前岡山池田光政の娘左阿姫、六代久忠の室［榮久院殿禅慧妙定日崇大姉］は讃岐高松松平（水戸支流）頼豊養女、八代久貞の室［華落院殿蓮成妙實日相大姉］は七代久慶の娘。笠塔婆の「従三位中川久昭室加藤豊子姫之墓」は十二代久昭室で伊予大洲加藤泰済《やすずみ》の娘、［中川房姫之墓］は十三代久成《ひさなり》の長女である。

三河西大平　大岡家

さて、墓地の中央参道の右に［大岡越前家］と朱の入った角柱の標識が最近になってできた。ここはあの有名な大岡越前守家の墓所である。

この墓所には、三河西大平《にしおおひら》一万石大岡家の藩祖忠相《ただすけ》（越前守）［松雲院殿前越州刺史興誉仁山崇義大居士］・側室［慈慶院殿明誉光月寿照大禅定尼］（二代忠宜《ただよし》生母・町医市川自楽娘）、二代忠宜（越前守）［輾光院殿前越州刺史触誉忠宜照天大居士］・室［延寿院殿松岳貞栄大姉］（豊後府内松平近禎《ちかよし》養女）、三代忠恒（越前守）［俊徳院殿前越州至信日誠大居士］・生母［皓月院殿妙光日詠大禅定尼］（忠宜側室・小瀬氏）、忠勝（忠相の四代前）［大綱院殿忠誉窓月浄見大居士］ほか数基がある。

『武鑑』では、大岡家の江戸の菩提所は、三田聖坂《ひじりざか》功運寺と記されている。この寺は中野区上高田に移っているので、その際に大岡家一族の菩提寺である茅ケ崎《ちがさき》市堤浄見寺（市指定史跡）に墓碑を移葬したと推測すれば、ここの墓碑は供養塔であろう。

江戸時代の「大岡越前守忠相」、この人ほど日本人に親しまれている者はほかには少ない。忠相は延宝五年（一六七七）に中級旗本（二千七百石）の大岡美濃守忠高の四男として生まれ、一門の千四百二十石大岡忠右衛門忠真の養子となる。正徳二年（一七一二）伊勢山田奉行となり、在任中の公平無私な裁判に当時の紀州藩主徳川頼方（後の八代将軍吉宗）が感服したという。その吉宗に抜擢され、江戸町奉行の在職およそ二十年間、その才腕をふるい、さらに寺社奉行を歴任した。この間、加増をかさね、寛延元年（一七四八）に三河西大平で一万石を領し、大名に列した。子孫は以後変わることなく、七代忠敬《ただたか》のとき廃藩置県を迎えた。

忠相は南町奉行の職にあった。いわゆる名裁判官としての一面のみが世間にもてはやされているが、行政面でも大きな仕事をしている。享保年間（一七一六〜三六）、江戸はすでに百万近い人口を抱えた巨大都市であった。忠相は、裁判官であると同時に、警視総監、消防庁長官、東京都知事を兼ねたようなポストである江戸の町奉行として、通貨の統一、物価の引き下げといった経済政策、いろは四十八組の町火消しの創設や防火地域の設定という都市の防災化、小石川養生所の設置という福祉事業、さらに新田開発、治山治水事業といった農業政策に至るまで幅広く取り組み、かつてない成果を挙げたのであった。まさに江戸時代を通じて随一の有能で意欲的な幕府の高級官僚だったのである。

彼は「所宝惟賢《しょほういけん》」という言葉をとりわけ好んだという。「宝とするところこれ賢なり」すなわち、ほんとうの宝とすべきものは人材である、賢者を大切にせよと。享保の改革で人材登用が積極的に行なわれ、財政基盤の強化のために地方行政に精通している田中丘隅（休愚）はじめ多くの者を登用している。

機知に富み、人情味あふれた名判決ぶりは「大岡裁き」で知られ、それらを集大成した『大岡政談』は昔から講談、落語、芝居などで繰り返し演じられてきた。だが、実際に忠相の担当したのは「白子屋お熊」（歌舞伎『恋娘昔八丈《こいむすめむかしはちじょう》』では、白木屋お駒）のただ一件だけという。忠相の行政官としての眼は、庶民生活の安定を現実政治の第一目標にすえたことは確かであり、忠相が町奉行の象徴的存在に祭り上げられてゆく人気の源泉もそこにあるはずである。

晩年の忠相は持病の胃腸病に悩まされ、精励恪勤をもって知られた勤めぶりにも身の衰えを意識するようになっていた。吉宗の死後半年たった宝暦元年（一七五一）十二月十九日、さながら吉宗の後を追うように死んだ。七十五歳であった。

墓地の中央に大久保主水《もんと》の墓（都旧跡）がある。江戸に上水道をもうけた功労者で、井之頭や善福寺の池の水を三カ月の工期で成功させた神田上水は、わが国水道の先駆といえる。家康が大久保忠行に「主水」の称号を与えた。

河鍋暁斎《ぎょうさい》（幕末・明治の日本画家）の墓もある。

壱岐　松平英信［常倫院］

駿河小島　松平（瀧脇）家

11 英信寺《えいしんじ》

浄土宗　台東区下谷二－五－一四
地下鉄日比谷線入谷駅下車三分

慶長年間（一五九六～一六一五）の草創、開山は霊巌による。もと紫雲院と称したが、明暦二年（一六五六）松平若狭守康信の息英信《ふさのぶ》が没し、当寺に葬られたため現寺号に改めた。

松平英信（壱岐守）［常倫院殿英誉大心宗伯居士］は丹波篠山五万石松平（形原）康信の三男、、将軍家綱の小姓等を勤め、蔵米千俵を与えられ、別家としたが、明暦二年（一六五六）四月、二十三歳で死去、断絶となった。大きいとはいえないが、精巧な技法のあとが見られる宝篋印塔が建ち、「形原松平家一族之墓」もある。

豊後杵築《きつき》三万二千石松平（能見）家の五代重栄《しげよし》（丹後守）［霊覚院殿崇蓮社高誉傑叟浄山大居士］の墓碑もある。享保五年（一七二〇）二月十八日没、歳七十五。寺社奉行を七年間つとめている。元禄十年（一六九七）隣の日出《ひじ》藩の農民三百人近くが領内に逃散。重栄は、これを一時的に保護、日出藩とかけ合うとともに、幕府に処置方を相談、一か月後に全員を帰郷させた。正室は、はじめ近江膳所《ぜぜ》本多康将の娘であったが、重栄伯母と意見が合わず離縁、側室の宝地院を正室に直した。［宝地院殿行誉松雲智真大姉］と号する。享保十九年（一七三四）死去。

ほかに駿河小島一万石松平（滝脇）家の墓碑もある。初代信孝については、「才智発明にして理弁なり。文武共に学ぶ。但し理強過る程也。行跡正しく、政道順路に僻事なし、家民を哀憐す。但し病気にして、御奉公畢竟勤まるまじと沙汰あり。此将に評無し、誉之善将というべし病気之事惜む可し」と『土芥記』で高く評価している。

信孝は、前記松平（形原）典信（丹波篠山五万石）庶長子で、松平重信（滝脇系・駿府城代）の養子となり五千石を知行、書院番頭、御側、若年寄となり、大名に列した。元禄

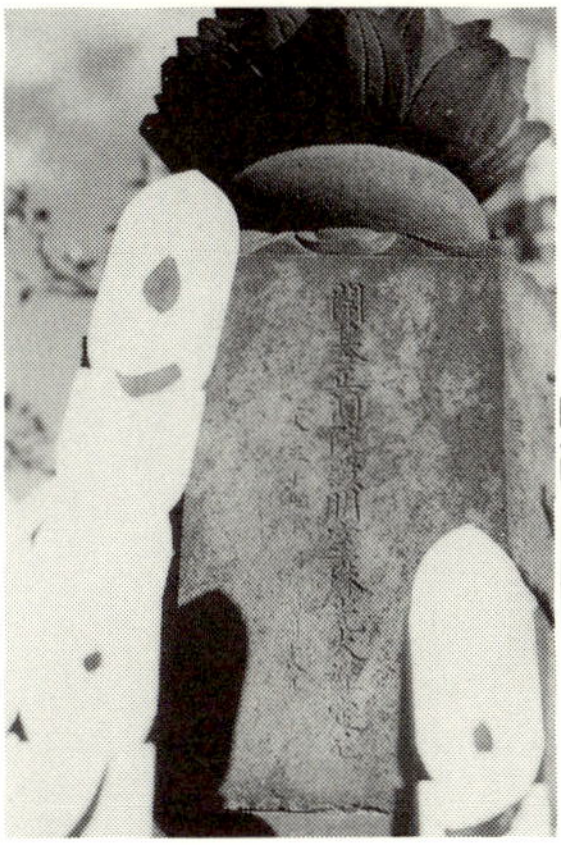
出羽久保田　佐竹義宣室［正洞院］

三年（一六九〇）十月十八日、三十六歳で没し、［従五位前房州刺史源松院殿尊誉法樹郎大居士］と号した。

最後の藩主、十一代信敏（安房守）［義楽院殿光誉西願信敏大居士］は明治元年（一八六八）七月上総桜井へ転封、その際、領内の触元名主へ丁重な謝辞と謝礼の山林を与えて去ったという、同年には松平姓を滝脇姓に改めた。室幸子は［楽邦院］と号し、九代信進《のぶゆき》の娘である。

12　正洞院《しょうとういん》

曹洞宗　台東区下谷二―六―二
地下鉄日比谷線入谷駅下車二分

慶長六年（一六〇一）の開創、開基正洞院のため佐竹右京大夫が建立したと伝えられている。震災、戦災をうけたが、山門だけは常に災難を免れたという。

その山門を入って境内右に古く黒ずんだ石塔がある。［開基正洞院殿明宝珠光大禅定尼］と刻まれ、「天正十九（一五九一）辛卯年四月十八日没」と彫られている。寺側の説明では、出羽久保田（秋田）二十万五千八百石佐竹家初代義宣の側室が生んだ娘たま女のもので、その名にちなんで「珠光」の戒名をつけた。義宣は佐竹家菩提所の橋場総泉寺に埋葬せず、側室の生家のある広沢村の地に菩提を弔うための墓所を建立、本堂はじめ鐘楼なども建造したという伝承があるが、古い記録は焼失しているので詳細は不明とのことである。

『佐竹家譜』によると、義宣の正室は那須資胤の娘（正洞院）、継室は多賀谷重経の娘（大寿院）、側室は葦名氏（昌寿院）といい岩瀬御台と称された。一方、『佐竹系図』では、室は多賀谷氏、継室は那須氏となり、『佐竹家譜』と全く逆になっている。さらに『那須譜見聞録』では那須資胤の娘ひとり佐竹義宣に嫁ぐとあるが、法名・没日は記されていない。このようにみてくると、寺の伝承は誤りで、正洞院は那須資胤の娘で、義宣の正室であることが確かのようである。

正洞院の大きな石塔の黒ずんでいるのは、多分火を浴びたのであろう、今も何かを訴えかけているかに見えてくる。

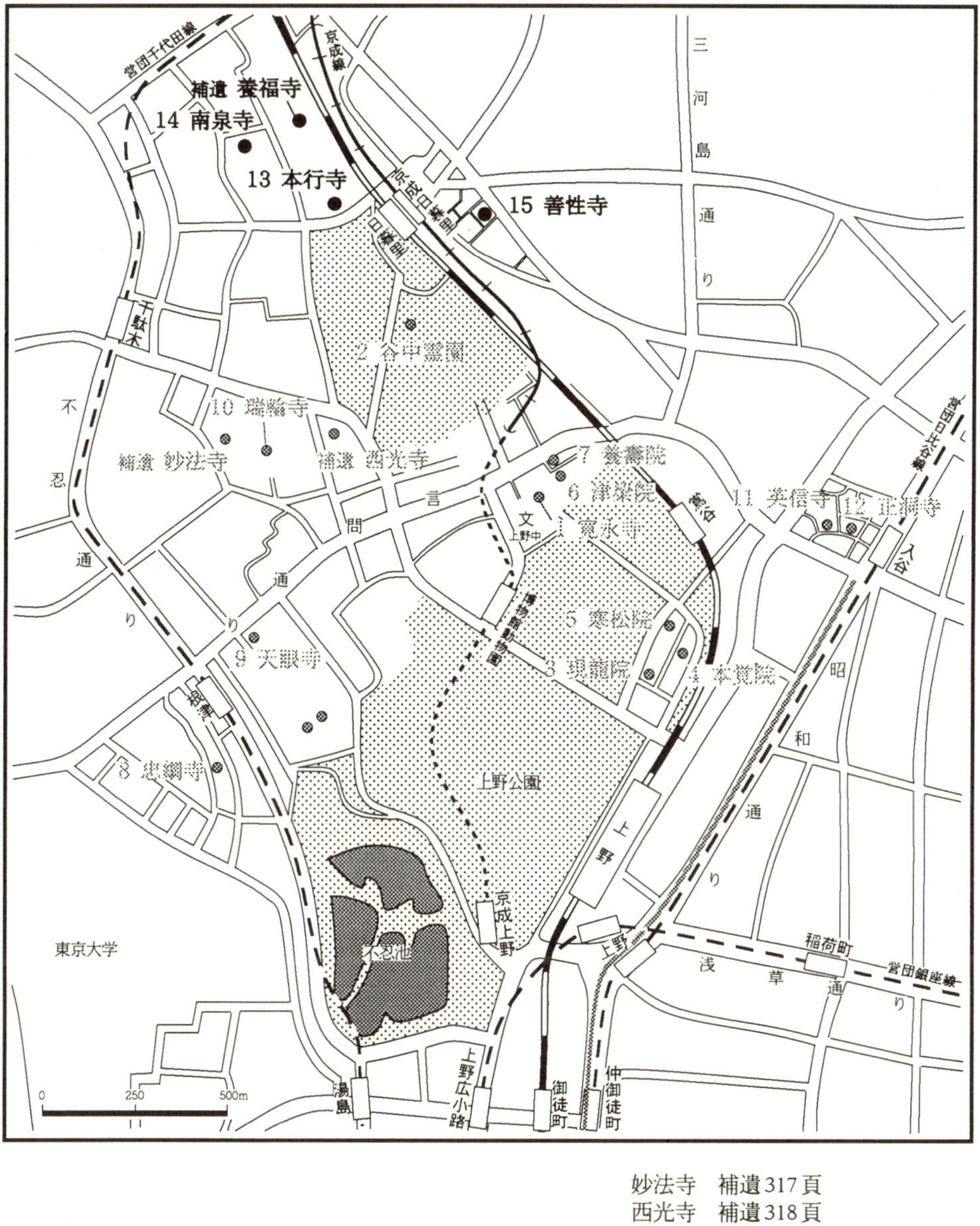

妙法寺　補遺317頁
西光寺　補遺318頁
養福寺　補遺318頁

13　本行寺《ほんぎょうじ》

日蓮宗　荒川区西日暮里三－一－三
JR山手線・京浜東北線・京成線日暮里駅下車二分

大永六年（一五二六）太田道灌の嫡孫資高が江戸城内平河口あたりに建立、開山は日玄。後になって神田、谷中と変わり、宝永六年（一七〇九）現在地に移る。

境内に道灌の物見塚《ものみづか》の碑（区指定文化財）がある。

墓地に入って右隅は美濃加納三万二千石永井家墓所。八代尚典《なおのり》（肥前守）［正明院殿正五位尚典日厳大居士］と正室［蓮乗院殿妙厳日唱大姉］（豊前中津奥平昌高娘お銈《かね》）、九代尚服《なおこと》（肥前守）［正厳院殿正五位子爵尚服日皓大居士］と夫人［清操院殿妙鋭日寿大姉］（尚典三女鋭子）と「永井家合葬之墓」（二十四霊合祀）がある。

尚服は、慶応元年（一八六五）講武所奉行、寺社奉行兼奏者番、若年寄兼会計奉行を歴任、永井氏歴代のうちはじめて幕府の栄職である若年寄に任ぜられるも、間もなく大政奉還となり、廃藩置県を迎えた。

左手奥塀際に永井尚志《なおむね》墓（都旧跡・幕末の俊秀な旗本で軍艦奉行、大目付、若年寄を歴任、将軍慶喜の大政奉還の上奏文を作成、明治政府で開拓使御用掛・元老院などを勤める）。市河寛斎（都旧跡・江戸後期の儒学者）、米庵（都旧跡・書家、幕末三筆の一人）父子の墓もある。

美濃加納　永井尚典夫妻

近江西大路　市橋政信［龍源院］

近江西大路　市橋家

14　南泉寺《なんせんじ》

臨済宗　荒川区西日暮里三－八－三
ＪＲ山手線・京浜東北線・京成線日暮里駅下車七分

元和二年（一六一六）大愚の開基、中興開基は幕府の老女岡野（墓地の後丘中段に一族の墓所がある）である。近江西大路《にしおおじ》（仁正寺《にしょうじ》）藩一万七千石市橋家の墓所があり、階段状の墓地の中段左と後丘最上段右隅一帯が墓所である。

中段は、初代長政（下総守）［凌霄院殿前総州大守桂林玄香大居士］、二代政信［龍源院殿前総州太守覚潭玄澄大居士］・継室［壽香院］（越後新発田溝口宣直娘）・正室［慈光院］（備中松山板倉重宗娘）のほか数基が横一列に並んでいる。墓碑は宝篋印塔である。

初代長政は叔父長勝に養育され、秀忠に仕え、大坂の役で千石を知行、後に長勝の領内三千石を分与されたが、元和六年（一六二〇）長勝の無嗣断絶となった名跡を継ぎ、近江仁王寺二万石が長政に与えられた。慶安元年（一六四八）二月十一日没、歳七十四。子孫は以後変わることなく、十代長義のとき西大路藩と改称し、廃藩置県を迎えている。

二代政信は、『土芥記』で「武も文も沙汰なし。生得淳直《すなお》に政道を嗜む。但し、少々美女を好む沙汰あり。或は舞楽を好むと云えども、敢て偏愛と云うには非ずと也。常に歌道を翫ぶ…文武を好まずと云ども和歌を好むときは、敢て無学とは云難し。文武を勤て、余力有る時、舞楽は苦しかるまじ、又美女寵愛の事、偏愛なしと云ば苦しかるまじ。然どもなきにはしかず」と好意的な評価をしている。元禄十七年（一七〇四）正月一日没、歳八十二。

後丘の墓所は、四代直方（壱岐守）［宴恭院］から十代長義・十一代長寿《ながひさ》の神葬型墓碑と歴代の室・子女十数基がある。しかし墓塔のなかには傾き、倒れているものもあり、墓域を訪れる人もまれなのであろう、その気配もない。

石見浜田　松平清武［本賢院］

墓地に入ってすぐ参道の左に、横山大観（日本画家）の墓がある。

15　善性寺《ぜんしょうじ》

法華宗　荒川区東日暮里五－四一－一四
ＪＲ山手線・京浜東北線、京成線日暮里駅下車三分

開山は日嘉、中興開山は日性。石見《いわみ》浜田六万千石松平（越智《おち》）家の菩提寺である。

藩祖清武は、六代将軍家宣の実弟（父は甲府宰相徳川綱重、生母は側室お保良の第二子）。兄家宣が将軍職についたとき、初めは寄合衆につき、宝永三年（一七〇六）一万四千石の大名となり、翌四年松平姓を与えられ、館林二万四千石、正徳二年（一七一二）二万石加増、四万四千石を領し、築城に着手した。在職中にいわゆる館林騒動が勃発し、在職十八年を築城と藩政の多難を背負って過ごし、享保九年（一七二四）九月十六日没した。六十一歳の一生であった。清武（右近将監）［本賢院従四位下行侍従弘毅斎墓］と刻んでいる。

大きな自然石は、「松平家諸霊之墓」（四十三霊合祀）で、ほかに「旧浜田藩殉難諸士碑」がある。

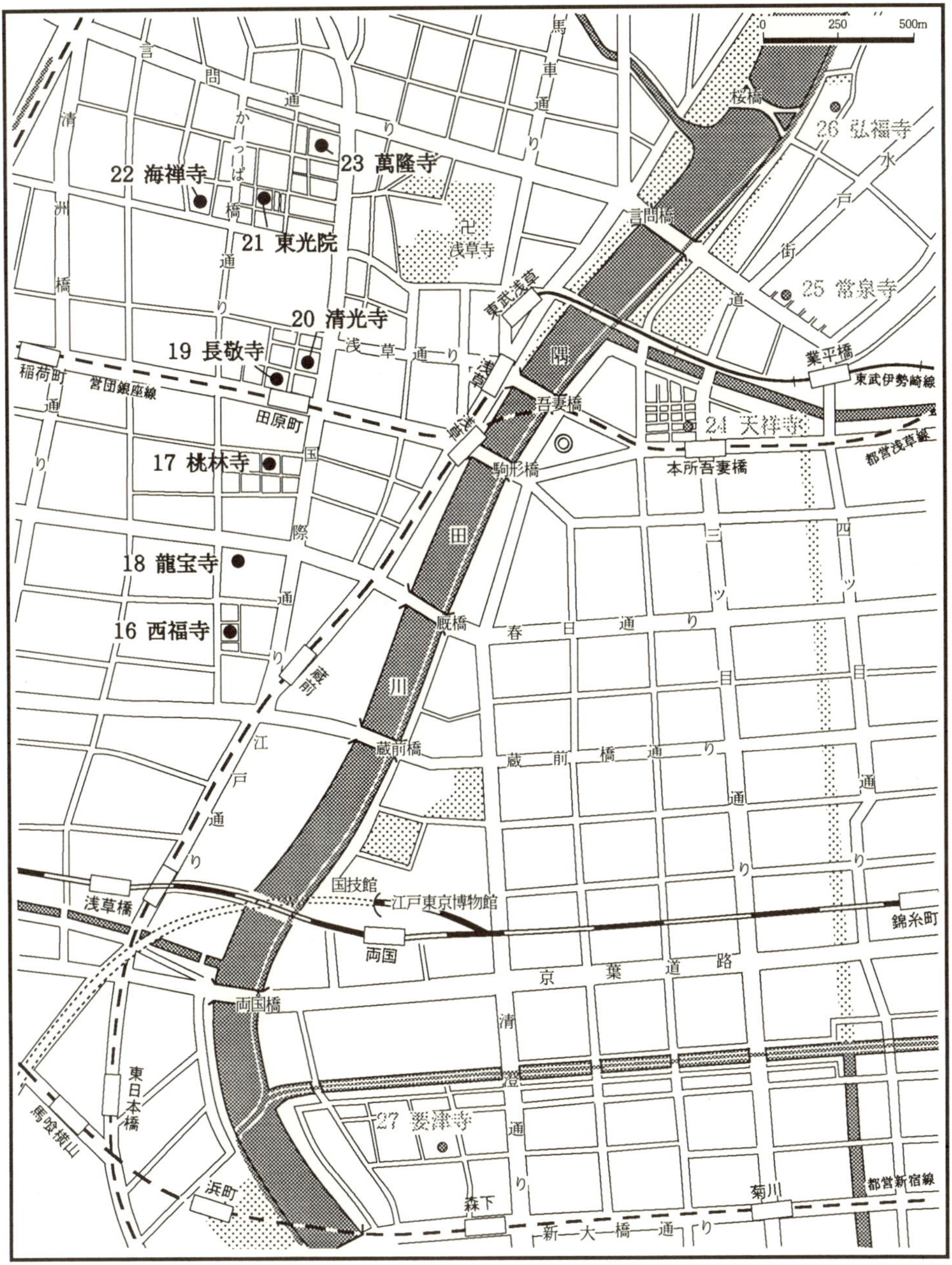
22 海禅寺
23 萬隆寺
21 東光院
20 清光寺
19 長敬寺
17 桃林寺
18 龍宝寺
16 西福寺
24 天祥寺
25 常泉寺
26 弘福寺
27 要津寺
浅草寺
言問通り
かっぱ橋通り
清洲橋通り
浅草通り
国際通り
江戸通り
馬車通り
水戸街道
春日通り
蔵前橋通り
京葉道路
清澄通り
新大橋通り
三ツ目通り
四ツ目通り
隅田川
桜橋
言問橋
吾妻橋
駒形橋
厩橋
蔵前橋
両国橋
業平橋
稲荷町
田原町
営団銀座線
東武浅草
浅草
蔵前
浅草橋
両国
国技館
江戸東京博物館
錦糸町
東武伊勢崎線
本所吾妻橋
都営浅草線
東日本橋
馬喰横山
浜町
森下
菊川
都営新宿線
0 250 500m

16　西福寺《さいふくじ》

浄土宗　台東区蔵前四－一六－一六
都営地下鉄浅草線蔵前駅下車三分

天正二年（一五七四）徳川家康の建立。三河岡崎の松平西福寺を慶長十三年（一六〇八）神田駿河台に移し、その後当地に移る。江戸浄土宗四カ寺の随一といわれ、一万石が与えられ大名並の厚遇を受けた。家康の側室お竹の方の菩提寺である。

彼女は甲斐の生まれ、父は穴山梅雪、秋山虎康、市川昌永あるいは武田信玄の娘ともいわれるが明らかでない。天正年中（一五七八ごろ）、家康の侍妾となり、浜松城において家康の三女振姫を生んだ。同十八年、江戸城へ移ったが、元和二年（一六一六）家康の死後は落飾し、良雲院と号した。墓地に入って右手壁ぞいに、大きくはないが女性らしい清楚な五輪塔が建っている。［良雲院殿天誉寿清大禅定尼］と刻んでいる、寛永十四年（一六三七）三月十二日に死去した。

ちなみに振姫は初め会津六十万石蒲生秀行に嫁したが、秀行は三十歳で死去、後に広島四十二万六千石浅野長晟に嫁した。西福寺には振姫の位牌も安置してある。

なお、『柳営譜略』では、良雲院の没日を、慶長八年（一六〇三）九月十二日、二十一歳とも、慶長十四年三月十二日また九月十二日ともしている。

参道中央に宝篋印塔数基がある。内藤家の墓所で、［宝林院殿天暁覚清大禅定門］は清次（若狭守）で、関東総奉行の内藤清成（相模国高座郡二万千石）の長男、元和三年（一六一七）七月一日没、歳四十一。［岑巖院殿泰雄海安大居士］は清政（修理亮）で、清成の

徳川家康側室　お竹の方［良雲院］

安房勝山　内藤家

二男、安房勝山三万石を領したが、元和九年（一六二三）六月二十六日、二十一歳の若さで没した。

ここ西福寺には、清成、清次、清政のほか数基の墓碑があるが、損傷して判読できない。清政には継嗣なく、弟の正勝も幼少のため除封、一時、廃藩となった。

駿河小島一万石松平家（明治元年改姓して滝脇）の合祀塔「瀧脇家之墓」がある。

ほかに、ここの墓地から隔たる裏手の東京鞄会館との間に、勝川春章（都旧跡・天明期後半の浮世絵師）の墓がある。

出羽亀田　岩城重隆継室［貞松院］

17　桃林寺《とうりんじ》

臨済宗　台東区寿一－一九－一
都営地下鉄浅草線蔵前駅下車一〇分

慶長十六年（一六一一）南雄の創建、寛永十二年（一六三五）八丁堀から当地に移る。奥平信昌の室亀姫が二男の松平右京大夫家治（桃林院）の菩提を弔うために建立した。信昌は、天正三年（一五七五）織田信長・徳川家康の連合軍が武田勝頼の軍を三河設楽原《したらはら》で破った長篠の戦いで大功をたて、家康の長女を娶り、後に美濃加納十万石を領した。

当寺は震災、戦災により焼失して再建されたが、奥平家に関わる墓は一基もない。ただ大名家らしい格調のある宝篋印塔一基がある。

寺側に訊くが過去帳にも記されていないし、不明とのことであった。その墓碑は［貞松院殿雪岩宗高大姉］と刻まれ、没日は元禄二年（一六八九）十一月二十三日とある。たまたまの折に判明したことは、出羽亀田二万石四代岩城《いわき》重隆の継室、越前丸岡本多成重の娘ということである。重隆は月峰公とよばれ、名君の誉高い。

桃林寺と岩城家・本多家とのかかわり、貞松院がなぜ埋葬されたのか一切不明である。

下総小見川　内田家

近江三上　旧遠藤家・東家

18 龍宝寺《りゅうほうじ》

浄土宗　台東区寿一―二一―一
都営地下鉄浅草線蔵前駅下車一〇分

開山は是応、開基は酒井河内守重忠で、慶長十六年（一六一一）当地に移る、俗に鯉寺という。

下総小見川《おみがわ》一万石内田家の菩提所で、墓地の奥に大きな仏舎利塔を思わせる塔に付属して笠をつけた「子爵内田家累代之墓」の合祀碑があり、その前に大きな久留守《くるす》の家紋をつけた花立てがある。

内田家の初代正信は家光に仕え、奥小姓、御側出頭などを勤める。この間、加増されて寛永十六年（一六三九）に一万石、慶安二年（一六四九）には下野鹿沼で一万五千石、同四年、家光の死去により殉死した。

享保九年（一七二四）下総小見川に入封定着、三代正偏《まさゆき》狂気にて傷害事件を起こし籠居、三千石没収。一万石をもって十三代正学《まさあきら》で廃藩置県を迎えている。

19 長敬寺《ちょうけいじ》

真宗　台東区西浅草一―二一―七
地下鉄銀座線田原町駅下車二分

東本願寺の支院で、近江三上一万二千石遠藤家の菩提寺である。墓地の最奥に「旧遠藤・東家累代之墓」の合祀碑一基がある。

初代遠藤慶隆《よしたか》は美濃郡上《ぐじょう》城を領していたが、天正十三年（一五八五）小牧の役のとき織田信雄《のぶかつ》への内応を責められ、美濃小原七千石余に減封。慶長五年（一六〇〇）、関ケ原の戦いの功により、本領を安堵された。元禄十一年（一六九八）近江三上に入封し定着。明治

讃岐高松　松平家

上総佐貫　阿部家

三年（一八七〇）十一代胤城《たねき》のときに和泉吉見に移封となり廃藩置県を迎えた、同十一年、遠藤を東へ改姓した。

20 清光寺《せいこうじ》

浄土宗　台東区西浅草一－七－一九
地下鉄銀座線田原町駅下車三分

開山は信誉、元駿河国田中にあり、寛文五年（一六六五）徳川光圀《みつくに》が当地に移し、香華院とした。

本堂左の参道側に讃岐高松十二万石松平家（水戸支流）の墓碑がある。大きな無縫塔は、三十八霊の合祀で、歴代藩主の子女たちの法名が刻んである。

墓地には岡崎屋勘六（歌舞伎文字勘亭流の祖の墓）、長谷川一夫（昭和期の映画・舞台俳優）の顕影碑がある。

21 東光院《とうこういん》

天台宗　台東区西浅草三－一一－二
地下鉄銀座線田原町駅下車一〇分

慈覚大師の草創、江戸城の鬼門の守りとして太田道灌が信仰した寺という。明暦の大火（一六五七）のあと幕命により他宗諸寺とともに現在地に移った。

上総佐貫一万六千石［阿部家累代之墓］の合祀墓一基があり、歴代藩主十名の名が刻まれた墓誌がある。

初代阿部（三浦）正春は重次の次男、父が阿部姓に復姓したのに変わり三浦を称した。幼時より四代将軍家綱の小姓をつとめ、慶安四年（一六五一）父の遺領のうち上総大多喜領

播磨林田　建部家

一万六千石を分与され別家となった。その後兄定高の遺言により本家を相続、阿部姓に復姓した。さらに寛文十一年（一六七一）定高の子正盛に家督を譲り、再び分家した。宝永七年（一七一〇）に上総佐貫に入封し定着、九代正恒のとき廃藩置県を迎えた。

22 海禅寺《かいぜんじ》

臨済宗　台東区松が谷三－三－三
地下鉄銀座線田原町駅下車一五分

旧妙心寺派触頭で江戸四カ寺の一つであった。慶長年中（一五九六～一六一五）、本郷妻恋坂に創建したが、明暦の大火で焼失、後に円満方禅が蜂須賀侯の帰依をうけ現在地に再建。震災と戦災により全て焼失した後再建された。

かつて多くの大名家が菩提寺としたが、一族分家の墓はあるが、播磨林田《はやしだ》一万石「建部《たけべ》家之墓」のほかは大名家はないようである。

建部家初代の政長は豊臣秀頼に仕え、尼崎郡代をつとめた。慶長十九年（一六一四）の大坂の陣に際し家康に降り、摂津内で一万石を与えられ、元和三年（一六一七）播磨林田へ移封された。以後変わることなく、十代政世で廃藩置県を迎える。

本堂左奥側奥に、梅田雲浜《うんぴん》の墓がある。若狭小浜藩士で儒者として身をたて国事に奔走、安政の大獄で捕えられ病死した。

23 萬隆寺《まんりゅうじ》

曹洞宗　台東区西浅草三－二七－二
地下鉄銀座線田原町駅下車八分

元中五年（一三八八）玄路統玄によって出羽国に草創。のち兵火にかかり八世路山が江戸

出羽山形　最上家

湯島に移した。津軽藩主の帰依をうけ、六郷兵庫頭の菩提寺で最上駿河守の香華院とした。湯島で火災にあい、現在地に換地され、以来二度の火災震災により焼失後再建された。

墓地の本堂向かって左に、出羽本荘二万石六郷家の墓所がある。［旧出羽本荘二階堂藤原氏従三位子爵六郷政賢家累代之墓］は六郷亀甲紋を付した大きな唐破風型墓碑で、初代政乗から十代政殷《まさただ》までの法名が刻まれている。政乗は、慶長六年（一六〇一）関ケ原の役の功により、常陸府中一万石を与えられ、元和九年（一六二三）に出羽本荘二万石に加増転封。以後変わることなく十一代政鑑《まさあきら》のとき廃藩置県を迎える。

［旧山形城主最上家之墓］は唐破風型の墓碑で、旧家臣の子孫たちが明治二十三年（一八九〇）に建立したもの。最上家の初代義光《よしあき》は天正十八年（一五九〇）に秀吉より本領を安堵された。ついで慶長五年（一六〇〇）の関ケ原の戦いの功により加増され、出羽山形五十七万石を領した。

元和八年（一六二二）、二代義俊のとき最上騒動により近江大森一万石に減転封された。さらに寛永八年（一六三一）義俊が死去すると五千石に減知され幕臣となった。

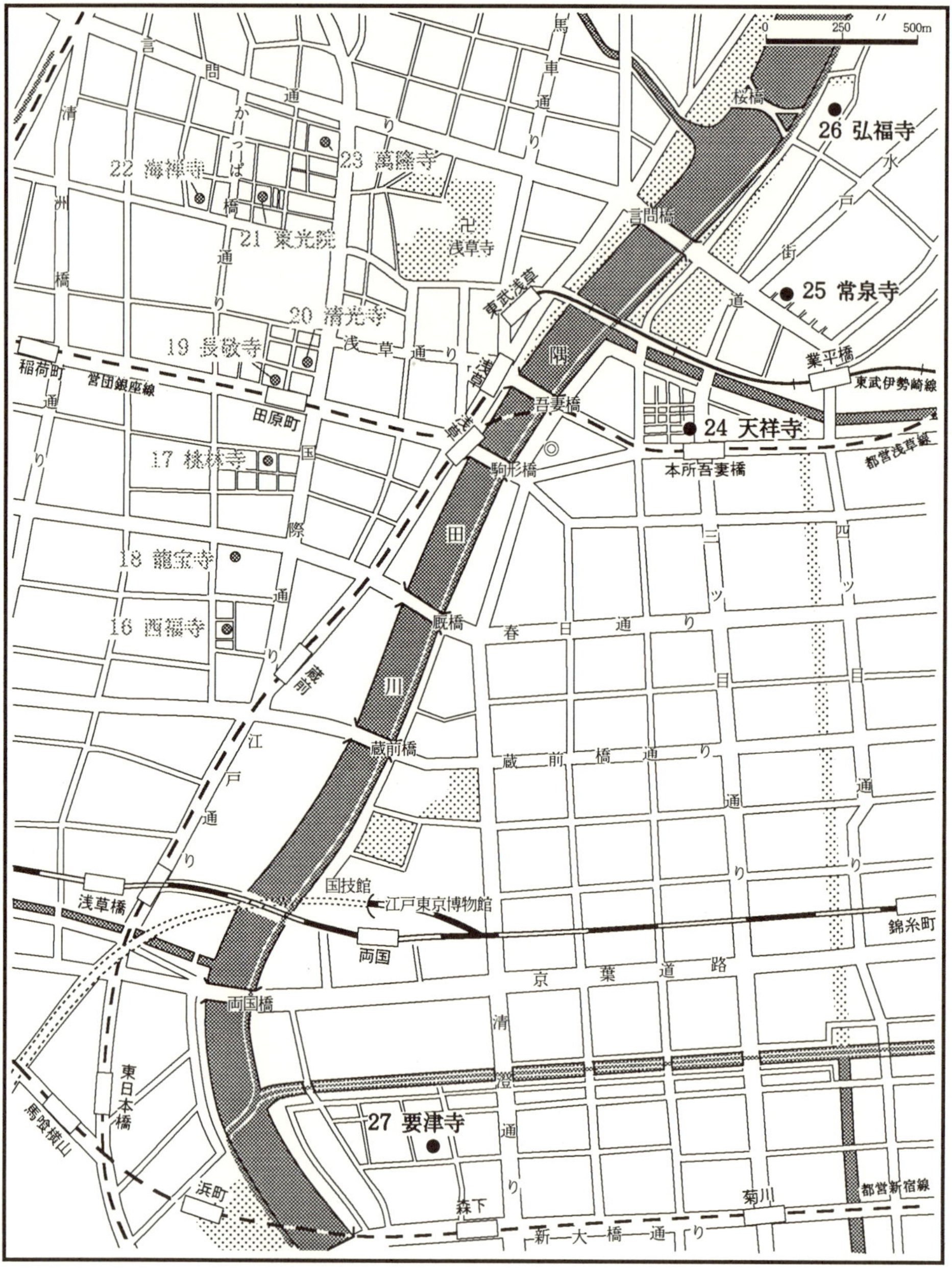

0
250
500m
26 弘福寺
25 常泉寺
24 天祥寺
27 要津寺
23 萬隆寺
22 海禅寺
21 東光院
20 清光寺
19 長敬寺
17 林林寺
18 龍宝寺
16 西福寺
浅草寺
言問通り
かっぱ橋通り
清洲橋通り
馬車通り
水戸街道
浅草通り
国際通り
江戸通り
春日通り
蔵前橋通り
京葉道路
清澄通り
新大橋通り
三ツ目通り
四ツ目通り
隅田川
桜橋
言問橋
東武浅草
業平橋
東武伊勢崎線
吾妻橋
駒形橋
本所吾妻橋
都営浅草線
稲荷町
営団銀座線
田原町
浅草
蔵前
厩橋
蔵前橋
国技館
江戸東京博物館
浅草橋
両国
錦糸町
両国橋
東日本橋
馬喰横山
浜町
森下
菊川
都営新宿線

五　墨堤（隅田川）に沿って

24　天祥寺《てんしょうじ》

臨済宗　墨田区吾妻橋二－六－五
都営地下鉄浅草線本所吾妻橋駅下車一分

元禄六年（一六九三）松浦《まつら》肥前守鎮信《しげのぶ》の開基で、開山は盤珪禅師、松浦侯の下屋敷内に開いた寺である。

境内の中央にある台石に大きな円形の石塔に刻んだ法名［天祥院殿慶岩徳祐大居士］は、肥前平戸六万千七百石松浦家の四代鎮信である。

鎮信は、寛永十八年（一六四一）蘭商館の長崎出島移転により、貿易の途を断たれ、大打撃をうけたが、新田開発、窮民救済、家法整備など藩政再建に尽力、二代昌《まさる》に一万石分封、幕府に長崎唐人館設置を建策している。文人として片桐石州に茶道を学び、鎮信流を起こす。また、山鹿素行に師事、弟山鹿義行を家老に抜擢、孫高道を招き積徳堂を建てる。元禄十六年（一七〇三）十月六日、八十二歳で没した。

唐破風型の墓碑に二人の法名が刻まれている。［豊功院殿静山流水大居士］と［亮鏡院殿照巌智明大姉］とは、九代松浦清（静山）と正室鶴年《つね》（三河吉田松平信礼《のぶいや》の娘）である。

静山が鶴年を正室に迎えたのは、静山が十六歳で鶴年が三つ下の十三歳の時、子供は授からなかったが、殿様と姫君の結婚は形ばかりのものではなかったらしい。晩年、静山は妻の思い出を何度か書き綴っている。世慣れしていないお姫様育ちの妻、それにひきかえ女性経験を持つ静山は、お姫様育ちであることをこの妻の美質として愛したらしい。彼が「亡妻」とか「哀妻」という言葉を用いているように、鶴年は結婚後十四年で静山に先立って

肥前平戸　松浦鎮信［天祥院］

肥前平戸　松浦清（静山）夫妻

逝く、寛政元年（一七八九）八月二十五日、まだ二十七歳の若さだった。おそらく墓標に合葬したのは静山の意志だったのであろう。

静山は、一連の財政再建で成功をなし、また好学の藩主としての事績も多い。安永八年（一七七九）藩校維新館を創設、天明四年（一七八四）、『家世伝』の編集に着手、一方で武芸を奨励、心形刀流の免許を得て範を示した。世に蒐集狂という言葉があるが、静山はまさにこれで、集めた書籍三万三千冊。オランダの事物にも興味を示し、通辞に天文書を訳出させたり、『聖書』やヨーロッパの博物図譜なども買いあさっている。致仕後は大学頭林述斎のすすめで、随筆『甲子夜話《かしやわ》』を書き始め、二十年間に三篇二百七十八巻を著した。内容は多岐にわたり、市井の逸話から宮中の宴の献立、箒星《ほうきぼし》の出現を星座の図入りで報告するかと思えば、将軍の日光社参に十八万両を要したことを記すといった具合で、随筆というよりも雑学情報満載のデータバンクである。中には生々しい河童《かっぱ》の図もあり、「河太郎（河童）」に相当趣味をもっていて、「河童」の手を秘蔵する家があるときくと早々とりよせて観察したらしい。天保十二年（一八四一）六月二十九日、江戸で没した。八十二歳の高齢だった。

25　常泉寺《じょうせんじ》

日蓮正宗　墨田区向島三－一二－一五
都営地下鉄浅草線本所吾妻橋駅下車五分

慶長元年（一五九六）の創建で、開基は日是上人。幕府との関係が深く、寺領三十石と寺地の加増をうけている。明治末頃の常泉寺の様子を堀辰雄は『墓畔の家』で、「かなり大きな、古い寺があった。非常に奥ゆきの深い寺で、その正面から奥の門まで約三、四間ほどの間、石甃《いしだたみ》が長々と続いてゐた…」と記している。しかし今は境内も墓地も狭く、その

六代将軍家宣養女［本乗院］

面影はない。

墓地に入って正面石塀を背にして建つ［本乗院殿妙融日燿大童女］の五輪塔は、六代将軍家宣の御台所熙子《てるこ》（関白近衛基熙《もとひろ》の娘照姫）の姪政姫（近衛家熙《いえひろ》の娘）で、家宣の養女であった。宝永元年（一七〇四）七月二十二日六歳で病死した。家宣の側室斎宮《いつきのみや》（本光院）も当寺に葬られたと多くの書に記されているが、寺側に訊くと震災後徳川墓地に移葬して今はない。

越後村松三万石堀家の四代直堯《なおたか》嫡男直泰（父に先立って死す）の正室［慈性院殿妙孝日貞大姉］は、備中松山板倉勝澄の娘まん。宝暦十三年（一七六三）六月死去。

また、加賀大聖寺十万石「前田家之墓」合祀碑一基がある。

ほかに、朝川善庵（都旧跡・江戸後期の儒学者・医者）の墓がある。

26　弘福寺《こうふくじ》

黄檗宗　墨田区向島五－三－二
都営地下鉄浅草線本所吾妻橋駅下車一〇分

開山は本庵鉄牛、開基は稲葉美濃守正則。もと葛飾郡香盛島にあった香積山弘福寺という一字を、延宝元年（一六七三）現在地に移建し黄檗《おうばく》派寺とした。震災で全滅したが昭和八年再建した。山門に掲げられた「大雄寶殿」の額、二層の屋根をもつどっしりとした構え、本堂の雄大さ、黄檗宗特有の中国風の建物は、昭和の再建という新しい感じはない。山城宇治万福寺を模したといわれる。

当時、『遊歴雑記』に「境内広く寂寥として只野猿の声のみ聞く」とあり、現在は縮小されているものの禅寺らしい味わいは深い。勝海舟はこの寺に四年余参禅に通っており、後年この座禅と剣術とが己の土台となったことを述べている。森鴎外もこの寺を好み、その

上野小幡　松平忠尚［聞修院］

因幡若桜　池田定常［停雲院］

遺志で当寺に葬られたが、三鷹市禅林寺に移葬された。

本堂右手奥の墓地は、落ち着いた心和む雰囲気の中に品格ある石塔が並んでいる。『武鑑』では、当寺を菩提所とした大名家はかなり数えられたが、墓地が狭められたためか、大名家の事情からか、大方は合祀碑と変わっている。

山城淀十万二千石「開基稲葉家各霊尊儀」、安房館山一万石「稲葉家之墓」、越後与板二万石「井伊家」の御霊屋は豪壮、陸奥泉一万八千石「本多家累代墓」は合葬されている。

上野小幡《おばた》二万石松平家（奥平系）藩祖忠尚《ただなお》（宮内少輔《くないしょう》）［聞修院殿従五位下前工部員外郎秀峯義節大居士］の墓碑がある。忠尚は、松平（大給）和泉守乗久（肥前唐津藩主）の長男だが、家康の外孫松平（奥平）忠弘（白河藩主）の女婿・養子となる。ところが、忠尚は頭脳明敏で賢すぎ、家中に厳しく、養父忠弘とも合わず、家中は二つ三つに分裂、騒動にもなりかけた。それが綱吉の耳に入り、忠尚は白河藩の養嗣子からはずされ、元禄元年（一六八八）十月、別に白河新田二万石を給して別家とした。同十三年陸奥桑折《こおり》藩二万石が新設されたことにより、白河藩は一時だけ静かになったという。忠尚は本来ならば白河十五万石を相続すべきところ、二万石で満足したのであろうか。養子忠暁《ただあきら》に家督を譲って隠居し、享保十一年（一七二六）一月二十九日、七十六歳で病没した。子孫は明和四年（一七六七）、上野小幡に入封し定着。六代忠恕《ただゆき》のとき廃藩置県を迎えている。

因幡若桜《いなばわかさ》一万五千石は、「池田家累代之墓」と五代定常［停雲院殿冠山兀叟大居士］は、亀趺《きふ》の上に大きな箱型石塔がたっている。定常（冠山）は江戸末期の儒学者で、地理物産学の研究家でもあり、佐藤一斎に学び、古今和漢書から地誌仏典に至るまで多くの書に通じ、また諸芸にも明るかった。邸に訪れる者は貴賤に関係なく引見して懇《ねんご》ろな交わりをもった。享和元年（一八〇一）の隠居後は専ら著述を楽しみとし、晩年は冠山道人と号した。十数年かかって三十八冊の『池田氏家譜集成』を編纂し、著作も現存する『周易管窺』『論

常陸笠間　牧野家

語説』『墨水源流』のほか三十余という。当時、定常（冠山）、佐伯藩主毛利高標《たかすえ》、仁正寺藩主市橋長昭を「柳の間の三学者」と称されていた。天保四年（一八三三）七月九日、六十七歳で没し、佐藤一斎らの手により葬儀が営まれた。
鐘楼の脇に建部綾足《あやたり》（江戸中期の国学者・文人）の墓がある。

27　要津寺《ようしんじ》

臨済宗　墨田区千歳二－一－一六
都営地下鉄新宿線森下駅下車二分

慶安年間（一六四八～五二）東鉄が本郷に創建、牧野越中守成儀《しげのり》を開基、西江《さいこう》和尚を開山としたのち焼失して廃寺となっていたが、元禄四年（一六九一）牧野家下屋敷のあった所で再興、成儀の子成貞を中興開基、中興開山を梁伝和尚とする。

常陸笠間八万石牧野家の菩提寺で、「牧野家歴代之墓」の改葬された方柱型一基が建ち、石燈籠が上下左右に配されている。初代成貞、成儀（成貞父）以降の墓碑はことごとく震災で倒壊して、合同墓碑を建立したと記している。

墓地に中野撝謙《ぎけん》（都旧跡・江戸中期の儒者）、島男也《おとや》（都旧跡・幕末の水戸浪士、大坂で反幕計画をたて捕われ江戸で獄死）、服部嵐雪（芭蕉の門下、其角《きかく》と並び称された）の墓がある。本堂前の右に「芭蕉翁俤塚《おもかげづか》」や「古池や蛙とびこむ水の音」の句碑がある。

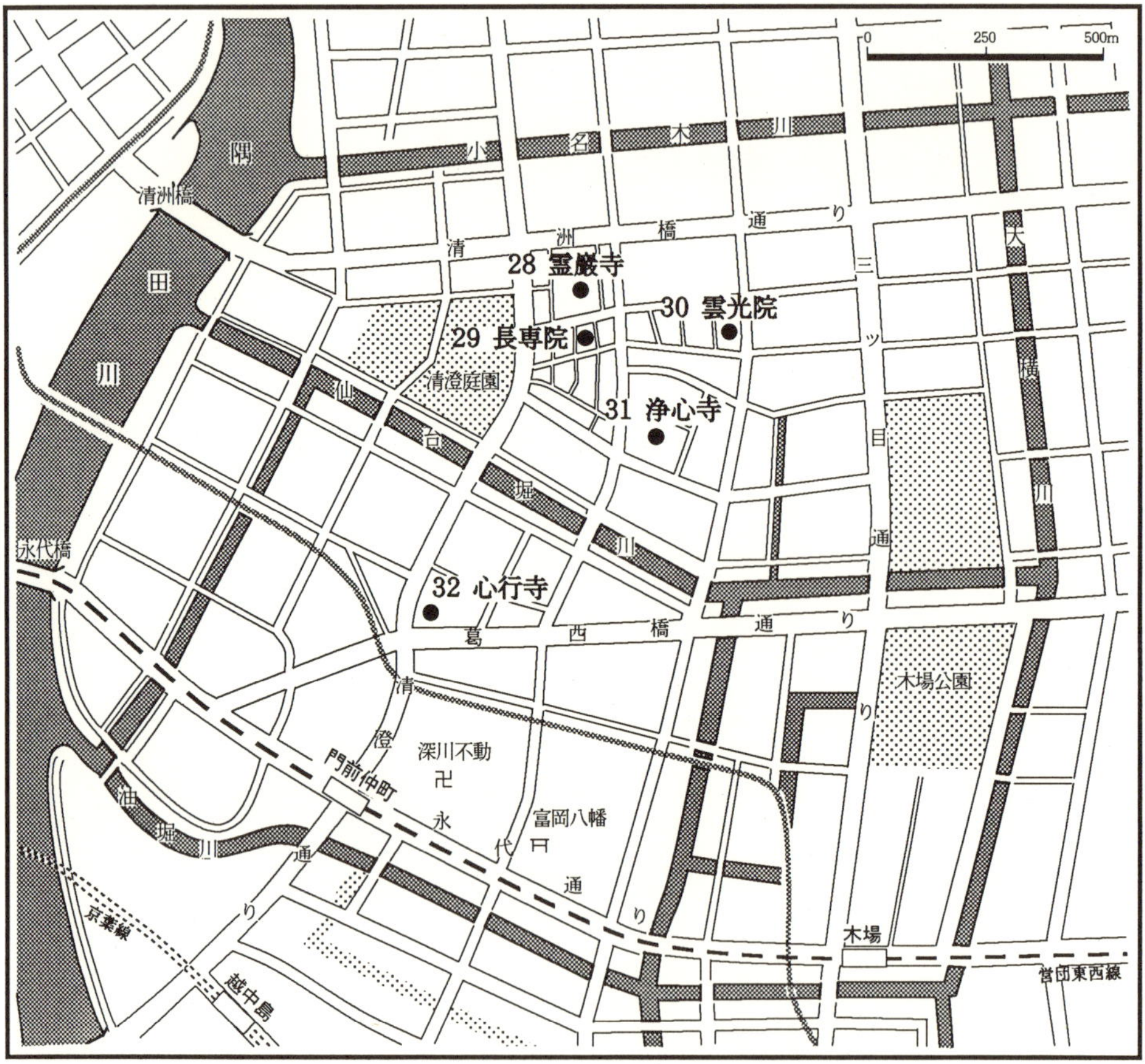
28 霊巌寺
29 長専院
30 雲光院
31 浄心寺
32 心行寺
清澄庭園
深川不動
富岡八幡
木場公園
門前仲町
木場
越中島
清洲橋
永代橋
隅田川
小名木川
仙台堀川
油堀川
大横川
清洲橋通り
三ツ目通り
葛西橋通り
清澄通り
永代通り
京葉線
営団東西線
0 250 500m

28 霊巌寺《れいがんじ》

浄土宗　江東区白河一－三－三二
地下鉄東西線門前仲町駅より都バス（門33）清澄庭園下車二分

徳川家康・秀忠・家光と三代の将軍に信頼の厚かった霊巌雄誉上人は、寛永元年（一六二四）隅田川河口の西側を埋め立てて霊巌島として寺を建立した。明暦の大火（一六五七）の翌年現在地に移ってきたものの、三度焼失、震災後再建された。

境内に入って左、門扉のある石塀に囲まれた墓所は、いかにも歴史に残る名君にふさわしい構えで、石柱には「松平楽翁公霊域（国指定史跡）」と記されている。この墓域には「故白河城主楽翁之墓」、楽翁の正室、藩祖定綱夫妻の墓碑と「旧桑名藩主松平家歴代之墓」がある。

故白河城主楽翁之墓

伊勢桑名　松平定綱［大鏡院］

伊勢桑名十一万石松平家（久松）の藩祖定綱（越前守）は、定勝の三男、慶長九年（一六〇四）下総山川五千石を知行し、幕臣となった。その後、加増をかさね寛永十二年（一六三五）には伊勢桑名で十一万石を領した。定綱は、文武・殖産の振興につとめた名君で、山鹿素行とは親交があり、茶道は小堀遠州、書は松花堂に学び、沢庵和尚とも親しかった。藩政の方針二十五条をまとめ（『牧民後半』）、また多くの詩文を残した（『政余雕立』）。慶安四年（一六五一）十二月二十五日、六十歳で没し、［大鏡院殿定誉一法大居士］と号した。墓碑は大きな宝篋印塔である。定綱の継室［曜安院殿秋誉月晴理光大姉］（浅井氏といい御妾後御奥様、久松松平家譜より）の墓碑もある。

さて、楽翁公定信は、田安宗武（将軍吉宗二男）の七男、吉宗の孫で、幼名は賢丸とい

越後高田　榊原家

い、名のように幼少より賢明の評判高く、白河藩松平定邦の養子となって天明の飢饉では大いにその手腕を発揮、さらに天明七年（一七八七）には老中首座として将軍家斉を補佐し、「寛政の改革」を断行した。その期間は六年、田沼政策の結果、幕藩体制の基礎であった農村の荒廃、領主経済の破綻、武家生活の窮乏、幕政の腐敗が著しく、改革の主眼はこれらの危機を打開して幕政を立て直すことにあったが、目的を達成したのは一時で、結局は失敗した。寛政五年（一七九三）八月、不本意ながら辞職（三十六歳）して、翌年白河に帰り、農村中心主義を徹底させて成功をみた。白河では『白河風土記』の編纂を手掛け、五十五歳で隠居して楽翁と号した。風流を友とし、学を好み、歌を詠み、書をよくし、画人でもあり史学に心を寄せ、世に「白河楽翁侯」として知られる。このように定信は敏腕の政治家のイメージが強いが、なんと百七十種の著書があり、屈指の学芸の人でもあった。『集古十種』（社寺・各家秘蔵の宝物を模写させて蒐集）は著名。「七分積金制度」の積立金（明治維新当時百四十万円）は、明治以降には東京府がこれを基金として商法講習所・養育院・ガス局の建設や道路・橋梁などの整備に用い、財政に大きく貢献した。本所回向院《えこういん》に「水子塚」がある。これも定信の建てたもので、堕胎や間引《まびき》がはやり、非業の最期を遂げた不幸せな子供の霊を慰めようと在誉巖竜和尚に命じて造立したもの。

墓域の方柱型墓碑は「故白河城主楽翁之墓」と簡素なもの、文政十二年（一八二九）五月十三日、七十二歳で没した。夫人たちの宝篋印塔は立派で、正室［静徳院殿操誉謙光真純大姉］は桑名松平定邦の長女峯、継室［至誠院殿心誉智光慈隼大姉］は伊予大洲加藤泰武の長女隼である。「旧桑名藩主松平家歴代之墓」は震災後整理改葬の合葬の碑である。

参道左の墓地には、当寺を菩提所とした諸侯の墓所がある。越後高田十五万石「旧高田藩主榊原家之墓」の背高い宝篋印塔、近江膳所《ぜぜ》六万石「旧膳所城主本多家之墓」は唐破風付墓碑、摂津尼崎四万石松平家（桜井）二代忠倶《ただとも》（遠江守）［深正院殿然誉浄梵道恵大居士］

伊勢神戸　本多忠統［長徳院］

は宝篋印塔、元禄九年（一六九六）五月二十六日、大阪城内で病没、六十五歳。明治元年松平姓を桜井に改姓している。ほかに数基の一族の墓碑がある。

伊予今治三万五千石松平家（久松）二代定時（美作守）［嶺香院殿実誉躰安恵明大居士］は五輪塔、延宝四年（一六七六）八月十九日、四十二歳で没。丹後峰山一万千百石京極家七代高備《たかまさ》の二男高聡《たかとし》（備後守）［円諦院］は唐破風型墓碑、文政十三年（一八三〇）三月没。

伊勢神戸《かんべ》一万五千石本多家二代忠統《ただむね》（伊予守）［長徳院殿前予州刺史浄誉拙翁円徹大居士］は唐破風型墓碑。忠統は将軍綱吉の小姓、奏者番、寺社奉行の兼役、若年寄、一万石大名として最高役職をつとめ、享保十五年（一七三〇）御勝手御用掛として財政難打開に勤めた。将軍吉宗隠退の直前に念願の神戸築城の許可と五千石の加増をうける。忠統は幕府の要職にあり、ほとんど国許には帰らなかった。吉宗の享保の改革には、老中松平乗邑《のりさと》らと協力して財政難の打開につとめ、諸侯から不評を買っていた「上米《あげまい》」制度の廃止にも与って力があった。享保十七年の飢饉《ききん》救済に奔走した事跡は『仁風一覧』として刊行され、吉宗はこれを特別に印刷させて、宮中・日光等に奉納したという。また延享四年（一七四七）殿中にて熊本城主細川越中守宗孝が、旗本板倉修理勝該《かつかね》によって誤って殺害される刃傷事件は、忠統の所置よろしきを得て、細川家の断絶を免れたという。彼は荻生徂徠の高弟で、師の死後『徂徠集』の序文を選した。また詩人集『猗蘭台集』十七巻、『猗蘭子』三巻も著している。茶人としては宗範と号し、表千家の流れをくみ、そのゆかりの茶器などは今も名高く、文人大名としての忠統の好尚は、以後本多家の家風にもなったという。宝暦七年（一七五七）二月二十九日、六十七歳で没した。

本多家は近江膳所本多康将《やすまさ》の次男忠恒を初代、延宝七年（一六七九）に一万石を分与され別家となった。子孫は享保十七年（一七三二）伊勢神戸に入封し定着、八代忠貫《ただつら》のとき廃

越後高田　榊原政倫［昇安院］

徳川家康側室　阿茶局［雲光院］

藩置県を迎えた。

29 長専院《ちょうせんいん》

浄土宗　江東区三好一－六－三
地下鉄東西線門前仲町より都バス（門33）平野一丁目下車一分

寛永元年（一六二四）越後高田城主榊原家の初代忠次の開基、開山は円寿の草創で、霊巌島にあったが、明暦の大火（一六五七）で類焼後に当地に移る。

塀越しに五輪塔の空・風・の部分が見える。これは、五代政倫《まさとも》（式部大輔《しきぶのたいふ》）［昇安院殿仕譽知眞本英大居士］で、三歳で姫路十五万石を嗣ぐが、姫路は枢要の地であることから越後村上に転封となる。十九歳で疱瘡《ほうそう》を病み、天和三年（一六八三）二月二十七日、十九歳で江戸にて死去した。かねてから上野前橋酒井高挙《ただたか》の娘と婚を約していたが、早世して果たさなかったという。

30 雲光院《うんこういん》

浄土宗　江東区三好二－一七－一四
地下鉄東西線門前仲町駅より都バス（門33）平野一丁目下車三分

開山は増上寺の応誉潮呑、開基は雲光院（通称阿茶の局《あちゃのつぼね》）で、寛永十四年（一六三七）京都で入寂したが、徳川家への尽力は側室随一とされ、五十石の領地を賜っている。

阿茶の局は、家康の側室、武田信玄の家臣飯田筑後守の娘で、今川氏の家臣神尾弥兵衛忠重の妻となったが、死別。彼女は天性聡明にして才略に優れているため家康の寵愛をうけた。慶長十九年（一六一四）大坂の役に家康の使者となり和議の交渉に当たる。家康の没後は雲光院と号し、江戸城竹橋門内の屋敷に住み、賄料三百石を与えられている。後に従

四代将軍家綱乳母　三沢局［浄心院］

一位に叙任し、神尾一位殿といわれた。元和六年（一六二〇）秀忠の娘和子の入内に際しては母代わりとして終始付き添い、家光の上洛にも供奉している。寛永十四年（一六三七）一月二十二日、八十三歳で、京都の金戒光明寺で入寂した。［雲光院殿一位尼公正誉周栄大姉］と号し、背高い宝篋印塔は全体に黒ずんでいるが、格調高い江戸初期の立派な墓碑である。

墓地の入口左に、後藤三右衛門（金座改役、弘化二年・一八四五刑死）と庄司甚右衛門（元吉原の創設者）の墓がある。

31　浄心寺《じょうしんじ》

日蓮宗　江東区平野二―四―二五
地下鉄東西線門前仲町駅より都バス（門33）平野一丁目下車一分

甲斐久遠寺《くおんじ》の末寺で、開山は日義、開基は幕府老女の三沢局。三沢局は四代将軍家綱の乳母お秀の方として大奥入りした後、日義に帰依してその外護をつとめたが、病に倒れ、乳母を辞した後に他界した。明暦二年（一六五六）に深川の地に一万坪と百石の供養料を賜る。万治元年（一六五八）日通が三沢尼の冥福のため将軍家綱の許しを得て創建、十万石の格式を許されたという。

『浄心寺縁起』は、三沢局を小堀遠州の室としているが、側室であろう。三沢弥四郎為昆《ためあきら》の娘で、遠州の五男政貞（後に旗本六百石）を生む。そして家綱の乳母となり、三沢局と称されたが、明暦二年（一六五六）三月三十日死去した。墓地の中央にある［浄心院殿妙秀日求大姉］の唐破風型墓碑は女性らしい石塔である。また小堀家の墓碑も数基ある。

伊予宇和島十万石伊達家四代村年の正室［玉臺院殿雲光妙恵日厳大姉］（陸奥仙台伊達吉村の二女徳子）は、延享四年（一六七六）六月二十日没、齢三十八、大きな五輪塔である。

さらに伊達村年の娘［本貞院殿了天妙光日耀大姉］は、大和郡山柳沢信鴻《のぶとき》の正室幾子、寛保三年（一七四三）四月十四日、十八歳で死去した。

　墓地には、矢部定謙《さだのり》（江戸町奉行、老中水野忠邦により引き立てられたが、忠邦の贈賄の件を摘発せんとして捕えられ解任、桑名藩にお預けとなり、絶食して死す）と初代清元延寿大夫の墓がある。

周防岩国　吉川広正娘［養源院］

32　心行寺《しんぎょうじ》

浄土宗　江東区深川二－一六－七
地下鉄東西線門前仲町駅下車五分

元和二年（一六一六）八丁堀に団与が創建、後当地に移る。

周防《すおう》岩国六万石吉川《きっかわ》家二代広正の五女虎姫［養源院殿正誉貞心大姉］の五輪塔がある。『吉川家譜』では寛永三年（一六二六）の生まれ、同十九年入府し、承応三年（一六五四）十月十八日に卒している。長門萩二代毛利秀就《ひでなり》の養女となっているので、だれかに嫁したのかもしれぬがその記載はない。没年は二十八歳と計算される。

35 法受寺
東武伊勢崎線
赤
山
街
道
文
東伊興小
竹ノ塚
0 250 500m

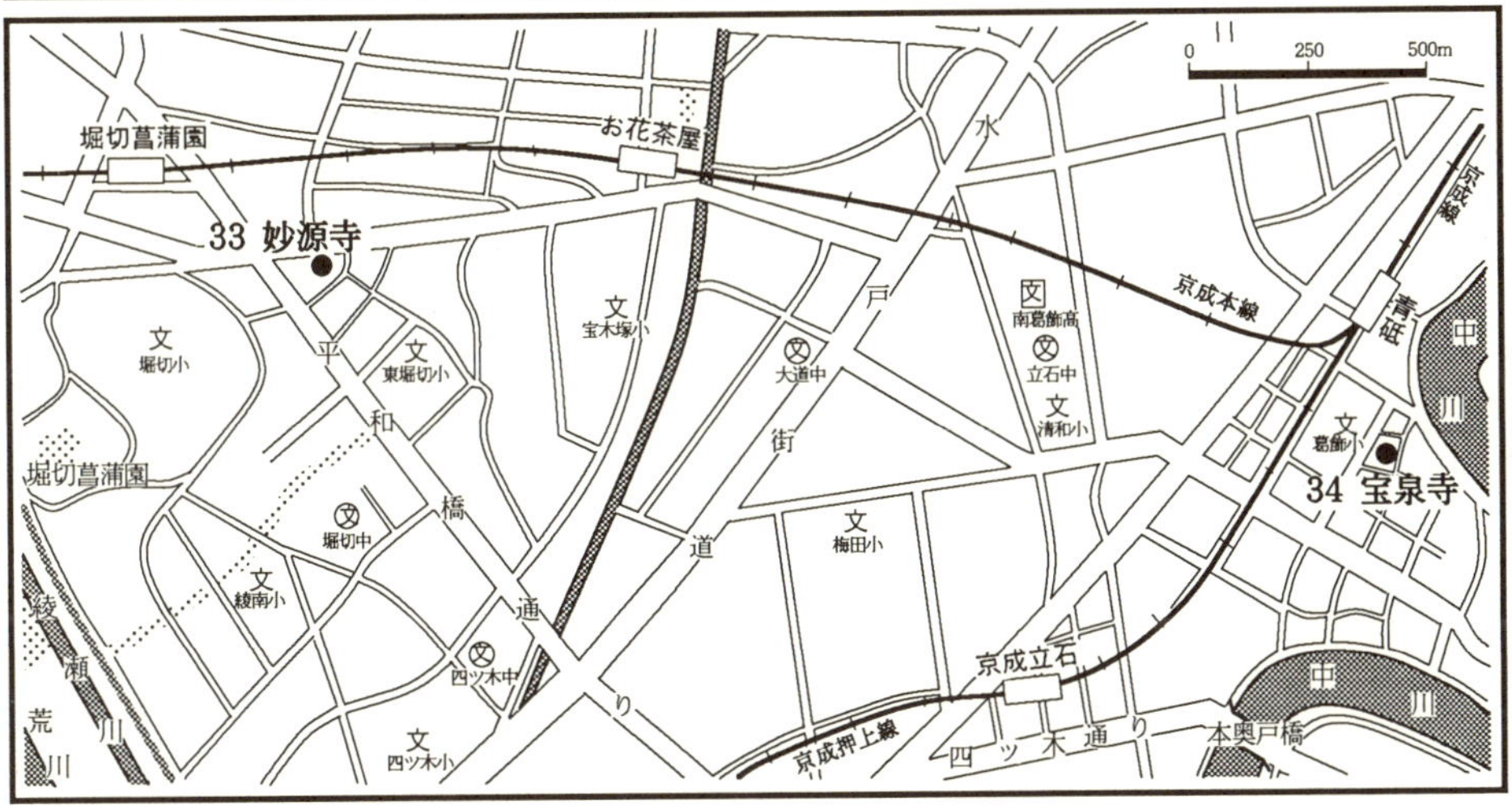
0 250 500m
堀切菖蒲園
お花茶屋
33 妙源寺
水
戸
街
道
京成本線
京成線
青砥
中川
文
宝木塚小
大道中
南葛飾高
立石中
清和小
葛飾小
34 宝泉寺
梅田小
平
和
橋
通
り
東堀切小
堀切小
堀切菖蒲園
堀切中
綾南小
四ツ木中
四ツ木小
綾瀬川
荒川
京成立石
京成押上線
四ツ木通り
本奥戸橋

武蔵川越　松平（松井）康映室［健相院］

七　葛飾と日光街道沿い

33　妙源寺《みょうげんじ》

日蓮宗　葛飾区堀切三―二五―一六
京成本線堀切菖蒲園駅下車五分

延元元年（一三三六）天目の開創、下野国佐野妙顕寺の末寺で、もと本所番場町（墨田区）にあり、震災の後、当地に移る。

墓地の隅に「石造題目塔」があり、傍らにある唐破風型墓碑［青柳院殿覚林日香大姉］は、出羽本荘二万石六郷家三代政信の次女、さらに宝篋印塔［健相院殿定光日義大姉］は、武蔵川越八万四百石松平家（松井）二代康映《やすてる》の正室（和泉岸和田岡部宣勝の娘）、慶安五年（一六五二）七月二十二日死去。

安積艮斎《あさかごんさい》（都旧跡・江戸末期の朱子学者）の墓がある。

34　宝泉寺《ほうせんじ》

真言宗　葛飾区青戸一―一八―一六
京成線青砥駅下車五分

もと青戸宝持院の末寺、慶長十七年（一六一二）宥靜法印の創建、三回の火災で記録を失い、由緒は明らかでない。当寺は肥前平戸六万千七百石松浦《まつら》家の隠居寺として同家の庇護を受けた。

墓地内に二基の巨大な宝篋印塔が建っている。これは松浦家の菩提所下谷広徳寺の墓地改廃の際、関係者の要望によって移したものという。四メートル余の宝篋印塔に刻まれた［智

肥前平戸　松浦家

五代将軍綱吉生母　お玉の方［桂昌院］

徳院］は四代鎮信《しげのぶ》の六子半之丞、［雲屋宗祥禅定尼］とは三代隆信の側室。もう一基［雲竜院殿叡誉三清大信女］は、同鎮信養女、実は日向高鍋三代秋月種信の娘で、織田讃岐守信明妻。ほか六代篤信《あつのぶ》・八代誠信《さねのぶ》・九代清（静山）の子女たち、十一代曜《てらす》の第三夫人於啓［曄輪院殿天誉皓月珠妙大姉］（和泉岸和田岡部長慎《ながちか》三女）は天保六年（一八三五）七月二十三日死去。

松浦家は正妻の早逝が頻繁で、その悲哀を味わった大名家としても珍しい。鎮信以来三代続けて妻の方が早く没している。静山の孫曜は、最初の妻（大洲《おおず》加藤泰済二女）は十六歳で死去、二年後に後妻イサ（篠山《ささやま》青山忠裕五女）に先立たれ、さらに第三夫人をそれから二年後に病で失っているのである。

35 法受寺《ほうじゅじ》

浄土宗　足立区伊興町狭間九三五
東武伊勢崎線竹ノ塚駅下車二〇分

正暦三年（九九二）恵心僧都が豊島郡下尾久の地に天台宗恵心院法受寺として開創、文永元年（一二六四）浄土宗に改宗、宝暦三年（一七五三）谷中に移り、新幡随院法受寺と称したが、震災後当地に移り、浅草の昭高山安養寺と合併した。草創以来千年に近い古刹である。

墓地に入って、参道右の木立の中にあり、ひときわ目立つ背丈の高い石塔には［桂昌院殿従一位仁誉興国恵光大姉］と鮮やかに刻まれている。［桂昌院］とは三代将軍家光の側室で、五代将軍綱吉の生母であるお玉の方その人である。女にして従一位まで上って日本における女性の出世頭といわれた。

この桂昌院の素性だが、京都二条関白家の家司《けいし》北小路氏の養女、実は本庄某の娘と表面はなっているが、『柳営婦女伝』によると、京都堀川通西藪屋町八百屋仁左衛門の娘であるという。父の死後母に伴われて二条家の家司本庄宗利の家に下女奉公に行っているうち、本庄の手が母について男子一人を生んだので、後妻となり、彼女も本庄の娘（お辰）ということになったという。だが、その出自については諸説があって判然としない。しかし、いずれにせよ身分の低い生まれであったことに変わりない。

寛永十六年（一六三九）七月、参議六条有純の息女梅が伊勢皇大神宮尼寺慶光院の住持となるについて、その跡目御礼のため江戸に登城した際、お辰も女中の一人に加えてもらった。梅はお辰と同い年の十六歳、高雅でたおやかな容色の尼僧に、将軍家光の心は奪われてしまった。梅をそのまま江戸にとどめ、還俗、有髪させて側室にした。お万の方という。そしてお辰もまた春日局の部屋子として大奥に残り、名もお玉と改めたのである。お玉にはお万のような高貴の美しさはなかったが、町娘らしい活き活きとした美しさにあふれていた。やがて家光の寵愛を受けるようになり、中臈に昇格した。それからわずか二年あまりの間に、お玉は二人の男児を生んだ。その二人目の子を宿した時、高覧という僧が「胎内の御子は立派な和子様。しかもゆくゆくは大樹公にならせられる方におわす」と占ったという。正保三年（一六四六）正月八日、お玉の方は予言どおり無事男児を出産した、名は徳松。四子の徳松が将軍職を継げる可能性はほとんどないと思われた。慶安四年（一六五一）四月、家光が没すると、二十六歳で未亡人になったお玉の方は、剃髪して桂昌院と名乗り、（徳松改め）綱吉と共に江戸の館林御殿で隠忍の日々を送らなければならなかった。ところが、幸運はどこにあるかわからない。四代将軍家宣が嗣子のないまま没し、綱吉に五代将軍の座が転がり込んできた。延宝八年（一六八〇）のことである。待つこと三十余年、ときに桂昌院五十七歳。将軍の生母となった桂昌院は、以来大奥の絶対的権威者として君臨するのである。

丹後宮津　本荘家

桂昌院のたった一つの悩みは、綱吉の世子徳松が五歳で夭折し、以後世継ぎの男子を授からなかったこと。この上は神仏の加護に頼むしかないと、仏教に深く帰依するようになり、綱吉に乞うて亮賢を招いて護国寺を建立した。その亮賢もすでに世を去り、信仰というより、迷信深くなっていた桂昌院に巧みにとりいった隆光が献言した。「上様は戌年のお生まれであられるから、犬を大切になさい、そして一切の殺生を封じれば、必ずや世継ぎが生まれるでございましょう」と。桂昌院がこの言葉を盲目的に信じ、マザコン息子の綱吉は忠実にこれに従った。これが貞享二年（一六八五）に発布された「生類憐れみの令」の発端である。日本国中を混乱させたこの悪法は、宝永六年（一七〇九）綱吉が六十四歳で没するまでの、実に二十二年もの長きにわたって続けられた。だが桂昌院の悲願であった嗣子はついに生まれなかった。学問、ことに儒学について自ら当代一流の学者を自負していた綱吉が、狂気の沙汰としか思えないこの悪法の矛盾に気づかなかったのは、何としても不思議なことである。考えられるのはただ一つ、生母桂昌院に対する狂的な孝心が現実を見誤らせたのだろう。その桂昌院は、朝廷から従一位を授けられ、綱吉の死に先立つこと四年、宝永二年（一七〇五）六月二十二日、八十二歳の高齢で没し、芝増上寺に葬られた。

　当寺に桂昌院の一族の墓碑がある。まず、桂昌院の弟に当たり、その縁で延宝八年（一六八〇）に幕臣となり、綱吉の寵遇をうけ異例の出世を遂げた、本荘宗資である。本荘家の墓所には、大きな唐破風型の墓碑［笠間城主従四位下侍従因幡守藤原朝臣本荘宗資墓］があり、姉より前の元禄十二年（一六九九）八月十六日、七十一歳で没している。宗資について『土芥記』は、「文武之志有て、生得才智発明也。行跡正し。仁心有て、民を哀憐し、諸事作法よし。世以、善人成りと沙汰す」としている。宗資は篤実な性格であり、桂昌院の権勢を笠に着て驕慢に走るような人物ではなかったという。宗資は稟米《りんまい》八百俵から、元

美濃高富　本庄家

禄元年（一六八八）下野足利一万石、元禄五年笠間四万石、ついで一万石加増。二代資俊は松平家号を許されて遠江浜松七万石、四代資昌は丹後宮津に入封、定着し、十代宗武で廃藩置県を迎えている。また、宗資の正室［侍従因幡守宗資夫人隠岐氏之墓］は［霊照院殿］と号し、二条家家司隠岐河内守俊実の娘。さらに五輪塔は、宗資の父宗正（宗利）［感応院］・母［照国院］、二人はまた桂昌院の両親でもある。墨田区横網一丁目の旧安田庭園は、この丹後本荘家の下屋敷、贅美《ぜいび》を尽くして築造した庭であり、八百屋の娘の美貌が、この庭を今日に残したといえよう。

なおまた、美濃高富一万石本庄家の「高富本荘家累代之墓」（六十二霊合祀）がある。初代道章《みちあきら》は道高（桂昌院の兄道芳の子）の長男、綱吉の小姓から六千石を加増されて、美濃岩滝一万石、七代道利のときから美濃高富に移り、十代道美《みちよし》のとき廃藩置県を迎えた。

二十三区外

東久留米市・府中市・小金井市

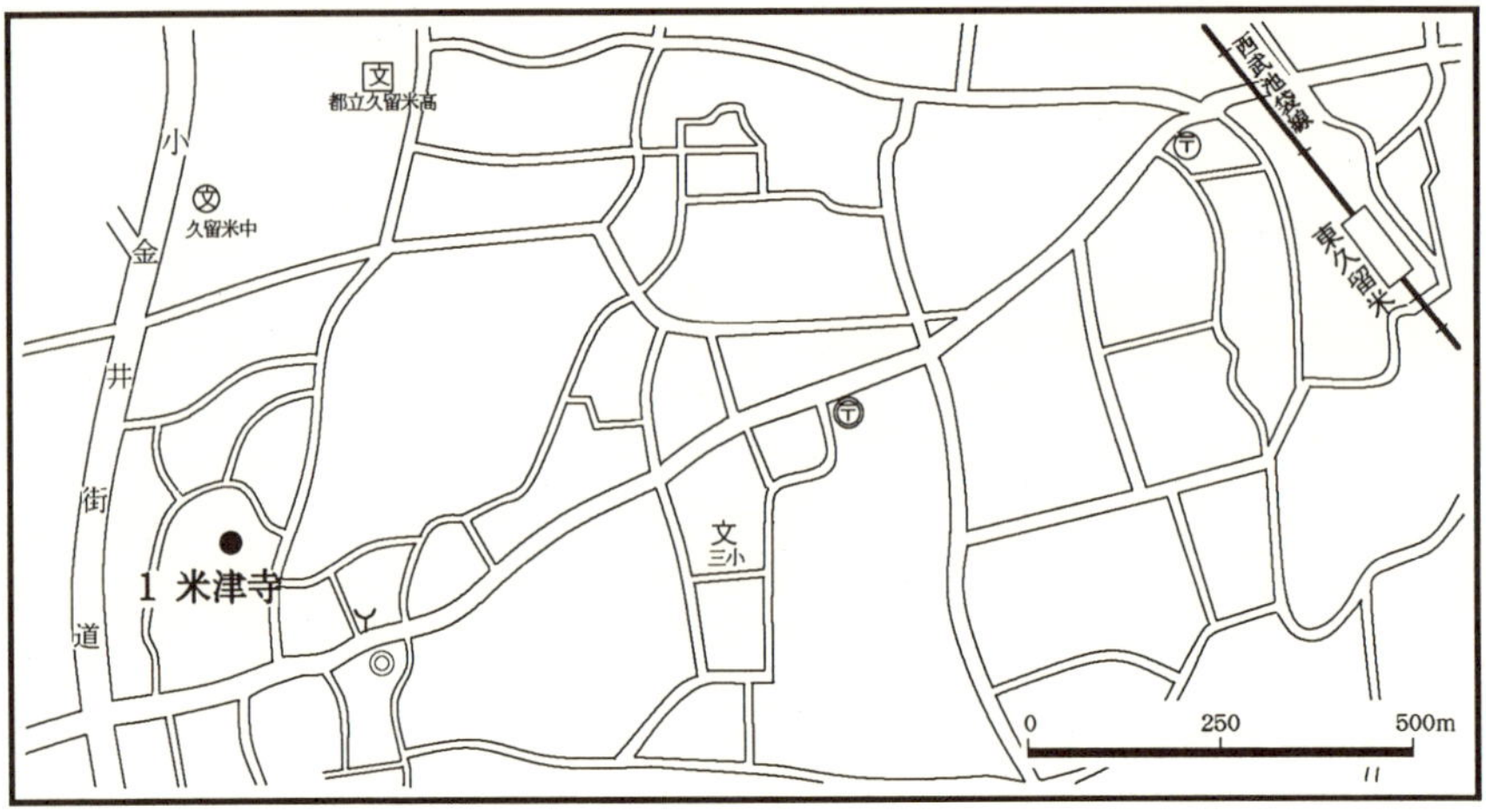
都立久留米高
久留米中
小金井街道
1 米津寺
三小
西武池袋線
東久留米
0
250
500m

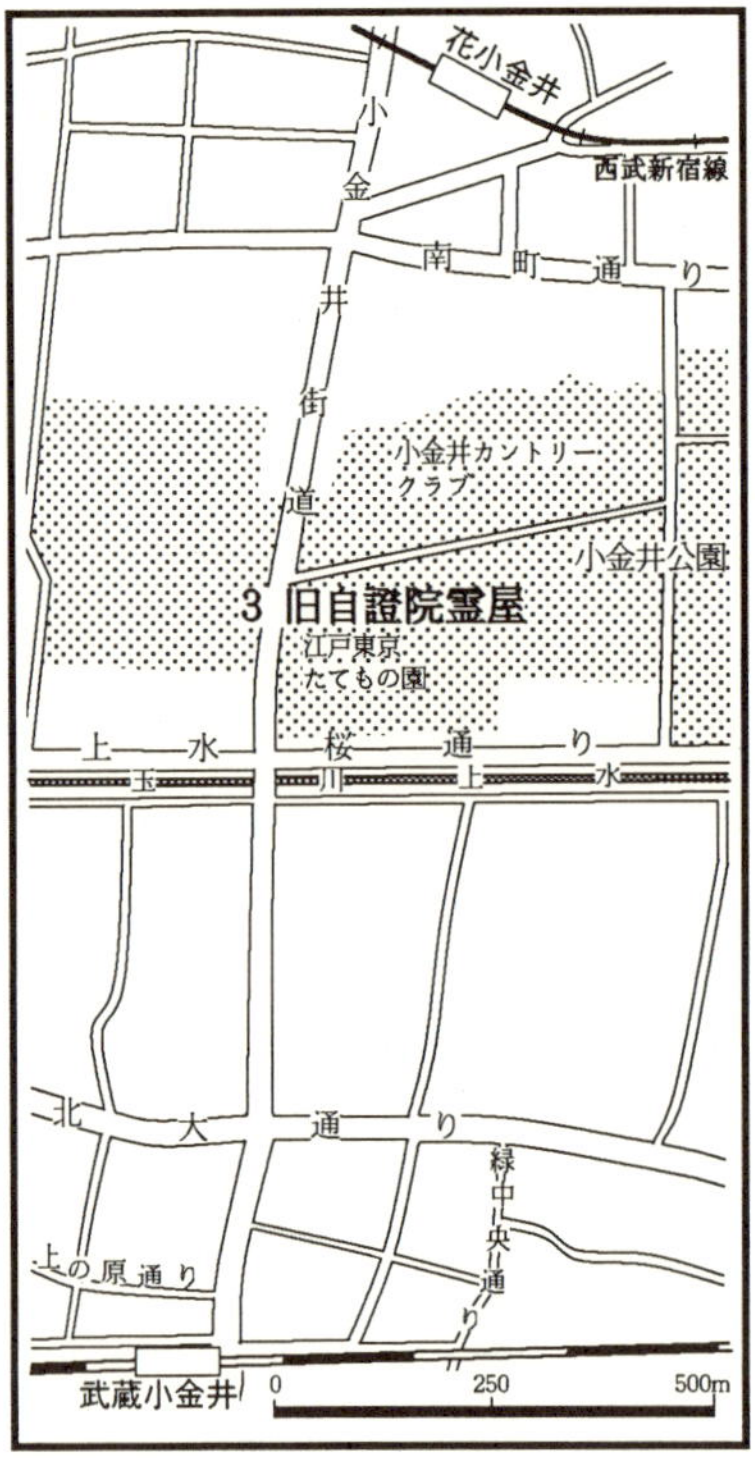
花小金井
西武新宿線
小金井街道
南町通り
小金井カントリークラブ
小金井公園
3 旧自證院霊屋
江戸東京たてもの園
上水桜通り
玉川上水
北大通り
緑中央通り
上の原通り
武蔵小金井
0
250
500m

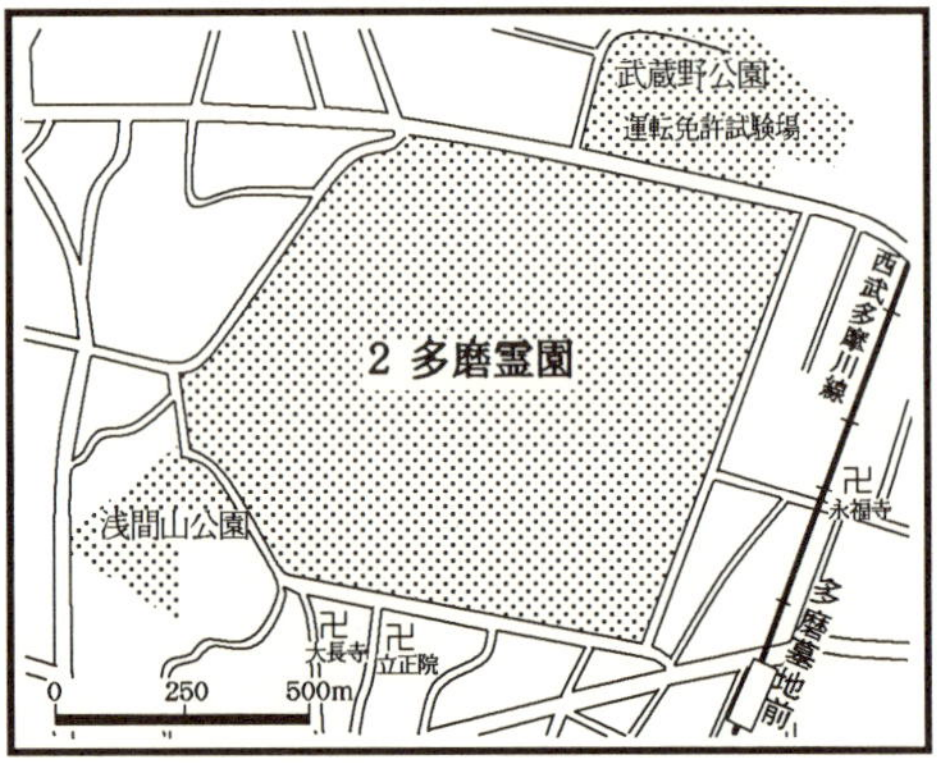
武蔵野公園
運転免許試験場
西武多摩川線
2 多磨霊園
永福寺
浅間山公園
大長寺
立正院
多磨墓地前
0
250
500m

二十三区外　東久留米市・府中市・小金井市

1　米津寺《べいしんじ》

臨済宗　東久留米市幸町四－二－四〇
西武池袋線東久留米駅下車二〇分

万治二年（一六五九）の建立、米津《よねきつ》出羽守田盛《たもり》を開基とし、その菩提寺である。その昔、浄牧院という寺があり今は大門町と呼ばれるこの地域は、江戸初期には旗本米津出羽守の所領で、浄牧院はその菩提寺だったが、ある日、出羽守が馬に乗ったまま山門から本堂まで乗り入れたところを住職にとがめられ、怒った出羽守が別に自分の寺を建てたのが米津寺であるという。

米津氏は三河以来の譜代の家臣で、小太夫政信の四男勘兵衛田政《たまさ》は五千石を知行、江戸町奉行をつとめた。藩祖田盛は寛永二年（一六二五）家督を相続し、書院番頭、大番頭、大坂定番を歴任、この間加増されて寛文六年（一六六六）武蔵久喜《くき》一万五千石を領した。のち子孫は出羽長瀞《ながとろ》、上総大網《おおあみ》、常陸竜ヶ崎など移り、十代政敏（一万千石）で廃藩置県を迎えた。米津家は、江戸初期以降明治初年まで東久留米市内を藩領とした唯一の大名である。

裏手にある墓所に入ると米津家墓所（市指定史跡）があり、向かって右から藩祖田盛（出羽守）［米津寺殿前羽州大守心田玄秀大居士］、三代政矩《まさのり》［春光院］、五代政崇《まさたか》（越中守）［真性院］、七代政懿《まさよし》（越中守）［文宗院］の四基が並んでおり、いずれも苔むして往時をしのばせてくれる。田盛の正室［松樹院殿天誉了心大姉］は、山城淀城主で老中をつとめた永井尚政の娘。二代政武室［青林院］（上総勝浦植村忠朝の娘）と娘［法雲院］（相模荻野山中大久保教寛室）の墓碑があり、ほか数基の墓もある。

米津家

因幡鳥取　池田家

越前大野　土井利房

2　多磨霊園《たまれいえん》

都営　府中市多磨町四－六二八
ＪＲ中央線武蔵境乗り換え西武多摩川線多磨墓地前駅下車七分

大正十二年（一九二三）四月に開設されたわが国最初の大規模な公園的要素をとり入れた墓地。面積は約百三十万平方メートル、使用者約六万二千人、埋葬者約三十万人。武蔵野の風景を代表する赤松と雑木林に囲まれている。埋葬されている著名人も多く、大名家もかなりあるが、一部だけを記す。

越前鯖江五万石間部《まなべ》家（標示四区一種二九側以下同じ）「間部家霊塔」（改葬旧越前鯖江藩）は大きな笠塔婆。因幡鳥取三十二万五千石池田家（一－一－一）「池田家之塋」は広い墓域に豪壮な廟塔。豊前小倉十五万石小笠原家（二－一－四）「小笠原家墓」は豪壮な扉のついた廟塔がある。

越前大野四万石土井家（一－一－二）藩祖利房（能登守）の墓碑は、大きな宝篋印塔「隆興院殿前拾遺真誉涼山道空居士」に左右の石燈籠を配している。さらに「土井家之墓」の合祀碑もある。大野藩土井家藩祖利房は、大老土井利勝の四男、誕生間もない四代将軍家綱に近侍して以来、生涯家綱に仕えた。正保元年（一六四四）に父利勝の遺領一万石を分与され別家となり、ついで万治元年（一六五八）、兄利隆から一万石を再分与、加増されて二万石となる。若年寄、老中を歴任した。この間、加増をかさねて天和二年（一六八二）に越前大野を領した。天和三年（一六八三）五月二十五日、大野城内で死去、五十三歳。城下善導寺に埋葬し、代々土井家の菩提寺となる。墓は江戸の菩提寺誓願寺から当園に移葬した供養塔であろう。

旧自證院霊屋完成図

3 旧自證院霊屋《きゅうじしょういんおたまや》

小金井市桜町三－七－一
都立小金井公園内江戸東京たてもの園
ＪＲ中央線武蔵小金井駅、西武新宿線花小金井駅よりバス小金井公園下車一分

慶安五年（一六五二）、尾張藩徳川家二代光友の正室千代姫は三代将軍家光の姫、生母はお振《ふり》の方で家光の側室で没後、自證院と諡された。千代姫は母のために、豊島郡市ヶ谷自證寺（現在新宿区市ヶ谷富久町自證院）内に建立したものである。作事は大工甲良豊前守宗清。桁行、梁間ともに三・九四メートル、建面積一五・五九平方メートル、廻縁幅一・二二メートル向拝付という。

墓所は明治四十年（一九〇七）頃、名古屋建中寺（尾張徳川家墓所）に改葬されたが、霊屋は明治十九年頃に台東区谷中の頤神院に移築し、さらに昭和三十二年（一九五七）十二月千代田区紀尾井町の赤坂プリンスホテル内に移築されたが、ホテルの改造工事のため、都が収納保管していた。今回、江戸東京たてもの園内に移築復元されることとなった。現在修復工事中で、平成七年（一九九五）九月頃完成予定とされる。都指定有形文化財である。

さて、お振（自證院）は『柳営譜略』では蒲生飛騨守氏郷の家臣岡半兵衛の娘で、町野長門守幸和の養女としている、その素性に諸説があり、生年も不詳。将軍家光の乳母春日局の義理の伯母・姪の間柄の祖心尼の再婚先は町野長門守であり、二女を産む、次女の嫁入り先が岡半兵衛で、お振を産む。つまりお振は祖心尼の孫で、養女として大奥に仕えさせたようである。

家光は男色に奔り、女性に関心を寄せないことを心配した春日局は、祖心尼とはかる。寛永三年（一六二六）三月、大奥入りしたお振の美しさに魅せられて、女性に開眼した家光の側室第一号となったという、同十四年三月五日千代姫を生む、家光の最初の子、しかし、産後の肥立ち悪く病気がちになり、三年後の寛永十七年（一六四〇）八月二十八日（二十一日とも）没した。年齢は三十歳ぐらいであったと思われるが、明らかでない。法名［自證院殿光山暁桂大姉］と号した。

おわりに

本書に記載したすべての墓標は、それぞれの時点で、巡歴し収録したものである。写真を撮り、正面の法（戒）名を記し、没日を書き取り、まとめたものである。

そして、『文久武鑑』（文久二年＝一八六二版）と『関八州名墓誌』（明治三十五年＝一九〇二発行）を大名家の墓碑探訪の目安とした。

当初、懸念した通り、明治維新後の大変転から、大名家の恩顧や庇護を失って衰徴した武家寺は他に檀家も少ないこともあって苦境にたった。さらに関東大震災や今度の戦災による被害、戦後の大々的な都市開発などにより多くは移転をよぎなくされ、江戸の菩提寺にあった墓は国許の菩提寺に移葬したり、改葬されたり、合祀されている事情も次第にわかってきた。

しかし、おおむね建てられた時代のままに存在しており、風雨にさらされつつもよくぞここまで保たれてきたと想う。まさに江戸の残照といってもよいだろう。

近世の墓石は単なる墓標でなく、墓塔とでもいうべき性格を持っている。原則的には故人一人につき一基の墓石を建てるのが通例、一人でない場合には夫婦であることが多い。明治時代以後は家観念の高まりにともない、「何々家之墓」と大きく刻んであるだけの角柱状のものに変わってきたのである。

かつて功なり名を挙げた古人の墓石も、多くは古塚となっている。あるものは剥離毀損して、墓銘も定かでない。つる草のぎっしりとからんだ石、傾いた石、倒れた石、雑草が繁茂し墓に近付けない参道など無縁化しているような光景に遭うと、この世における脆《もろ》さ、儚《はかな》さを感じざるを得ない。江戸が消えてなくなろうとしているかのようなその荒廃ぶりに、いわれない苛立《いらだ》ちさえ覚えてきた。
「掃苔《そうたい》」という言葉がある。字の通り苔《こけ》をきれいに取り去ることであるが、転じて墓参りの意味にも使われている。

墓を訪ねて十年余が過ぎた、仏たちの生前を偲び、その心に触れたいと思った、墓碑は生きながらえる限り碑銘が滅びることはない。

人生は人から人へ受け継がれていくものだという視点に立っての墳墓巡拝の記録である、「古人の墓はすでにすたれているが、古人の心はつねに生きている、生きてなお何かを語りつづけている」とだれかの言葉を思い出す。さて、江戸に残る大名家の墓二千八百ほどの確認を得たことはせめてもの成果であったとしているが、未だ不明のままのものも多く抱えている、ご教示をいただければ幸いです。

本稿をまとめるに当って、旧大名家のご指導、菩提寺のご協力、都・区の社会教育関係、地方の図書館・博物館など多くの方々のお力添えを頂きました、心から感謝申しあげます。

終わりに本書の上梓に対する、アグネ技術センター社長長崎誠三氏の共感とご助力に対し深謝の意を表します。

一九九四年十月

河原　芳嗣

都市開発などに伴い移葬・合葬され当初と大分変更がありました。本書を刊行するにあたり、本文に掲載されている大部分の墓所について、一九九四年に再調査しましたが、見落とし、思い違いもあるかもしれません。御了承ください。（編集）

●主な参考・引用文献

文久大武鑑　文久二壬戌年江府書林千鐘房須原家茂兵衛蔵版
徳川実紀　幕府編纂所正統十五巻　国史大系の内　吉川弘文館
徳川諸家系譜　昭和四五年　続群書類従完成会
寛政重修諸家譜　昭和六〇年　続群書類従完成会
断家譜　昭和四三年　続群書類従完成会
恩栄録・廃絶録　藤野保校訂　昭和四五年　近藤出版社
系図纂要　昭和五二年　名著出版
昭和新修・華族家系大成　昭和五七年　霞会館諸家資料調査委員会編纂　吉川弘文館
日本歴史大辞典　昭和六二年　河出書房新社
日本史辞典　昭和四三年　角川書店
歴史考証事典　稲垣史生著　昭和六二年　新人物往来社
図説歴史散歩事典　井上光貞監修　昭和五八年　山川出版社
土芥寇讎記　校注金井円　昭和四二年　新人物往来社
藩史事典　藤井貞文・林陸朗監修　昭和五一年　秋田書店
藩史総覧　児玉幸多・北島正元監修　昭和五二年　新人物往来社
江戸諸藩要覧　井上隆明編　昭和五八年　東洋書院
江戸時代史　三上参次著　昭和五二年　講談社
列候深秘録　大正三年　国書刊行会
三百藩藩主人名事典　昭和六一年　新人物往来社
徳川十五代将軍実紀　昭和六二年　新人物往来社
徳川将軍家血族総覧　昭和五九年　新人物往来社
徳川三百藩血族総覧　昭和五八年　新人物往来社
徳川三百藩藩祖総覧　昭和六一年　新人物往来社
江戸三百諸侯列伝　昭和五二年　新人物往来社
徳川三百藩騒動録　昭和五一年　新人物往来社
大名廃絶総覧　昭和五五年　新人物往来社
大名廃絶読本　平成三年　新人物往来社
大江戸おもしろかなしき大名たち　平成三年　新人物往来社
徳川家康　平成一年　学習研究社
徳川十五代物語　南條範夫著　昭和五〇年　平凡社
柳沢吉保　森田義一著　昭和五〇年　新人物往来社
甲斐少将吉保朝臣実紀　坂田諸遠編　大正八年
もうひとつの徳川物語　浦井正明著　昭和五八年　誠文堂新光社
骨は語る―徳川将軍家・大名家の人びと　鈴木尚著　昭和六〇年東京大学出版会
日本の名門百家　中島繁雄著　平成三年　河出書房新社
おかしな大名たち　神坂次郎著　平成二年　中央公論社
三百諸侯おもしろ史話　新井英生著　平成二年　毎日新聞社
江戸幕臣人名事典　熊井保・大賀妙子編　昭和六三年　新人物往来社
江戸東京市井人物事典　北村一夫著　昭和五一年　新人物往来社
江戸大名100話　小和田哲男監修　平成二年　立風書房
徳川家臣団の研究　中嶋次太郎著　昭和五六年　国書研究会
徳川家臣団　綱淵謙錠著　昭和六一年　講談社
続徳川家臣団　綱淵謙錠著　昭和六一年　講談社

幕臣列伝　綱淵謙錠著　昭和五九年　中央公論社
聞いて極楽（史談百話）　綱淵謙錠著　昭和六三年　文藝春秋社
江戸城大奥列伝　海音寺潮五郎著　昭和五九年　講談社
江戸城大奥百話　安西篤子監修　平成一年　立風書房
歴史のいたずら　安西篤子著　昭和六三年　読売新聞社
流人百話　小石房子著　昭和六三年　立風書房
城と女　楠戸義昭著　昭和六三年　毎日新聞社
歴史と旅ー日本の女性史　昭和五三年　秋田書店
歴史と旅ー新・藩史事典　平成五年　秋田書店
殿様と鼠小僧ー老侯松浦静山の世界　氏家幹人著　平成二年　中央公論社
芸術新潮ー特集大名美術　平成一年　新潮社
関東の武士研究叢書江戸史の研究　萩原竜夫編　昭和五二年　名著出版
「江戸と東京」いろはにほへと　村上元三著　昭和六三年　毎日新聞社
前田綱紀　若松喜三郎著　昭和六一年　吉川弘文館
御典医の妻　篠田達明著　昭和六三年　海越出版
寺院大観　昭和五八年　久遠出版
関八州名墓誌　日本史籍協会編　明治三九年　東大出版会
大日本寺院総覧　掘由蔵編　昭和四九年　名著刊行会
全国寺院名鑑　昭和五八年　全国寺院名鑑刊行会史学センター
仏事（儀式）全書　昭和仏典刊行振興会　昭和四七年　大阪文進堂
本郷の寺院　昭和五九年　本郷仏教会
仏教葬祭事典　昭和五五年　雄山閣
日本の葬儀　昭和五〇年　冠婚葬祭新聞社
戒名・法名・神号・洗礼名大事典　昭和五六年　鎌倉新書
日本史小百科ー墳墓　斉藤忠著　昭和六一年　近藤出版社
史跡探訪関東百選(下)　平成三年　山川出版社
関東古社名刹の旅　昭和六一年　読売新聞社
東京名刹散歩　辻野透著　平成二年　文化総合出版
東京都の歴史散歩　昭和六三年　山川出版社
東京歴史物語ー東京の中の江戸　長谷章久著　昭和六〇年　角川書店
東京新発見ー歩いて見つける江戸文化　東京・江戸を知る会編　昭和六二年　みづうみ書房
東京歴史マップー大江戸の散歩　尾河直太郎著　昭和六二年　新草出版

補遺

安芸広島新田　浅野家

東海寺《とうかいじ》

臨済宗　品川区北品川三－一一－一九
（六四頁補遺）

本堂の背後にある墓域に向かって足を運ぶと、左に一條旧公爵家墓所があり、奥には、大和郡山柳沢家最後の藩主保申《やすのぶ》の正室［馨徳院］の唐破風型笠塔婆が立っている。夫人明子は一條忠香第二女である。

近くの球型の巨大な無縫塔は、安芸広島新田三万石浅野家の墓である。竿部に七名の法名が刻まれている。初代長賢《ながかた》［大通院殿前工部閑翁紹幽大居士］、三代長員《ながかず》［鳳岡院殿前京兆少尹徳翁紹鄰大居士］ほかが連記されているのは、東海寺玄性院が菩提寺で改葬合祀されたためである。

すぐ傍らの卵塔［瑞仙院］は、周防《すほう》徳山四万石毛利志摩守廣寛《ひろとも》の正室の納髪した石塔である。正室は松平宮内少輔長賢（前記浅野長賢）娘である。

養玉院如来寺《ようぎょくいんにょらいじ》

天台宗　品川区西大井五－二二－二五
（七三頁補遺）

下総関宿久世家初代広之［自証院］、室［腰詮院］（戸田光之娘）、二代重之の子女たち数基の墓がある。さらに、播磨竜野脇坂家三代安政室［松仙院］（松井松平康映娘）と長男安村［霊台院］の墓もある。

本門寺《ほんもんじ》

日蓮宗　大田区池上一－一－一
（七六頁補遺）

美作津山　森忠弘室［浩妙院］

出雲松江　松平直政側室［養源院］

徳川将軍家十一代家斉の側室お蝶の方（曽根弥三郎重辰娘）［速成院殿妙提日利大姉］の墓がある。嘉永五年（一八五二）六月七日死去。同じ側室お以登の方（高木新三郎広充娘）［本輪院殿修達了顕大姉］、嘉永三年三月十三日死去。両者とも寛永寺内に合祀されているので、当寺にあるのは供養碑であり、日蓮宗の法名が刻まれている。

加藤清正の墓の近く、十一層の層塔が目を引く。これは加賀金沢前田家三代利常の長女鶴亀姫で、二代将軍秀忠の養女として、美作《みまさか》津山森忠政の次男忠弘に嫁した。寛永七年（一六三〇）八月四日十八歳の若さで病死、［浩妙院殿天惣日真］である。忠弘も三年後に父忠政に先立って没した。

丘の中段の陸奥白河阿部家墓所に信濃松本五代戸田光煕《みつひろ》室［長雲院］の墓碑がある。三代阿部正武の娘である。

八〇頁に記載された越後長岡牧野家四代忠辰［大海院］お部屋［真浄院］（池上氏）両名の墓は新潟県長岡市悠山蒼柴神社境内歴代牧野家の墓所に改葬されている。

本門寺の旧支院養源院（大田区池上一―三―一）に出雲松江松平（越前）家藩祖直政の側室（長谷川氏）［養源院殿妙荘日長大姉］の大きな笠塔婆が建っている。出雲母里松平隆政（直政三男）の生母、延宝四年（一六七六）三月十五日死去。

同じく旧支院法養寺墓地（大田区池上一―一九―二五）の江戸城本丸の老女たちの墓のなかにある［青蓮院殿妙香日諸大姉］は、十一代家斉側室お瑠璃《るり》の方（戸田四郎右衛門正方娘）。弘化元年（一八四四）十一月二十七日死去、宝篋印塔は一段と映えて立っている。お瑠璃の方は上野寛永寺内に葬られたので、これは供養塔である。

家康側室西郡の局［蓮葉院］（右）
十代家治側室於品［養蓮院］（左）

家康側室於奈津［清雲院］

長応寺《ちょうおうじ》

法華宗　品川区小山一－四－一五
（八六頁補遺）

墓域中央つき当たりに歴代上人の墓があり、右の宝篋印塔型［蓮葉院日浄］は徳川家康の側室西郡《にしのこおり》の局《つぼね》、左は十代将軍家治の側室於品の方［養蓮院殿妙開心華尊儀］。於品は藤井従二位兼矩卿（元充行と号す）の娘、品姫と号し、御台所五十宮倫子下向の節、上臈として御供し、宝暦十年（一七六〇）四月、年寄松島の養女となり、同十二年十二月十九日御産（貞次郎、二歳で早世）、安永七年（一七七八）十月二七日逝去、上野凌雲院に葬る。この墓碑は供養塔であろう。

傳通院《でんつういん》

浄土宗　文京区小石川三－一四－一六
（一五三頁補遺）

墓地に入って茶店唄名庵の横にある大きな変型宝篋印塔［清雲院殿心誉光質大禅定尼］は徳川家康の晩年の側室於奈津の方である。伊勢北畠家の旧臣、長谷川三十郎藤直の娘で、慶長年中（一五九六～一六一四）、奥勤となり寵幸を蒙る。家康の没後、尼となって武州中野において五百石を賜う。のち三の丸脇に邸を、のち小石川御門内の邸に移り、ここに住む。寛永九年、御遺金、黄金百枚を賜わる。万治三年（一六六〇）九月晦日没、年八十。

石段を降りて低い一郭、樹木の繁った木立のなかは、千姫［天樹院］の墓域、その手前に九基の墓碑が二列に並んでいる。

八代将軍吉宗の側室於久免の方（芳姫生母）［教樹院殿曜誉光記智仙大法尼］は紀州藩稲葉彦五郎定清の娘、（のち江戸において命により高橋与右衛門の娘となる）、元禄年中（一

十二代家慶側室於加久［妙華院］

六八八～一七〇三）紀州和歌山城奥勤め、享保二年（一七一七）西ノ丸に入る。安永六年（一七七七）十一月二十八日没、年八十一。

十一代将軍家斉の側室［真性院］（御小姓組水野権十郎忠芳の娘）、寛政六年（一七九四）六月二日死去。於志賀［慧明院］（大御番組頭能瀬市兵衛頼能の娘）、総姫生母、文化十年（一八一三）十月十七日死去。於利尾［超操院］（御書院番朝比奈舎人《とねり》矩春《のりはる》の娘）格姫生母、寛政十二年（一八〇〇）三月九日死去。初め以登、のち於登勢［妙操院性月良仁大姉］（小普請組梶久三郎勝俊の娘、隠居して意水という）、峯姫・斉順《なりより》卿・寿姫・晴姫の生母、天保三年（一八三二）十月二十五日死去。なお斉順は将軍家斉の六男、紀伊大納言治宝《はるとみ》の婿養子となり家督を相続し、十一代藩主となる。於美尾［芳心院］（西丸御小姓組木村七右衛門重勇の娘）、浅姫の生母、文化五年（一八〇八）六月八日死去。於屋知［清昇院］（御書院番諸星千之助信邦の養女、実は新御番大岩庄兵衛盛英の娘）、高姫・元姫の生母、文化七年（一八一〇）三月六日死去。於八百［智照院］（御先手御弓組安倍正盈の養女、実は西丸御納戸阿部九右衛門正芳の娘）、与五郎生母、文化十年（一八一三）十一月八日死去す。

十二将軍家慶《いえよし》の側室於加久［妙華院香屋清薫大姉］（小普請組支配太田内蔵頭資寧の娘）、咸姫の生母、文政九年（一八二六）四月六日死去す。

将軍家斉・家慶の子女たちの墓碑十数基があるが省略する。

総泉寺《そうせんじ》

曹洞宗　板橋区小豆沢三－七－九

（一八二頁補遺）

墓地のほぼ中央に二基の古い五輪塔が建っている。

向かって左は美濃大垣五万石松平（久松）忠良［前甲州大守嘯月院殿江安宗吸大居士］で、

大林寺《だいりんじ》

曹洞宗　文京区向丘二―二七―一一
（新規　地図二二五頁参照）

信濃松代藩真田家八代幸貫《ゆきつら》の供養塔がある（三一六頁参照）。幸貫は文政六年（一八二三）に家督を継ぎ、藩政のみならず、天保十二年（一八四一）から十四年まで老中となって、天保の改革の一翼を担った。藩中では佐久間象山ら、優秀な人材を登用した。象山は幸貫の命で洋学を研究し、多くの門弟を育成した。幸貫は産業の開発や文武の奨励など、藩政の刷新、藩校の設立にも尽力し文武学校開校への道を敷いた。幸貫はまた、画、歌等をよくした。

肥前島原藩主松平忠馮《ただより》の七男幸忠を養子としたが間もなく没し、続いて父定信の末子幸良（幸栄）を養子としたが、幸貫に先立って没したため、幸良の子幸教《ゆきのり》に家督を継がせた。嘉永五年（一八五二）六月八日、六十二歳で没し、松代長国寺に埋葬、法名は「感応院殿至貫一誠大居士」と称した。本寺の参道右奥の宝篋印塔は供養塔である。

陸奥弘前　津軽信政［妙心院］

南谷寺《なんこくじ》

天台宗　文京区本駒込一―二〇―二〇
（新規　地図二二五頁参照）

墓地の奥に一基の宝篋印塔が建っており、「津軽越中守藤原朝臣信政」と刻んでいる。信政は、陸奥弘前十万石津軽家第四代藩主であり、山鹿素行《やまがそこう》に師事して儒学・兵学を学び、また幕府の神道方吉川惟足《きっかわこれたる》に学び、会津の保科正之とならんで吉川神道の奥義を授けられ、政治・経済・文化など各般にわたって優れた治績を残した。その治世は五十四年と長く、この間に弘前藩は藩体制を確立し、優れた発展期を現出した。元禄年間に大名の七傑に数えられるほどの人物で、弘前藩では『中興の英主』とよばれ藩祖為信とならんで尊敬された。しかし、元禄八年（一六九五）の飢饉による五万人余の餓死者を出すなど失政もある。宝永七年（一七一〇）十月十八日弘前城にて没す、六十五歳。遺命により神式をもって岩木山麓に埋葬、現在高照神社として祀られた。

当寺では法名［妙心院殿泰潤真覚大居士］と刻んでいる。遺命により神式の埋葬にされたはずなのに供養塔があるのは奇妙である。また、津軽家の江戸での菩提寺は上野の津梁院である。

豊後府内　松平成重［見樹院］

見樹院《けんじゅいん》

浄土宗　文京区小石川三－四－一四

（新規　地図一五二頁参照）

往時は傳通院の支院の一つで、豊後府内松平（大給《おぎゅう》）家の菩提寺、二代成重《なりしげ》が深川法禅寺に葬られたが、のち傳通院に改葬されて以後七名の藩主が葬られた。

成重は父一生《かずなり》の下野板橋一万石から三河西尾二万石に加増転封。小田原攻め、大坂冬の陣に出陣、元和七年（一六二一）、二千二百石加増され、丹後亀山へ転封。寛永三年（一六二六）八月、秀忠・家光の上洛に供奉し、同十年九月十六日四十歳で卒去した。法名［見樹院殿覚誉圓徹大禅定門］と刻んだ宝篋印塔と［大給家之墓］の合祀塔がある。

三代忠昭は豊後亀川から豊後府内（二万二千二百石）へ、以後変わることなく十二代近説《ちかよし》のとき明治維新を迎え、松平姓を大給姓に改姓している。

信濃松代　真田幸専［大暁院］

永泉寺《えいせんじ》

曹洞宗　文京区関口二－三－一八
（新規　地図一二五頁参照）

信濃松代藩十万石真田家七代幸専《ゆきたか》は、彦根藩主井伊直幸の四男に生まれ、真田家六代の幸弘の養子となった。幸弘の男子はいずれも早世していたからである。寛政元年（一七八九）十二月、幸弘の娘三千姫と結婚。同十年、幸弘の隠居によって藩主となり、以後二十六年間藩政をみるが、当時の松代藩の財政は窮迫していた。幸弘の時に恩田木工民親を用いて改革に当たらせたが、財政の好転はなかった。

幸専には実子はなく、遠州浜松井上正甫（まさもと）の娘於直を養女に迎えた。於直の母は幸弘の娘である。また陸奥白河松平定信の二男を養子に迎え、於直と結婚させ後嗣とした。これが八代幸貫《ゆきつら》である。文政六年（一八二三）、隠居して幸貫に家督を譲った。幸専は五年後の同十一年七月十七日、五十九歳で死去、長野市松代の長国寺に葬られた。江戸の菩提寺盛徳寺（港区赤坂）に供養塔が建てられた。盛徳寺廃寺のあと当寺に移葬されたが仏縁はないらしい。法名は［大暁院殿聖諦一義大居士］と称する。没日は七月六日となっている。

本納寺《ほんのうじ》

日蓮宗　豊島区雑司が谷三－一九－一四
（新規　地図一六四頁参照）

墓地の中央に宝篋印塔の一群がある。これは法明寺東墓地（本文一七〇頁）にあった遠江浜松六万石井上家の墓域にあった二十数基のうち傷みのない墓碑を移したもの。

初代正就《まさなり》［忠源院殿隆昌日操大居士］寛永五年（一六二八）八月十日、年五十二、正就室

遠江浜松　井上家　正利［至善院］（右）
正就室［昌相院］（中）
正就［忠源院］（左）

［昌相院］（市川孫左衛門娘）。二代正利［至善院］・室［放光院］（鳥居成次女）、三代正任《まさとう》［源正院］・室［春光院］（本多忠義娘）などのほか旗本井上家の墓もある。

井上家は正就の父清秀の妻（継室、永田氏の娘）が浜松城で徳川秀忠の乳母として召され、正就が十三歳で秀忠の近侍となり、采地百五十石を与えられたあとしばしば加増を受けた。秀忠に仕えた「近侍の三臣」といわれ信任が篤かったという。元和元年（一六一五）正月従五位下主計頭《かずえのかみ》に叙任し、加増を受けて一万石となり小姓組番頭となる。大坂夏の陣には首級六つをあげ、同三年奉行人に列し、八年には遠江横須賀藩五万二千五百石を領し、同年十二月二十九日「加判の列（老中）」となり、幕政の枢機に加わった。

寛永五年（一六二八）八月十日、正就は江戸城西の丸にて目付豊島刑部《ぎょうぶ》少輔信満に殺害された（七九頁参照）。

なお、七九頁に記載した本門寺の正就の墓はいまはなくなった。

智光院《ちこういん》

臨済宗妙心寺派　杉並区松ノ木三－三三－三
（新規　地図一九六頁参照）

寺は旧上野坂下町から浅草新谷町を経て当地に移っているが、［加藤家歴世之墳塋］と刻んでいるのは伊予新谷藩一万石加藤家の墓である。

妙法寺《みょうほうじ》

日蓮宗　台東区谷中四－四－三〇
（新規　地図二五八頁参照）

当寺の墓地、階段上の奥に四基の灯籠を配した中央に笠塔婆が立っている。

伊勢津　藤堂高虎継室熊［松壽院］

法名は［清心院殿達妙日香大姉］と刻み、没日は文政三年（一八二〇）六月六日。肥後熊本藩細川家七代重賢《しげかた》の側室屋越のち此井（金沢氏）で、長男胤次を生む。長じて八代治年《はるとし》の生母である。細川家の江戸菩提寺は品川東海寺の支院旧妙解院《みょうげいん》、廃寺となって現細川家墓地（六八頁参照）である。

なお、『肥後読史総覧』によると此井の法号は［清心院寛達妙智］としている。

西光寺《さいこうじ》

真言院　台東区谷中六－二－二〇
（新規　地図二五八頁参照）

伊勢津藩祖藤堂高虎の継室お熊（但馬佐須城主長連久娘）の宝篋印塔［松壽院伝清華妙胤大姉］がある。慶安元年（一六四八）九月二十日卒。高虎の二男で早世した高重［宝樹院殿浄岸仙峯大居士］の墓も建っている。寛永八年（一六三一）四月十日死去。

藤堂家の江戸の菩提寺、寒松院（二五三頁）にお熊の大きな五輪塔が建っているので、当寺の墓は供養碑であろう。

養福寺《ようふくじ》

真言宗　荒川区西日暮里三－三－八
（新規　地図二六七頁参照）

寺門を入ってすぐ左側に大きくはないが、清楚な宝篋印塔が建っている。［生駒氏代々菩提］と刻み、高俊［自性院］、親興［興全院］と三名の大姉の法名が読みとれる。

生駒高俊は讃岐高松城主十七万千八百石の大名であったが、家臣統制不十分なため御家騒動となって除封され、出羽矢島に配流となり、賄料一万石が与えられる。万治二年（一六

出羽矢島　生駒家

五九）矢島で没した、年四十九。

高俊の遺領は長男高清に八千石、次男俊明二千石と分知され、高清の系統は交代寄合として存続した。十三代親敬《ちかゆき》は幕末転換期の荒波を年若くして渡り切り、二十歳に過ぎなかったが、戊辰において身を王事に捧げ、庄内軍の奇襲にあって矢島陣屋は落城、そのあと薩長軍に従って仙北郡の野戦に赴いた。庄内軍降伏によって終戦を迎え、その戦功により一万五千二百余、明治元年（一八六八）十一月諸侯に列し、出羽矢島藩主となった。

なお、次男の系統も旗本となって存続した。

付録

墓石の形状

元来、五輪塔・宝篋印塔・宝塔・層塔は、仏塔・卒塔婆として造られた形である。仏塔・卒塔婆（木塔・石塔など）の起源は古代インドにおいて仏舎利を祀ったステゥーパにあり、仏舎利奉安を目的に建てられた。日本では鎌倉時代に多く建てられたが、次第に供養塔としてばかりではなく、墓石としてももちいられるようになる。

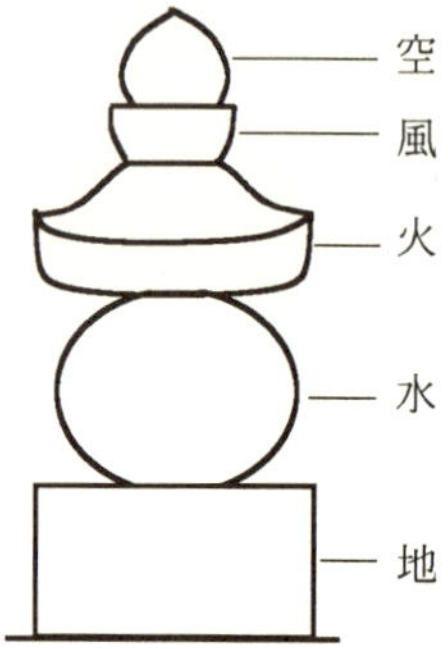

五輪塔《ごりんとう》

平安時代中期からつくられ始めた日本独自の塔形。密教で説く五大（万物を構成するという5つの要素「地・水・火・風・空」）を象徴した形で、この塔形を胎蔵界大日如来の三昧耶形《さんまやぎょう》（器物などの姿をかりて仏像を表現したもの）とする。元来は堂の落成、仏像開眼時の供養が目的のひとつであったが、鎌倉時代以降は、死者の供養のため、または墓石としてつくられるようになった。

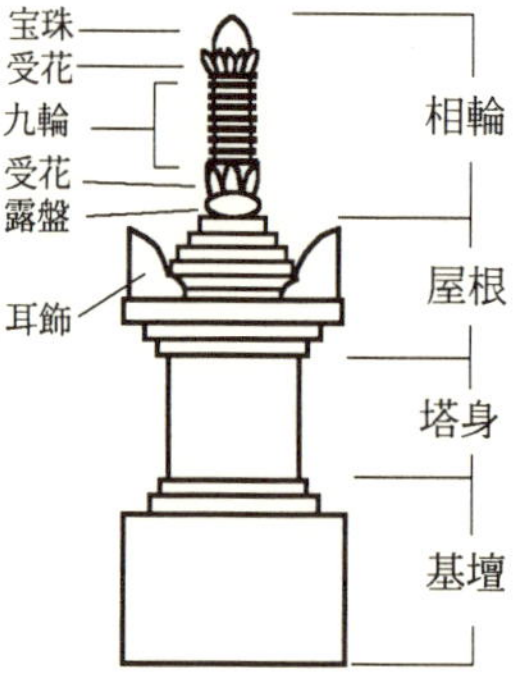

宝篋印塔《ほうきょういんとう》

鎌倉時代中期から造られた塔形。この名は、内部に『宝篋印《ほうきょういん》陀羅尼《だらに》経』を納めたことに由来する。『宝篋印陀羅尼経』とは、これを誦すれば、地獄の祖先は極楽に至り、百病・貧窮の者も救われるという経典であるが、わが国の場合は経典にはこだわらず、多くは墓石や供養塔として建てられたようである。

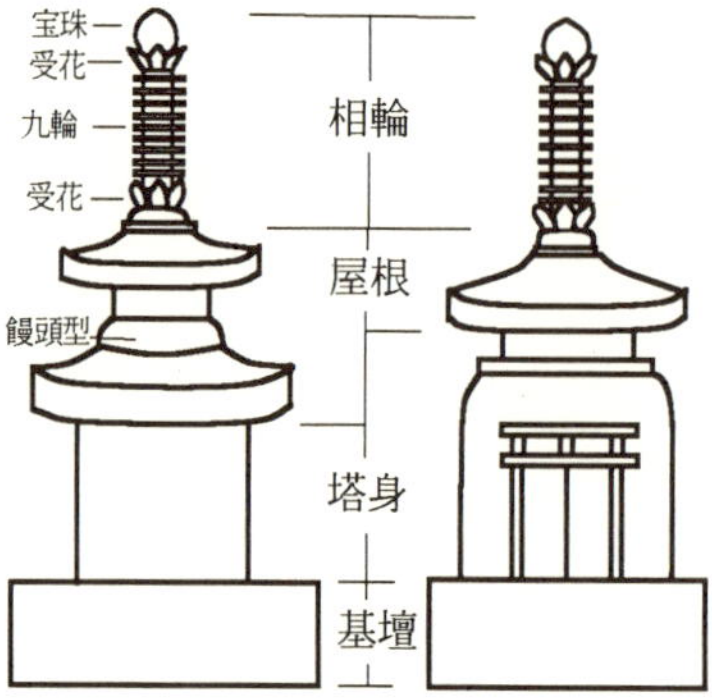

多宝塔《たほうとう》・宝塔《ほうとう》

密教の金剛界曼荼羅に描かれている大日如来の三昧耶形《さんまやぎょう》の形をもとにして、平安時代に真言宗寺院で創建されたと考えられている。現在は単層を宝塔、重層を多層塔と呼んでいるが、当初は両方とも多宝塔と称した。名称の由来は多宝如来を奉る塔ということからきており、そのため釈迦如来・多宝如来二仏並坐《びょうざ》の塔形としても多くもちいられていた。

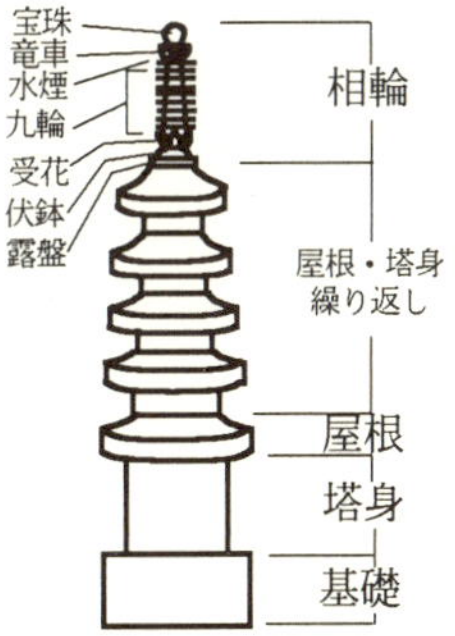

多層塔《たそうとう》・多重塔《たじゅうとう》

飛鳥時代（7世紀後半）に中国・朝鮮半島から伝来し、鎌倉時代に全盛をみた塔形。3・5・7・9・13重塔の区別がある。塔は、死者の菩提をとむらい、あわせて造立者自身がそれぞれの祈願を託して、舎利・経典・仏像を奉安するために建てられた。塔には木造・金属製・水晶製・石造・泥製などの種類があり、石造のもっとも古い形が層塔である。

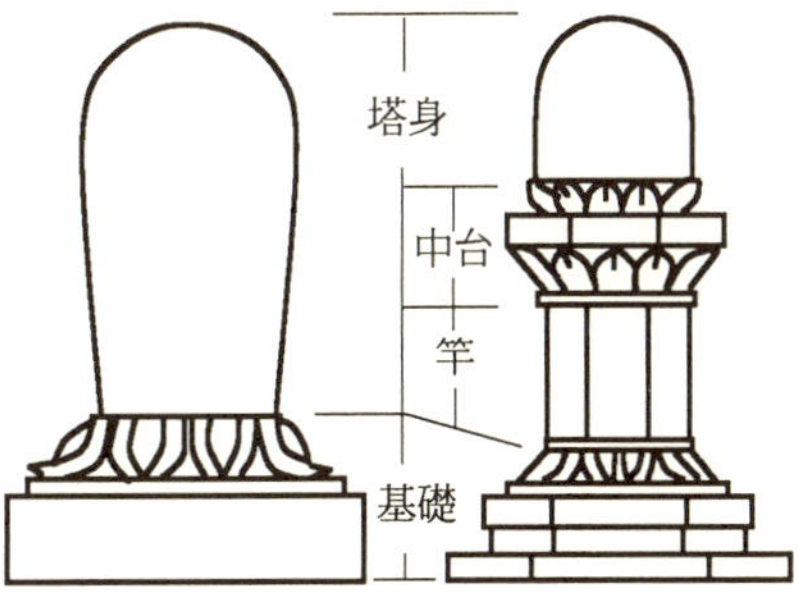

卵塔《らんとう》（無縫塔《むほうとう》）

この塔形の起源は中国にあり、日本へは鎌倉時代に禅宗とともに伝えられ、主に禅宗の僧侶の墓として用いられた。ただ一塊の石だけが塔身をなすことから無縫塔の名が生まれたという。室町時代以降、長卵形の形式が宗派をこえて流行した。

江戸時代に建てられた墓石や供養塔には以下のような形態がある

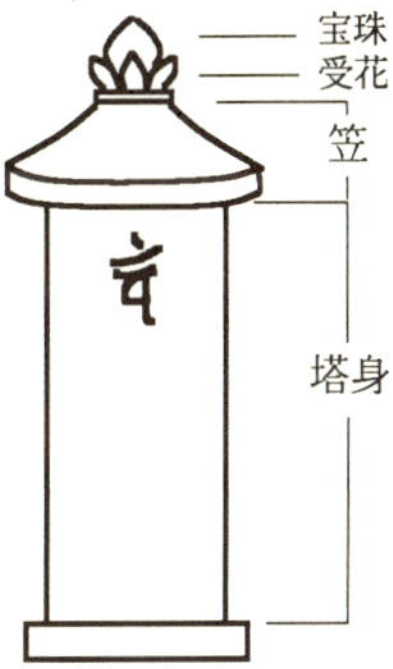

笠付型《かさつきがた》（笠塔婆《かさとうば》）

本来、塔婆とは仏舎利の奉安を目的とする仏教寺院の塔（仏塔）の総称である。中でも笠塔婆は、方柱状の塔身の上に笠をのせた形をいう。

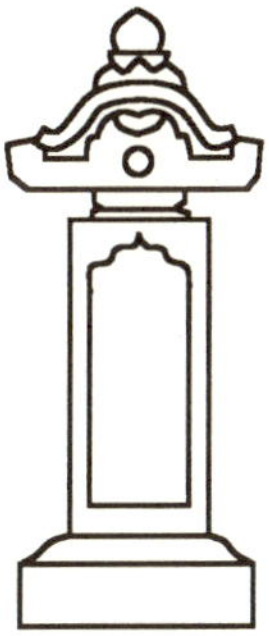

唐破風型《からはふがた》

唐破風の笠を付けた型。笠付型に含まれる。

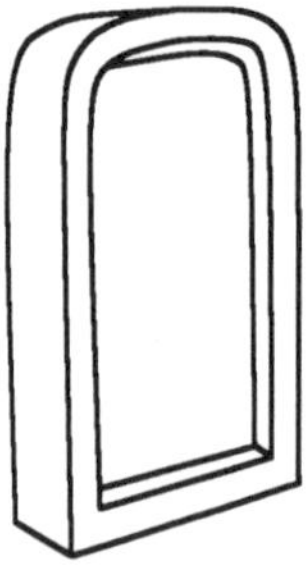

箱型《はこがた》

墓石に多く見られ、ものを入れる箱の形をしている。

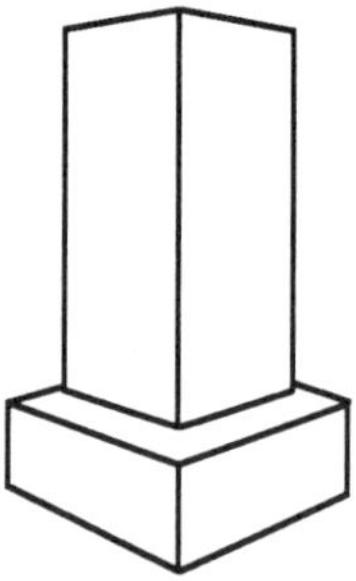

柱状型《ちゅうじょうがた》

四角の柱や円筒、ほか三角、五角、六角、八角など各種の型がある。四角柱型が最も多く、これにも頭部は様々な形がある。

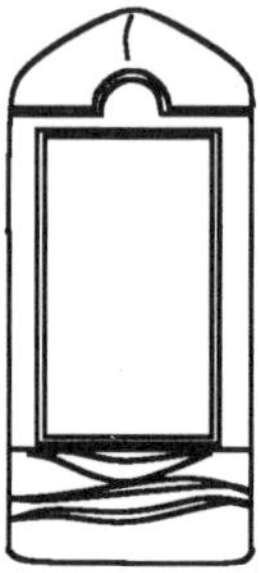

板碑型《いたびがた》

板碑の形に模して造られたと考えられている。上部のアーチ形の彫り込は板碑の梵字の月輪を意識して装飾化したものと考えられている。

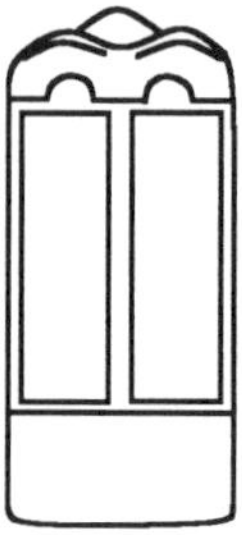

板碑型連碑

板碑が並んだ形。

舟型《ふながた》

木彫の仏像の舟型光背から創案されたと考えられている。関西では中世から盛んに造られており、関東では江戸初期から造られ、次第に尖頭が前に反り出してくるのが特徴である。刻まれる像は、男性や子女には地蔵菩薩がもちいられ、女性には如意輪観音が最も多く、聖観音ももちいられている。ほかに大日如来、阿弥陀如来もみられる。

位牌型《いはいがた》

江戸期年代表

西暦	年号	将軍	天皇	西暦	年号	将軍	天皇	西暦	年号	将軍	天皇
1600	慶長 5			1641	寛永 18			1682	天和 2		
1601	6			1642	19		明正（女帝）	1683	3		
1602	7			1643	20			1684	貞享 1		霊元
1603	8	徳川家康		1644	正保 1			1685	2		
1604	9			1645	2			1686	3		
1605	10		後陽成	1646	3	徳川家光		1687	4		
1606	11			1647	4			1688	元禄 1		
1607	12			1648	慶安 1			1689	2		
1608	13			1649	2		後光明	1690	3		
1609	14			1650	3			1691	4		
1610	15			1651	4			1692	5		
1611	16			1652	承応 1			1693	6		
1612	17			1653	2			1694	7		
1613	18			1654	3			1695	8	徳川綱吉	
1614	19	徳川秀忠		1655	明暦 1			1696	9		
1615	元和 1			1656	2			1697	10		
1616	2			1657	3			1698	11		東山
1617	3			1658	万治 1		後西	1699	12		
1618	4			1659	2			1700	13		
1619	5			1660	3			1701	14		
1620	6		後水尾	1661	寛文 1			1702	15		
1621	7			1662	2			1703	16		
1622	8			1663	3			1704	宝永 1		
1623	9			1664	4			1705	2		
1624	寛永 1			1665	5	徳川家綱		1706	3		
1625	2			1666	6			1707	4		
1626	3			1667	7			1708	5		
1627	4			1668	8			1709	6		
1628	5			1669	9			1710	7		
1629	6			1670	10			1711	正徳 1	徳川家宣	
1630	7			1671	11			1712	2		
1631	8			1672	12		霊元	1713	3		
1632	9	徳川家光		1673	延宝 1			1714	4	徳川家継	
1633	10			1674	2			1715	5		
1634	11			1675	3			1716	享保 1		中御門
1635	12		明正（女帝）	1676	4			1717	2		
1636	13			1677	5			1718	3		
1637	14			1678	6			1719	4	徳川吉宗	
1638	15			1679	7			1720	5		
1639	16			1680	8	徳川綱吉		1721	6		
1640	17			1681	天和 1			1722	7		

西暦	年号		将軍	天皇
1723	享保	8		
1724		9		
1725		10		
1726		11		
1727		12		
1728		13		中御門
1729		14		
1730		15		
1731		16		
1732		17		
1733		18		
1734		19	徳川吉宗	
1735		20		
1736	元文	1		
1737		2		
1738		3		
1739		4		
1740		5		
1741	寛保	1		桜町
1742		2		
1743		3		
1744	延享	1		
1745		2		
1746		3		
1747		4		
1748	寛延	1		
1749		2		
1750		3		
1751	宝暦	1		
1752		2	徳川家重	
1753		3		
1754		4		桃園
1755		5		
1756		6		
1757		7		
1758		8		
1759		9		
1760		10		
1761		11		
1762		12		
1763		13		
1764	明和	1		
1765		2		後桜町
1766		3	徳川家治	(女帝)
1767		4		
1768		5		
1769		6		
1770		7		
1771		8		後桃園

西暦	年号		将軍	天皇
1772	安永	1		
1773		2		
1774		3		
1775		4		後桃園
1776		5		
1777		6		
1778		7		
1779		8	徳川家治	
1780		9		
1781	天明	1		
1782		2		
1783		3		
1784		4		
1785		5		
1786		6		
1787		7		
1788		8		
1789	寛政	1		
1790		2		
1791		3		
1792		4		
1793		5		
1794		6		
1795		7		
1796		8		
1797		9		
1798		10		光格
1799		11		
1800		12		
1801	享和	1		
1802		2		
1803		3		
1804	文化	1	徳川家斉	
1805		2		
1806		3		
1807		4		
1808		5		
1809		6		
1810		7		
1811		8		
1812		9		
1813		10		
1814		11		
1815		12		
1816		13		
1817		14		
1818	文政	1		
1819		2		仁孝
1820		3		

西暦	年号		将軍	天皇
1821		4		
1822		5		
1823		6		
1824		7		
1825		8		
1826		9		
1827		10		
1828		11		
1829		12	徳川家斉	
1830	天保	1		
1831		2		
1832		3		
1833		4		仁孝
1834		5		
1835		6		
1836		7		
1837		8		
1838		9		
1839		10		
1840		11		
1841		12		
1842		13		
1843		14		
1844	弘化	1		
1845		2	徳川家慶	
1846		3		
1847		4		
1848	嘉永	1		
1849		2		
1850		3		
1851		4		
1852		5		
1853		6		
1854	安政	1		
1855		2		
1856		3	徳川家定	孝明
1857		4		
1858		5		
1859		6		
1860	万延	1		
1861	文久	1		
1862		2	徳川家茂	
1863		3		
1864	元治	1		
1865	慶応	1		
1866		2		
1867		3	徳川慶喜	
1868		4		明治
1869	明治	1		

徳川将軍系図

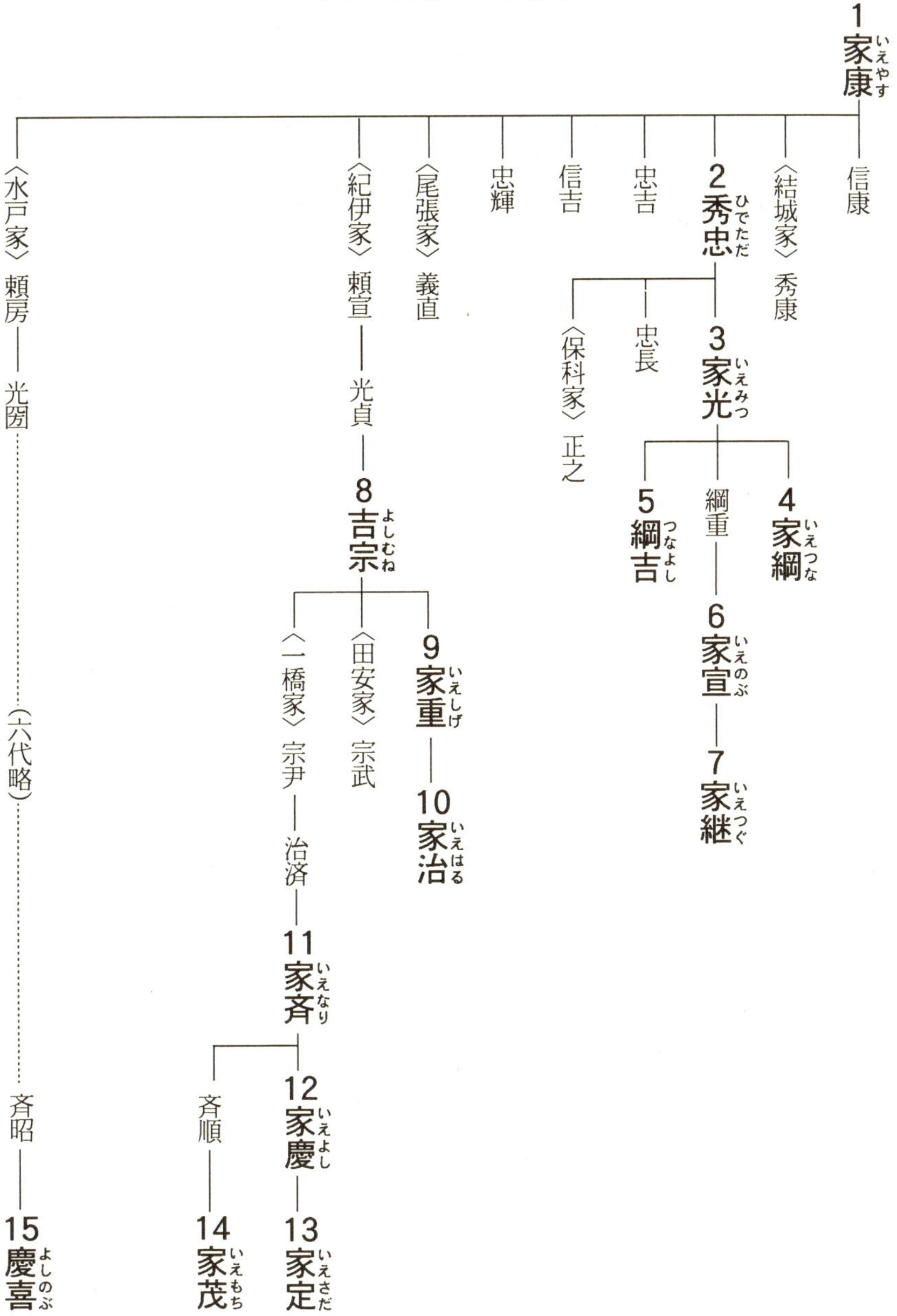
1 家康《いえやす》
信康
〈結城家〉秀康
2 秀忠《ひでただ》
忠吉
信吉
忠輝
〈尾張家〉義直
〈紀伊家〉頼宣
〈水戸家〉頼房
3 家光《いえみつ》
忠長
〈保科家〉正之
4 家綱《いえつな》
綱重
5 綱吉《つなよし》
6 家宣《いえのぶ》
7 家継《いえつぐ》
光貞
8 吉宗《よしむね》
9 家重《いえしげ》
〈田安家〉宗武
〈一橋家〉宗尹
10 家治《いえはる》
治済
11 家斉《いえなり》
12 家慶《いえよし》
斉順
13 家定《いえさだ》
14 家茂《いえもち》
光圀
(六代略)
斉昭
15 慶喜《よしのぶ》

〈山手〉

一　目黒——94

1　祐天寺　毛利家（長門萩）、有馬家（筑後久留米）、山内家（土佐高知）、徳川将軍家、森川家（下総生実）

2　正覚寺　伊達家（陸奥仙台）、朽木家（丹羽福知山）、松平［大給］家（美濃岩村）

3　円融寺　木下家（備中足守）

二　渋谷——99

4　祥雲寺　黒田家（筑前福岡・筑前秋月・筑前直方）、有馬家（筑後久留米）、有馬家（下野吹上）、織田家（大和柳本）、安部家（武蔵岡部）、松平［越前］家（出雲広瀬）、松平［大給］家（信濃竜岡）、一柳家（播磨小野）、堀家（信濃飯田）、金森家（美濃八幡）桑山家（大和新庄）、北条家（河内狭山）

5　東北寺　上杉家（出羽米沢）、島津家（日向佐土原）

6　吸江寺　板倉家（上野安中）

7　松泉寺　徳永家（美濃高須）、織田家（丹波柏原）

8　長泉寺　堀家（越後村松）

9　龍巌寺　浅野家（安芸広島新田）

10　仙壽院　松平［紀伊支流］家（伊予西条）

11　福泉寺　紀伊徳川家（紀伊和歌山）

三　甲州街道（新宿通り）に沿って——112

12　西念寺　徳川将軍家

13　勝興寺　西尾家（遠江横須賀）

14　一行院　永井家（下総古河）

15　太宗寺　内藤家（信濃高遠）

16　天龍寺　水野家（上野安中）

17　西光庵　尾張徳川家、松平［尾張支流］家（美濃高須）

18　亮朝院　松平［水戸支流］家（常陸宍戸）、本庄家（美濃高富）

19　月桂寺　喜連川家（下野喜連川）、柳沢家（大和郡山・越後三日市・越後黒川）

20　済松寺　徳川将軍家、岡部家（和泉岸和田）

21　光照寺　酒井家（出羽松山）

四　岩槻街道（本郷通り）に沿って——125

22　麟祥院　稲葉家（山城淀）、本多家（大和郡山）、本多家（陸奥泉）、土方家（伊勢菰野）

23　浩妙寺　井上家（下総高岡）

24　長元寺　前田家（加賀金沢）

25　栄松院　中村家（駿河府中）、牧野家（越後長岡）

26　高林寺　本多家（越前丸岡）、松平［越前］家（播磨明石）、織田家（出羽天童）、伊東家（備中岡田）

27　蓮光寺　戸田家（美濃大垣・三河畑村）、松平［大河内］家（上総大多喜）

28　養源寺　稲葉家（山城淀・相模小田原）、堀家（越後椎谷）、堀尾家（出雲松江）、石川家（伊勢亀山）

29　定泉寺　酒井家（播磨姫路）

30　吉祥寺　松前家（蝦夷館）、鳥居家（下野壬生）、鳥居家（甲斐谷村）、前田家（上野七日市）、鳥居家（出羽山形）、

31 江岸寺　田中家（筑後柳河）、溝口家（越後新発田）、新庄家（常陸麻生）、五島家（肥前福江）、板倉家（備中高梁）、諏訪家（信濃高島）、稲垣家（近江山上）
鳥居家（出羽山形）

32 大久寺　大久保家（相模小田原）、石川家（伊勢亀山）

五　中山道（白山通り）に沿って――143

33 昌清寺　朝倉家（遠江掛川）

34 興善寺　水戸徳川家

35 是照院　松平［大河内］家（上野高崎）

36 浄土寺　松平［越前］家（美作津山）

37 大圓寺　酒井家（出羽鶴岡）、織田家（越前大野）

38 妙清寺　酒井家（播磨姫路）

39 蓮久寺　酒井家（播磨姫路）

40 龍光寺　京極家（讃岐丸亀）、小笠原家（肥前唐津）

六　小石川――152

41 傳通院　徳川将軍家、戸田家（美濃大垣）、水戸徳川家、京極家（出雲松江）、松平［水戸支流］家（讃岐高松）松平［保科］家（陸奥会津）、松平［水戸支流］家（常陸府中）、松平［能見］家（豊後杵築）、松平（桜井）［藤井］家（摂津尼崎）、阿部家（備後福山）、上杉家（出羽米沢）、徳川［田安］家

42 真珠院　水野家（駿河沼津・上総鶴牧）

43 徳雲寺　安藤家（陸奥磐城平）

44 宗慶寺　徳川将軍家

45 護国寺　松平［越前］家（出雲松江）、酒井家（若狭小浜）、前田家（越中富山）、南部家（陸奥盛岡）

七　池袋周辺――164

46 祥雲寺　戸田家（下野宇都宮）

47 本立寺　榊原家（越後高田）

48 法明寺　内藤家（陸奥湯長谷）

〈法明寺東墓地〉　溝口家（越後新発田）、安藤家（陸奥磐城平）

49 本浄寺　三宅家（三河田原）

八　再び中山道の周辺（巣鴨・駒込・板橋）――171

50 染井霊園　藤堂家（伊勢津）、松浦家（肥前平戸）、井上家（下総高岡）、酒井家（播磨姫路）、水戸徳川家

51 妙行寺　浅野家（播磨赤穂）

52 白泉寺　松平［久松］家（下総多古）

53 本妙寺　久世家（下総関宿）、渡辺家（和泉伯太）、池田家（播磨福本）

54 勝林寺　田沼家（遠江相良）、蒔田家（備中浅尾）、日根野家（信濃高島）

55 泰宗寺　松平［越前］家（上野前橋）、阿部家（陸奥白河）

56 西福寺　伊達家（陸奥仙台）

57 東光寺　宇喜多家（備前岡山）

58 総泉寺　佐竹家（出羽久保田・出羽岩崎）

〈寛永寺谷中徳川墓地〉　徳川将軍家、田安徳川家、一橋徳川家、清水徳川家松平［越前］家（美作津山）、阿部家（備後福山）、松平［大給］家（美濃岩村）
2　谷中霊園　伊達家（伊予宇和島）松平［水戸支流］家（讃岐高松）
3　現龍院　稲葉家（山城淀）、阿部家（武蔵岩槻）、堀田家（下総佐倉）、内田家（下総小見川）、一橋徳川家
4　本覚院　有馬家（越前丸岡）
5　寒松院　藤堂家（伊勢津）
6　津梁院　津軽家（陸奥弘前）
7　養壽院　那須家（下野烏山）
8　忠綱寺　渡辺家（和泉伯太）

二　谷中と入谷——257
9　天眼寺　松平［奥平］家（武蔵忍）
10　瑞輪寺　松平［保科］家（陸奥会津）、黒田家（筑前福岡）、本多家（大和郡山）、松平［水戸支流］家（讃岐高松）、阿部家（備後福山）、山内家（土佐高知）、松平［久松］家（伊予松山）、松平久松家（伊勢桑名）、酒井家（越前敦賀）、市橋家（越後三条）、中川家（豊後岡）、大岡家（三河西大平）
11　英信寺　松平［能見］家（豊後杵築）、松平［滝脇］家（駿河小島）、松平［形原］家（丹波篠山）
12　正洞院　佐竹家（出羽久保田）

三　日暮の里——266
13　本行寺　永井家（美濃加納）
14　南泉寺　市橋家（近江西大路）
15　善性寺　松平［越智］家（石見浜田）

四　蔵前と浅草——270
16　西福寺　徳川将軍家、内藤家（安房勝山）、松平［瀧脇］家（駿河小島）
17　桃林寺　岩城家（出羽亀田）
18　龍宝寺　内田家（下総小見川）
19　長敬寺　遠藤［東］家（近江三上）
20　清光寺　松平［水戸支流］家（讃岐高松）
21　東光院　阿部家（上総佐貫）
22　海禅寺　建部家（播磨林田）
23　萬隆寺　六郷家（出羽本荘）、最上家（出羽山形）

五　墨堤（隅田川）に沿って——277
24　天祥寺　松浦家（肥前平戸）
25　常泉寺　徳川将軍家、堀家（越後村松）、前田家（加賀大聖寺）
26　弘福寺　稲葉家（山城淀・安房館山）、井伊家（越後与板）本多家（陸奥泉）、松平［奥平］家（上野小幡）、池田家（因幡若桜）
27　要津寺　牧野家（常陸笠間）

六　深川——283
28　霊巌寺　松平［久松］家（伊勢桑名）、榊原家（越後高田）、本多家（近江膳所）、松平［桜井］家（摂津尼崎）、松平［久松］家（伊予今治）、本多家（伊勢神戸）、京極家

（丹後峰山）
29 長専院　榊原家（越後高田）
30 雲光院　徳川将軍家
31 浄心寺　小堀家（近江小室）、柳沢家（大和郡山）、伊達家（伊予宇和島）
32 心行寺　吉川家（周防岩国）
七　葛飾と日光街道沿い――290
33 妙源寺　六郷家（出羽本荘）、松平［松井］家（武蔵川越）
34 宝泉寺　松浦家（肥前平戸）
35 法受寺　徳川将軍家、本荘家（丹後宮津）、本庄家（美濃高富）
〈二十三区外〉――298
1 米津寺　米津家（出羽長瀞）
2 多磨霊園　間部家（越前鯖江）、池田家（因幡鳥取）、小笠原家（豊前小倉）、土井家（越前大野）
3 旧自證院霊屋　徳川将軍家
〈補　遺〉――307
東海寺　柳沢家（大和郡山）、浅野家（安芸広島新田）
養玉院如来寺　久世家（下総関宿）、脇坂家（播磨竜野）
本門寺　徳川将軍家、阿部家（陸奥白河）、牧野家（越後長岡）、松平［越前］家（出雲松江）、森家（美作津山）
長応寺　徳川将軍家
傳通院　徳川将軍家
総泉寺　松平［久松］家（美濃大垣）
寛永寺　徳川将軍家
大林寺　真田家（信濃松代）
南谷寺　津軽家（陸奥弘前）
見樹院　松平［大給］家（豊後府内）
永泉寺　真田家（信濃松代）
本納寺　井上家（遠江浜松）
智光院　加藤家（伊予新谷）
妙法寺　細川家（肥後熊本）
西光寺　藤堂家（伊勢津）
養福寺　生駒家（出羽矢島）

徳川家歴代将軍とその正室の墓所

【将軍・正室名】		【法　号】	【墓　所】
初代将軍	家康	［安國院］	日光東照宮・静岡市 久能山東照宮
	築山殿	［西来院・清池院］	浜松市 西来院
	旭・朝日（駿河御前）	［南明院］	京都市 東福寺
2代将軍	秀忠	［台徳院］	芝 増上寺
	於江与・お江・達子	［崇源院］	芝 増上寺
3代将軍	家光	［大猷院］	日光東照宮
	孝子（中之丸様）	［本理院］	小石川 傳通院
4代将軍	家綱	［厳有院］	上野寛永寺　第一霊廟
	浅宮顕子	［高巖院］	寛永寺谷中徳川墓地
5代将軍	綱吉	［常憲院］	上野寛永寺　第二霊廟
	信子	［淨光院］	上野寛永寺　第二霊廟
6代将軍	家宣	［文昭院］	芝 増上寺
	熙子	［天英院］	芝 増上寺
7代将軍	家継	［有章院］	芝 増上寺
	八十宮吉子（降嫁に至らず）	［淨琳院］	京都市 知恩院
8代将軍	吉宗	［有徳院］	上野寛永寺　第二霊廟
	真宮理子	［寛徳院］	池上 本門寺
9代将軍	家重	［惇信院］	芝 増上寺
	比宮培子・増子	［証明院］	寛永寺谷中徳川墓地
10代将軍	家治	［浚明院］	上野寛永寺　第一霊廟
	五十宮倫子	［心観院］	寛永寺谷中徳川墓地
11代将軍	家斉	［文恭院］	上野寛永寺　第一霊廟
	寔子・篤姫・茂姫	［廣大院］	芝 増上寺
12代将軍	家慶	［慎徳院］	芝 増上寺
	楽宮喬子	［浄観院］	寛永寺谷中徳川墓地
13代将軍	家定	［温恭院］	上野寛永寺　第二霊廟
	有姫・任子	［天親院］	芝 増上寺
	寿明姫・秀子	［澄心院］	寛永寺谷中徳川墓地
	敬子・篤子	［天璋院］	上野寛永寺　第二霊廟
14代将軍	家茂	［昭徳院］	芝 増上寺
	和宮親子	［静寛院］	芝 増上寺
15代将軍	慶喜	（神葬）	寛永寺谷中徳川墓地
	美賀子	［貞粛院］	寛永寺谷中徳川墓地

な

は

ま

大名家による索引

＊藩名は文久2（1862）年現在　将軍家・御三家・御三卿
・大名家（一部明治元年を含）・および廃絶大名家

な

は

ま

や

ら

わ

寺院名による索引

著者略歴

河原　芳嗣（かわはら　よしつぐ）

大正 12（1923）年　東京に生まれる
秋田鉱専（現秋田大学）卒業。新聞社数社を経る。
昭和 57（1982）年より江戸期の大名家の墓碑調査、系譜・家譜を研究。
著書に　『江戸・大名の墓を歩く』（絶版・六興出版）
『探訪・江戸大名旗本の墓』（毎日新聞社）
『図説　徳川将軍家・大名の墓』（アグネ技術センター，1995）
『江戸の旗本たち』（アグネ技術センター，1997）
『将軍・大名家の墓』（アグネ技術センター，1999）
「歴史と旅」（秋田書房）、「歴史読本」「別冊　歴史読本」（新人物往来社）

現住所　〒156-0053　東京都世田谷区桜 1-50-17

図説《ずせつ》　徳川将軍家《とくがわしょうぐんけ》・大名《だいみょう》の墓《はか》［増補版］
―江戸《えど》の残照《ざんしょう》をたずねて―

一九九五年三月二十日　初版　第一刷発行
二〇〇三年三月三十一日　増補版第一刷発行

著　　者　河原芳嗣©
発 行 者　比留間柏子
発 行 所　株式会社　アグネ技術センター
〒107-0062　東京都港区南青山5-1-25
電話　03（3409）5329
FAX　03（3409）8237
振替　00180-8-41975
印刷・製本　株式会社　平河工業社

落丁本・乱丁本はお取替えいたします。
定価の表示は表紙カバーにしてあります。

Printed in Japan 1995, 2003　　ISBN4-901496-05-0　C0020

江戸の旗本たち

——墓碑銘をたずねて——

河原芳嗣　著

A５判並製・二七五頁・定価（本体三、五〇〇円＋税）

江戸の残照をたずねて、
大都市東京を歩く…

シリーズ第二弾！

『図説　徳川将軍家・大名家の墓』の著者による、大都市東京に残された江戸の遺産発掘の続編。
風化が進む墓碑をたずね、伝えられる史料をもとに、徳川幕府の骨格を支えた旗本たちの実像をさぐる。

旧地名対称地図
現都道府県境
現都道府県名
旧地境
旧地名
陸奥
青森
陸中
羽後
陸中
秋田
岩手
羽前
陸前
山形
宮城
佐渡
越後
新潟
岩代
福島
磐城
能登
石川
越中
富山
加賀
飛騨
信濃
上野
群馬
下野
栃木
常陸
福井
越前
岐阜
長野
美濃
近江
滋賀
京都
埼玉
武蔵
甲斐
山梨
茨城
尾張
東京
下総
三河
愛知
三重
伊勢
相模
神奈川
上総
千葉
大阪
奈良
駿河
遠江
静岡
伊豆
安房
志摩
紀伊
但馬
丹後
丹波
若狭
伊賀
山城
大和
河内
和泉
鹿児島
琉球
沖縄